《世界各国宪法》分解资料丛书

地方制度

世界各国宪法的规定

DIFANG ZHIDU

SHIJIE GEGUO XIANFA DE GUIDING

孙　谦　韩大元/主编

中国检察出版社

《〈世界各国宪法〉分解资料丛书》

主　　编 孙　谦　　韩大元

副 主 编 刘向文　　莫纪宏

主编助理 杜强强

执行编委 （按姓氏笔划为序）

王建学　　刘向文　　阮丹生　　杜强强

陈丽娅　　陈丽莉　　莫纪宏　　夏新华

潘　灯

出版说明

2012 年 12 月，在纪念我国现行宪法公布施行 30 周年之际，为了弘扬宪法文化，完整地展现世界各国的宪法文本，中国宪法学研究会和中国检察出版社组织编译出版了《世界各国宪法》。《世界各国宪法》收录了 193 个联合国成员国现行宪法中译本，全书按照地域分为四卷，分别为亚洲卷、欧洲卷、非洲卷、美洲·大洋洲卷。由于《世界各国宪法》卷帙浩繁，为了便于读者查阅相关资料，编者对《世界各国宪法》文本中所规定的"公民权利与义务"、"立法机构与立法制度"、"行政机关"、"司法机构与司法制度"、"地方制度"、"宪法实施的保障"六个方面的内容进行分类梳理、编辑，推出《〈世界各国宪法〉分解资料丛书》，以便于读者科研、教学使用。

本书所摘录各国宪法的有效文本，时间截止到 2011 年 12 月 31 日。

受时间和能力所限，在本丛书编辑的过程中可能存在错漏之处，欢迎读者批评指正。

编　者
2013 年 1 月

目　录

亚　洲

欧　洲

非　洲

美　洲

大 洋 洲

亚　洲

中华人民共和国宪法[*]

第三章　国家机构

第五节　地方各级人民代表大会
和地方各级人民政府

第九十五条　省、直辖市、县、市、市辖区、乡、民族乡、镇设立人民代表大会和人民政府。

地方各级人民代表大会和地方各级人民政府的组织由法律规定。

自治区、自治州、自治县设立自治机关。自治机关的组织和工作根据宪法第三章第五节、第六节规定的基本原则由法律规定。

第九十六条　地方各级人民代表大会是地方国家权力机关。

县级以上的地方各级人民代表大会设立常务委员会。

第九十七条　省、直辖市、设区的市的人民代表大会代表由下一级的人民代表大会选举；县、不设区的市、市辖区、乡、民族乡、镇的人民代表大会代表由选民直接选举。

地方各级人民代表大会代表名额和代表产生办法由法律规定。

第九十八条　地方各级人民代表大会每届任期五年。

第九十九条　地方各级人民代表大会在本行政区域内，保证宪法、法律、行政法规的遵守和执行；依照法律规定的权限，通过和发布决议，审查和决定

---

[*]　1982 年 12 月 4 日第五届全国人民代表大会第五次会议通过，1982 年 12 月 4 日全国人民代表大会公告公布施行，根据 1988 年 4 月 12 日第七届全国人民代表大会第一次会议通过的《中华人民共和国宪法修正案》、1993 年 3 月 29 日第八届全国人民代表大会第一次会议通过的《中华人民共和国宪法修正案》、1999 年 3 月 15 日第九届全国人民代表大会第二次会议通过的《中华人民共和国宪法修正案》和 2004 年 3 月 14 日第十届全国人民代表大会第二次会议通过的《中华人民共和国宪法修正案》修正。

地方的经济建设、文化建设和公共事业建设的计划。

县级以上的地方各级人民代表大会审查和批准本行政区域内的国民经济和社会发展计划、预算以及它们的执行情况的报告；有权改变或者撤销本级人民代表大会常务委员会不适当的决定。

民族乡的人民代表大会可以依照法律规定的权限采取适合民族特点的具体措施。

第一百条 省、直辖市的人民代表大会和它们的常务委员会，在不同宪法、法律、行政法规相抵触的前提下，可以制定地方性法规，报全国人民代表大会常务委员会备案。

第一百零一条 地方各级人民代表大会分别选举并且有权罢免本级人民政府的省长和副省长、市长和副市长、县长和副县长、区长和副区长、乡长和副乡长、镇长和副镇长。

县级以上的地方各级人民代表大会选举并且有权罢免本级人民法院院长和本级人民检察院检察长。选出或者罢免人民检察院检察长，须报上级人民检察院检察长提请该级人民代表大会常务委员会批准。

第一百零二条 省、直辖市、设区的市的人民代表大会代表受原选举单位的监督；县、不设区的市、市辖区、乡、民族乡、镇的人民代表大会代表受选民的监督。

地方各级人民代表大会代表的选举单位和选民有权依照法律规定的程序罢免由他们选出的代表。

第一百零三条 县级以上的地方各级人民代表大会常务委员会由主任、副主任若干人和委员若干人组成，对本级人民代表大会负责并报告工作。

县级以上的地方各级人民代表大会选举并有权罢免本级人民代表大会常务委员会的组成人员。

县级以上的地方各级人民代表大会常务委员会的组成人员不得担任国家行政机关、审判机关和检察机关的职务。

第一百零四条 县级以上的地方各级人民代表大会常务委员会讨论、决定本行政区域内各方面工作的重大事项；监督本级人民政府、人民法院和人民检察院的工作；撤销本级人民政府的不适当的决定和命令；撤销下一级人民代表大会的不适当的决议；依照法律规定的权限决定国家机关工作人员的任免；在本级人民代表大会闭会期间，罢免和补选上一级人民代表大会的个别代表。

第一百零五条 地方各级人民政府是地方各级国家权力机关的执行机关，是地方各级国家行政机关。

地方各级人民政府实行省长、市长、县长、区长、乡长、镇长负责制。

第一百零六条　地方各级人民政府每届任期同本级人民代表大会每届任期相同。

第一百零七条　县级以上地方各级人民政府依照法律规定的权限，管理本行政区域内的经济、教育、科学、文化、卫生、体育事业、城乡建设事业和财政、民政、公安、民族事务、司法行政、监察、计划生育等行政工作，发布决定和命令，任免、培训、考核和奖惩行政工作人员。

乡、民族乡、镇的人民政府执行本级人民代表大会的决议和上级国家行政机关的决定和命令，管理本行政区域内的行政工作。

省、直辖市的人民政府决定乡、民族乡、镇的建置和区域划分。

第一百零八条　县级以上的地方各级人民政府领导所属各工作部门和下级人民政府的工作，有权改变或者撤销所属各工作部门和下级人民政府的不适当的决定。

第一百零九条　县级以上的地方各级人民政府设立审计机关。地方各级审计机关依照法律规定独立行使审计监督权，对本级人民政府和上一级审计机关负责。

第一百一十条　地方各级人民政府对本级人民代表大会负责并报告工作。县级以上的地方各级人民政府在本级人民代表大会闭会期间，对本级人民代表大会常务委员会负责并报告工作。

地方各级人民政府对上一级国家行政机关负责并报告工作。全国地方各级人民政府都是国务院统一领导下的国家行政机关，都服从国务院。

第一百一十一条　城市和农村按居民居住地区设立的居民委员会或者村民委员会是基层群众性自治组织。居民委员会、村民委员会的主任、副主任和委员由居民选举。居民委员会、村民委员会同基层政权的相互关系由法律规定。

居民委员会、村民委员会设人民调解、治安保卫、公共卫生等委员会，办理本居住地区的公共事务和公益事业，调解民间纠纷，协助维护社会治安，并且向人民政府反映群众的意见、要求和提出建议。

第六节　民族自治地方的自治机关

第一百一十二条　民族自治地方的自治机关是自治区、自治州、自治县的人民代表大会和人民政府。

第一百一十三条　自治区、自治州、自治县的人民代表大会中，除实行区域自治的民族的代表外，其他居住在本行政区域内的民族也应当有适当名额的代表。

自治区、自治州、自治县的人民代表大会常务委员会中应当有实行区域自治的民族的公民担任主任或者副主任。

第一百一十四条　自治区主席、自治州州长、自治县县长由实行区域自治的民族的公民担任。

第一百一十五条　自治区、自治州、自治县的自治机关行使宪法第三章第五节规定的地方国家机关的职权，同时依照宪法、民族区域自治法和其他法律规定的权限行使自治权，根据本地方实际情况贯彻执行国家的法律、政策。

第一百一十六条　民族自治地方的人民代表大会有权依照当地民族的政治、经济和文化的特点，制定自治条例和单行条例。自治区的自治条例和单行条例，报全国人民代表大会常务委员会批准后生效。自治州、自治县的自治条例和单行条例，报省或者自治区的人民代表大会常务委员会批准后生效，并报全国人民代表大会常务委员会备案。

第一百一十七条　民族自治地方的自治机关有管理地方财政的自治权。凡是依照国家财政体制属于民族自治地方的财政收入，都应当由民族自治地方的自治机关自主地安排使用。

第一百一十八条　民族自治地方的自治机关在国家计划的指导下，自主地安排和管理地方性的经济建设事业。

国家在民族自治地方开发资源、建设企业的时候，应当照顾民族自治地方的利益。

第一百一十九条　民族自治地方的自治机关自主地管理本地方的教育、科学、文化、卫生、体育事业，保护和整理民族的文化遗产，发展和繁荣民族文化。

第一百二十条　民族自治地方的自治机关依照国家的军事制度和当地的实际需要，经国务院批准，可以组织本地方维护社会治安的公安部队。

第一百二十一条　民族自治地方的自治机关在执行职务的时候，依照本民族自治地方自治条例的规定，使用当地通用的一种或者几种语言文字。

第一百二十二条　国家从财政、物资、技术等方面帮助各少数民族加速发展经济建设和文化建设事业。

国家帮助民族自治地方从当地民族中大量培养各级干部、各种专业人才和技术工人。

阿富汗伊斯兰共和国宪法[*]

第八章　行政区划

第 136 条

阿富汗伊斯兰共和国的行政依法由中央和地区行政机关承担。

中央行政分别由若干行政机关承担，各行政机关由部长领导。

地方行政以省为单位。

省的数量、区域、组成部分和结构以及相关的行政，依法依照人口、社会和经济及地理区域的条件规定。

第 137 条

政府，在保有中央集权制的原则前提下，依法将部分权力下放给地方机关，以加快和促进地方经济、社会、文化事务的发展，促进国家发展和人们参与。

第 138 条

各省设立一个省议会。

省议会议员由各省居民依法按人口比例以自由、直接、不记名投票和普选的方式选举产生，任期 4 年。

各省议会从其成员中选举一人为主席。

第 139 条

省议会依法定的方式参与实现国家发展目标和完善省议会本身事务，并在本省范围内就重要事项提供建议。

省议会履行职责时，应和省行政机关相互配合。

第 140 条

为组织活动和为人民积极参加地方管理提供机会，依法设立区、镇议会。

区、镇议会议员由当地居民以自由、普选、不记名投票和直接选举的方式产生，任期 3 年。

游牧民参与议会，由法律规定。

---

* 2004 年 1 月 4 日大支尔格国民议会通过，2004 年 1 月 26 日生效。

第 141 条

设市政府以管理城市事务。

市长和市议会成员由自由、普选、无记名投票和直接选举的方式产生。

有关市政府的事宜,由法律规定。

第 142 条

为执行本宪法的规定和维护本宪法的价值,国家设立相应的机构。

阿拉伯联合酋长国宪法 *

第七章　联邦和酋长国之间立法权、
行政权和国际权力的分配

第 120 条　联邦在以下事务中享有独立的立法权和行政权:

1. 外交事务;

2. 联邦防卫武装力量;

3. 保护联邦免受境内外安全威胁;

4. 联邦永久首都的安全、组织和管理事务;

5. 与联邦官员和联邦司法相关的事宜;

6. 联邦的财政、税收、关税和费用;

7. 联邦公共贷款;

8. 邮政、电报、电话和无线电服务设施;

9. 建设、保持和改善最高酋长院认为应成为主道路的联邦道路,并在这些道路上组织交通;

10. 航空监管以及签发飞机证件和飞行员执照;

11. 教育;

12. 公共卫生和医疗服务;

13. 硬币币制与货币发行局;

14. 度量、标准和重量;

15. 电力服务;

---

* 1971 年 7 月 18 日联邦最高酋长院通过,1971 年 12 月 3 日生效。

16. 联邦国籍、护照、定居和移民；

17. 联邦财产以及所有与之相关的事务；

18. 出于联邦目的的相关审计和统计事务；

19. 联邦媒体。

第 121 条　在与上一条不冲突的情况下，联邦在以下事务中单独享有立法权：

劳动关系与社会保障；不动产和为了公共利益的征收；引渡罪犯；银行；各种保险；对农业和动物资源的保护；与刑法、民商法及公司法相关的立法，民事和刑事诉讼程序；对文化、技术及工业产权和版权的保护；印刷和出版；进口武器和弹药，为任何隶属于酋长国的武装力量和安全力量所用者除外；不涉及联邦行政权限的其他航空事务；确定领海；规划航海业；规划金融自由区的组织和建设方式，以及除执行联邦法律规定之外的领域。①

第 122 条　按照前两条规定，酋长国对非联邦专属权限的事务享有权力。

第 123 条　除第 120 条第 1 款所涉及的关于联邦在外交政策和国际关系方面的司法权外，联邦各酋长国可以与相邻的国家或地区缔结具有地方性和行政性的有限条约。但这些条约不得违背联邦利益或者联邦法律，并且应提前告知联邦最高酋长院。

如果最高酋长院拒绝缔结这类条约，应将它尽快交由联邦法院处理。

各酋长国可以保留它们在欧佩克组织和阿拉伯石油出口国组织的成员资格，或者加入上述组织。

第 124 条　在缔结有可能影响任何一个酋长国地位的条约或者国际协议前，专门的联邦机构应当提前征询该酋长国的意见。当出现分歧时，应交给联邦最高法院进行处理。

第 125 条　酋长国政府应采取合适的措施执行联邦颁布的法律、缔结的条约和国际协议，其中包括为执行上述法律而颁布地方性法律、法规、决议和法令。

联邦机构对酋长国政府执行联邦法律、决议、条约、协定及司法判决进行监督。各酋长国行政与司法主管机构应在这方面向联邦机构提供一切尽可能的协助。

---

① 译者注：根据 2004 年 1 月 10 日颁布的 2004 年 1 号宪法修正案替换。

阿塞拜疆共和国宪法[*]

第三编　国家权力

第八章　纳希切万自治共和国

第 134 条　纳希切万自治共和国的地位

1. 纳希切万自治共和国是阿塞拜疆共和国组成中的自治国家。

2. 纳希切万自治共和国的地位，由现行宪法予以规定。

3. 纳希切万自治共和国是阿塞拜疆共和国不可分割的组成部分。

4. 阿塞拜疆共和国宪法、阿塞拜疆共和国法律、阿塞拜疆共和国总统的规范性命令和阿塞拜疆共和国内阁的决议，在纳希切万自治共和国境内具有约束力。

5. 纳希切万自治共和国议会通过的纳希切万自治共和国的宪法和法律，分别不得与阿塞拜疆共和国的宪法和法律相抵触。纳希切万自治共和国内阁通过的决议，不得与阿塞拜疆共和国的宪法和法律、阿塞拜疆共和国总统的规范性命令以及阿塞拜疆共和国内阁的决议相抵触。

6. 纳希切万自治共和国的宪法，由阿塞拜疆共和国总统提交给阿塞拜疆共和国议会，并由宪法性法律予以批准。

第 135 条　纳希切万自治共和国的分权

1. 纳希切万自治共和国的立法权，由纳希切万自治共和国的议会行使。纳希切万自治共和国的执行权，由纳希切万自治共和国内阁行使。纳希切万自治共和国的司法权，由纳希切万自治共和国法院行使。

2. 纳希切万自治共和国议会独立地解决由阿塞拜疆共和国宪法和法律划归其权限范围内的问题。纳希切万自治共和国内阁独立地解决阿塞拜疆共和国宪法和法律、阿塞拜疆共和国总统规范性命令划归其权限范围内的问题。纳希切万自治共和国法院独立地解决由阿塞拜疆共和国宪法和法律划归其权限范围内的问题。

---

[*] 1995 年 11 月 12 日以全民公决形式通过，1995 年 12 月 27 日生效。

第 136 条　纳希切万自治共和国最高公职人员

纳希切万自治共和国议会的议长是纳希切万自治共和国的最高公职人员。

第 137 条　纳希切万自治共和国议会

1. 纳希切万自治共和国议会由 45 名成员组成。

2. 纳希切万自治共和国议会的每届任期为 5 年。

3. 纳希切万自治共和国议会选举产生纳希切万自治共和国议会的议长和副议长，成立各常设委员会和其他的委员会。

第 138 条　纳希切万自治共和国议会确定的一般规则

1. 纳希切万自治共和国议会确定下述问题的一般规则：

（1）纳希切万自治共和国议会的选举；

（2）税收；

（3）纳希切万自治共和国经济发展的方针；

（4）社会保障；

（5）环境保护；

（6）旅游；

（7）卫生保健、科学和文化。

2. 纳希切万自治共和国议会可以就本条中列举的问题通过法律。

第 139 条　纳希切万自治共和国议会解决的问题

1. 纳希切万自治共和国议会解决下述问题：

（1）纳希切万自治共和国议会的工作组织；

（2）纳希切万自治共和国预算的批准；

（3）纳希切万自治共和国经济和社会发展规划的批准；

（4）纳希切万自治共和国内阁总理的任免；

（5）纳希切万自治共和国内阁组成人员的批准；

（6）纳希切万自治共和国内阁的信任案。

2. 纳希切万自治共和国议会可以就本条列举的问题通过决议。

第 140 条　纳希切万自治共和国内阁

1. 纳希切万自治共和国内阁的组成人员，由纳希切万自治共和国议会根据纳希切万自治共和国内阁总理的提名批准。

2. 纳希切万自治共和国内阁总理，由纳希切万自治共和国议会根据阿塞拜疆共和国总统的提名任命。

3. 纳希切万自治共和国内阁有权：

（1）编制自治共和国预算草案，并将其提交给纳希切万自治共和国议会；

（2）执行自治共和国预算；

（3）保障自治共和国经济规划的执行；

（4）保障自治共和国社会规划的执行；

（5）解决阿塞拜疆共和国总统划归其管辖的其他问题。

4. 纳希切万自治共和国内阁可以通过决议和命令。

第 141 条　纳希切万自治共和国的地方执行权

在纳希切万自治共和国，地方执行权的长官由阿塞拜疆共和国总统根据纳希切万自治共和国议会议长的提名任命。

第四编　地方自治

第九章　自治市（镇）政府

第 142 条　地方的自治组织

1. 地方自治由自治市（镇）政府行使。

2. 自治市（镇）政府根据选举原则组建。

3. 自治市（镇）政府地位的原则，由本宪法予以规定，而自治市（镇）政府的选举规则由法律予以规定。

第 143 条　自治市（镇）政府的工作组织

1. 自治市（镇）政府通过举行会议，成立常设委员会和其他委员会实施其活动。

2. 自治市（镇）政府的会议，由自治市（镇）政府的主席召集。

第 144 条　自治市（镇）政府的权限

1. 在自治市（镇）政府的会议上解决下述问题：

（1）认定自治市（镇）政府成员的资格；在法律规定的情况下，自治市（镇）政府的成员丧失和终止其资格；

（2）批准自治市（镇）政府的议事规章；

（3）选举产生自治市（镇）政府主席和副主席，选举产生各常设委员会和其他委员会；

（4）确定地方的税收和收费；

（5）批准地方预算和地方预算执行情况的报告；

（6）占有、使用和支配自治市（镇）政府的财产；

（7）通过和执行地方的社会保障和社会发展规划；

（8）通过和执行地方的经济发展规划；

（9）通过和执行地方的经济规划。

2. 自治市（镇）政府可以被授予立法权和执行权的补充权限。为行使上述权限，自治市（镇）政府应当被划拨给相应的财政资金。上述权限的行使，分别由立法权和执行权予以监督。

第 145 条　自治市（镇）政府的决议

1. 就自治市（镇）政府会议所审议的问题，可以通过决议。

2. 自治市（镇）政府的决议，由自治市（镇）政府以其全体成员的简单多数通过。

3. 与地方税收和收费相关的决议，由自治市（镇）政府以其全体成员的 2/3 多数通过。

第 146 条　自治市（镇）政府独立的保障

保障自治市（镇）政府享有司法保护，享有因国家机关决议而产生的补充支出费用①的赔偿。

巴基斯坦伊斯兰共和国宪法*

第四编　省

第一章　省　长

第 101 条　省长的任命

［第 1 款］②　　每个省设一名省长，总统经［与总理〔磋商后〕③］④，由

---

* 1973 年 4 月 10 日巴基斯坦国民大会通过，1973 年 8 月 1 日生效。

① 译者注：实行地方自治的市（镇）和国家机关没有组织上的隶属关系。如果国家机关决定将某一工作（如教育等工作）的权限转交市（镇），则国家机关应当将完成这一授权所需经费下拨给市（镇）。

② 原文注：由《2010 年宪法第十八修正案》（2010 年第 10 号）第三十三节替换（自 2010 年 4 月 19 日起生效）。

③ 原文注：由《2002 年法律框架令》（行政首长令 2002 年第 24 号）第 3 条替换，原文为"建议下"，此前曾被 1997 年第 1 号法案第三节替换为"磋商后"。

④ 原文注：由《1985 年宪法第八修正案》（1985 年第 18 号）第十一节替换，原文为"自己决定"，此前曾被《1985 年复兴 1973 宪法令》（总统令 1985 年第 14 号）第 2 条修改。

其任命。

第 2 款　一个人不得被任命为省长，除非他具有被选举为国民大会成员的资格[且是在相关省注册的选民和居民]①，且不小于 35 岁。

[第 2A 款]②

第 3 款　省长的任期由总统决定，[且有权得到总统决定的工资、津贴和特权]③。

第 4 款　省长可以通过亲手书写辞呈的形式告知总统，辞去其职务。

第 5 款④　总统可以制定他认为合适的规定，[在本编没有规定的意外事故发生时,]⑤ 免除省长的职务。

第 102 条　就职誓言

就职前，省长应在高等法院首席法官前，依照附则三规定的方式宣誓。

第 103 条　省长就职条件

第 1 款　省长不能在为巴基斯坦服务时担任某项有收益的职务，或担任其他有偿职务。

第 2 款　省长不能参选顾问委员会（议会）或省大会；且，如果顾问委员会（议会）或省大会的成员被选举为省长，自就任省长之日起，其在顾问委员会（议会）或省大会中的席位应空缺。

[第 104 条　省大会议长在省长不在时代理省长或履行省长职责]⑥

省长离开巴基斯坦或因其他原因不能履行职责时，由省大会议长或由总统指定的其他人履行省长职责，直到省长返回巴基斯坦或能继续履行其职责。

---

①　原文注：由《2010 年宪法第十八修正案》（2010 年第 10 号）第三十三节第二段增加（自 2010 年 4 月 19 日起生效）。

②　原文注：限制性条款和第 2A 款由《1985 年宪法第八修正案》（1985 年第 18 号）第十一节删除，此前曾被 1976 年第 62 号法案第二节修改。

③　原文注：由《1974 年宪法第一修正案》（1974 年第 33 号）第六节增加（自 1974 年 5 月 4 日起生效）。

④　原文注：由《1985 年复兴 1973 年宪法令》（总统令 1985 年第 14 号）第 2 条和附表增加。

⑤　原文注：由 1985 年第 18 号法案第十一节增加。

⑥　原文注：由《2010 年宪法第十八修正案》（2010 年第 10 号）第三十四节替换（自 2010 年 4 月 19 日起生效）。

[第 105 条　省长根据建议行动等]①

第 1 款　根据宪法,省长履行职能时,应［按照或］② 根据内阁［或首席部长］③ 的建议行事。

［但是,〔15 日内〕④ 省长可以要求内阁或首席部长重新考虑建议,无论是整体还是部分,省长须〔在 10 日内〕⑤ 根据重新考虑后提供的建议行事。］⑥

［限制性条款］⑦

第 2 款　首席部长［或内阁］⑧ 是否为省长提供建议及建议本身的问题,不得在任何法院、裁判所或其他机构进行调查。

［第 3 款］⑨　虽然有第 1 款的规定,省长解散省大会时,他应——

第 1 项　在解散之日起 90 日内确定日期,举行大会大选;

第 2 项　任命看守内阁。

［第 4 款］⑩

第 5 款　第 48 条第［2］⑪ 款规定对省长有效力,适用于"总统"的规定同样适用于"省长"。

---

① 原文注:由《1985 年复兴 1973 年宪法令》(总统令 1985 年第 14 号)附表第 23 项替换。

② 原文注:由《2010 年宪法第十八修正案》(2010 年第 10 号)第三十五节增加(自 2010 年 4 月 19 日起生效)。

③ 原文注:由《1985 年宪法第八修正案》(1985 年第 18 号法案)第十二节替换。

④ 原文注:由《2010 年宪法第十八修正案》(2010 年第 10 号)第三十五节第一段增加(自 2010 年 4 月 19 日起生效)。

⑤ 原文注:由《2010 年宪法第十八修正案》(2010 年第 10 号)第三十五节第一段增加(自 2010 年 4 月 19 日起生效)。

⑥ 原文注:由《1985 年宪法第八修正案》(1985 年第 18 号法案)第十二节替换。

⑦ 原文注:由《1985 年复兴 1973 年宪法令》(总统令 1985 年第 14 号)附表第 23 项删除限制性条款。

⑧ 原文注:由《1985 年复兴 1973 年宪法令》(总统令 1985 年第 14 号)附表第 23 项替换,原文为"内阁或一个部长"。

⑨ 原文注:由《2010 年宪法第十八修正案》(2010 年第 10 号)第三十五节第二段替换(自 2010 年 4 月 19 日起生效)。

⑩ 原文注:由《2010 年宪法第十八修正案》(2010 年第 10 号)第三十五节第三段删除(自 2010 年 4 月 19 日起生效)。

⑪ 原文注:由《1985 年宪法第八修正案》(1985 年第 18 号法案)第十二节替换,原文为"3"。

第二章 省大会

[第 106 条　省大会的组成]①

[第 1 款]②　每个省大会包括一般席位、保留给妇女和非穆斯林的席位，具体如下：

	一般席位	妇女	非穆斯林	总数
俾路支省	51	11	3	65
西北边境省	99	22	3	124
旁遮普省	297	66	8	371
信德省	130	29	9	168

第 2 款　一个人有权投票，如果——

第 1 项　他是巴基斯坦公民；

第 2 项　他不小于 [18]③ 岁；

第 3 项　他的名字出现在该省内任何地区的选民册上；且

第 4 项　他未被适格的法庭宣告为精神不健全。

[＊ ＊ ＊]④

[第 3 款]⑤　为省大会选举的目的——

第 1 项　一般席位的选区为单一代表区域选区，席位代表依法经直接、自由的选举产生；

第 2 项　每个省是一个独立选区根据第 1 款规定享有分配给各省的妇女保留席位和非穆斯林席位；

第 3 项　填补根据第 1 款分配给一省的妇女保留席位和非穆斯林席位的成

---

① 原文注：由《2010 年宪法第十八修正案》（2010 年第 10 号）第三十六节替换，且视为自 2002 年 8 月 21 日起生效。

② 原文注：由《2002 年法律框架令》（行政首长令 2002 年第 24 号）第 3 条替换为"第 1 款"。

③ 原文注：由《2002 年法律框架令》（行政首长令 2002 年第 24 号）第 3 条替换为"21"，此前曾被《1985 年复兴 1973 年宪法令》（总统令 1985 年第 14 号）第 2 条修改。

④ 原文注：由《1985 年复兴 1973 年宪法令》（总统令 1985 年第 14 号）第 2 条删除限制性条款。

⑤ 原文注：由《2002 年法律框架令》（行政首长令 2002 年第 24 号）第 3 条替换为第 3 款，此前曾被《1985 年复兴 1973 年宪法令》（总统令 1985 年第 14 号）第 2 条修改为"第 3 款"。

员，依法根据各政党在省大会中所占的一般席位数比例，从各政党的候选人名单中选举产生。

[但是，在本项规定中，一个政党获得的一般席位总数须包括独立返回候选人或可能在独立返回候选人的名字出现在官方公报的三日内加入该政党的候选人。]①

[＊＊＊]②

第107条　省大会任期

除非被解散，省大会的任期为5年，从第一次会议起算，任期结束即解散。

第108条　议长和副议长

大选后，省大会第一次会议时，不进行其他事务，先从成员中选出议长和副议长，只要议长或副议长的职位空缺，大会就要选出别的成员接任议长或副议长。

第109条　省大会的召集和休会

省长可以随时——

第1项　在其认为合适的时间和地点召集省大会并举行会议；

第2项　宣布省大会休会。

第110条　省长在省大会演说的权利

总统可以向省大会发表演说，可以以此为目的要求成员到场。

第111条　在省大会发言的权利

检察长有权在省大会发言、参加议程，或参加任何任命他为成员的委员会，但本条不授予其投票的权利。

[第112条　省大会解散]③

第1款　省长应根据首席部长的建议解散省大会，如果首席部长提出上述建议后48小时内未予解散，在上述时限届满后省大会即自行解散。

释：本条中的"首席部长"不得解释为这样的首席部长：即对其不信任案的决议已在省议会提出，但尚未提付表决，或上述决议已获通过。

---

① 原文注：由《2002年法律框架令》（行政首长令2002年第24号）第3条替换为"原始限制性条款"，后被行政首长令2002年第29号法案第2条进一步修改。

② 原文注：由《2002年法律框架令》（行政首长令2002年第24号）第3条删除第4款至第6款，此前曾被许多法令修改。

③ 原文注：由《2010年宪法第十八修正案》（2010年第10号）第三十七节替换（自2010年4月19日起生效）。

第 2 款　如果为进行针对首席部长的不信任投票而召集的省大会已经通过了该不信任投票，而此时省大会中的其他成员无法达到宪法要求获得省大会多数成员的信任，省长可以根据自己的判断解散省大会，但要先经过总统同意。

[第 113 条　省大会成员的资格和取消资格]①

第 62 条和第 63 条规定的国民大会成员的资格和取消资格也适用于省大会，适用"国民大会"时同样适用于"省大会"。

第 114 条　省大会讨论的限制

省大会不得讨论最高法院或高等法院法官履行职责的行为。

第 115 条　财政措施需要省政府的同意

第 1 款　财政议案或议案或修正案颁布实施后，如果需要从省统一基金支出或省公共账户提款，未经省政府同意不得提交或移至省大会。

第 2 款　在本条中，一项法案或修正案应视为财政法案，如果其全部或部分包含了有关下列事项的规定：

第 1 项　任何税的征收、废除、豁免、变更或管理；

第 2 项　省政府借款或提供担保，或有关政府财政义务的修正案；

第 3 项　省统一基金的管理，基金收入或支出款项；

第 4 项　向省统一基金收费，或废除或改变这类费用；

第 5 项　由于省公共账户收到的款项，管理或支出这些款项；

第 6 项　前几项规定中的事项附带的事项。

第 3 款　仅就下列事项作出规定的议案不得视为财政议案：

第 1 项　征收或变更某种罚款或其他金钱处罚，或要求交纳许可证费或其他服务费用；或

第 2 项　任何地方机关或为地方目的的机构征收、废除、豁免、变更或管理任何税收。

第 4 款　如果对一个议案是否是财政议案产生争议，省大会议长的决定具有终决性。

第 5 款　每个呈递给省长同意的财政法案应附带省大会议长亲笔书写的、证明该法案为财政案的证明书。该证书在任何意义上都具有决定性，不受质疑。

---

①　原文注：由《1985 年复兴 1973 年宪法令》（总统令 1985 年第 14 号）附表第 25 项替换。

[第 116 条　省长对议案的同意]①

第 1 款　省大会通过议案后，议案须呈递省长批准。

第 2 款　议案呈递省长批准时，省长应在［10］② 日内：

第 1 项　同意议案；或

第 2 项　议案不是财政议案时，将该议案连同其咨文返回省大会，该咨文要求重新考虑议案或其中具体规定以及咨文中指出的修改情形。

［第 3 款］③　省长将议案返回省大会，省大会应重新考虑议案，如果省大会多数成员到场投票再次获得通过，无论是否修改，都应再次呈递省长，省长应［在 10 日内批准，如果省长没有如此行事，则视为其已经批准］④。

第 4 款　省长批准［或视为批准］⑤ 议案后，议案成为法律，称为省大会法案。

第 5 款　凡依照本宪法规定业已批准或视为批准的省议会法案及其规定，不得仅因未按本宪法规定听取建议、报请预先批准或同意而无效。

第 117 条　议案不因休会等失效

第 1 款　省大会悬而未决的议案，不因大会休会而失效。

第 2 款　在省大会悬而未决的议案，不因省大会解散而失效。

第 118 条　省统一基金和公共账户

第 1 款　省政府所有收入、贷款和贷款收入，都是统一基金的组成部分，称为省统一基金。

第 2 款　所有其他款项——

第 1 项　省政府收到的或代表省政府收到的；或

第 2 项　高等法院或省授权建立的其他任何法院收到的或存放的；

应存入省公共账户。

第 119 条　省统一基金和公共账户的管理等

对省大会法案规定省统一基金的管理、收入和支出，省政府收到的或代表

---

①　原文注：由《1985 年复兴 1973 年宪法令》（总统令 1985 年第 14 号）附表第 26 项替换。

②　原文注：由《2010 年宪法第十八修正案》（2010 年第 10 号）第三十八节第一段替换，原文为 "30"（自 2010 年 4 月 19 日起生效）。

③　原文注：由《1985 年宪法第八修正案》（1985 年第 18 号法案）第十五节替换。

④　原文注：由《2010 年宪法第十八修正案》（2010 年第 10 号）第三十八节第二段替换，原文为 "此后不得拒绝批准"（自 2010 年 4 月 19 日起生效）。

⑤　原文注：由《2010 年宪法第十八修正案》（2010 年第 10 号）第三十八节第三段插入（自 2010 年 4 月 19 日起生效）。

省政府收到的款项的管理，省公共账户的收入和支出，及与前述事项有关或附带的所有事项，在上述规定制定前由省长制定的规则规范。

第 120 条 年度预算报告

第 1 款 省政府要在每个财政年度将省政府当年预计的收入和支出报告提交省大会，本章中简称年度预算报告。

第 2 款 年度预算报告须分别说明——

第 1 项 用于宪法规定应从省统一基金支付的金额；和

第 2 项 计划从省统一基金支付的其他支出金额；

须区分税收账目上的支出和其他支出。

第 121 条 省统一基金的支出

以下支出由省统一基金支出——

第 1 项 应给付省长的薪俸，及与其职务有关的其他支出以及下列人员的薪俸：

第一，高等法院法官；

第二，省大会议长和副议长。

第 2 项 行政费用，包括应付给省高等法院和省大会秘书处官员及职员的报酬。

第 3 项 省政府的负债，包括利息，偿债基金费用，一次或分期偿还借款本金，其他与贷款有关的支出以及以省统一基金为担保的债务的服务及偿还。

第 4 项 法院或法庭所作、判决或裁决要求省支付的金额。

第 5 项 其他本宪法或省大会法案要求支付的金额。

第 122 条 年度预算报告的程序

第 1 款 年度预算报告中与省统一基金支出有关的内容可以在省大会讨论，但不能提交投票。

第 2 款 年度预算报告中与其他支出有关的，要以拨款需要的形式提交省大会投票的，大会有权同意或拒绝同意任何需要，或同意减少具体数额后的需要。

［限制性条款］①

第 3 款 除非省政府建议不得提出拨款需要。

第 123 条 经授权的支出目录的证明

第 1 款 首席部长应签署认证以下细目表：

① 原文注：由《2010 年宪法第十八修正案》（2010 年第 10 号）第三十九节删除限制性条款（自 2010 年 4 月 19 日起生效）。

第 1 项　根据第 122 条规定，省大会批准的拨款或被视为批准的拨款；

第 2 项　应由省统一基金拨付的若干拨款，但每款拨款没有超出提交省大会的报告中规定的金额。

第 2 款　经认证的细目表应向省大会提交，但不能公开讨论或投票。

第 3 款　根据宪法，省统一基金的支出不应视为得到充分授权，除非认证的细目表具体说明了省统一基金的支出，且该细目表根据第 2 款的要求向省大会提交。

第 124 条　补充拨款和额外拨款

如果在任何财政年度发现——

第 1 项　批准用于当年财政年度的某项特殊工作总数不足所需，或出现几项新工作需要拨款，而当年的年度预算报告并未包括这些新工作；或

第 2 项　一个财政年度内，在某工作上花费的金额超出当年拨款给该工作的总数。

无论宪法是否规定从省统一基金支付上述款项，省政府有权批准由省统一基金支付，将追加预算报告或超支预算报告提交省大会，列出支出总数。第 120 条至第 123 条关于年度预算报告的规定适用于上述报告。

第 125 条　账目投票

虽然有前述有关财政事项的规定，省大会在还未完成第 122 条规定的拨款投票程序和第 123 条规定的经批准的支出细目表的认证时，有权提前就某财政年度不超出 3 个月的部分预计支出决定拨款。

第 126 条　大会解散时授权支出的权力

虽然有前述有关财政事项的规定，省大会解散时，省政府在还未完成第 122 条规定的拨款投票程序和第 123 条规定的经批准的支出细目表的认证时，有权就某财政年度不超出 4 个月的部分预计支出授权省统一基金支出。

第 127 条　与国民大会有关的规定等适用于省大会

根据宪法，第 53 条第 2 款至第 8 款、第 54 条第 2 款和第 3 款、第 55 条、第 63 条至第 67 条、第 69 条、第 77 条、第 87 条和第 88 条适用于省大会及其委员会和成员、省政府，因此——

第 1 项　上述规定中涉及顾问委员会（议会）、一院或国民大会的规定，可参照适用于省大会；

第 2 项　这些规定中涉及总统的规定，可参照适用于省长；

第 3 项　这些规定中涉及联邦政府的规定，可参照适用于省政府；

第 4 项　这些规定中涉及总理的规定，可参照适用于首席部长；

第 5 项　这些规定中涉及联邦部长的规定，可参照适用于省部长；〔＊＊＊〕①

第 6 项　这些规定中涉及巴基斯坦国民大会的规定，可参照适用于生效之日前存在的省大会；〔且〕②

〔第 7 项　第 54 条第 2 款限制性条款中，在"130"替换为〔"100"〕③后有效。〕④

法　令

第 128 条　省长公布法令的权力

第 1 款　除省大会开会期间之外，如果出现某些情况使省长认为有必要立即采取行动，省长可以根据形势需要指定和颁布法令。

第 2 款　根据本条颁布的法令与省大会的法案具有相同效力，并受到与省大会立法权一样的限制，但每条法令——

第 1 项　应向省大会提交，且应于公布后〔90 日〕⑤废止，或在未到期前大会通过决议，不批准其通过。

〔而且，省大会可以通过决议将法令的有效期再延长 90 日，延长期限届满后废止，或在未到期前大会通过决议，不批准其通过。

但是，期限只能延长一次。〕⑥

第 2 项　可以随时被省长撤回。

第 3 款　在不违背第 2 款规定的情况下，向省大会提交的法令可以被视为是在省大会提出的议案。

---

① 原文注：由《1974 年宪法第一修正案》（1974 年第 33 号法案）第七节第一段删除"且"（自 1974 年 5 月 4 日起生效）。

② 原文注：由《1974 年宪法第一修正案》（1974 年第 33 号法案）第七节第二段替换，原文为句号（自 1974 年 5 月 4 日起生效）。

③ 原文注：由《2010 年宪法第十八修正案》（2010 年第 10 号）第四十节替换，原文为"70"（自 2010 年 4 月 19 日起生效）。

④ 原文注：由《1974 年宪法第一修正案》（1974 年第 33 号法案）第七节第三段增加（自 1974 年 5 月 4 日起生效）。

⑤ 原文注：由《2010 年宪法第十八修正案》（2010 年第 10 号）第四十节替换，原文为"3 个月"（自 2010 年 4 月 19 日起生效）。

⑥ 原文注：由《2010 年宪法第十八修正案》（2010 年第 10 号）第四十一节替换（自 2010 年 4 月 19 日起生效）。

第三章 省 政 府

[第 129 条 省政府]①

第 1 款　根据宪法，省政府的行政权由省政府以省长的名义行使，省政府包括首席部长和省部长，通过首席部长行使职权。

第 2 款　首席部长直接或通过省部长行使宪法规定的职权。

[第 130 条 内阁]②

第 1 款　成立部长内阁，首席部长为其首长，在省长行使职权时予以协助和建议。

第 2 款　省大会在大会大选后第 21 日举行，除非省长提前召集开会。

第 3 款　选举议长和副议长后，省大会在进行其他事务前，不经辩论选举出一名成员担任首席部长。

第 4 款　首席部长由省大会成员总数中的多数票选举产生。

但是，如果没有成员在第一次投票中得到多数票，应进行第二次投票，在第一次投票中得票最高的两名成员中进行选择，获得在场多数成员赞同票的成员应宣布当选为首席部长。

此外，如果两名或更多成员得到了相等的最高票数，则在他们之间进行再次投票，直到其中一人获得多数成员参与投票的多数票。

第 5 款　根据第 4 款选举出的成员由省长召集就仟首席部长，他应在就职前，在省长面前依照附则三规定的方式宣誓。

但是，首席部长不受任期次数的限制。

第 6 款　内阁集体对省大会负责，内阁成员不得超过 15 人或省大会成员总数的 11%，取二者中数值高者。

而且，《2010 年宪法第十八修正案》开始之后，在下一届大选开始前，前述限制仍然有效。

第 7 款　首席部长得由省长随时解除职务，但是，除非首席部长不能获得省大会多数成员的信任，省长才能根据本款行使该权力。在这种情况下，省长应召集省大会，就首席部长能否获得大会的信任进行投票。

---

① 原文注：由《2010 年宪法第十八修正案》（2010 年第 10 号）第四十二节替换（自 2010 年 4 月 19 日起生效）。

② 原文注：由《2010 年宪法第十八修正案》（2010 年第 10 号）第四十三节替换（自 2010 年 4 月 19 日起生效）。

第 8 款　首席部长可以通过亲手书写辞呈的方式告知省长，辞去其职务。

第 9 款　如果一个部长不是省大会成员达 6 个月之久的，停止担任部长，大会解散前不得再被任命为部长，除非他被选举为大会成员。

第 10 款　本条不得解释为取消省大会解散期间继续供职的首席部长或其他任何部长的资格，或防止在此期间任命任何人作为首席部长或其他部长。

第 11 款　首席部长不得任命超过 5 名顾问。

[第 131 条　告知省长]①

首席部长须告知省长有关省行政管理和省政府打算向省大会提出的所有立法建议。

[第 132 条　省部长]②

第 1 款　根据第 130 条［第 9 款和第 10 款］③的规定，省长应在首席部长建议下，在省大会成员中任命省部长。

第 2 款　就职前，省部长应在省长面前依照附则三规定的方式宣誓。

第 3 款　省部长可以通过亲手书写辞呈的方式向省长辞职，省长可以在首席部长建议下免去省部长的职务。

[第 133 条　首席部长继续任职]④

省长可以要求首席部长继续任职，直至首席部长的继任者就职。

[第 134 条　首席部长辞职]⑤

[第 135 条　省部长履行首席部长职责]⑥

[第 136 条　针对首席部长的不信任投票]⑦

第 1 款　由不少于 20% 的省大会成员提议，省大会可以通过针对首席部

---

①　原文注：由《2010 年宪法第十八修正案》（2010 年第 10 号）第四十四节替换（自 2010 年 4 月 19 日起生效）。

②　原文注：由《1985 年复兴 1973 年宪法令》（总统令 1985 年第 14 号）附表第 28 项替换。

③　原文注：由《2010 年宪法第十八修正案》（2010 年第 10 号）第四十五节替换，原文为"第 7 款和第 8 款"（自 2010 年 4 月 19 日起生效）。

④　原文注：由《2010 年宪法第十八修正案》（2010 年第 10 号）第四十五节替换。

⑤　原文注：由《1985 年复兴 1973 年宪法令》（总统令 1985 年第 14 号）附表第 29 项删除。

⑥　原文注：由《1985 年复兴 1973 年宪法令》（总统令 1985 年第 14 号）附表第 29 项删除。

⑦　原文注：由《1985 年复兴 1973 年宪法令》（总统令 1985 年第 14 号）附表第 30 项替换。

长进行不信任投票的决议。

第 2 款　第 1 款中的决议要在其在省大会提议 3 日后的 7 日内进行投票。

第 3 款　如果省大会成员多数票通过第 1 款中的决议，首席部长应停止职务。

第 137 条　省行政权的范围

根据宪法，省行政权扩大到省大会有权立法的事项。

但是对于顾问委员会（议会）和一省的省大会都有权立法的事项，省的行政权受到宪法或顾问委员会（议会）所制定的法律明确授予联邦政府或其机关行政权的制约和限制。

第 138 条　职权授予下属机关

在省政府建议下，省大会可以通过法律将职权授予官员或隶属于省政府的机关。

［第 139 条　省政府的处事规则］①

第 1 款　省政府的所有行政行为均以省长的名义进行。

第 2 款　［省政府］② 通过规则具体规定，［以省长的名义］③ 制定、执行的命令和其他文书须予以确认的，不得以省长没有制定或执行为由，在任何法院质疑已被确认的命令或文书的有效性。

［第 3 款］④　省政府应制定分配和办理其事务的规则。

第 140 条　省检察长

第 1 款　各省省长应任命一个有资格被任命为高等法院法官的人，作为省检察长。

第 2 款　省检察长有义务向省政府提供法律事务方面的建议，履行省政府提交或指定的具有法律性质的其他职责。

第 3 款　省检察长得随时由省长解职，［只要他担任检察长职务，就不能

---

① 原文注：由《1985 年复兴 1973 年宪法令》（总统令 1985 年第 14 号）附表第 31 项替换。

② 原文注：由《2010 年宪法第十八修正案》（2010 年第 10 号）第四十六节第一段替换，原文为"省长"（自 2010 年 4 月 19 日起生效）。

③ 原文注：由《2010 年宪法第十八修正案》（2010 年第 10 号）第四十六节第一段替换，原文为"以他的名义"。

④ 原文注：由《2010 年宪法第十八修正案》（2010 年第 10 号）第四十六节第二段替换（自 2010 年 4 月 19 日起生效）。

进行私人执业。]①

第4款　省检察长可以通过亲手书写辞呈的方式告知省长，辞去其职务。

[第 140A 条　地方政府]②

第1款　各省可以通过法律建立地方政府系统，将政治、行政和财政义务和权力转移给地方政府选举出的代表。

第2款　地方政府的选举由巴基斯坦选举委员会组织。

第五编　联邦和各省的关系

第一章　立法权分配

第 141 条　联邦和省法律的范围

根据宪法，顾问委员会（议会）可以为巴基斯坦全部或部分区域立法（包括拥有制定超出领土效力的法律），省大会可以为省或其中任何区域立法。

第 142 条　联邦和省法律的事项

根据宪法——

第1项　顾问委员会（议会）对联邦立法清单中的任何事项具有排他的立法权；

[第2项]③　顾问委员会（议会）和省大会对刑法、刑事程序和证据具有立法权；

[第3项]④　根据第2项，省大会对联邦立法清单中未列举的事项具有立法权，顾问委员会则无此立法权；

[第4项]⑤　顾问委员会（议会）对与联邦领域相关、不被任何省包括的所有事项有排他的立法权。

---

① 原文注：由《2010 年宪法第十八修正案》（2010 年第 10 号）第四十七节增加（自 2010 年 4 月 19 日起生效）。

② 原文注：由《2010 年宪法第十八修正案》（2010 年第 10 号）第四十八节增加（自 2010 年 4 月 19 日起生效）。

③ 原文注：由《2010 年宪法第十八修正案》（2010 年第 10 号）第四十九节第一段替换（自 2010 年 4 月 19 日起生效）。

④ 原文注：由《2010 年宪法第十八修正案》（2010 年第 10 号）第四十九节第二段替换（自 2010 年 4 月 19 日起生效）。

⑤ 原文注：由《2010 年宪法第十八修正案》（2010 年第 10 号）第四十九节第三段替换（自 2010 年 4 月 19 日起生效）。

[第 143 条　联邦法律和省法律间的不一致]①

如果省大会法案的任何规定与顾问委员会（议会）有权颁布的法案的规定相矛盾，以顾问委员会（议会）法案为准，不论其是在省大会法案前或后通过的，省大会法案在不一致的范围内无效。

第 144 条　顾问委员会（议会）通过同意的方式为 [一个]② 或更多省立法的权力

第 1 款　如果 [一个]③ 或更多省大会通过决议，以便顾问委员会（议会）可以通过法律规定附则四的 [联邦立法清单]④ 中没有列举的事项，顾问委员会（议会）因此通过法案管理该事项是合法的，但这样通过的法案在适用到某一省时，该省大会法案可以进行修改或废止。

[第 2 款]⑤

第二章　联邦和各省间的行政关系

第 145 条　总统命令省长代其履行职能的权力

第 1 款　总统可以命令某省省长代其履行与联邦有关、不属于任何省的职能，命令可以以概括授权或对特定事项进行授权。

第 2 款　第 105 条规定不适用于省长根据第 1 款的规定对其职权和履行。

第 146 条　某些情况下联邦将权力等授予省

第 1 款　虽然有宪法的规定，联邦政府可以在一省政府同意下，有条件或无条件地将与联邦行政权扩展的事项有关的职能，委托政府或其官员。

第 2 款　顾问委员会（议会）可以对省或其官员和机关授予权力和课以义务，尽管省大会无权对此事项立法。

第 3 款　由于本条，对省或其官员和机关授予权力和课以义务，联邦应向省支付协议后的费用，没有协议时，由巴基斯坦首席法官任命的仲裁员决定，

---

①　原文注：由《2010 年宪法第十八修正案》（2010 年第 10 号）第五十节替换（自 2010 年 4 月 19 日起生效）。

②　原文注：由《2010 年宪法第十八修正案》（2010 年第 10 号）第五十一节第一段、第二段替换，原文为"二"（自 2010 年 4 月 19 日起生效）。

③　原文注：由《2010 年宪法第十八修正案》（2010 年第 10 号）第五十一节第一段、第二段替换。

④　原文注：由《2010 年宪法第十八修正案》（2010 年第 10 号）第五十一节第一段、第二段替换，原文为"任一表"。

⑤　原文注：由《1985 年宪法第八修正案》（1985 年第 18 号）第十七节删除。

数额为省内发生的与行使这些权力或履行这些职责有关的额外行政费用的总和。

第147条　省将职能委托联邦的权力

虽然有宪法的规定，省政府可以经联邦政府同意，有条件或无条件地将与省行政权扩展的事项有关的职能，委托联邦政府或其官员。

［而且，省政府委托的职能应在60日内获得省大会批准。］①

第148条　省和联邦的义务

第1款　各省行政权的行使应遵守在该省适用的联邦法律。

第2款　在不违背本章规定的基础上，联邦行政权在任何省的行使须符合该省利益。

第3款　联邦有义务保护各省不受外来侵略和内乱，确保各省政府依宪法规定正常运转。

第149条　在某些情况下指示省

第1款　各省行政权的行使不得阻碍或损害联邦行政权的行使。联邦行政权包括联邦政府在其认为必要时向省发布执行上述规定的指示。

［第2款］②

第3款　联邦行政权包括指示省建设或维护具有国家重要性或战略重要性的通讯设施。

第4款　联邦行政权包括指示省如何行使行政权，以防止巴基斯坦或其任何部分的和平、安定或经济生活遭受重大威胁。

第150条　充分信任公共法案等

巴基斯坦全境都应充分信任公共法律和记录，以及各省的司法诉讼记录。

第151条　省际贸易

第1款　在遵守第2款规定的前提下，贸易、商业和交流在巴基斯坦全境内均自由进行。

第2款　顾问委员会（议会）可以出于公共利益的需要，通过法律限制各省之间或巴基斯坦任何部分间的贸易、商业和交流自由。

第3款　省大会或省政府无权力——

第1项　立法或实施行政行为以禁止或限制任何形式或类型的商品进入该

---

① 原文注：由《2010年宪法第十八修正案》（2010年第10号）第五十二节增加限制性条款（自2010年4月19日起生效）。

② 原文注：由《2010年宪法第十八修正案》（2010年第10号）第五十三节删除（自2010年4月19日起生效）。

省或从该省出口；或

第 2 项　对该省制造或生产的商品和非该省制造或生产但相似的商品分别征收对前者有利的税，或在商品都在该省外制造或生产时，对巴基斯坦某地区制造或生产的商品和在巴基斯坦其他地区制造或生产的商品因制造或生产地区的不同而征收不同的税。

第 4 款　省大会法案如是为了公共健康、公共秩序或道德的利益，保护动植物不受疾病感染或防止或缓解一种重要商品在省内的短缺而规定合理限制，并在总统同意下制定的，不应无效。

第 152 条　基于联邦需要收购土地

如果联邦出于顾问委员会（议会）有权立法事项的需要，认为有必要收购位于一省内的土地，可以要求省代表联邦并以联邦的名义收购土地；如果该土地属于该省，则按双方同意的条件将土地转让给联邦；在无协议时，转让条件由巴基斯坦首席法官任命的仲裁员决定。

第三章　特别规定

［第 152A 条　国家安全委员会］①

第 153 条　共同利益理事会

第 1 款　成立共同利益理事会，本章中简称理事会，由总统任命。

［第 2 款］②　理事会包括——

第 1 项　总理作为理事会主席；

第 2 项　各省首席部长；及

第 3 项　总理随时提名的 3 名联邦政府的成员。

［第 3 款］③

第 4 款　理事会对顾问委员会（议会）负责，［且应向顾问委员会（议

---

①　原文注：由《2003 年宪法第十七修正案》（2003 年第 3 号）第五节删除，此前通过不同法令修正的方式，由《2002 年法律框架令》（C. E's. O. 2002 年第 24 号）第 3 条及附表增加。

②　原文注：由《2010 年宪法第十八修正案》（2010 年第 10 号）第五十四节第一段替换（自 2010 年 4 月 19 日起生效）。

③　原文注：由《2010 年宪法第十八修正案》（2010 年第 10 号）第五十四节第二段删除（自 2010 年 4 月 19 日起生效）。

会）两院提交年度报告]①。

第 154 条　职能和程序规则

[第 1 款]②　理事会规划和规定与联邦立法清单第二部分事项有关的政策，对相关制度进行监督和控制。

[第 2 款　理事会在总理就职宣誓后 30 日内建立。

第 3 款　理事会设一名常任秘书，理事会 90 日至少开会一次。

但总理可以根据一省的要求针对紧急事项召集开会。]③

[第 4 款　理事会的决定根据多数意见作出。

第 5 款　顾问委员会（议会）通过法律制定这方面的规定前，理事会可以制定自己的程序规则。

第 6 款　顾问委员会（议会）在联席会议上，可以随时通过决议，以联邦政府的名义指示理事会概括地或对特定事项采取顾问委员会（议会）认为合理、合适的行动，这样的指示对理事会有约束力。

第 7 款　如果联邦政府或省政府对理事会的决定不满，可以将事项提交顾问委员会（议会）联席会议审议，其决定具有终决性。]④

第 155 条　关于供水受干扰的投诉

第 1 款　如果一省、联邦首都或联邦管理的部落地区或其居民，在自然供水［或水库］⑤供水上，已经或很可能受到来自以下事项的不利影响：

第 1 项　任何已采取或计划采取的行政行为或已实施、通过或计划实施、通过的立法；或

第 2 项　在水的使用和分配或控制上，有关当局没有行使其权力。

联邦政府或有关的省政府可通过书面形式向理事会投诉。

第 2 款　一旦收到投诉，理事会在考虑事实后，要么作出决定，要么要求总统任命一个委员会，其中包括他认为合适的，拥有灌溉、工程、管理、金融

---

①　原文注：由《2010 年宪法第十八修正案》（2010 年第 10 号）第五十四节第三段增加（自 2010 年 4 月 19 日起生效）。

②　原文注：由《2010 年宪法第十八修正案》（2010 年第 10 号）第五十五节替换（自 2010 年 4 月 19 日起生效）。

③　原文注：新条款第 2 款和第 3 款由《2010 年宪法第十八修正案》（2010 年第 10 号）第五十五节增加。

④　原文注：第 2 款至第 5 款由《2010 年宪法第十八修正案》（2010 年第 10 号）第五十五节重新编号。

⑤　原文注：由《2010 年宪法第十八修正案》（2010 年第 10 号）第五十六节增加（自 2010 年 4 月 19 日起生效）。

或法律知识的人，下文称为委员会。

第 3 款　直到顾问委员会（议会）通过法律制定相关规定，在其生效前已经生效的 1956 年巴基斯坦调查委员会法案的规定适用于理事会或委员会，理事会或委员会如同根据该法案任命的委员会，适用该法案第 5 节规定，行使该法案第 10 - 1 节授予的权力。

第 4 款　考虑委员会的报告和补充报告后，理事会应记录所有涉及委员会事项的决定。

第 5 款　虽然有法律的相反规定，但根据第 154 条第 4 款规定，联邦政府和与争议事项有关的省政府有义务根据理事会决定的条款和要求，如实地确认其效力。

第 6 款　正在或曾在理事会处理事项的一方当事人不得根据本条在任何法院前提出诉讼；对于一个是或曾经是或应该是向理事会投诉的合理事项，任何人不得根据本条在任何法院前提出诉讼。

[第 156 条　国家经济理事会]①

第 1 款　总统应成立国家经济理事会，包括：

第 1 项　总理作为理事会主席；

第 2 项　首席部长和首席部长提名的来自各省的一名成员；

第 3 项　总理随时提名的 4 名其他成员。

第 2 款　为了向联邦政府和省政府提供建议，国家经济理事会应检查国家的总体经济状况，批定财政、商业、社会和经济政策；批定时应充分考虑其他因素确保平衡发展和地区平等，并受第二章的政策原则指导。

第 3 款　理事会的会议由主席召集，或在理事会半数成员要求下召集。

第 4 款　理事会一年内至少开会两次，会议法定人数为成员总人数的一半。

第 5 款　理事会应对顾问委员会（议会）负责，向顾问委员会（议会）的每个院提交年度报告。

第 157 条　电力

第 1 款　联邦政府可以在任何省建设或指示任何省建设用于发电的水力发电站、火力发电站或变电站，也可以设置或指示设置省际输电线。

[但是，联邦政府决定在任何省建设或指示任何省建设水力发电站前，应

---

① 原文注：由《2010 年宪法第十八修正案》（2010 年第 10 号）第五十七节替换（自2010 年 4 月 19 日起生效）。

咨询相关省政府。]①

第 2 款　省政府可以——

第 1 项　在国家电网提供给该省电力的范围内，为了输电和配电，要求省内大批生产供电；

第 2 项　对省内电力消耗征税；

第 3 项　在省内建设发电站和配电站，设置使用的输电线；

第 4 项　决定省内配电收费表。

[第 3 款]②　联邦政府和省政府对本条内的任何事项产生争议时，任一政府可以向共同利益理事会提交争议并由其解决。

第 158 条　天然气方面要求的优先权

根据宪法生效之日的那些承诺和义务，有天然气井的省先于巴基斯坦其他地区从井中获得天然气以满足要求。

第 159 条　广播和电视

第 1 款　联邦政府不得不合理地拒绝授予省政府有关广播和电视的职能，如果有必要使联邦政府——

第 1 项　在省内建设和使用信号传送器；及

第 2 项　对省内建设和使用的信号传送器及接收设备的使用进行管理和收费。

但本条不得解释为要求联邦政府授予任何省控制权，从而控制联邦政府或其授权的人建设和维护的信号传送器的使用和联邦政府授权的人对接收设备的使用。

第 2 款　如此授予省政府的任何职能，应根据联邦政府可能施加的条件行使，包括有关财政的条件；尽管有宪法的规定，但联邦政府施加条件管理省政府的或省政府授权的广播或电视事务是不合法的。

第 3 款　任何与广播和电视有关的联邦法律应保障本条前述规定的效力。

第 4 款　如果对施加于任何省政府的条件是否合法产生争议，或对联邦政府反对授权的合理性产生争议，争议应由巴基斯坦首席法官任命的仲裁员决定。

---

①　原文注：由《2010 年宪法第十八修正案》（2010 年第 10 号）第五十八节第一段增加限制性条款（自 2010 年 4 月 19 日起生效）。

②　原文注：由《2010 年宪法第十八修正案》（2010 年第 10 号）第五十八节第二段增加（自 2010 年 4 月 19 日起生效）。

第 5 款　本条不得解释为限制联邦政府根据宪法为防止巴基斯坦或其任何部分的和平、安定或经济生活受到重大威胁而享有的权力。

不丹王国宪法[*]

第 22 条　地方政府

第 1 款　权力和权威应当分散并下放给地方选举出的政府，以方便人民直接参与社会、经济和环境福祉的发展与管理。

第 2 款　不丹应在 20 个行政区的每个行政区内设立地方政府。20 个行政区包含行政区委员会、县委员会和自治区。

第 3 款　地方政府应通过提供论坛的方式让公众讨论地方区域内有影响的事务，在全国区域治理时确保将地方利益考虑在内。

第 4 款　地方政府的目标应是——

第 1 项　为当地社区提供民主而负责任的管理；

第 2 项　确保社区以可持续的方式提供服务；

第 3 项　鼓励社区、社会组织参与地方事务治理；

第 4 项　履行任何其他由议会制定的法律所规定的职责。

第 5 款　地方政府应努力在其财政和行政能力之内，实现本条设定的目标。

第 6 款　行政区委员会应包括：

第 1 项　从每个县选出两名代表作为县长和副县长；

第 2 项　一名来自行政区自治区的当选代表；

第 3 项　一名来自行政区卫星镇的当选代表。

第 7 款　县应划分为若干个乡，乡选举县委员会成员。由县人民选举的县长和副县长应为县委员会成员。县长是县委员会主席。

第 8 款　自治区委员会应由一名自治区行政长官领导。自治区行政长官由行政区自治区选民直接选举产生。自治区行政长官的权力和职能应由议会制定的法律设定。

---

[*]　2008 年 7 月 18 日不丹王国吉格梅·基沙尔·旺楚克国王批准生效。

第 9 款　每个行政区自治区应划分为若干选区，以选举自治区委员会成员。

第 10 款　每个县委员会或自治区委员会应拥有7—10名当选成员。

第 11 款　行政区委员会应在其成员中选出一名主席。

第 12 款　行政区委员会应每年至少举行两次会议，县委员会和自治区委员会应每年至少举行三次会议。

第 13 款　全体成员 2/3 以上出席才能达到地方政府会议的法定人数。

第 14 款　地方政府的成员职位因任期届满以外的原因空缺时，自空缺之日起 30 日内应当补选，以填补空缺。

第 15 款　地方政府的成员应依据本宪法附件三的规定在上任前进行宣誓或发表就职宣言。

第 16 款　地方政府成员的选举应按照选举法的规定进行。

第 17 款　候选人或地方政府的成员应不属于任何政党。

第 18 款　地方政府应——

第 1 项　由政府支持发展行政、技术和管理能力，地方政府的结构应当回应人民需求、透明和负责；

第 2 项　有权征收适当的税费，征税和收费应符合议会制定的法律所规定的程序和限制；

第 3 项　有权以年度授权的形式从政府获得充足的财政资源；

第 4 项　获得一定比例的国家财政收入分配，以确保地方政府的自力更生和自我维持的性质；

第 5 项　由政府支持以促进全面和整体的地区发展规划；

第 6 项　有权拥有资产，且有权在议会以法律设定的限制内以从其账户借款的方式承担债务。

第 19 款　地方政府应以文官组成的行政机构为支撑。

第 20 款　一个行政区应由一名文官作为首席执行官。行政长官不得有任何政治派别，并应为了人民和国家的利益而履行其行政长官的责任。

第 21 款　行政区委员会、县委员会和自治区委员会，如非提前解散，将从各自的第一次代表会议之日起持续服务 5 年。

第 22 款　行政长官及地方政府的权力和职能均应符合议会制定法律的规定。

朝鲜民主主义人民共和国
社会主义宪法[*]

第六章　国家机构

第六节　地方人民会议

第 137 条　道（直辖市）、市（区）、郡人民会议是地方主权机关。

第 138 条　地方人民会议由根据普遍、平等、直接选举的原则，通过秘密投票方式选出的代议员组成。

第 139 条　道（直辖市）、市（区）、郡人民会议任期 4 年。

地方人民会议的下届选举，在地方人民会议任期届满以前根据本级地方人民委员会的决定举行。

因特殊原因不能如期举行选举时，其任期可延长至举行选举时。

第 140 条　地方人民会议行使下列职权：

1. 审议并批准地方国民经济发展计划及其执行情况的报告；
2. 审议并批准地方预算及其执行情况的报告；
3. 采取在本区域执行国家法律的措施；
4. 选举或罢免本级人民委员会委员长、副委员长、秘书长和委员；
5. 选举或罢免本级法院审判员和人民陪审员；
6. 撤销本级人民委员会、下级人民会议和人民委员会的不适当的决定和指示。

第 141 条　地方人民会议召开定期会议和临时会议。

定期会议由本级人民委员会每年召开一至两次。

临时会议在本级人民委员会认为有必要时，或者 1/3 以上代议员提议时召开。

第 142 条　地方人民会议须有 2/3 以上的代议员出席。

---

* 1972 年 12 月 27 日朝鲜民主主义人民共和国第五届最高人民会议第一次会议通过并生效。

第 143 条　地方人民会议选举议长。议长主持会议。

第 144 条　地方人民会议通过决定。

第七节　地方人民委员会

第 145 条　道（直辖市）、市（区）、郡人民委员会是本级人民会议休会期间的地方主权机关，是地方主权机关的行政执行机关。

第 146 条　地方人民委员会由委员长、副委员长、事务长、委员组成。

地方人民委员会任期与人民会议任期相同。

第 147 条　地方人民委员会行使下列职权：

1. 召集人民会议；

2. 组织人民会议代议员选举工作；

3. 与人民会议议员进行工作；

4. 执行本级地方人民会议与上级人民委员会决议和指示，最高人民会议法令和决议，朝鲜民主主义人民共和国国防委员会第一委员长命令，国防委员会决议和指示，最高人民会议常任委员会政令、决议和指示，政务院与政务院委员会，省决议和指示；

5. 组织与执行本区域所有的行政工作；

6. 编制地方国民经济发展计划并采取相应执行措施；

7. 编制地方预算采取相应执行措施；

8. 采取本区域内维持社会秩序，保护国家及合作社的财产和利益，保障公民权利的措施；

9. 在本区域监督和规制国家管理秩序的工作；

10. 指导下级人民委员会工作；

11. 撤销下级人民委员会不适当的决议和指示，停止下级人民会议不适当的决议的执行。

第 148 条　地方人民委员会举行全体会议和常务会议。

地方人民委员会全体会议由全体委员组成，常务会议由委员长、副委员长和秘书长组成。

第 149 条　地方人民委员会全体会议讨论并决定在行使职权过程中出现的重大问题。

常务会议讨论并决定全体会议委托的事项。

第 150 条　地方人民委员会发布决议和指示。

第 151 条　地方人民委员会可以设立协助其工作的非常设专门委员会。

第 152 条　地方人民委员会对本级人民会议负责。

地方人民委员会服从上级人民委员会、政务院和最高人民委员会常设委员会。

菲律宾共和国 1987 年宪法[*]

第 10 条　地方政府

一般规定

第 1 款　菲律宾共和国的领土和行政辖区划分为省、市、自治市和区。穆斯林聚居的棉兰老岛和科迪勒拉依下文规定，为自治区。

第 2 款　各领土和行政辖区享有地方自治权。

第 3 款　国会应制定地方政府法典，该法典应通过分权制，有效罢免、创制和复决机制，各地方政府单位的权力、责任和资源配置，规定地方政府官员的资格、选举、任命、免职、任期、权力、职能和义务以及其他与地方政府的组织和运作有关的事项，从而建立一个更高效、负责的地方政府机构。

第 4 款　菲律宾总统对地方政府行使总监督权。设市和自治市的省及设区的市和自治市应确保其各辖区政府在规定的职权范围内活动。

第 5 款　在国会规定的原则和条件下，遵照地方自治的基本政策，各地方政府有权创造各自的收入来源，征收税款、收费和附加费。上述税款、收费和附加费完全属于地方政府。

第 6 款　各地方政府有权从国家税收中获得法定的合理份额，其应自动拨付。

第 7 款　地方政府对其辖区内的国家资源的开发和利用所获的收益，有权依照法定方式获得合理的份额，包括以直接分配的方式与当地居民共享。

第 8 款　除区官员的任期由法律另行规定外，应以选举产生的地方政府官员，任期 3 年，且连任不得超过两届。在任期内自愿辞去职务，无论何时为之，均不得视为其当选职务完整任期连续性的中断。

---

[*]　1987 年 2 月 2 日全民公决通过，1987 年 2 月 11 日颁布施行。

第 9 款　　地方政府的立法机构应有法律规定的行业代表。

第 10 款　　非依地方政府法典规定的标准，并在各直接相关的行政区公民投票中获得过半数赞成票，不得增设、分割、合并、撤销省、市、自治市或区，或对其境界做重大变更。

第 11 款　　国会得根据本条第 10 款规定的公民投票结果，以法律设立大都市行政区。大都市所属的市和自治市仍保有基本自治权，并有各自的地方行政机关和立法会。大都市政府的管辖权限于需要协调的基础事务。

第 12 款　　法律规定的高度都市化的城市以及其章程禁止选民选举省的官员的市独立于其所在的省。省属市的选民，其章程不包括上述禁止性的规定，其投票选举省的官员的权利不受剥夺。

第 13 款　　各地方政府为其共同利益，得依法联合，并协调其力量、服务和资源。

第 14 款　　为实行分权，以巩固地方自治，促进区内各单位的经济和社会增长与发展，总统有权设立区发展委员会或其他类似机构，其由各该地区的地方政府官员、区政府部门和其他办公室长官及非政府组织代表组成。

自 治 区

第 15 款　　在本宪法和菲律宾共和国国家主权、领土完整的框架内，在穆斯林聚居的棉兰老岛和科迪勒拉地区设立自治区。自治区由省、市、自治市和以及其他具有共同的、与众不同的历史文化传统、经济和社会结构以及其他重要特征的地域组成。

第 16 款　　总统对自治区实施全面监督权，确保法律得以切实执行。

第 17 款　　本宪法和法律未授予自治区的权力、职能和责任属于中央政府。

第 18 款　　国会应在由总统从一份列有社会各界提名的委员名单中任命的委员组成的地区顾问委员会的协助和参与下为各自治区制定组织法。组织法规定自治区的政府架构，包括行政部门和立法会，其均应由辖属的行政区选举之并代表之。组织法同时依照本宪法和国内法的有关规定，设立审理有关个人、家庭和财产案件的专门法院。

自治区的设立，在其为该地区各辖区为此目的而举行的公民投票以过半数赞成票批准时生效，但是，仅得将在该公民投票中投赞成票的省、市和地区纳入该自治区。

第 19 款　　根据本宪法选出的第一届国会应在两院组成之日起 18 个月内通过穆斯林聚居的棉兰老岛和科迪勒拉地区自治区组织法。

第 20 款 在本宪法和国内法以及其各自区域管辖范围内，自治地区组织法得对下列事项的立法权加以规定：

（a）行政组织；

（b）开辟税收来源；

（c）祖传土地和自然资源；

（d）私人、家庭和财产关系；

（e）自治区城市和农村规划发展；

（f）经济、社会和旅游的发展；

（g）教育政策；

（h）文化遗产的保存和发展；

（i）为促进自治区人民总体福祉而由法律授权的其他事项。

第 21 款 维持自治区的公共秩序由地方警察机构负责，其应依有效的法律组织、维持、监督和利用。自治区的防务和安全由中央政府负责。

哈萨克斯坦共和国宪法*

第八章　地方国家管理和地方自治

第 85 条

地方的国家管理，由地方代表机关和执行机关实施。地方代表机关和执行机关应当对相应区域的事务状况承担责任。

第 86 条

1. 地方代表机关（马斯利哈特①）代表相应行政区域单位内居民的意志，并在考虑到全国利益的前提下，决定采取必要措施以实现相应区域单位居民的意志，并监督上述措施的执行。

2. 地方代表机关由居民按照普遍、平等和直接的选举制，并采用无记名

---

* 1995 年 8 月 30 日以哈萨克斯坦共和国全民公决形式通过，2007 年 5 月 21 日修改和补充。

① 译者注：地方代表机关的名称为"马斯利哈特"。根据《世界各国宪法》编辑部制定的翻译规范的要求，在以下翻译哈萨克斯坦共和国宪法文本的过程中，凡遇到俄文单词 маслихаты 时，均译为"地方代表机关"。

投票方式选举产生，每届任期 5 年。

3. 凡年满 20 岁的哈萨克斯坦共和国公民，可以当选为地方代表机关的代表。共和国公民只能担任一个地方代表机关的代表。

4. 地方代表机关的权限包括：

（1）批准本区域的发展计划、社会和经济发展规划、地方预算以及地方预算执行情况的报告；

（2）决定属于其权限范围内的地方行政区域结构问题；

（3）审议地方执行机关领导人就被法律划归地方代表机关职权管辖范围内的问题所做的工作报告；

（4）成立各种常设委员会以及地方代表机关的其他工作机构，听取上述委员会和工作机构活动情况的报告，决定与地方代表机关工作组织相关的其他问题；

（5）依照共和国法律的规定，行使保障公民权利和合法利益方面的其他权限。

5. 地方代表机关的权限，可以由共和国总统提前终止。地方代表机关的权限，也可以在地方代表机关通过关于自行解散决议的情况下提前终止。

6. 地方代表机关的职权范围、组织和活动程序，以及地方代表机关代表的法律地位，均由法律予以规定。

第 87 条

1. 地方执行机关是哈萨克斯坦共和国统一执行机关体系的组成部分。地方执行机关应当结合本地区发展的利益和需要，贯彻执行全国性的政策。

2. 地方执行机关的权限包括：

（1）制定本地区的发展计划、经济和社会发展规划、地方预算，并保障其执行；

（2）管理地方财产；

（3）任免地方执行机关的领导人，解决与地方执行机关工作组织相关的其他问题；

（4）从有利于地方国家管理出发，行使共和国法律赋予地方执行机关的其他权限。

3. 地方执行机关，由相应行政区域单位的长官领导。而各行政区域单位的长官，是共和国总统和政府的代表。

4. 各州、共和国直辖市和共和国首都的长官，由共和国总统在征得相应州、共和国直辖市和共和国首都代表机关的同意后任命。其他行政区域单位的长官，依照哈萨克斯坦共和国总统规定的程序任命或者选举产生。共和国总统有权根据自己的意愿，解除上述长官的职务。

5. 根据代表机关全体代表 1/5 多数的动议，可以提出关于向相应长官表示不信任的问题。在这种情况下，代表机关有权以其全体代表 1/2 以上多数向本行政区域单位的长官表示不信任，并有权向共和国总统或者上级长官提出关于罢免该长官职务的问题。各州、共和国直辖市和共和国首都长官的权限，在新当选的共和国总统就职时终止。

6. 地方执行机关的职权范围、组织和活动程序，由法律予以规定。

第 88 条

1. 地方代表机关就自己职权范围内的问题通过决议，而长官就自己职权范围内的问题作出决定和发布命令。上述决议、决定和命令，在本行政区域单位内必须执行。

2. 只有在具备长官肯定性结论意见的情况下，才能将地方代表机关关于压缩地方预算收入或者扩大地方预算支出的决议草案提交审议。

3. 地方代表机关与哈萨克斯坦共和国宪法和法律相抵触的决议，可以依照司法程序予以废除。

4. 长官的决定和命令，可以分别由哈萨克斯坦共和国总统、政府予以撤销，或者由上级长官予以撤销。长官的决定和命令，也可以依照司法程序予以废除。

第 89 条

1. 哈萨克斯坦共和国承认地方自治，以保障居民独立自主地解决地方性问题。

2. 在本地区居住的居民可以直接地或者通过地方代表机关和其他的地方自治机关，在本地区的地方团体内实施地方自治。

依照法律的规定，地方自治机关可以被授权行使部分国家职能。

3. 哈萨克斯坦地方自治的组织和活动，由法律予以规定。

4. 地方自治机关在法定权限范围内的独立性，应当受到保障。

大韩民国宪法[*]

第八章　地方自治

第 117 条　①地方自治团体处理有关居民福利的事务，管理财产，在法令的范围内制定有关自治的规定。

②地方自治团体的种类由法律规定。

第 118 条　①地方自治团体设议会。

②地方议会的组织、权限、议员选举和地方自治团体长官的选任方法及其他关于地方自治团体组织和运行的事项由法律规定。

吉尔吉斯共和国宪法^{**}

第八编　地方自治

第 110 条

1. 地方自治是本宪法予以保障的权利，也是各地方共同体独立地解决地方性问题的现实可能性①。各地方共同体为了自己的利益，独立地解决地方性问题，同时也为地方性问题的解决状况承担责任。

2. 在吉尔吉斯共和国，地方自治由各地方共同体在相应行政区域单位的辖区内予以实施。

＊　1948 年 7 月 12 日通过，1987 年 10 月 29 日全面修改并经全民投票通过，1988 年 2 月 25 日生效。

＊＊　2010 年 6 月 27 日以全民公决形式通过。

①　译者注：在苏联法学理论中，权利是指宪法和法律确认的，公民实现某种利益和愿望的可能性。我国在新中国成立初期引进了苏联的法学理论，其中包括苏联的国家法（宪法学）理论。目前，我国的宪法学教材中，仍有相当一部分是这样为公民权利下定义的。

3. 地方自治由公民在地方共同体直接地，或通过地方自治机关予以实施。

4. 地方自治的经费由相应的地方预算，以及共和国预算予以保障。

5. 地方预算的拨款和执行，应当遵循透明原则、公众人士参与原则和地方自治机关向地方共同体报告工作原则。

第 111 条

1. 地方自治机关体系包括：

地方会议，即地方自治的代表机关；

镇政府和市政府，即地方自治的执行机关。

2. 地方自治的执行机关及其公职人员，应当向本级地方会议报告自己的活动情况。

第 112 条

1. 地方会议的代表，由居住在本行政区域单位内的公民依照法律规定的程序，并遵循平等原则选举产生。

2. 地方自治执行机关的长官应当依照法律规定的程序选举产生。

3. 地方会议依照法律的规定：

批准地方预算，并监督地方预算的执行情况；

批准地方共同体的社会经济发展规划和居民的社会保障规划；

确定地方的税收和收费，以及确定地方税收和收费的优惠；

解决其他的地方性问题。

第 113 条

1. 国家机关无权干预法律规定的地方自治权限。

2. 地方自治机关可以被授予国家权限，但应当将行使上述国家权限所必需的物质条件、财政资金和其他资金转交给地方自治机关。国家权限可以依据法律或条约的规定，转交给地方自治机关。地方自治机关应当向国家机关报告被授予权限的行使情况。

3. 地方自治机关就法律的执行情况对国家和国家机关负责，就自己的工作状况对地方共同体负责。

4. 地方自治机关在其权利受到侵害的情况下，有权诉求司法保护。

柬埔寨王国宪法[*]

第十三章　行政管辖

第 145 条（新，原宪法第 126 条）

柬埔寨王国的领土区域划分为皇室首都城市（Reach Theany）、省（Khet）、市（Krong）、县（Srok）、大区（Khan）、乡镇（Khum）、小区（Sangkat）。

第 146 条（新，原宪法第 127 条）

皇室首都城市、省、市、县、大区、乡镇、小区应当根据组织法进行管理。

老挝人民民主共和国宪法^{**}

第八章　地方政府^①

第 75 条（新）　老挝人民民主共和国下设省、区和村三级政府。

省级由省和市组成。

区级由区和自治市组成。

村级由村组成。

省由省长负责管理，市由市长负责管理，区由区长负责管理，自治市由市长负责管理，村由村长负责管理。

　＊　1993 年 9 月 21 日制宪会议通过，1993 年 9 月 24 日国王诺罗敦·西哈努克陛下颁布生效。

　＊＊　1991 年 8 月 15 日老挝最高人民议会第二届第六次会议通过并生效。

　①　原文注：读者可参考《地方政府法》获取更多信息。读者应注意，本部新宪法有细微区别的术语用来指称不同层级的地方政府与地方政府首脑。自 2005 年起，并不是所有法律都使用同一术语用来指称这些首脑。

省长、市长、区长、自治市市长和村长可设副职协助其工作。

如有必要，国会可决定设立特区，特区与省同级。

第 76 条（新） 省长、市长、区长行使下列职权：

1. 保证宪法和法律在本地区的实施，执行上级的命令和决定；

2. 指导和监督各部门和下级的活动；

3. 中止或撤销所属部门或下级部门违反法律、法规的决定；

4. 管理民众，在其职权范围内依法审议和处理人民的申诉与建议；

5. 法律规定的其他职权。

第 77 条（新） 自治市市长行使的职权包括：规划、实施和管理城市发展与公共服务，根据城市规划维护其秩序与整洁①以及法律、法规规定的其他职权。

第 78 条 村长负责在本村组织执行国家和上级的各项法律、决定和命令，维护和平与公共秩序，在各方面推动村的发展。

马尔代夫共和国宪法*

第八章　分权行政

第 230 条　分权行政

第 1 款　马尔代夫的行政区划应当分权行政。

第 2 款　为提供分权行政，总统根据法律规定，有权创建选区、职位、岛屿议会，环礁议会与城市议会。

第 3 款　为分权行政创建的选区、职位与地方议会的管辖权与特性，应当在法律中详细规定。

第 231 条　地方议会选举

第 1 款　为分权行政创建的地方议会的一切成员应当由其代表的社区通过无记名投票方式民主选举产生。

第 2 款　为管理行政区划而选举产生的地方议会的议长与副议长应当从各

---

* 2008 年 8 月 7 日由总统加尧姆批准并生效。

① 原文注：老挝语中这一术语有"整洁和漂亮"之意。

议会的成员中以成员无记名投票选举产生。

第 3 款　为管理选区而选举产生的地方议会的任期不得超过 3 年。

第 4 款　人民议会应制定一部法规以规范为分权行政而创建的地方议会成员的选举。

第 5 款　为分权行政创建的地方议会的选举应当由选举委员会举行。

第 232 条　职责

为分权行政选举产生的地方议会的职责应当包括：

第 1 项　提供民主与负责的管理；

第 2 项　促进社会经济福祉与社区发展；

第 3 项　建立一个安全、健康与生态多样化的环境；

第 4 项　实现法律规定的其他目标。

第 233 条　次级立法的权力

地方法规或地方机构的决定应当服从人民议会的法律或规章。

第 234 条　财政

地方机构应当有由财政部根据法律规定提供的年度预算，并且应当有权根据法律规定筹集资金。

第 235 条　财产的所有权与债务承担

地方当局在法律规定的限制下，应当有权拥有财产与承担债务。

马来西亚联邦宪法 *

第五编　州

第 70 条　州统治者和州首脑的尊崇地位

（1）最高元首及其配偶享有最高的尊崇地位，州统治者和州首脑享有居于他人之上的尊崇地位；各州统治者和州首脑在其本州享有优先于他州统治者和州首脑的尊崇地位。

（2）除第（1）款规定之外，州统治者的尊崇地位优于州首脑；州统治者之间应当根据其就职的日期，州首脑之间应当按照其被任命为州首脑的日期，

---

　*　1957 年 7 月 11 日联邦议会通过，1957 年 8 月 31 日生效。

确定其尊崇地位次序；如果州首脑同日任命，则年长者的尊崇地位优先。

第 71 条　联邦对各州宪法的保障

（1）联邦保障州统治者有权依据州宪法继承、保有、享有和行使州统治者的宪法权力和特权；但任何有关州统治者继位的争议，则应当由州宪法规定的机构按照规定的方式独立进行裁决。

（2）第（1）款的规定参照适用于森美兰州统治者。

（3）如果国会认为某州经常不遵行本宪法和该州宪法的规定，尽管有本宪法的规定，国会可以制定法律以确保有关规定的遵行。

（4）如果州宪法未包含附件八第一章的规定（以下简称"本质条款"），不论是否有本条第（5）款允许的修改或者其实质效果与之类似的规定，或者州宪法的规定不符合本质条款，则不论本宪法有何规定，国会可以制定法律令本质条款在该州生效，或者废除其违反本质条款的规定。

（5）附件八第一章的规定得予以修改，以该附件第二章规定的替代条款代替该附件第一章第 2 条和第 4 条的规定：

（a）对各州而言，直至各州依据该规定或者其修改后的规定组成的第二届立法议会解散时为止；

（b）对玻璃市而言，直至玻璃市州议会决议通过的较长期限为止；但该附件第 2 条的规定则无时间限制。

（6）根据本条，对任何州所制定的法律，除非由国会提前废止，否则应当在根据该法律通过后新组成的立法会议决议确定的日期失效。

（7）对于沙巴州和砂拉越州，

（a）第（5）款不予适用；

（b）第（4）款应当适用至 1975 年 8 月底，或者最高元首和州首脑共同确定的较早日期为止；第（5）款所许可的修改视为在马来西亚日生效的州宪法所规定的修改。

（c）（已废除）

第 72 条　立法议会的特权

（1）不得在任何法院对各州立法议会议事过程的效力提出质疑。

（2）不得对任何人在州立法议会及其委员会的发言和表决在任何法院提出诉讼。

（3）任何人不得因州立法议会或者其授权刊发的任何事项而在法院被提出指控。

（4）第（2）款的规定不适用于国会根据第 10 条第（4）款所制定的法律而提出的犯罪指控，或者依据 1970 年第 45 号《紧急（绝对必要权力）条例》

修改后的《1948 年煽动法令》提出的指控。

（5）尽管第（4）款已有规定，除非主张废除州首脑作为该州合宪的统治者，否则任何人不得因其在州立法议会及其委员会就州首脑发表的言论而在任何法院受到指控。

第六编　联邦和各州的关系

第一章　立法权的分配

第 73 条　联邦和各州立法的范围

根据本宪法行使立法权时——

（a）国会得为全联邦及其局部制定法律，并得制定在联邦内外均有效的法律；

（b）各州立法议会得为该州的全部或者局部制定法律。

第 74 条　联邦和各州立法事项

（1）国会可以就联邦事务表或者共同事务表（即附件九之第一表和第三表）规定的任何事项进行立法，但这并不影响本宪法其他条款授予国会制定法律的权力。

（2）各州立法机关可以就州事务表（即附件九之第二表）和共同事务表规定的任何事项进行立法，但这并不影响本宪法其他条款授予各州立法机关制定法律的权力。

（3）本条所授予的立法权须遵守本宪法对特定事务规定的条件和限制。

（4）附件九有关表所描述立法事项的一般表达并不受特定表达的限制。

第 75 条　联邦与各州法律的抵触

如果各州法律与联邦法律抵触，则联邦法律优先，各州法律在抵触的范围内无效。

第 76 条　在特定情形下国会为各州立法的权力

（1）国会在下述情形下可以就州事务表规定的任何事项制定法律：

（a）为履行联邦和其他国家缔结的任何条约、协定和盟约，或者为履行联邦作为成员国的国际组织的任何决议；

（b）为促进两个或者两个以上的州法律的一致；

（c）应任何一州立法议会的请求。

（2）国会不得根据第（1）款第（b）项的规定制定有关伊斯兰教法、马来亚习俗，或者沙巴州和砂拉越州原住民或者习俗的法律；未经咨询有关当事州政府，不得根据该款项向国会任何一院提出立法的动议案。

（3）除第（4）款的规定外，根据第（1）款第（b）项、第（c）项所制定的法律，在经过该州立法机关立法采纳之后方可在该州实施，之后该法律视为州法律而非联邦法律，并由该州立法机关修改和废止。

（4）国会为了确保法律和政策的统一，可以制定有关土地保有、业主佃户关系、地契登记、土地转让、抵押、出租、地役权和其他有关权益、土地的强制征用和评估以及地方政府的有关法律；第（1）款第（b）项、第（c）项不适用于制定有关上述事项的法律。

第 76A 条　国会扩大各州立法权的权力

（1）兹宣告国会就联邦事务表内事项制定法律的权力，包括授权各州立法机关在遵守国会设定的条件和限制的条件下就上述事务的全部或者部分制定法律的权力。

（2）尽管有第 75 条的规定，但根据国会依据第（1）款的规定授权所制定的州法律，在该法规定的范围内，可以对该法律制定之前（涉及该州）的联邦法律进行修改和废止。

（3）各州立法机关依据国会法律的授权所制定的法律涉及的任何事项，在第 79 条、第 80 条、第 82 条意义上视为该州共同事务表所列举的事项。

第 77 条　剩余立法权

各州立法机关有权就附件九各表未予列举且非国会有权立法的事项进行立法。

第 78 条　限制河流使用的立法

国会立法或者依据该法律制定的任何规章，若限制各州及其居民利用其州内河流航行灌溉的权力时，除非获得该州立法议会全体成员多数的赞同决议，否则在该州不予生效。

第 79 条　共享立法权的行使

（1）当国会两院或者各州立法议会的议长认为一项法案或者修正案提议对有关共同事务表所列举事项的法律进行修改，或者对州事务表所列举而联邦有权按照第 94 条的规定行使职权的事项进行修改时，议长应当按本条的目的对该法案或者修正案进行认证。

（2）根据本条所认证的法案或者修正案，在公布后 4 周内不得予以审议，除非议长在确定经咨询州政府或者联邦政府后，基于紧急理由而准许进行审议。

第二章　行政权的分配

第 80 条　行政权的分配

（1）除本条以下款项另有规定外，联邦政府的行政权包括国会可以制定法律的所有事项，各州行政权包括州立法机关可以制定法律的所有事项。

（2）联邦行政权不包括州事务表列举的事项，但第 93 条、第 95 条的规定不在此限；除联邦和各州法律的规定外，联邦行政权也不包括共同事务表列举的事务。在联邦和各州法律就共同事务表列举的事项授权联邦行政机关的范围内，联邦行政机关得排除各州行政机关而行使职权。

（3）根据第 76 条第（4）款所制定法律赋予联邦的行政权，除非经过州立法议会议决赞同，否则不得在该州实施。

（4）联邦法律得规定州的行政权可以扩展至对联邦法律任何特定条款的执行，并为此目的而将权责赋予州机关。

（5）除联邦和州法律另有规定外，联邦和各州可以安排由一方行政机关代替另一方行使职权，并规定因此所产生各项费用的支付。

（6）当联邦法律根据第（4）款的规定，授权各州当局履行任何职权时，联邦应将联邦与该州协议支付的款项支付该州；如果无协议，则应由联邦法院首席大法官任命的裁判所裁决。

第 81 条　各州对于联邦的义务

各州行政权的行使应当：

（a）确保遵行在该州施行的联邦法律；

（b）不妨碍或者损害联邦行政权的行使。

第三章　财政负担的分配

第 82 条　共同事务表规定事项的财政支出

凡有关共同事务表所规定事务的法律和行政措施涉及财政支出的，除另有规定外，应当按照本宪法确定该项开支的承担者为：

（a）联邦——如果该项开支系联邦承付款项，或者按照联邦政策由联邦政府特别批准的州承付款项；

（b）州——如果该项开支系州承付款项。

第四章　土　　地

第83条　为联邦用途征用土地

（1）如果联邦政府认为一州尚未分配的土地，须为联邦用途而使用，则联邦政府在与州政府协商后，可以要求州政府，而且该州政府亦负有责任将联邦政府所指定的土地，授予联邦或者联邦政府指定的机关。

但联邦政府不得要求授予保留为各州用途的土地，除非联邦政府确认出于国家利益要求授予该土地。

（2）联邦政府根据第（1）款的规定要求州政府永久性让与土地时，所让与的土地不得限制其用途，但联邦政府应当每年向州政府支付适当数额的租税，以及与土地市场市值等值的补偿金。遇有联邦政府要求州政府让与地上的其他权益时，应州政府的请求，联邦应当向州每年支付合理的地租和补偿金。

但在保留作为联邦用途期间，该土地因改良而增值（但由州所承担费用的改良除外），则其增值部分不计入该土地的市场值、地租或者补偿金。

（3）如果联邦政府根据第（1）款的规定请求州政府让与土地，但该土地已经拟定用于州用途，则——

（a）州可以为州用途而征用其他土地替代前述土地；

（b）如果前述土地的征用费超过联邦根据第（2）款的规定所支付费用（地租除外）的，

则联邦应当就该费用超出部分向该州支付适当合理的款项。

（4）如果根据本条规定将联邦或者公共机构享有既有权益的土地作出进一步的让与，对此让与根据第（2）款的规定所支付的费用，应当将联邦和公共机构自享有该权益后所进行的土地改良（由州所承担费用的改良除外）按照其市值予以扣减。

（5）除第（3）款外的本条各款亦适用于已分配的土地，但应当作下列修改：

（a）第（1）款中删除"与州政府协商"；

（b）当按照该款的规定要求让与土地时，州政府应当遵从联邦的要求，负有责任以协商或者强制的方式征用该土地的权益；

（c）州政府根据本条第（5）款第（b）项的规定征用土地产生的任何费用应当由联邦偿付；如果以协议的方式取得土地，联邦无须偿付超出强制征收费的部分，但联邦若为协议一方的不在此限；

（d）按照根据第（2）款确定土地的市值、适当的地租或者年租时，应当将联邦按照本条第（5）款第（c）项的规定支付给州的任何款项计算在内，且应当在联邦所支付的款项中予以扣除。

（6）当根据第（1）款的规定，州政府在独立日前将由马来西亚联邦付款征用的土地或者土地权益让与联邦时，如同联邦根据第（5）款第（c）项所支付的款项，第（5）款第（d）项的规定亦适用于该笔由马来西亚联邦因土地征用而支付的款项；第（3）款的规定不适用于上述土地。

（7）本条规定不妨碍联邦政府与州政府按照合意达成的条件保留州的土地作为联邦用途；也不妨碍州的适当机关在联邦政府未予请求时根据有效的法律为联邦用途而征用已分配土地的权力。

（8）本条规定不妨碍联邦政府和州政府按照合意达成的条件，在联邦政府未根据本条提出请求的情况下，州可以将土地让与联邦政府。

第84条　（已废除）

第85条　让与作为联邦用途而保留的土地

（1）凡州土地保留作为联邦用途，联邦政府可以要求州政府、州政府也负有责任将土地不限制用途地永久让与联邦政府，但联邦政府应当支付按照第（2）款确定的补偿金和适当的年度租金。

（2）第（1）款规定的补偿金等于土地市值扣减以下款项后所余：

（a）土地为联邦所用时土地改良的市值（由州承担费用的除外）；

（b）联邦或者独立日之前马来西亚联邦就州政府征用土地的费用而支付的任何款项。

（3）在不影响第（1）款的条件下，凡作为联邦用途保留的州的土地，联邦政府可以将其让与州，但州必须支付联邦土地市值和第（2）款第（a）项、第(b)项规定的款项；如果州政府接受，则保留即予终止。

（4）除本条另有规定外，作为联邦用途保留的州土地不得终止保留；所有保留土地由联邦政府管理；联邦政府可以将土地的部分或者全部的占有、控制和管理权转让或者租赁、租借给任何人：

（a）由其在土地作为联邦用途、或者附属用途而保留的期限内予以使用；

（b）在联邦政府无理由将为联邦用途而保留的土地暂时利用时，由其在联邦用途之外、根据联邦政府规定的期限和条件利用该土地。

（5）本条所称为联邦用途而保留的州土地包括：

（a）在独立日之前根据有效州法律保留而在独立日之后成为联邦用途的土地；

（b）在独立日之后根据有效州法律保留作为联邦用途的土地；

（c）已废止的第166条第（4）款规定的州土地；

（d）根据第 83 条第（7）款作为联邦用途保留的州土地。

第 86 条　联邦既有土地的处分

（1）联邦政府或者公共机构可以将其享有的任何土地权益的全部或者部分处分给其认为适当的任何人。

（2）根据本条或者第 85 条由联邦或者公共机构处分的州土地权益，或者处分转让给联邦或者公共机构的州土地权益，州政府应当对相应的交易予以登记。

第 87 条　土地价值争议的裁决

（1）如果联邦政府和州政府就本章上述条款规定联邦应付、应收款项，或者对该款项的数额有争议时，联邦政府或者州政府应当将该争议提交按照本条规定任命的土地裁判所裁决。

（2）土地裁判所由以下人员组成：

（a）由联邦法院首席大法官任命的一名主任，其具有担任联邦法院、上诉法院或者高等法院法官的资格，或者在马来西亚日之前任高等法院法官；

（b）由联邦政府任命的一名成员；

（c）由州政府任命的一名成员。

（3）土地裁判所的活动和程序，应当由规则委员会，或者有权根据法律为联邦法院的活动和程序制定规则的机构制定的法庭规则予以规定。

（4）对土地裁判所就法律问题的裁决，可以提出上诉。

第 88 条　第 83—87 条在无统治者州的适用

在无统治者的州，第 83 至 87 条应予有效适用，但——

（a）应当受国会适应性立法的限制，此适应性立法在于确保上述规定（在尽可能虑及各州土地保留制度差异的条件下）在他州同样适用；

（b）第 83 条第（5）款第（a）项不适用于沙巴州、砂拉越州。

第 89 条　马来保留地

（1）根据现行法律在临近独立日之前为马来保留地的州土地，按照该法律继续为马来保留地，直至州立法机关另有法令规定为止，此项法令——

（a）由州立法议会全体成员的多数和到会并投票议员 2/3 以上的多数通过；

（b）由国会两院全体成员的多数和投票议员 2/3 以上的多数通过。

（1A）根据第（1）款所制定的法律，规定将马来保留地的所有权或者有关其他权利和利益予以没收、退还州当局或者予以剥夺，根据马来保留地相关法律享有该权益的任何人或者组织、公司或者其他团体（不论是否为法人团体）不再有资格或者有权享有该权益的，则不得以该法律违反第 13 条之规定而被宣告无效。

（2）根据现行法律当时未成为马来保留地，且未经开发或者开垦的州土地，可以根据该法律宣告为马来保留地，但——

（a）根据本条宣告州土地为马来保留地的，则应当提供该州内未经开发和开垦的相同面积土地供统一分配；

（b）根据本条宣告为马来保留地的州土地，其面积不论在任何时候均不得超过该州根据第（a）项供统一分配的土地总面积。

（3）除第（4）款的规定外，各州政府可以根据现行法律，宣告下列土地为马来保留地：

（a）州政府为该目的以协议的方式征用的土地；

（b）经业主申请，并得到所有享有土地权益者同意的其他土地。

当土地终止为马来保留地时，应当根据现行法律将其他具有类似属性且不超过马来保留地原有面积的土地，宣告为马来保留地。

（4）本条并不授权在宣布时为非马来人所有、占有或者享有任何权益的土地，根据本条宣告其为马来保留地。

（5）在不影响第（3）款规定的条件下，各州政府根据法律可以为马来人或者其他团体的定居而征用土地，并设立相应的信托。

（6）本条所谓"马来保留地"系指保留作为分配给马来人或者土地所在州原住民的土地；"马来人"包括对该保留土地而言，系根据其所居住州的法律被认定为马来人的人。

（7）除第161A条的规定外，即便本宪法另有规定，本条也应当有效；但（在不影响其他条款的条件下）除非根据本条和第90条的规定，否则不得将土地保有或者宣告为马来保留地。

（8）本条适用于吉隆坡、布城联邦辖区，但第（1）款在适用于吉隆坡、布城联邦辖区时修改为：在临近独立日之前为马来保留地的吉隆坡、布城联邦辖区土地，按照该法律继续为马来保留地，直至国会法律另有规定为止。国会该项法律须由两院全体成员的多数或者两院到会和投票议员的2/3以上通过。

第90条　有关森美兰州、马六甲州习俗地和登嘉楼州马来人保有地的特别规定

（1）本宪法任何规定均不影响对森美兰州、马六甲州习俗地及其土地权益的转让、租赁进行限制的法律的效力。

（1A）第（1）款规定中——

（a）"转让"包括收费、移转和托付，或者设立抵押、信托，或者进行预告登记，或者其他无论其内容和属性的交易或者处分；

（b）"租赁"包括任何形式和期限的租赁。

（2）尽管本宪法另有规定，但登嘉楼州有关马来人保有地的法律应当继续有效，直至该州立法机关按照第89条第（1）款通过和批准的法令另有规定为止。

（3）为与有统治者各州现行法律相对应，登嘉楼州立法机关制定的上述法令可以规定马来人保留地；第89条的规定适用于登嘉楼州，但应作以下修改：

（a）第（1）款所规定根据现行法律在临近独立日之前为马来保留地的州土地，替换为在通过上述提及的法令之前为马来人保有地的土地；

（b）除上述规定外，所规定的现行法律系上述提及的法令。

第91条　国家土地委员会

（1）国家土地委员会由部长担任主任，其成员由各州统治者或者州首脑任命的代表、联邦政府任命的若干代表组成，但除第95E条另有规定外，联邦政府的代表不得超过10人。

（2）主任可以对国家土地委员会讨论的任何问题进行投票，但不得投决定票。

（3）国家土地委员会每年开会一次，主任认为有必要时得随时召集国家土地委员会会议。

（4）如果主任或者各州和联邦政府的代表无法出席会议，其任命机构可以任命他人出席会议。

（5）国家土地委员会的职责是：在与联邦政府、各州政府和国家财政委员会协商后，制定促进和规制全联邦土地用于矿业、农业、林业或者其他用途的国家政策，并执行有关国家政策的法律。联邦政府和各州政府应当遵循所制定的政策。

（6）联邦政府和各州政府可以就任何土地利用事务、土地立法的拟定和实施与国家土地委员会进行协商，国家土地委员会应当就上述事务向政府提出建议。

第五章　国家开发

第92条　国家开发计划

（1）经专家委员会建议并咨询国家财政委员会、国家土地委员会和有关州政府后，在确认在一州或者多州任何地区实施开发计划有利于国家利益时，最高元首得公布开发计划，宣布该地为国家开发区；国会有权实施开发计划的全部或者部分，即使除本条规定外，该开发计划所涉及事项只能由州制定法律。

（2）根据本条通过的任何法律应当陈述其系根据本条制定且遵循第（1）款的规定；第79条不适用于此种法律的法案和对该法案的任何修正案。

（3）本条所称"开发计划"，系指用于开发、改进或者保护开发区自然资源、该自然资源的开采或者增加开发区就业途径的计划。

（4）在不影响联邦根据其他条款有权请求征用或者让与土地权益作为联邦用途的条件下，联邦政府得随时为开发计划而要求在开发区指定的范围内保留非属私人所有的土地；但各州由于做此保留而减少的岁入应当由联邦予以补偿。

（5）除第（6）款规定外，联邦政府因实施开发计划而取得的一切收入，应当用于：

（a）为开发计划提供资金和支付劳动费用；

（b）归还联邦因实施开发计划产生的支出，包括第（4）款规定的支出；

（c）余款支付开发区所在州；如果开发区位于两州以上，则按照联邦政府确定的比例予以支付。

（6）如果联邦政府与开发区全部或者部分所在的州政府达成协议，由该州负担实施开发计划的支出，则州负担的支出应当返还该州，此项返还与偿付联邦所负担的支出具有同等地位。

（7）国会可以撤销或者修改根据本条通过的任何法律，并有权制定其认为适当的任何附属规定或者与之相关的规定。

（8）本条不影响国会或者各州立法机关的下列权力：

（a）根据本宪法其他条款的授权征税和征收地方税；

（b）对根据第（5）款、第（6）款规定不予支付的，由联邦统一基金或者州统一基金拨付补助金；

但原应由各州法律征收的地方税，当联邦法律按照本条第（1）款的规定对财产征收地方税时，在联邦法律征收此税期间，州法律不得征收相同性质的地方税。

第六章　联邦调查、对各州提出建议和视察州事务

第93条　查询、调查和统计

（1）联邦政府在认为适当时，可以就州立法机关可以制定法律的事项进

行查询（以委员会或者其他方式），授权调查、收集和公布统计数据。

（2）各州政府及其官员、机构有义务协助联邦政府执行本条规定的权力；联邦认为有必要时可以对此发布指令。

第 94 条　联邦对州事务的权力

（1）联邦行政权包括：对州立法机关可以制定法律的任何事项进行研究，设立及维护试验和演示站，对各州提供建议和技术援助，向各州居民提供教育、宣传和演示；各州农、林业官员应当接受联邦依据本款向州政府提出的专业建议。

（2）尽管本宪法另有规定，但既有的农业部、土地总监、林业和社会福利部得继续行使其在临近独立日之前所行使的职务。

（3）本宪法并不妨碍联邦政府设立政府部门，依据第 93 条和本条行使州立法权范围内事项的职权，该事项包括土地保护、地方政府和城镇乡村的规划。

第 95 条　对州事务的检查

（1）除第（3）款的规定外，任何获得联邦政府授权的官员在行使联邦行政权时，可以检查州政府任何部门和工作，并向联邦政府提出报告。

（2）根据本条提出的报告，如果联邦政府有指示，则应当知会州政府并送交州立法议会。

（3）本条并不授权对州政府独有立法权范围内各事项进行处理或者执行的任何部门或者工作进行检查。

第七章　全国地方政府理事会

第 95A 条　全国地方政府理事会

（1）全国地方政府理事会应当由一名部长担任主任，由各州统治者或者首脑任命的代表以及联邦政府任命的若干代表组成，联邦政府任命的代表不得超过 10 名，但第 95E 条第（5）款规定的不在此限。

（2）主任对全国地方政府理事会的任何问题进行投票，并可以投出决定性的一票。

（3）全国地方政府理事会每年举行会议一次，主任在认为必要时得随时召集。

（4）如果主任、州和联邦政府的代表不能出席会议，其所任命的机关得任命他人代其出席会议。

（5）全国地方政府理事会的职责是，与联邦政府和州政府协商，制定促进、发展和规制联邦内地方政府的国家政策和执行此政策的各项法律；联邦政府和各州政府应当遵循所制定的政策。

（6）联邦政府和各州政府的职责是，对拟议中有关地方政府的立法与全国地方政府理事会进行协商；全国地方政府理事会有就该事务向有关政府提出建议的职责。

（7）联邦政府和各州政府可以就地方政府的任何其他事务咨询全国地方政府理事会，全国地方政府理事会有就事务向有关政府提出建议的职责。

第八章　适用于沙巴州和砂拉越州的规定

第 95B 条　沙巴州和砂拉越州立法权分配上的改动

（1）对沙巴州和砂拉越州——

（a）附件九中第二表的补充规定，应当视为州事务表的一部分，其中所列举的事项，应当视为不包括在联邦事务表或者共同事务表之内；

（b）附件九中第三表的补充规定，除州事务表的规定外，应当视为共同事务表的一部分，其中所列举的事项，应当视为不包括在联邦事务表之内（但当其指涉联邦事务表时，并不影响对州事务表的解释）。

（2）根据第（1）款在一段期间内将某一事项列入共同事务表时，除非联邦或者州法律另有规定，否则该期间的届满或者终止不影响因此事项而制定的州法律的继续施行。

（3）沙巴州和砂拉越州立法机关可以制定征收销售税的法律，沙巴州和砂拉越州法律所征收的任何销售税，应当视为州事务表而非联邦事务表内的事项，但：

（a）征收或者实施州销售税时，对同一货物不能因为原产地的不同而有差别待遇；

（b）联邦征收的销售税，应当先于州征收的销售税从纳税义务人应缴税款中支付。

第 95C 条　州立法权或者行政权的扩大

（1）除在马来西亚日后通过的国会立法另有规定外，最高元首可以颁布命令为各州制定如同国会立法所制定的条文：

（a）授权州立法机关制定第 76A 条所规定的法律；

（b）按照第 80 条第（4）款的规定，扩大州行政权以及州各机关的职权、职责。

（2）根据第（1）款第（a）项颁布的命令，不得授权州立法机关修改或者废止国会在马来西亚日之后通过的法律，除非该法律有如此的规定。

（3）第76A条第（3）款和第80条第（6）款有关国会立法之条款，同样适用于依据本条第（1）款第（a）项、第（b）项所颁发的命令。

（4）依据本条颁发的命令为后发命令所撤销时，该后发命令得规定，任何根据前发命令所通过的州法律，或者任何根据该州法律所制定的辅助性立法和行为（通常或者在该命令所指定的范围或者目的内）应继续有效；自后发命令实施时起，任何继续生效的州法律作为联邦法律继续有效，但若为国会不得立法制定的条款，则不得因本条的规定而继续有效。

（5）根据本条由最高元首颁发的命令应当向国会两院提出。

第95D条　国会无权为沙巴州和砂拉越州制定有关土地和地方政府的统一立法

第76条第（4）款不适用于沙巴州和砂拉越州，且该条授权国会对该条第（4）款所规定的任何事项制定法律的，该条第（1）款第（b）项亦不适用。

第95E条　有关土地利用、地方政府、发展等国家计划不包括沙巴州和砂拉越州

（1）第91条、第92条、第94条、第95A条对沙巴州和砂拉越州的效力，受下列各款的制约。

（2）除第（5）款的规定外，依据第91条和第95A条，州政府可以不遵循全国土地理事会或者全国地方政府理事会所制定的政策，但该州的代表在理事会中对其所提出的问题亦无表决权。

（3）未获得州首脑的同意，该州土地不得依据第92条被宣布为任何开发规划用途的开发区。

（4）沙巴州和砂拉越州的农林官员应当考虑，但非必须接受联邦依据第94条第（1）款（此款为有关联邦可以对州事务表内的事项进行研究、提供建议和技术援助等）对该州政府提出的专业建议。

（5）在下列情形下，本条第（2）款不适用于该州：

（a）针对第91条，国会在获得州首脑同意后有如此的规定；

（b）针对第95A条，国会在获得州立法议会的同意后有如此的规定。

但沙巴州和砂拉越州的每位代表，根据本条款对全国土地理事会或者全国地方政府理事会所提出的问题有表决权时，联邦政府在各理事会中的代表数应增加一名。

附件八 州宪法的应有规定

（第71条）

第一章 最终条款

第1条 统治者根据建议行使职权

（1）统治者根据州宪法和法律，或者作为统治者会议成员身份行使职权时，除联邦宪法和州宪法另有规定外，应当根据行政会议或者其成员以行政会议名义提出的建议采取行动；统治者有权要求获得行政会议所有的有关州政府的信息。

（1A）统治者根据州宪法和法律的规定，或者以统治者会议成员身份根据建议采取行动时，其应当接受该建议，并按照建议采取行动。

（2）统治者对下列职权的行使（包括其根据联邦宪法可以自行作出决定的职权）由其自行作出决定：

（a）任命州务大臣；

（b）不同意解散州议会的请求；

（c）请求召集统治者会议讨论关于统治者特权、地位、名誉和尊严，或者宗教行为、礼仪和典礼等事项；

（d）作为伊斯兰教首领或者有关马来人习俗的职务；

（e）任命其嗣子、配偶、摄政王或者摄政会议；

（f）册封马来人世袭爵位、头衔、荣誉和尊严及委任有关职务；

（g）制定皇家宫廷的仪轨。

（3）州法律可以规定要求统治者与行政会议之外的人员和团体协商后，并按照其建议行使职权，但下列职权除外：

（a）由其自行决定的职权；

（b）州宪法和联邦宪法规定的职权的行使。

第1A条 针对统治者的诉讼

（1）在依据联邦宪法第十五编设立的法庭对统治者根据任何法律提出犯罪起诉，则统治者应当停止履行州统治者的职权。

（2）统治者根据第（1）款的规定停止履职期间，应当依据州宪法规定任命代理统治者或者代理会议，以行使州统治者的职权。

（3）凡统治者在特别法庭被控有罪，且监禁一日以上，除非其获得无条件赦免，否则应当停止行使州统治者的职权。

第2条　行政会议

（1）统治者任命行政会议。

（2）行政会议的任命，规定如下：

（a）统治者应当首先任命其认为能获得多数议员信任的州议员为州务大臣，主持行政会议；

（b）统治者应州务大臣的建议，从州议员中选任4—8名议员为行政会议成员，

但如果在州立法议会解散时进行任命，则可以任命上届议会议员，其任期至下届州立法议会首次召集时为止，除非其本人依然为新一届议会议员。

（3）尽管本条有其规定，凡归化或者按照联邦宪法第17条登记为公民者，不得被任命为州务大臣。

（4）统治者在任命州务大臣时，如果认为有履行本条规定的需要，则可以自行决定免除州宪法规定其选择州务大臣的约束。

（5）行政会议集体对立法议会负责。

（6）如果州务大臣不再获得州立法议会多数议员的信任，除非统治者根据请求解散州立法议会，否则其应当提出行政会议总辞职。

（7）除第（6）款的规定外，州务大臣之外的行政会议成员依循统治者的意旨行使职权，但行政会议成员可以随时提出辞职。

（8）行政会议成员不得从事与本人职责和本部门有关的营业、经营和职业；当其从事有关的营业、经营和职业时，不得参与行政会议中关于该项营业、经营和职业的决定，或者参与作出可能影响其经济利益的决定。

第3条　州立法机关

州立法机关由统治者和一院制的立法议会组成。

第4条　州立法议会的组成

（1）州立法议会由该立法机关以法律规定的若干议员组成。

（2）（已废除）

第5条　州议员的资格

年满21周岁居住于该州的公民均有该州立法议会议员的当选资格，除非根据联邦宪法和州宪法，或者联邦宪法附件八第6条规定的法律而失去当选州议会议员的资格。

第6条　州议员资格的丧失

（1）除本条的规定外，下列人员丧失州议员当选资格：

（a）被认定为神志不清者；

（b）宣告为破产者；

（c）担任有薪金公职者；

（d）曾被提名为国会两院或者州立法议会议员候选人，或者曾为提名候选人的选举代理人，但未在法律规定的期限内按照规定的方式提交有关选举费用的报告者；

（e）曾被联邦（或者马来西亚日之前在沙巴州和砂拉越州之领土或者在新加坡）法院判处一年以上监禁，或者 2000 元以上罚金且未获得无条件赦免者；

（f）按照有关国会两院和州立法议会选举法被判有罪，或者在有关选举诉讼中认定其行为构成上述犯罪而丧失资格者；

（g）自愿取得外国国籍，或者在外国行使公民权，或者宣誓效忠外国者。

（2）统治者可以撤销根据本条第（1）款第（d）项、第（e）项对当选资格的取消。如果统治者未予撤销，则从第（d）项规定的提交报告之日起，或者从第（e）项规定的监禁中释放之日、罚金缴纳之日起满 5 年，其所丧失的资格得以恢复。不得因为在其成为公民之前的行为而根据第（1）款第（g）项的规定剥夺其当选资格。

（3）尽管本条前款有其规定，但州议员根据第（1）款第（e）项、第（f）项之规定丧失当选资格的——

（a）其资格的丧失于下述日期的第 14 日之后生效：

（i）前述第（e）项规定的判决和监禁之日；

（ii）前述第（f）项规定的被判决有罪或者被认定有罪之日。

（b）在第（a）项规定的 14 日内，对有关判决和监禁、有罪认定提出上诉和诉讼，则其资格的丧失从法院处理完上诉或者诉讼之日起 14 日后生效。

（c）在第（a）项规定的期限内或者在第（b）项规定的处理上诉和诉讼的期限内，如果提出赦免的申请，则资格的丧失应当自申请处理之日起生效。

（4）第（3）款不适用于州议员的提名、选举或者任命；对此而言，在第（1）款第（e）项、第（f）项所规定事项发生后，立即产生丧失资格的效果。

（5）任何辞去州立法议会议员身份的人，自辞职生效之日起 5 年内，丧失州议会议员的当选资格。

第 7 条　防止双重议员的规定

任何人不得同时成为跨选区的州立法议会议员。

第 8 条　裁决丧失资格

（1）当对州立法议会议员是否丧失资格有疑问时，应当由州立法议会作出终局的裁决；但本条不妨碍州立法议会推迟裁决，而使得影响裁决的诉讼

（包括撤销资格丧失的诉讼）得以进行。

（2）当州立法议会议员根据第 6 条第（1）款第（e）项、第（f）项所指的法律而丧失资格，前款即不予适用，其根据第 6 条第（3）款丧失资格，不再成为立法议会议员，其席位即属于空缺。

第 9 条　州立法议会的召集、闭会和解散

（1）统治者应当随时召集州立法议会，前后两个会期之间的期限不得超过 6 个月。

（2）统治者得下令州立法议会闭会或者解散。

（3）除非立法议会提前解散，否则其自首次集会起满 5 年后解散。

（4）立法议会解散后应当在 60 日内举行全州大选，新议会应当自解散之日起 120 日召集。

（5）选举委员会确认州议会有缺位时，应当在 60 日内予以补选；但如果确认该缺位的日期在州议会依据本条第（3）款解散的两年内，则该临时缺位不予补选，除非议长以书面方式通知选举委员会议会多数党的力量将因该缺位而受到影响，该缺位应当自接到通知之日起 60 日内补选。

第 10 条　立法议会议长

（1）立法议会应当随时选举议会确定的一人为议长，当议长出缺时，立法议会除选举议长外不得进行其他事务。

（1A）除非其为议员或者具有议员当选资格，否则不得选举为议长。

（1B）非议员选举为议长者——

（a）在其履责之前应当在议会宣誓就职；

（b）因为其职务而成为立法议会当选议员之外的议员。

但第（b）项在第 2 条意义上无效，任何人不得依据该项而在议会就任何事务投票。

（2）议长得随时提出辞职和离职：

（a）当大选后立法议会首次召集时；

（b）当其不再成为议会议员时（议会解散的除外），或者当其仅根据第（1B）款第（b）项的规定成为议员，而不再具有议员资格时；

（c）根据第（4）款的规定丧失资格时；

（d）议会作出上述决议时。

（3）当立法议会开会时议长缺位，根据议会议事规则确定的人应当代其进行活动。

（4）被选为议长的议员，在当选后 3 个月或者之后的时间内，如果成为任何组织或机构，不论法人团体或者其他，或者任何商业、实业和其他行业的董事会或者执行局成员、官员或者雇员，或者参与其事务和经营，不论其是否领取薪金、奖励、分红或者其他利润，均丧失担任议长的资格。

但当上述组织或者机构系从事福利或者志愿工作，或者其目标有益于共同体全部或者部分，或者其他具有慈善或者社会性质的工作，且该议员未领取任何薪金、奖励、分红和利润的，上述丧失资格的规定不予适用。

（5）当根据第（4）款对议长是否丧失资格有疑问时，立法议会应当作出终局的决定。

第 11 条　立法权的行使

（1）立法机关立法权的行使，由立法议会通过法案并由统治者签署。

（2）除州行政会议成员外，不得在议会提出和动议涉及由州统一基金担负开支的法案或者修正案。

（2A）统治者应当在法案呈交其之后 30 日内签署。

（2B）如果统治者在第（2A）款规定的期限内未予签署，则法案在所规定期限届满后自动成为法律，如同统治者已签署。

（3）法案经统治者签署或者根据第（2B）款的规定成为法律，但未予公布的不得生效；这并不妨碍立法机关可以推迟法律的施行或者制定溯及既往的法律。

财政条款

第 12 条　非经法律授权不得征税

除依据法律的授权，不得由州或者为了州用途而征收任何税或者地方税。

第 13 条　由统一基金担负的开支

（1）除根据州宪法其他条款或者法律规定应当由州统一基金担负的补助金、薪金或者其他款项外，下列款项由统一基金担负：

（a）统治者的皇室经费、立法议会议长的薪金；

（b）州的所有债务；

（c）任何法院和法庭判决应当由州偿还的款项。

（2）本条规定的债款，包括利息、偿债基金、偿还或者分期偿还债务，以及关于使用统一基金担保以筹集债款和偿还该债务而发生的所有支出。

第 14 条　年度财政报告

（1）除第（3）款的规定外，统治者在每一财政年度应当促请向州立法议会提出州收支预算报告；除州立法议会对年度另有规定外，此报告应当在年度开始之前提出。

（2）开支预算应当分别列明：

（a）应由统一基金担负的支出总款项数；

（b）除第（3）款的规定外，拟由统一基金担负作为其他用途的支出总款项数。

（3）该报告列明的预算收入，不包括伊斯兰教义捐、开斋节施舍、伊斯兰教财务机关和类似的收入；第（2）款第（b）项规定的款项不包括：

（a）州为特定用途借债所得的款项，和依据该款授权借债的法律拨付作为该特定用途的款项；

（b）州为信托收取的款项和利息，且按照该信托的条件加以使用的款项；

（c）取得或者拨付给根据联邦或者州法律所设信托基金，而由州保管的任何款项。

（4）上述财政报告应当尽可能列明州在上一财政年度终结时的资产和负债额度，其资产的投资和持有情况，以及为偿还债务的一般项目。

第 15 条　供应法案

除联邦宪法附件八第 14 条第（3）款第（a）项、第（b）项规定的额度外，由州统一基金支付但不由州统一基金担负的开支，应列入供给法案之中，它规定由州统一基金所需的款项以供支出，并将该款项拨付供给法案规定的用途。

第 16 条　追加和超额开支

如果在任何财政年度出现：

（a）由供给法案拨付做任何用途的款项数额不足，或者因某项用途而有开支的需要，但供给法案未予拨付的；

（b）为任何用途支出的款项超出供给法案所拨付该项用途的数额的，

则应向州立法议会提出追加预算，列明所需和所付款项；上述开支的用途亦应列入供给法案之中。

第 17 条　由统一基金支取款项

（1）除本条下述规定之外，不应由统一基金支取款项，除非其属于：

（a）应由统一基金担负的；

（b）供给法案授权拨付的。

（2）除按照联邦法律规定的方式，不得由统一基金支取款项。

（3）第（1）款不适用于联邦宪法附件八第 14 条第（3）款第（a）项、第（b）项、第（c）项规定的任何款项。

（4）州立法机关在任何财政年度可以在供给法案通过之前，授权该年度部分时间的开支，以及由统一基金拨付所需款项。

对州雇员的公平待遇

第 18 条　对州雇员的公平待遇

为各州服务的同等级别的雇员，不分种族，应当按照其雇用条件受到同等对待。

宪法的修改

第 19 条　宪法的修改

（1）本条的下述规定对州宪法的修改有其效力。

（2）有关统治者王位的继承、统治者首长的地位和马来人世袭爵位的类似规定，州立法机关不得予以修改。

（3）除本条下列条款的规定外，其他条款可由州立法机关通过立法方式加以修改，但不得通过其他方式予以修改。

（4）修改州宪法的法案（不包括本条规定为例外的修改）除非在二读、三读时获得立法议会全体议员 2/3 以上多数的赞同，否则不得通过。

（5）下列修改不适用于第（4）款的规定：

（a）对联邦宪法附件八第 4 条、第 21 条所指法律产生影响的修改；

（aa）根据联邦宪法第 2 条通过的法律（州立法议会和统治者根据该条已经表示同意）因改变州境而对州领土范围所进行的修改；

（b）其效力在于使州宪法符合本附件规定的修改，但该项修改只限于州议会在根据本附件第 4 条进行选举后提出。

（6）本条不妨碍州宪法规定对影响到下述事项的条款进行修改时需要取得有关人员的同意：

（a）关于州王位继承人、统治者配偶、摄政王或者摄政会议成员的任命和尊号；

（b）统治者及其继承人的罢免、废黜和逊位；

（c）统治者首长、其他马来人的类似爵位，宗教或者习俗咨询会议和其他类似委员会的任命和尊号；

（d）马来人世袭爵位、职衔、荣誉和封赏的设定、管理、录用和取消，持有人尊号和宫廷的管理。

（7）本条所谓"修改"包括增加和废止。

关于马六甲州、槟城州、沙巴州、
砂拉越州首脑的规定

第19A条　州首脑

（1）州首脑由最高元首在咨询首席部长后自行任命。

（2）州首脑任期4年，可以随时以书面方式向最高元首提出辞呈；最高元首根据州立法议会全体议员2/3以上多数通过的决议而免除州首脑的职务。

（3）州立法机关可以立法授权最高元首在与首席部长协商后任命一人在州首脑因疾病、缺位或者其他原因不能视事时，代行其职权；但此人应系具有担任州首脑资格者，否则不得任命。

（4）根据第（3）款得到任命的人，可以在根据第（3）款行使州首脑职权期间，代替州首脑作为统治者会议成员。

第19B条　州首脑的资格

（1）非公民或者归化成为公民，或者根据联邦宪法第17条登记为公民者，不得被任命为州首脑。

（2）州首脑不得担任任何领薪公职，且不得积极参与商业活动。

第19C条　州首脑的薪金

立法机关应当通过法律规定州首脑的薪金，其薪金由统一基金担负，在其任职期间不得减少。

第19D条　州首脑就职宣誓

（1）州首脑在履责之前应当在高等法院首席法官和法官面前宣誓并签署誓词：

"本人被任命为州首脑，兹郑重宣誓（声明）：愿竭尽全力忠实履行职责，并愿意忠诚效忠……州和马来西亚联邦，并保障和捍卫马来西亚联邦宪法和州宪法。"

（2）根据第19A条第（3）款制定的法律应就本条第（1）款的规定作出相应的规定（必要的修改）。

第二章　替换本附件第一章的临时规定

第20条　行政会议（作为第2条的替换规定）

（1）统治者应当任命行政会议。

（2）行政会议的任命如下：

（a）统治者应当首先任命其认为能获得多数议员信任的州议员为州务大臣，主持行政会议；

（b）统治者应州务大臣的建议，从州议员中选任4—8名议员为行政会议成员。

（3）尽管有本条的规定，但凡归化或者按照联邦宪法第17条登记为公民者，不得被任命为州务大臣。

（4）统治者在任命州务大臣时，如果认为有履行本条规定的需要，则可以自行决定免于受州宪法规定的在其选择州务大臣方面的约束。

（5）行政会议集体对立法议会负责。

（6）州务大臣应当自任命之日起3个月后停止任职，除非在任期届满前州立法议会通过信任案；若州务大臣不再获得州立法议会多数议员的信任，除非统治者根据其请求解散州立法议会，否则其应当提出行政会议总辞职。

（7）除第（6）款的规定外，州务大臣之外的行政会议成员依循统治者的意旨行使职权，但行政会议成员可以随时提出辞职。

（8）行政会议成员不得从事与本人职责和本部门有关的营业、经营和职业；当其从事有关的营业、经营和职业时，不得参与行政会议关于该项营业、经营和职业的决定，或者参与作出可能影响其经济利益的决定。

第21条　州立法会议的组织（作为第4条的替换规定）

（1）州立法议会由下列人员组成：

（a）立法机关以法律规定的若干名议员；

（b）统治者任命的应不少于民选议员的议员，

直至作出其他规定，民选议员数应当为联邦宪法第171条规定的人数。

（2）尽管有联邦宪法附件八第6条的规定，但任何人不得因其担任领薪公职而丧失被任命为议员的资格。

第三章　第一章、第二章中有关
马六甲州和槟城州的改动

第22条　本附件第一章和第二章适用于马六甲州和槟城州时，规定中的"统治者"应当替换为"州首脑"。下列诸条款项应当删除：第1条第（2）款第（c）项至第（g）项；第（1A）款，第2条第（4）款，第19条第（2）款、第（6）款，第20条第（4）款，第14条第（3）款"第（b）项规定的款项"之前的表述，第19条第（3）款首次出现的"其他"。

第 23 条 本附件第一章适用于沙巴州和砂拉越州，一如其适用于槟城州和马六甲州。

附件九　立法事务表

（第 74 条和第 77 条）

第一表　联邦事务表

第 1 条 外交事务，包括：

（a）与其他国家签订的条约、协定和公约，以及联邦和其他任何国家发生的一切事务；

（b）履行与其他国家签订的条约、协定和公约；

（c）外交、领事和商务代表；

（d）国际组织，参加国际组织并执行其决定；

（e）罪犯引渡、逃犯通缉，进入联邦，向外移民和驱逐出境；

（f）护照、签证、出入境证件、检疫；

（g）域外司法管辖权；

（h）在马来西亚境外地区朝觐。

第 2 条 联邦任何地区的防御，包括：

（a）海、陆、空军和其他武装力量；

（b）附属联邦武装力量，或者协同其行动的武装力量，来访军队；

（c）防御工事，军事和保护区域，海、陆、空军基地，营房、机场和其他工事；

（d）军事演习；

（e）战争和和平，外敌和敌国人，敌对财产，与敌人通商，战争损害，战争保险；

（f）武器、枪炮、弹药和爆炸物；

（g）国民役；

（h）民防。

第 3 条 国内治安包括：

（a）警察、犯罪侦查、犯罪登记、公共秩序；

（b）监狱、感化院、看守所、拘留所、缓刑、少年犯；

（c）预防性拘留、限制居住；

（d）情报服务；

（e）国民登记。

第4条 民事和刑事法律、司法程序和管理，包括：

（a）伊斯兰法庭以外其他法院的组成和组织。

（b）所有上述法院的管辖权和权力。

（c）法官和上述法院主持者的薪金和其他特权。

（d）在上述法院有权执业的人。

（e）除第（ii）目规定外，包括——

（i）合同，合伙，代理和其他特殊合同，雇主和雇员，旅馆和旅馆业者，可起诉的过失，财产及其转让、抵押（土地除外），无主财产，衡平法和信托，婚姻、离婚和婚生子女，已婚妇女的财产和地位，联邦法律的解释，票据，法定声明，仲裁，商业法，商业登记和商号，成年年龄，婴儿和未成年人，收养，遗嘱继承和非遗嘱继承，遗嘱检验和遗产管理证书，破产和支付不能，宣誓和确认，时效，判决和裁定的相互执行，证据法；

（ii）第（i）目规定的事项，不包括有关伊斯兰教徒婚姻、离婚、监护、抚养、收养、婚生子女、家庭法、赠与、遗嘱继承和非遗嘱继承等属人法律。

（f）国家秘密、贪污行为。

（g）使用或者展示不属于州的徽章、军徽、旗帜、标记、制服、勋章和装饰。

（h）违犯联邦事务表和联邦法律所规定事项的罪行。

（i）对联邦事务表和联邦法律所规定事项的赔偿。

（j）海事管辖权。

（k）出于联邦法律的目的而对伊斯兰法律和其他属人法律的确证。

（l）投注和彩票。

第5条 联邦国籍和归化、外国人。

第6条 政府机关组织，除州事务表的规定外，包括：

（a）国会两院和州立法议会的选举和其他有关事务；

（b）军事委员会和联邦宪法第十编设立的各种委员会；

（c）联邦公务，包括设立联邦和各州共同的公务；两州或者两州以上共同的公务；

（d）养老金和退休补助金、津贴和工作待遇；

（e）吉隆坡、纳闽、布城等联邦辖区的政府和行政管理，包括州事务表第1条规定的伊斯兰教法，州事务表第13条关于沙巴州、砂拉越州补充部分所规定的纳闽联邦辖区、原住民的法律和习俗；

（f）联邦政府合同；

（g）联邦公共机关；

（h）为联邦用途购买、征用、持有和处理财产。

第7条 财政，包括：

（a）通货、法定货币和硬币；

（b）国民储蓄和储蓄银行；

（c）由联邦统一基金担负的借款；

（d）各州、公共机构和私人企业的借贷；

（e）联邦债务；

（f）财政和会计程序，包括联邦和各州公款的征集、保管和支付的程序，以及联邦和各州除土地之外公产的购买、保管和处分；

（g）联邦、各州和其他公共机构的账目稽核；

（h）税收、联邦首都的地方税；

（i）联邦事务表内各事项或者由联邦法律所规定事项的规费；

（j）银行、贷款、典当、信贷规制；

（k）票据、支票、期票和其他类似文件；

（l）外汇；

（m）资本筹集，股票和商品交易。

第8条 贸易、商业与工业，包括：

（a）物品的生产、供应和分配，价格管制和食品管制，食品和其他物品的添加剂；

（b）联邦进出口；

（c）市政公司以外的公司（但包括联邦首都的市政公司）的设立、规制和停业清理，外国公司的规制，对联邦产出或者出口产品的补贴；

（d）保险，包括强制保险；

（e）专利、设计、发明、商标和商业标记，著作权；

（f）设立标准度量衡；

（g）设立联邦内制造品或者出口货品的质量标准；

（h）拍卖和拍卖商；

（i）工业、工业的管理；

（j）除州事务表第2条第（c）项的规定外，矿物开发、矿场、采矿和矿石，石油和油田，矿物和矿石的购买、销售、进出口，石油产品，矿场和油田工人的劳动和安全管理；

（k）工厂、压力容器和机器、危险性行业；

（1）危险和易燃品。

第 9 条 航运、航行和渔业，包括：

（a）在公海、浅海和内水上的航运和航行；

（b）港口、码头和海滩；

（c）灯塔和其他航行安全标志；

（d）海上和河口捕鱼和水产，不包括海龟；

（e）灯塔税；

（f）船舶失事和救援。

第 10 条 交通运输，包括：

（a）公路、桥梁、轮渡和其他联邦法律规定的交通方式；

（b）铁路，不包括槟城州的缆车；

（c）航空运输，飞机和航行；民航机场；飞行安全设施；

（d）海、陆、空交通管制，但海港区以外的州内河流除外；

（e）海、陆、空旅客和货物运输；

（f）机动车辆；

（g）邮政和电信；

（h）无线电、广播和电视。

第 11 条 联邦工程与电力，包括：

（a）为联邦用途的公共工程；

（b）自来水供应，河流和运河，但州内河流或者有关各州达成协议管理的河流除外，水电生产、分配和供应；

（c）电力、燃气和燃气工程、电力和能源生产和分配的其他工程。

第 12 条 调查与研究，包括：

（a）人口普查；出生死亡登记；婚姻登记；除根据伊斯兰教法和马来亚习惯之外的收养登记；

（b）联邦调查；社会、经济和科学调查；气象机构；

（c）科学技术研究；

（d）调查委员会。

第 13 条 教育，包括：

（a）初等、中等和大学教育；职业和技术教育；教师培训；教师、校长和学校的登记和规制；特殊学习和研究的推进；科学和文学协会；

（b）图书馆；博物馆；古代和历史纪念馆和档案；考古场地和遗物。

第 14 条 医药和健康（包括联邦首都的卫生设施），包括：

（a）医院、诊所和药房；医疗职业；产科和儿童福利；麻风与麻风病医院；

（b）精神病和神经疾病，包括收容和治疗所；

（c）毒品和危险药品；

（d）麻醉药品和酒精；药品的生产和销售。

第15条　劳动与社会保障，包括：

（a）工会；劳资争议；劳动福利，包括雇主提供劳工住宅；雇主责任和对工人的赔偿；

（b）失业保险、健康保险、寡妇儿童和老人的抚恤金、产妇补贴、公积金和慈善基金、退休金；

（c）慈善业和慈善团体；慈善信托和信托人，不包括伊斯兰教徒的永管产业；印度教徒的赠与。

第16条　原住民福利。

第17条　未明确列举的职业。

第18条　除州假之外的假期，时间标准。

第19条　非法人团体的社团。

第20条　农业虫害的管制和预防，植物疾病的防治。

第21条　报纸、出版物、出版社、印刷和印刷社。

第22条　检查制度。

第23条　除州事务表第5条第（f）项的规定外，剧院、影院、影片、公共娱乐场所。

第24条　（已废除）

第25条　合作社。

第25A条　旅游。

第26条　除共同事务表第9A条的规定外，救火，包括消防和消防队。

第27条　与联邦辖区有关的事务，包括州事务表第2条、第3条、第4条、第5条，以及对于纳闽辖区而言，州事务表第15条、第16条、第17条对沙巴州和砂拉越州补充部分所列举的事务。

第二表　州事务表

第1条　除吉隆坡、纳闽和布城等联邦辖区外，伊斯兰教法和个人和家庭之法律，包括伊斯兰教法中涉及遗嘱继承和非遗嘱继承、订婚、结婚、离婚、嫁妆、赡养、收养、婚生子女、监护、赠与、可分摊和非慈善性质的信托、教徒的永管产业、慈善和宗教性质信托的界定和规定、委托信托人和将州内的伊斯兰教和慈善赠款、机构、信托、慈善业和慈善机构组成公司；马来人习俗；伊斯兰教义捐；开斋节的施舍物和财务机构和类似性质的宗教收入；伊斯兰教堂和公共祈祷场地，制定和处罚伊斯兰教徒触犯伊斯兰教义罪，但联邦事务表有关的事项除外；伊斯兰教法庭的组织和诉讼程序；伊斯兰教法庭对伊斯兰教信徒和本条所规定的各事项有管辖权，对一般犯罪，除联邦法律授予的权力外，不享有管辖权；对伊斯兰教信徒传教和信仰的管制；裁定有关伊斯兰教法、伊斯兰教义和马来人习俗的事项。

第2条 除吉隆坡、纳闽和布城等联邦辖区的土地外，土地包括：

（a）土地保有权、业主与租户关系；土地契约和契据登记；垦殖；土地改良和土壤保持；租金限制；

（b）马来人保留地，或者沙巴州和砂拉越州原住民保留地；

（c）探矿许可；采矿租约和证书；

（d）土地强制征用；

（e）土地流转、抵押、租赁和负担；地役权；

（f）土地复归；文物以外的埋藏。

第3条 除吉隆坡、纳闽和布城等联邦辖区的农业与林业外，农业和林业包括：

（a）农业和农业贷款；

（b）森林。

第4条 除吉隆坡、纳闽和布城等联邦辖区外的地方政府，包括：

（a）地方行政机关；市政公司；地方、城乡管理局和其他地方当局；地方政府职务、地方税、地方政府选举；

（b）地方当局辖区内对有害职业和妨害公众的管制。

（c）（已废除）

第5条 除吉隆坡、纳闽和布城等联邦辖区外，其他地方性服务包括：

（a）（已废除）

（b）宿舍和旅馆；

（c）墓地和火葬场；

（d）牲畜栏和牛只侵入；

（e）市场和集市；

（f）剧院、影院和公共娱乐场所的许可。

第6条 州工程和水流：

（a）为州用途的公共工程；

（b）除联邦事务表之外的公路、桥梁、渡口，和对在公路行驶车辆的重量和速度的管理；

（c）除联邦事务表之外的水流（包括江河，但不包括自来水供应），泥沙管理，河岸权益。

第7条　除联邦事务表的规定外，州政府机制还包括：

（a）王室经费和州承担的养老金；

（b）州排他性的公共服务；

（c）州统一基金担保的借款；

（d）为州用途的借款；

（e）州公债；

（f）州事务表内各事项或者由州法律处理的各事项的规费。

第8条　州假日。

第9条　违犯州事务表或者由州法律所处理的各事项的罪行，有关州法律和相关行为的证据，或者出于州法目的之事项的证据。

第10条　为州用途而进行的调查，包括调查委员会和对州事务表或者州法律所处理事项之数据的收集。

第11条　对州事务表或者州法律所处理事项的赔偿。

第12条　捕龟和河中捕鱼。

第12A条　联邦法律规定以外的图书馆、博物馆、古代和历史纪念馆和档案、考古地点和遗留物等。

第二表之一　沙巴州和砂拉越州事务表的补充规定

［第95B条第（1）款第（a）项］

第13条　原住民法律和习俗，包括有关婚姻、离婚、监护、赡养、收养、婚生子女、家庭法、赠与或者继承、遗嘱继承和非遗嘱继承的属人法；根据原住民法律和习俗进行收养登记；决定原住民法律和习俗的事务；原住民法院的构成、组织和程序（包括在该法院出庭的权利）；该法院的管辖权，限于本条所规定的事项，而不涉及其他犯罪，除非联邦法律赋予其该种管辖权。

第14条　根据州法律直接成立公司和其他机构，所成立公司的规制和停业清理。

第15条　除按照联邦法律规定为联邦所有之外的港口和渡口；对州内河流港口和渡口交通的管理，但联邦港口和渡口上的交通除外；海滩。

第 16 条　地籍测量。

第 17 条　（已废除）

第 18 条　沙巴州铁路。

第 19 条　（已废除）

第 20 条　除联邦事务表规定的外，自来水供应和服务。

第二表之二（已废除）

第三表　共同事务表

第 1 条　社会福利；除第一表、第二表之外的社会服务；妇女、儿童和青少年的保护。

第 2 条　奖学金。

第 3 条　野生动物和鸟类的保护；国家公园。

第 4 条　畜牧业、防止虐待动物、动物医疗服务、动物检疫。

第 5 条　除联邦首都之外的城乡规划。

第 6 条　流动人口和流动摊贩。

第 7 条　公众卫生、卫生设施（不包括联邦首都的卫生设施）和疾病预防。

第 8 条　水渠和灌溉设施。

第 9 条　矿地和水土流失的复垦。

第 9A 条　建筑物消防安全设施和防火。

第 9B 条　文化和运动。

第 9C 条　住房和有关住房设施的提供；发展信托。

第 9D 条　除联邦事务表外，自来水供应和服务。

第 9E 条　传统的维护。

第三表之一　沙巴州和砂拉越州共同
事务表的补充规定

［第 95B 条第（1）款第（b）项］

第 10 条　有关婚姻、离婚、监护、赡养、收养、婚生子女、家庭法、赠与或者遗嘱继承或者非遗嘱继承的属人法。

第 11 条　食品和其他物品的添加剂。

第 12 条　登记吨位在 15 吨以下船舶的航运，包括以该船舶运送旅客和货物；海上和河口捕鱼和捕鱼业。

第 13 条　水力和水电的生产、分配和供应。

第 14 条　农业和林业研究，农业虫害的控制和防治；农业疾病的防治。

第 15 条　州内慈善事业和慈善信托和机构（即全部在州内创设和活动）及其信托人，包括州内信托机构的设立、管理和停业清理。

第 16 条　剧院，影院，影片，公共娱乐场所。

第 17 条　非直接选举期间州立法议会的选举。

第 18 条　沙巴州直至 1970 年年底（不包括砂拉越州）的医药和卫生，包括联邦事务表第 14 条第（a）项至第（d）项规定的各项事务。

第三表之二　（已废除）

附件十　补助金和各州税源的划分

［第 109 条、第 112C 条和
第 161C 条第（3）款］

第一章　人口补助金

第 1 条　（1）每一财政年度应当支付各州人口补助金，计算方式如下：

（a）开始的 10 万人，每人 72 元；

（b）其次的 50 万人，每人 10.20 元；

（c）再次的 50 万人，每人 10.80 元；

（d）剩余的人，每人 11.40 元。

该州的人口，应当以联邦政府最近一次人口普查所计算出的该州常年人口评估数为根据，如果人口普查完成于财政年度开始前一年，则该年度的补助金应当以人口普查所确定的人口为根据。

（2）（已废除）

第二章　州公路补助金

第 2 条　对马来亚各州每一财政年度公路补助金的计算方式为：

（a）联邦政府在咨询全国财政理事会后确定的维持州公路每英里最低标准的平均成本，乘以，

（b）各州符合领取补助金条件的州公路里程。

第3条 对第2条——

（a）一州公路里程数，为截至上一财政年度12月31日的里程数，该条第（a）项所规定平均成本，应指该州在上一财政年度计算所得的平均成本；

（b）州公路的维护，是指对最初建设和之后改进的州公路和构成公路局部或者与其紧密相连的路旁设施、桥梁、天桥、水渠予以养护和维护。

第4条 州公路如果由州公共工程局按照第2条第（a）项规定的最低标准或者超过该标准进行实际养护，以及在地方当局辖区内州公共工程局认为该公路符合质量标准，并按照第2条第（a）项规定的最低标准或者超过该标准进行维护，有权得到补助金。

第5条 本章所谓"州公路"系指联邦公路之外的公路，或者联邦公路以外公众有权进入的其他道路。

第6条 （1）支付沙巴州和砂拉越州的公路补助金：1964年、1965年对沙巴州以1151英里计算，每英里4500元；对砂拉越州，按照联邦政府和该州政府达成的协议数额计算。

（2）支付州公路补助金的第2至5条在适用时作如下修改：

（a）第2条第（a）项所规定最低标准为该州公路的最低标准；

（b）由该州支付费用而由地方当局维护的公路，视为由该州公共工程局维护。

第三章　分配各州的税种

第1条 棕榈酒商店的税收。

第2条 由土地、矿产和森林所征收的税款。

第3条 除自来水供应和服务、机动车、发电设备和商业登记以外的许可税款。

第4条 娱乐税。

第5条 联邦法院之外的法院诉讼费。

第6条 州政府部门提供特别服务的规费和收入。

第7条 市政局、市议会、乡村会议等地方当局的收入，但不包括：

（a）按照自治市条例设立的市机关的收入；

（b）市政局、市议会、乡村委员会、地方议会等地方当局按照成文法有

权保留其收入和控制的支出。

第 8 条 有关原水的收入。

第 9 条 州公产租金。

第 10 条 州盈余的利息。

第 11 条 土地和州公产销售的收益。

第 12 条 联邦法院以外法院的罚款和没收。

第 13 条 伊斯兰教义捐、开斋节的施舍等类似性质的伊斯兰教收入。

第 14 条 埋藏物。

第四章 对沙巴州、砂拉越州 的特别补助金

第 1 条 （1）对砂拉越州每年的补助金为 580 万元。

（2）对沙巴州 1964 年和之后 4 年的补助金分别为 350 万元、700 万元、1150 万元、1600 万元和 2100 万元；之后的补助金，按照联邦宪法第 112D 条规定的审查进行确定。

第 2 条 （1）在下列情形下，对沙巴州每年拨付的补助金相当于联邦从沙巴州所得的净收入 2/5 的数额，其数额超过 1963 年联邦从沙巴州所得的净收入：

（a）《马来西亚法》在该年度已经实施；

（b）1963 年的净收入进行计算时不考虑马来西亚日前后各种税费的变动。

（净收入系指扣除联邦拨付给该州领取的收入后联邦应得的收入。）

（2）对沙巴州 1968 年之前的年度公路补助金若不足 5179500 元，则应当予以补足。

（3）对沙巴州、砂拉越州，在 1974 年之前的年度和在 1974 年初各州立法机关有权就陆路旅客和货物运输或者陆上机动车辆制定法律，则在其立法权持续期间，应有等同于该年度州公路运输局费用的补助金。

第五章 分配给沙巴州、砂拉越州 的附加税种

第 1 条 石油产品进口税和出产税。

第 2 条 木材和其他林木制品出口税。

第 3 条 如果对缴纳出口税的矿物（不包括锡，但包括石油）征收的特

许税以其价格计算不足 10%，则各州享有矿物出口税，或者足以使特许税和矿物出口税达到以其价格计算的 10% 的部分出口税。

第 4 条 对沙巴州，如果医药和卫生仍为共同事务表的项目，而其开支由州担负，则除第 1 条、第 2 条、第 3 条规定的收入外，该州还享有关税收入的 30%。

第 5 条 1974 年之前的各年度，和在 1974 年初各州立法机关有权就陆路旅客和货物运输或者陆上机动车辆和牌照制定法律，则在其立法权持续期间，应享有车辆牌照的规费。

第 6 条 1974 年之前的各年度和在 1974 年初各州立法机关有权就机动车登记制定法律，则在其立法权持续期间，应享有机动车登记的规费。

第 7 条 州销售税。

第 8 条 除联邦港口和码头外的港口和码头的收费。

第 9 条 自来水供应和服务的收入，包括水费。

第 10 条 与自来水供应和服务有关的许可收入。

蒙古国宪法 *

第四章　蒙古国行政区划
单位及其领导

第 57 条

1. 蒙古国领土在行政上划分为省、首都，省划分为县（Soum），县划分为乡（Bagh）；首都划分为区，区划分为里（Khoroo）。

2. 隶属于行政区划单位的镇、村的法律地位由法律规定。

3. 变更行政区划单位须以当地呼拉尔和公民的意见为根据，并考虑经济结构和人口分布状况，由国家大呼拉尔决定。

第 58 条

1. 省、首都、县、区具有行政、区域以及经济、社会职能，是依法成立的管理机构。

---

* 1992 年 1 月 13 日蒙古人民共和国大人民呼拉尔通过，1992 年 2 月 12 日生效。

2. 省、首都、县、区的边界，由国家大呼拉尔根据政府的意见予以核准。

第 59 条

1. 蒙古国行政区划单位的领导实行地方自治与国家领导相结合的原则。

2. 地方自治机关，在省、首都、县、区为当地公民代表呼拉尔，在乡、里为全体公民呼拉尔。呼拉尔闭会期间由呼拉尔主席团行使职权。

3. 省、首都的呼拉尔由选举产生，任期 4 年。上述呼拉尔以及县、区呼拉尔的代表人数和选举规则由法律规定。

第 60 条

1. 国家通过札萨克主席实现对省、首都、县、区、乡、里的管理。

2. 札萨克主席由其所在省、首都、县、区、乡、里的呼拉尔提名。省、首都札萨克主席由总理，县、区札萨克主席由其所属省、首都札萨克主席，乡、里札萨克主席由其所属县、区札萨克主席分别任命，任期 4 年。

3. 总理或上一级单位札萨克主席不同意下级单位提名的札萨克主席人选时，依据本条第 2 款的规定重新提名和任命。在此期间，前任札萨克主席继续行使其职权。

第 61 条

1. 札萨克主席在执行该地区呼拉尔决议的同时，作为国家政权的代表，保障国家法律和中央政府、所属上级机关的决议在本地区的贯彻执行，向中央政府和上级札萨克主席负责。

2. 札萨克主席有权否决本省、首都、县、区、乡、里呼拉尔的决议。

3. 如札萨克主席的否决被该地区呼拉尔多数票驳回，而该札萨克主席认为无法执行该决议时，可向总理或其所属的上级札萨克主席提出辞职。

4. 省、首都、县、区札萨克主席的办公机关为行政公署。公署的组织结构和编制限额由政府单独或统一规定。

第 62 条

1. 地方自治机关自主决定本省、首都、县、区、乡、里范围内的经济与社会生活问题，组织居民参与解决全国和上级单位的问题。

2. 上级机关不得干涉地方自治领导机关权限内的问题。对于地方社会生活中的具体问题，如法律和有关上级机关的决议未明文规定，地方自治领导机关可根据宪法独立解决。

3. 国家大呼拉尔和政府认为必要时，可将其权限内的某些问题授权省、首都呼拉尔和札萨克主席解决。

第 63 条

1. 在各自权限内，省、首都、县、区、乡、里的呼拉尔作出决议，札萨克主席发布命令。

2. 呼拉尔决议、札萨克主席命令应符合法律、总统令、政府和上级机关的决议，并在各自地区贯彻执行。

3. 行政区划单位及领导权限、组织和活动规则由法律规定。

缅甸联邦共和国宪法[*]

第四章 立法机关

省议会或邦议会

省议会或邦议会的构成

第 161 条

省议会或邦议会由下列人员构成：

（i）省或邦所辖每一个城镇选出两名代表构成省议会或邦议会的代表；

（ii）除已占据该省人口主体的民族或在省内有自治区域的民族外，经有关机构认证占联邦人口 0.1% 以上的民族可以选出一名代表进入省议会；

（iii）除已占据该邦人口主体的民族或在邦内有自治区域的民族外，经有关机构认证占联邦人口 0.1% 以上的民族可以选出一名代表进入邦议会；

（iv）省或邦议会中由国防军总司令依法提名的国防军人员组成的代表应占根据上述第（i）项、第(ii)项、第（iii）项选举的议会议员总数的1/3。

省议会或邦议会主席的选举

第 162 条

省议会或邦议会主席的选举依本宪法第 110 条关于人民院主席选举的相关规定进行。

---

* 2008 年 5 月 29 日全民公决通过，2011 年 1 月 31 日生效。

省议会或邦议会议长和副议长的选举

第 163 条

省议会或邦议会议长和副议长的选举依本宪法第 111 条关于人民院议长和副议长选举的相关规定进行。

省议会或邦议会议长的职责

第 164 条

省议会或邦议会议长应——

（i）监管省议会或邦议会会议的进行；

（ii）接到总统要求在省议会或邦议会演讲的通知时，邀请总统；

（iii）接到省或邦的行政首长有意在省议会或邦议会演讲的通知时，作出适当安排；

（iv）若有必要，有权邀请代表任何依宪法规定组成的省或邦机构的组织或个人参加省议会或邦议会的会议并就会议议程内的相关问题进行说明，发表意见；

（v）履行宪法或法律规定的其他职责。

省议会或邦议会议长和副议长
职责的履行与终止

第 165 条

省议会或邦议会议长和副议长职责的履行与终止遵照本宪法第 113 条关于人民院议长和副议长职责履行与终止的相关规定执行。

第 166 条

省议会或邦议会议长和副议长的义务、职权和权利须以法律形式加以规定。

省议会或邦议会内部委员会与机构组成

第 167 条

（1）如有必要，省议会或邦议会依宪法可以成立由省议会或邦议会议员组成的委员会和机构就立法、民族事务进行研究并提出议案。

（2）省议会或邦议会在组成上述委员会与机构时可以吸纳适当的公民人选。

（3）省议会或邦议会在成立这些委员会或机构时，应规定其人数、义务、职权、权利与任期。

省议会或邦议会的任期

第 168 条

省议会或邦议会的任期与人民院任期相同。省议会或邦议会的任期与人民院议会的任期在同一日终止。

省议会或邦议会议员资格

第 169 条

省议会或邦议会议员应——

（i）符合本宪法第 120 条关于人民院议员的资格要求；

（ii）未出现本宪法第 121 条关于无权被选为人民院议员的情形。

作为国防军人员的省议会或邦议会议员资格

第 170 条

国防军总司令依法提名为省议会或邦议会议员的国防军人员应满足作为省议会或邦议会议员的法定资格。

省议会或邦议会会议的召集

第 171 条

（1）省议会或邦议会的任期与人民院议会的任期在同一日开始。

（2）省议会或邦议会第一次常规会议应在议会任期开始后的 15 日内举行。

第 172 条

（1）本宪法生效后省议会或邦议会的第一次常规会议由国家和平与发展

委员会召集；

（2）省议会或邦议会之后任期的第一次常规会议由依宪法规定继续履行其职责的省议会或邦议会议长主持。

第 173 条

（1）省议会或邦议会的议员，在省议会或邦议会第一次常规会议上，面对省议会或邦议会主席，依本宪法附录四进行就职宣誓。

（2）未就职宣誓的省议会或邦议会的议员必须在其首次出席会议时面对省议会或邦议会议长进行宣誓。

第 174 条

省议会或邦议会议长每年至少召集一次常规会议。常规会议之间的间隔不得超过 12 个月。

第 175 条

省议会或邦议会的会议应履行下列职能：

（i）记录总统的讲演；

（ii）阅读并记录总统发布的信息与议长许可的信息；

（iii）记录省或邦行政长官的讲演；

（iv）提交、讨论并表决法案；

（v）依宪法规定讨论并表决由省或邦议会承揽的事项；

（vi）讨论、表决并记录提交给省或邦议会的报告；

（vii）提出建议、讨论并决定；

（viii）质询并回答问题；

（ix）处理由省或邦议会议长同意的事项。

第 176 条

需要省或邦议会表决、同意和批准的事项按以下方式进行：

（i）若省或邦议会在开会期间，则该事项在会议上决定；

（ii）若省或邦议会在闭会期间，则该事项在省或邦议会的最近一次会议上决定；

（iii）涉及公共利益需要紧急处理的事项则必须召集特别会议或紧急会议讨论决定。

第 177 条

如有必要，省或邦议会议长有权召集省或邦议会的特别会议或紧急会议。

第 178 条

当省或邦的首席部长通知省或邦议会议长需要召集省或邦议会的特别会议或紧急会议时，省或邦议会议长应立刻召集。

第 179 条

若省或邦议会 1/4 以上的议员要求召开特别会议，则省或邦议会议长应立刻召集。

第 180 条

（1）省或邦议会会议第一天的出席代表若超过代表总人数一半以上，则会议有效。否则即为无效，且大会应延期举行。

（2）依上述第（1）款的规定，在无效而延期举行的会议以及因有效而继续举行的会议中，若有 1/3 以上的议员出席，即为有效。

第 181 条

（1）除宪法另有规定外，在省或邦议会中将决定的事项必须由出席并投票的省或邦议会议员按多数原则投票决定。

（2）省或邦议会议长或代行议长职权的副议长在省或邦议会的会议上不参与投票，但在票数持平时，应投票行使决定权。

第 182 条

未经省或邦议会许可，若有省或邦议会代表连续缺席省或邦议会会议达 15 日以上，省或邦议会则宣布其职位空缺。在计算上述缺席天数时，会议休会期间不得计算在内。

第 183 条

若有议员职位空缺，省或邦议会仍可履行其职能。此外，若事后发现有人无权却仍出席、投票或参加会议议程的情况，省或邦议会所作的决议与议程亦不得废止。

第 184 条

省或邦议会议程和记录应当公布。但是，法律禁止的或省或邦议会决定禁止的，则不得公布。

第 185 条

（1）在不违反宪法和与省或邦议会相关法律的情形下，省或邦议会议员在省或邦议会及其内部委员会和机构中均享有言论自由和投票自由。若非议会相关法律规定，议员在省或邦议会以及其内部委员会和机构上的提案、讨论和职责履行不得被追究责任。

（2）在不违反宪法和与省或邦议会相关的法律的情形下，代表依宪法组成的省或邦机构的组织成员或个人受邀参加省或邦议会会议或其内部委员会和机构时，享有言论自由；若非议会相关法律规定，不得依其他法律对他们在省或邦议会的提案与发言追究责任。

（3）如果上述两款中提到的人在行使这些特权时违法犯罪，则依省或邦议会的规定、内部规章和程序或现行法律进行惩处。

第 186 条

（1）若要逮捕正在参加省或邦议会会议的议员或经省或邦议会议长许可或邀请参加省或邦议会会议的人，应向省或邦议会议长提交确实可靠的证据。未经省或邦议会议长许可，该人不得被逮捕。

（2）若需要逮捕正在参加省或邦议会内部委员会或机构的会议的省或邦议会委员会或机构的成员，须通过上述有关机构负责人将确实的证据提交给省或邦议会议长。未经省或邦议会议长同意，该人不得被逮捕。

（3）若一个省或邦议会议员被逮捕，而省或邦议会、省或邦议会委员会或机构在闭会期间，则支持该逮捕的确实证据必须尽快提交给省或邦议会议长。

第 187 条

不得起诉省或邦议会或在其授权下公布的报告、文件和议会记录。

立　　法

第 188 条

省或邦议会有权依本宪法附录二"省或邦立法目录"中所规定事项制定在本省或本邦全境或部分地区有效的法律。

第 189 条

（1）当省或邦议会制定法律时，其可以 ——

（i）授权依宪法成立的省或邦级机构颁布与该法律有关的条例、规章以及实施细则；

（ii）授权各组织或部门颁布通知、命令、指示与程序。

（2）依法授权制定的条例、规章、细则、通知、命令、指示和程序都不得与宪法条文和相关法律相抵触。

（3）在根据省或邦议会制定的法律发布任何规定、规则或细则后，相关机构必须经省或邦议会议长认可，将上述规定、规则或细则分发并提交下次省或邦议会常规会议的议员。

（4）若发现规定、规则或细则与相关法律规定相抵触，议会议员可以自该规定、规则或细则提交与分发之日起 90 日内向省或邦议会提议废止或修改该规定、规则或细则。

（5）若省或邦议会决定废止或修改任一规定、规则或细则，则该决定不影响通过之前依相关规则、规定或细则所采取行为的效力。

法案的提交

第 190 条

（1）依宪法成立的省或邦级组织有权按照法定程序向省或邦议会提出与其管理事项有关的法案，此类事项列于本宪法附录二"省或邦立法目录"中。

（2）涉及省级规划、年度预算和省或邦的税收政策等法案，只能由省或邦政府依照法定程序向省或邦议会提交。

第 191 条

除宪法规定列入附录二"省或邦立法目录"中必须由省或邦政府提交的法案外，省或邦议会议员应当依照法定程序向省或邦议会提交关于其他事项的法案。

第 192 条

（1）省或邦议会议员中同时代表依宪法成立的省或邦级机构的成员，有权在议会会议上针对涉及其机构的法案或事项进行解释、交流、讨论和投票。

（2）代表依宪法成立的省或邦级机构的成员无议员身份时，若在议长同意下参加议会会议，亦有权针对涉及其机构的法案或事项进行解释、交流和讨论。

省或邦预算法案的提交

第 193 条

（1）省或邦的年度预算法案仅省或邦政府有权按照法定程序提出，并只能向省或邦议会提交。

（2）涉及上述第（1）款的法案，由相关行政长官建议的省或邦的预算，包括按照国家预算法或补充拨款法来自联邦基金的资金，须由省或邦议会予以讨论并以多数原则决定其执行、赞成、否决或缩减。下列费用在省议会或邦议会中加以讨论，但不得被拒绝或缩减：

（i）依宪法成立的省或邦级机构的负责人与员工的工资、津贴以及这些机构的开支；

（ii）依宪法成立的自治地区政府的负责人与员工的工资、津贴以及这些机构的开支；

（iii）省或邦承担的债务和与债务相关的费用，以及与省或邦贷款相关的费用；

（ⅳ）因执行法院或法庭的判决、命令、裁定所需要的费用；

（ⅴ）省议会或邦议会所制定法律所规定应承担的其他费用。

第 194 条

当省或邦政府按照法定程序提交省或邦的预算评估时，省或邦议会必须作出决定。

法律的颁布

第 195 条

（1）省或邦的行政长官必须——

（ⅰ）依法定程序在收到法案之日起 7 日内，签署并颁布省或邦议会通过的法律案；

（ⅱ）在收到法案之日起 14 日内，签署并颁布由自治地区政府制定的法律案。

（2）若省或邦行政长官未在法定期间内签署并颁布该法律案，那么在该期间届满之日，该法案将视为已被签署并生效。

（3）由省或邦行政长官签署或视为签署的法律必须以官方政府公报的形式颁布。若无例外说明，法律公布之日即为生效之日。

自治地区政府

第 196 条

在本宪法附录三中列举的地方事务的立法权授予自治地区的政府。

人民院、民族院和省或邦议
会议员的义务、职权与权利

第 197 条

人民院、民族院和省或邦议会议员的义务、职权与权利须以法律的形式规定。

法律的效力

第 198 条

各级议会以及自治地方政府各制定的法律的效力如下：

（i）若联邦议会、省议会、邦议会、自治区或自治县政府所制定法律的条款或任何现行法律与宪法的规定相冲突，则宪法具有最高效力；

（ii）若省议会或邦议会制定的法律条款与联邦议会制定的法律条款相冲突，则以联邦议会制定的法律为准；

（iii）若自治区或自治县政府制定的法律条款与联邦议会制定的法律条款相冲突，则以联邦议会制定的法律为准；

（iv）若自治区或自治县政府制定的法律条款与省议会或邦议会制定的法律条款相冲突，则以省议会或邦议会制定的法律为准。

第五章　行政机关

省政府或邦政府

第 247 条

（1）省或邦的首脑应被称为省或邦行政长官。

（2）省或邦的政府成员应被称为省部长或邦部长。

省政府或邦政府的构成

第 248 条

（1）省、邦分别成立省政府和邦政府。

（2）省或邦政府由下列人员构成：

（i）省或邦行政长官；

（ii）省部长或邦部长；

（iii）省或邦总检察长。

（3）经省或邦议会同意，总统可以——

（i）视情况确定省或邦政府部门，并可改变或增加之前确定的部门；

（ii）视情况确定省或邦部长的人数，并可予以增减。

省或邦政府的行政权

第 249 条

在宪法规定的范围内，省或邦政府的行政权扩至省或邦议会有立法权的行政事务。同时，亦可扩展至依任何联邦法律规定允许省或邦政府从事的事务。

第 250 条

省或邦政府有责任协助联邦政府维持联邦稳定、社会和平与安宁以及法律与秩序。

第 251 条

在遵守联邦政府通过的政策和法律的前提下，省或邦政府应执行省或邦议会批准的应在本省或本邦内完成的计划。

第 252 条

根据宪法规定，省或邦政府应向省或邦议会提交在联邦年度预算基础上制定的省或邦的预算法案。

第 253 条

若省或邦的预算法案不能在财政年度结束前予以公布，省或邦政府应当在省或邦议会上次通过的预算法案所规定的一般经费的范围内开支。

省或邦政府征收的税费

第 254 条

（1）省或邦依法征收本宪法附录五所列的税收项目，并将其纳入省或邦基金。

（2）省或邦有权依法使用省或邦基金。

第 255 条

省或邦根据宪法规定向省或邦议会提交与本宪法附录二"省或邦立法目录"中所列举事项相关而必要的法案。

第 256 条

省或邦政府——

（i）在省或邦各部门以及其下属的政府部门与机构履行职责时，应根据宪法和法律进行管理、指导、监督和检查；

（ii）当省或邦内公务员机构履行公共职责时，依法对其进行监督、检查和协调。

第 257 条

遵循有关公务员的联邦法律或在与联邦政府协商后，省或邦政府为履行职能可以——

（i）在必要时成立省或邦的公务员机构；

（ii）任命必要的公务员。

第 258 条

省或邦政府应——

（i）执行由省或邦通过的行政决定，并将所采取的措施向省或邦议会报告；

（ii）向联邦政府和省或邦议会提交关于该地区基本情况的报告。

第 259 条

若有联邦政府委托的职责，省或邦政府应当履行。

省或邦政府办公厅

第 260 条

省或邦行政总务部门负责人在职务上是省或邦政府的秘书长。同时，省或邦行政总务部门是省或邦政府的办公厅。

省或邦行政长官

省或邦行政长官的任命

第 261 条

（1）省或邦行政长官应满足下列条件：

（i）年满 35 周岁；

（ii）除年龄限制外，满足本宪法第 120 条规定的被选为人民院议员的条件；

（iii）未出现本宪法第 121 条关于无权当选人民院议员的情形；

（iv）忠于国家和人民。

（2）在任命省或邦行政长官时，总统应——

（i）从所在省或邦议会议员中选出符合法定条件的合适人选；

（ii）向省或邦议会提交省或邦行政长官人选名单以获得其批准。

（3）总统应任命省或邦议会通过的人选作为省或邦行政长官。

（4）除能明确证明不符合省或邦行政长官的任职资格外，省或邦议会不得否决由总统提名的省或邦行政长官人选。

（5）总统有权重新向省或议会提交新的人选，以替换被省或邦议会否决的省或邦行政长官的任命人选。

省部长或邦部长

省部长或邦部长的任命

第 262 条

（1）省或邦行政长官应——

（i）从省或邦议会议员或非议会议员中选择符合本宪法第 261 条第（1）款规定的合适人选；

（ii）从国防军总司令提名的国防军合适人选名单中任命负责安全与边境事务的人员；

（iii）获取省或邦辖区内自治地方政府主席的人选名单；

（iv）从议会推选的议会代表中选拔少数民族事务负责人人选。

（2）省或邦行政长官应将自己选拔的人选和国防军总司令提名的国防军人员人选一并提交给省或邦议会审议通过。

（3）除能明确证明其不符合省或邦部长的任职资格外，省或邦议会不得否决省或邦行政长官提名的省或邦部长人选。

（4）省或邦行政长官有权重新向省或邦议会提交新的部长人选，以替换被省或邦议会否决的人选。

（5）省或邦行政长官应向总统提交经省或邦议会批准的拟任命为省或邦部长的人选名单或自治地区的主席名单以及被选为负责民族事务的议会议员名单。

（6）总统应将省或邦行政长官批准的人选任命为省或邦部长。同时，总统应与相关省或邦行政长官协商，明确其应承担的一个或多个部门的职责。

（7）总统应——

（i）为作为省或邦部长的自治区或自治县主席设定职责，以执行管理自治地区的事务；

（ii）为作为省或邦部长的议会议员设定职责，以管理民族事务。

（8）总统在任命省或邦部长、自治区或自治县主席或被选出管理民族事务的议会议员时，可以放宽宪法规定的年龄限制。

（9）总统可与行政长官协商后任命自治区或自治县的部长或负责民族事务的部长负责其他工作。

（10）若省或邦行政长官要安排国防军人员管理除安全与边境事务外的其他部门事务，则应从国防军总司令处获得人选名单并经省或邦议会审议通过后，提交给总统。

（11）总统应向相关省或邦议会以及联邦议会报告省或邦行政长官及其部长的任命情况。

（12）（i）省或邦行政长官向总统负责；

（ii）省或邦部长向省或邦行政长官负责，并通过省或邦行政长官向总统负责。

（13）省或邦行政长官及部长的任期与总统的任期相同。

（14）（i）若省或邦部长为公务员，则应当按照公务员规则和条例从被任命为省或邦部长之日起视为退出原公务员职位；

（ii）被任命为负责安全与边境事务的省或邦部长原为国防军人员的，无须从国防军退役或辞职。

省或邦行政长官、部长的弹劾

第 263 条

（1）省或邦行政长官、部长因下列事由可以被弹劾：

（i）叛国；

（ii）违反宪法规定；

（iii）行为不端；

（iv）不符合宪法规定的省或邦行政长官、部长任职资格；

（v）未有效履行法律规定的职责。

（2）若要弹劾省或邦行政长官、部长，应向相关议会提交由不少于省或邦议会议员总人数 1/4 的代表签名的指控。

（3）相关议会议长应组成调查机构对指控进行调查。调查完成的期间视工作量而定。

（4）在针对指控进行的调查中，省或邦行政长官、部长有权亲自或通过其代表为自己辩护。

（5）（i）在调查机构提交关于对省或邦行政长官、部长弹劾指控的调查后，议会议长应将其提交给有关省或邦议会。调查结束后，若指控事实属实且不少于议会议员总人数 2/3 的代表认为该省或邦行政长官、部长不适合继续担任该职位，则议长应向总统提交该决议；

（ii）总统在收到决议后应将被弹劾的省或邦行政长官、部长免职；

（iii）若议会作出指控不能成立的决定，则议会议长也应向总统提交该决议。

省或邦行政长官、部长
的辞职、停职与补缺

第 264 条

（1）省或邦行政长官、部长在其任期届满前，若因故自愿辞职的，在向总统提交书面辞呈后可辞职。

（2）总统应——

（i）要求未能有效履行其职责的省或邦行政长官或部长提出辞职。如果他们不服从，则将被停职；

（ii）与国防军总司令协商关于国防军人员辞职或职责终止的事宜。

（3）若因辞职、免职、死亡或任何原因，省或邦行政长官、部长的职位出现空缺，总统有权根据宪法规定任命和安排新的人选。新任命的省或邦行政长官、部长的任期与总统剩余的任期相同。

（4）省或邦行政长官、部长的职责、职权与权利应当由法律规定。

省总检察长或邦总检察长

第 265 条

省或邦的最高检察官应称为省总检察长或邦总检察长。

省或邦总检察长的任命

第 266 条

（1）经相关省或邦议会批准，省或邦行政长官从满足下列条件的省或邦议会议员或非议会议员中任命省或邦总检察长，以征询法律意见并从事与法律有关的事务：

（i）年满 40 周岁。

（ii）除年龄限制外，满足本宪法第 120 条规定的被选为人民院议员的条件。

（iii）未出现本宪法第 121 条关于无权当选人民院议员的情形。

（iv）（aa）担任不低于省或邦级的司法职位或法律职位至少 5 年；或担任区级以上的司法职位或法律职位至少 10 年；或

（bb）从事律师职业至少 15 年。

（v）忠于国家和人民。

（2）经议会同意，总统从议会议员中任命省或邦总检察长。

（3）除能明确证明其不符合省或邦总检察长的任职资格外，省或邦议会不得否决由省或邦行政长官提名的省或邦总检察长的人选。

（4）省或邦行政长官有权重新向省或议会提交新的人选，以替换被省或议会否决的省或邦总检察长的人选。

（5）省或邦总检察长是省或邦的政府成员。

（6）省或邦总检察长应：

（i）通过所在省或邦的行政长官向总统负责；

（ii）向联邦总检察长和所在省或邦的行政长官负责。

省或邦总检察长的弹劾

第 267 条

若要弹劾省或邦总检察长，则遵循本宪法第 263 条关于弹劾省或邦行政长官或部长的程序。

省或邦总检察长的辞职、停职与补缺

第 268 条

省或邦总检察长的辞职、停职与补缺以及其公务员身份的处理均遵循本宪法第 262 条第（14）款和第 264 条关于省或邦行政长官、部长辞职、停职、补缺与视为退出原公务员职位的规定。

第 269 条

省或邦总检察长的职责、职权和权利应当由法律规定。

省审计长或邦审计长

第 270 条

省或邦的最高审计师应称为省审计长或邦审计长。

省审计长或邦审计长的任命

第 271 条

（1）经省或邦议会批准，省或邦行政长官从满足下列资格的议会议员或非议会议员中任命省审计长或邦审计长，对省或邦的财政预算进行审计并作出报告：

（i）年满 40 周岁。

（ii）除年龄限制外，满足本宪法第 120 条规定的被选为人民院议员的条件。

（iii）未出现本宪法第 121 条关于无权当选人民院议员的情形。

（iv）（aa）担任不低于省或邦级的审计师至少 5 年或区级以上的审计师至少 10 年；或

（bb）从事注册会计师或执业会计师至少 15 年。

（v）忠于国家和人民。

（2）经省或邦行政长官提名，并通过相关议会批准的人选由总统任命为省或邦的审计长。

（3）除能明确证明其不符合省或邦审计长的任职资格外，省或邦议会不得否决省或邦行政长官提名的省或邦的审计长人选。

（4）省或邦行政长官有权重新向省或议会提交新的人选，以替换未被省或议会否决的省或邦的审计长人选。

（5）省或邦的审计长应：

（i）通过省或邦行政长官向总统负责；

（ii）向联邦总审计长和省或邦行政长官负责。

省审计长或邦审计长的弹劾

第 272 条

若要弹劾省或邦的审计长，应遵循本宪法第 263 条关于对省或邦行政长官、部长的弹劾程序。

省审计长或邦审计长
的辞职、停职与补缺

第 273 条

省或邦审计长辞职、停职与补缺以及其公务员身份的处理遵循本宪法第264 条关于省或邦行政长官、部长辞职、停职、补缺与视为退出公务员职位的规定。

第 274 条

省或邦审计长的职责、职权和权利应由法律规定。

自治区或自治县的行政机关

第 275 条

自治区或自治县行政机关称为自治区政府或自治县政府。

自治区和自治县政府的组成

第 276 条

（1）同为自治地区，自治区和自治县地位平等。

（2）各自治区和自治县应分别组成自己的政府。该地方政府根据本宪法附录三的规定行使立法权。

（3）自治区或自治县政府至少由 10 人组成。

（4）自治区或自治县政府由下列人员组成：

（i）从自治区或自治县辖区内城镇中选出的省或邦议会议员；

（ii）国防军总司令依法提名的负责安全和边境事务的军队代表；

（iii）由以上第（i）项和第（ii）项规定的人员挑选的其他代表。

（5）上述第（4）款第（i）项与第（ii）项规定的自治区或自治县政府成员，经其内部协商之后，从自治区或自治县所辖乡镇选举产生的省或邦议会议员中挑选一位适当人选，担任自治区或自治县主席。该人选由省或邦的行政长官向总统提交。

（6）总统将提名人选任命为自治区或自治县主席。

（7）自治区或自治县主席在职务上是所在省或邦的部长。除任命方式外，宪法其他关于省或邦部长的规定亦适用于自治区或自治县主席。

（8）自治区或自治县主席与政府的成员——

（i）除构成该自治区或自治县主体的民族外，其他民族中若有经权威机构认定为人口超过 10000 人的民族，则每个民族中都应选出一名代表担任政府成员。被选举的政府成员应满足本宪法第 169 条规定的省或邦议会议员的法定资格。

（ii）若自治区或自治县政府成员的人数不足 10 人，则从本自治区或自治县的居民中选举相应数量的且符合省或邦议会议员法定资格的人员并加以任命，以补足 10 人之数。

（9）必要时，国防军总司令可以将 1/4 自治区或自治县政府成员由国防军人员担任。

（10）由国防军总司令依法提名作为自治县或自治区政府成员的国防军人员应满足省或邦议会议员的法定资格。

（11）（i）自治区或自治县政府主席应宣布自治区或自治县政府成员的名单；

（ii）自治区或自治县政府主席向所在省或邦行政长官负责，并通过行政长官向总统负责；

（iii）自治区或自治县政府成员向其主席负责；

（iv）自治区或自治县政府主席的任期、处罚、辞职、停职和补缺应由法律规定。

（12）自治区或自治县政府主席的职责、职权与权利由法律规定。

自治区或自治县政府的行政权

第 277 条

在宪法规定的范围内，自治区或自治县政府的行政权包括：

（i）根据本宪法附录三，自治区或自治县政府有立法权的事项；

（ii）根据联邦议会制定的任何法律，自治区或自治县政府有权处理的事项；

（iii）根据所在省或邦议会制定的法律，自治区或自治县政府有权处理的事项。

第 278 条

自治区或自治县政府有责任协助联邦政府维护联邦稳定、社会和平与安宁以及法律与秩序。

第 279 条

自治区或自治县政府应——

（i）在联邦政府的政策范围内，与所在省或邦政府协商，为本辖区的发展制订工作计划；

（ii）根据宪法规定起草年度预算并与省或邦政府协商以获得批准；

（iii）依规定有权使用省或邦政府根据预算法拨付的资金；

（iv）若省或邦议会未能通过省或邦政府提交的省或邦预算法案，则有权在省或邦议会上次制定的预算法规定的一般经费范围内使用经费。

第 280 条

根据法律，自治区或自治县政府可以监督、协调在其辖区内履行职责的公务员机构，或与其合作。

第 281 条

自治区或自治县政府应向联邦政府和所在省或邦政府报告其辖区内的总体形势。

第 282 条

自治区或自治县政府应执行联邦政府和省或邦政府安排的任务。

自治区或自治县政府办公室

第 283 条

自治区或自治县政府行政总部的负责人是服务于自治区或自治县政府的秘书长。同时，自治区或自治县政府行政总部也是自治区或自治县政府的办公室。

联邦直辖区——内比都的行政

第 284 条

（1）自本宪法生效之日起，作为联邦直辖区的内比都由内比都发展区的全部市区和乡镇构成。

（2）如有必要，总统可以调整内比都的市区和乡镇的行政区划。

内比都委员会的构成

第 285 条

（1）内比都委员会主席及其成员应满足下列条件：

（i）年满 40 周岁；

（ii）除年龄限制外，满足本宪法第 120 条规定的被选为人民院议员的条件；

（iii）未出现本宪法第 121 条关于无权当选人民院议员的情形；

（iv）总统规定的其他资格。

（2）总统——

（i）应成立内比都委员会；

（ii）应任命符合法定资格的人员担任内比都委员会主席和成员；

（iii）应在国防军总司令提名的具有法定资格的适当国防军人选中任命一名或数名委员会成员以协调联邦直辖区内比都的安全事务；

（iv）必要时依法可以确定委员会成员的人数，包括内比都委员会主席。

（3）内比都委员会主席向总统负责，其成员向主席负责并通过主席向总统负责。

（4）若内比都委员会主席或成员原为议会议员，则从任命为内比都委员会主席或成员之日起即视为辞去议员职位。

（5）若内比都委员会主席原为公务员，则依现行公务员条例及规定应从被任命为内比都委员会主席或成员之日起即退出原公务员职位。

（6）为协调安全事务而被任命为内比都委员会成员的国防军人员不必从国防军退役或辞职。

（7）若内比都委员会主席或成员是某一政党的党员，则从被任命为内比都委员会主席或成员之日起的整个任期内不得参加所在政党的活动。···

内比都委员会主席和成员
的辞职、停职和补缺

第 286 条

（1）（i）内比都委员会主席和成员的任期与总统的任期相同。

（ii）由于某种原因，内比都委员会主席和任何成员，在其任期终止前，向总统提交书面辞呈后，可以辞去职务。

（iii）总统应——

（aa）要求未能有效履行其职责的内比都委员会主席和任何成员辞职。如果他们不服从，则将被停职；

（bb）与国防军总司令协商关于内比都委员会主席和任何成员中国防军人员的辞职或职责终止的事务。

（iv）若因辞职、免职、死亡或其他原因，内比都委员会主席和成员的职位出现空缺，总统有权根据宪法规定任命和安排新的人选。新任命的内比都委员会主席和成员的任期与总统的剩余任期相同。

（2）内比都委员会主席和成员的职责、职权与权利应当由法律规定。

内比都委员会办公室

第 287 条

内比都委员会行政总部的负责人在职务上是内比都委员会秘书长。内比都委员会行政总部即为内比都委员会办公室。

市区和乡镇行政

第 288 条

各市区和乡镇的行政事务由公务员负责。

乡村和街区

第 289 条

街区或乡村的行政事务依法由当地受人尊重的贤达人士负责。

第六章　司法机关

省高等法院或邦高等法院

省高等法院或邦高等法院的组成

第 305 条

各省设立省高等法院，各邦设立邦高等法院。

省高等法院或邦高等法院的管辖

第 306 条

省或邦高等法院依法对下列事项拥有管辖权：

（i）初审案件的审判；

（ii）上诉案件的审判；

（iii）再审案件的审判；

（iv）法律规定的其他事项的审判。

第 307 条

（1）基于司法管理的目的，曼德勒省高等法院是内比都地区的高等法院。

（2）基于司法管理的目的，省内或邦内若有被划为联邦管辖的地区，该地区的高等法院即为该省或邦高等法院。

省高等法院或邦高等
法院院长和法官的任命

第 308 条

（1）（i）省高等法院或邦高等法院的领导人称之为省高等法院院长或邦高等法院院长；

（ii）省高等法院或邦高等法院法官的人数，包括院长在内，为 3 至 7 人。

（2）（i）总统与联邦首席大法官以及省或邦行政长官协商提名省或邦高等法院院长的人选；省或邦行政长官与联邦首席大法官协商提名省或邦高等法院法官的人选；上述人选均报送省或邦议会审议批准；

（ii）除能明确证明该人选不具备本宪法第 310 条关于省或邦高等法院首席大法官或法官的任职资格外，省或邦议会无权否决由总统在与联邦首席大法官和省或邦行政长官协商后提名的省或邦高等法院院长人选，亦无权否决由省或邦行政长官与联邦首席大法官协商后提名的省或邦高等法院法官人选；

（iii）可提交新的名单以替换依第（ii）项被否决的人选；

（iv）总统应将省或邦议会审议通过的人选任命为省或邦高等法院院长和法官。

第 309 条

（1）省或邦高等法院院长和法官不得参加政党政治。

（2）若省或邦高等法院院长和法官原为公务员，则根据现行公务员条例，从其被任命为省或邦高等法院院长和法官之日起退出原公务员职位。

省或邦高等法院院长和法官的任职资格

第 310 条

省或邦高等法院院长和法官应当具备下列资格：

（i）年龄在 45 周岁至 65 周岁。

（ii）除年龄限制外，满足本宪法第 120 条规定的被选为人民院议员的条件。

（iii）未出现本宪法第 121 条关于无权当选人民院议员的情形。

（iv）（aa）担任不低于省或邦级的司法职位或法律职务至少 5 年或担任不低于区级的司法职位或法律职务至少 10 年；或

（bb）从事律师职业至少 15 年；或

（cc）被总统评价为杰出法学家。

（v）忠于国家和人民。

（vi）非政党成员。

（vii）非议会议员。

省或邦高等法院院长和法官的弹劾

第 311 条

（1）省或邦高等法院院长或法官可因以下事由而被弹劾：

（i）叛国；

（ii）违反宪法；

（iii）行为不端；

（iv）不符合本宪法第 310 条规定的省或邦高等法院院长和法官任职资格；

（v）不能有效履行法律赋予的职责。

（2）总统若要弹劾省或邦高等法院院长，或省或邦行政长官要弹劾省或邦高等法院法官，均应向省或邦议会议长提出指控。

（3）若省或邦议会议员要弹劾本省或邦高等法院院长或法官，则应当向省或邦议会议长提交由省或邦议会议员总数 1/4 以上的代表签署的指控。

（4）省或邦议会议长应依法组织调查机构对指控事实进行调查。调查完成的时间视工作量而定。

（5）（i）总统、省或邦行政长官若要进行弹劾，则由所涉省或邦议会的代表组成调查机构，从调查机构成员中选出一位适当人选作为调查机构负责人；

（ii）总统、省或邦行政长官可亲自或委托代表向调查机构就指控进行解释，同时也有权提交相关证据和证人。

（6）在调查指控的过程中，被指控的人有权亲自或委托代表为自己进行辩护。

（7）在收到调查机构提交的关于弹劾的报告后，省或邦议会议长应向省或邦议会报告。

（8）若指控的事实经调查属实，而省或邦议会全体代表 2/3 以上的人投票认为被指控人不适合继续担任省或邦高等法院院长或法官，在涉及省或邦高等法院院长被弹劾的情况下，该决定由省或邦议会议长向总统提交；而在涉及省或邦高等法院法官被弹劾的情况下，该决定由省或邦议会议长向省或邦行政长官提交，省或邦行政长官收到该决定后，应将其提交给总统。

（9）总统收到报告后，应将被弹劾的省或邦高等法院院长或法官免职。

（10）若联邦议会作出指控不成立的决定，在涉及省或邦高等法院院长被弹劾的情况下，该决定由省或邦议会议长向总统提交；而在涉及省或邦高等法院法官被弹劾的情况下，该决定由省或邦议会议长向省或邦行政长官提交。

省或邦高等法院院长和法官的任期

第 312 条

除非出现下列情况，否则省或邦高等法院院长和法官可任职至年满 65 周岁：

（i）主动辞职；

（ii）根据宪法规定被弹劾而被免职；

（iii）根据法律认可的医疗机构的诊断，身患永久性的身体或精神疾病而不能继续工作；

（iv）死亡。

第 313 条

省或邦高等法院院长或法官的职责、职权和权利应由法律规定。

省或邦高等法院的下属法院

第 314 条

下列各级法院受省或邦高等法院监管：

（i）在无自治地区的省或邦内设：

（aa）市区法院；

（bb）乡镇法院。

（ii）在设有自治地区的省或邦内：

（aa）在自治区内设——

1）自治区法院；

2）乡镇法院。

（bb）在自治县内设——

1）自治县法院；

2）乡镇法院。

（cc）在其他地区内设——

1）市区法院；

2）乡镇法院。

（iii）在联邦直辖区内设：

（aa）市区法院；

（bb）乡镇法院。

（iv）法律规定的其他法院。

区法院和乡镇法院的管辖

第 315 条

根据法律，自治区法院和市区法院以及自治县法院对于初审刑事案件、初审民事案件、上诉案件、再审案件或法律规定的其他事项具有管辖权。

第 316 条

根据法律，乡镇法院对于初审刑事案件、初审民事案件或法律规定的其他事项具有管辖权。

第 317 条

各级依宪法或其他法律成立的法院内依法任命的法官管理联邦境内各项司法事务。

第 318 条

（1）对省或邦高等法院下属各级法院法官的任命，司法权的授予，职责、职权和权利的规定应符合法律。

（2）对联邦最高法院、省或邦高等法院以及其他法院内职员组织的成立、官员和其他职位的设置以及其职责、职权和权利的规定应符合法律。

尼泊尔临时宪法 2063（2007）[*]

第十七章 国家和地方自治的结构

第 138 条 国家的改革重组

（1）国家应通过废除集权和单一的国家结构，消灭阶级、种姓、语言、性别、文化、信仰和区域的歧视，进行包容性的、民主的联邦自治体制的改革重组①。

（1a）② 承认土著居民、落后群体以及其他地区包括玛德西人民对自治省的要求，尼泊尔应当是一个联邦制的民主共和国。各省应当自治，被授予完全的自治权。自治省的边界、数量、名称、结构和详细清单，以及措施、资源和权力的核心与分配，在保证尼泊尔的主权、统一和独立的前提下，应当出制宪会议决定。

（2）应组建高规格的委员会，就第（1）款和第（1a）款③关于国家的重组提出建议。这一委员会的组成、职能、职责、权力和服务条件，应由尼泊尔政府决定。

（3）关于国家重组和联邦制的自治形式④，最终应由制宪会议决定。

第 139 条 地方自治的条款

（1）地方自治机构的选举应当基于权力的分权和下放进行⑤，以最大限度

---

* 2007 年 1 月 15 日由制宪会议颁布。

① 原文注：第五次修改时修正。

② 原文注：第五次修改时修正。

③ 原文注：第五次修改时修正。

④ 原文注：第五次修改时修正。

⑤ 原文注：第五次修改时修正。

地促进人民的参与，通过创造有利于基层人民实现权力、服务于基层人民、民主制度在基层发展的环境，建立国家的自治制度。

（2）①过渡时期的地方机构，在地方当局选举中所涉及的在地方上有积极影响的政党的同意和参与下，由尼泊尔政府在地区、城市和乡村建立。

释：就本条而言，"在地方上有积极影响的政党"是指在制宪会议上有代表，并在该地区制宪会议代表的多数当选制选举中提出候选人的政党。

（3）地方自治机构的组织结构、框架、边界疆域以及组成模式应由法律规定。

第 140 条　财政收入的安排和调用

（1）财政收入在尼泊尔政府和地方自治机构之间的调用和分配，应当由法律规定，从而使地方自治机构对地方发展计划的批准、规划和实施负责，同时保持在拨款和资源调动和分配上的平等，以及考虑到增强地方自治机构对地方发展的作用，实现发展成果的平衡和公平分配。

（2）依据第（1）款进行的收入调用和分配，尤其要重视社会和经济上落后的阶级和族群的整体提升，以此实现国家的平衡和平等发展。

日本国宪法 *（昭和宪法）

第八章　地方自治

第 92 条

关于地方公共团体的组织及运营事项，根据地方自治的宗旨，由法律规定。

第 93 条

地方公共团体根据法律规定设置议会为其议事机关。

地方公共团体的首长、议会议员以及法律规定的其他官吏，由该地方公共团体的居民直接选举。

＊ 1946 年 10 月 7 日帝国议会通过，10 月 29 日经天皇裁可，11 月 3 日天皇正式公布，1947 年 5 月 3 日实施。

① 原文注：第五次修改时修正。

第 94 条

地方公共团体有管理其财产、处理事务以及执行行政的权能，得在法律范围内制定地方条例。

第 95 条

仅适用于某一地方公共团体的特别法，如非根据法律规定，并经该地方公共团体的居民过半数以上投票同意，国会不得制定。

斯里兰卡民主社会主义共和国宪法[*]

〔第十七章之一

第 154A 条　省议会的成立

（1）根据宪法的规定，附表八所列的每一个省均应成立省议会，自总统在公报上发布法令之日起生效。不同的省份在不同的日期进行任命。

（2）根据第（1）款成立的各省议会，应当根据省议会选举的相关法律进行成员选举。

（3）尽管本条已作上述规定，但国会可依照法律将两个或三个相邻省份合并成一个行政单元，其拥有一个民选的省议会、一名省长、一名首席部长和一个部长委员会，同时国会可决定这些省份继续作为一个行政单元还是该省份各自独立为一个行政单元，并拥有各自民选的省议会、省长、首席部长和部长委员会。

第 154B 条　省长

（1）根据第 154A 条的规定成立省议会的省份，应当各自设立一名省长。

（2）省长应由总统以其亲自签发的委任状任命，并根据第 4 条第（b）项的规定，按照总统的意愿行使职权。

（3）省长可向总统书面提出辞职。

（4）（a）省议会可基于省长的如下行为，根据本款第（b）项的规定向总统提议罢免：

---

* 1978 年 8 月 16 日斯里兰卡国会批准，1978 年 9 月 7 日生效。

（ⅰ）蓄意违反宪法；

（ⅱ）行为不当或贪污腐败，包括滥用职权；或

（ⅲ）收受贿赂或违反公德；

如果该提议的决议由不少于 2/3 的省议会全体成员（含未出席者）通过。

（b）基于本款第（a）项的原因向总统作出罢免省长的提议，应由出席会议省议会成员过半数署名，否则不能被省议会主席受理或在省议会讨论。

（5）根据本条的前述规定，省长自其就职之日起任期 5 年。

（6）省长就职时，应在总统面前宣读附表四中的誓言或予签名。

（7）担任省长职务的，应当停止担任宪法设立或认可的其他职务，若为议员，应从国会离职。省长不得担任其他公职或有偿的职位。

（8）（a）省长可在其认为合适的时间和地点召集省议会开会，但在一届会期的最后一次会议和下一届会期的首次会议之间两个月内除外。

（b）省长可多次使省议会休会。

（c）省长可解散省议会。

（d）如果部长委员会获得省议会的多数支持，省长应当根据本款的规定按照首席部长的意见行使权力。

（9）在不损害第 34 条规定的总统权力的前提下，并按照总统的指示，对于违反省议会制定的法规或国会制定的法律的人，就省议会有权制定法规以及有权对法院判以的刑罚决定缓期执行或赦免的事项，省长有权决定赦免。

如果省长不同意部长委员会的建议且其认为有利于公共利益，可将该案上报总统以待命令。

（10）（a）省长可向省议会发表讲话，并可要求省议会成员出席。

（b）省长亦可针对待定的或其他的法规向省议会发出通告，省议会对该通告所要求的事项应予快捷、迅速办理。

（11）各省首席部长有如下职责：

（a）对部长委员会就本省行政事务和立法建议作出的所有决定与省长沟通；

（b）根据省长的需要，向其提供有关本省行政事务和立法建议的信息；以及

（c）如果省长提出要求，对部长已作出但未经委员会审核的决定，首席部长应向部长委员会提交审议。

（12）国会应当通过法律或决议，规定省长的薪金、津贴、退休年龄和退休金。

第154C条　省长行政权力的行使

根据第154F条的规定，包括省议会制定法规的权力在内的行政权力应由省长行使，为此，省议会可直接或通过部长委员会或由省长下属的官员成立。

第154D条　省议会成员

（1）省议会由法律规定数量的成员构成，省议会成立时须考虑到该省的面积和人口。

（2）（a）省议会可在其成员任期开始时，在该省议会已经确定的范围内，通过决议授予由选区选举产生的国会议员参加省议会议事程序的权利。

（b）如果依照本款第（a）项通过的决议生效，则在该省议会已确定的范围内，由选区选举产生的国会议员在该届省议会任期内，有权参与省议会议事程序并发言，有权参加省议会各委员会并发言以及可被任命为其成员，但只有依照本款第（a）项通过的决议中有此规定的才能享有投票权。

（c）本款规定在第一届国会解散之日起应当停止适用。

第154E条　任期

省议会除提前解散外，任期5年，自其首次会议之日起至上述5年任期届满止。

第154F条　部长委员会

（1）部长委员会有一名作为领导人的首席部长和不超过4名其他部长组成，协助和建议省长履行职能。省长在履行职能时应当遵循此种建议，除非宪法对其履职已作规定或属其自由裁量的事项。

（2）如果出现某一事项是否为宪法已作规定的自由裁量事项的质疑，则省长在其自由裁量权范围内作出的决定应为最终决定，省长对此所做行为的有效性不应在法院受到其是否应当行使自由裁量权的质疑。省长行使自由裁量权应当遵循总统的指示。

（3）部长是否向省长提出建议以及建议的内容不受法院调查。

（4）省长根据自身意见，任命一名最能获得该省议会多数支持的成员担任首席部长。

如果当选为省议会成员的半数以上来自同一政党，省长应任命省议会中该多数政党领导人担任首席部长。

（5）省长应根据首席部长的建议，从该省议会的其他成员中任命其他部长。

（6）部长委员会应当集体向省议会负责并报告工作。

（7）被任命为首席部长或部长委员会成员的，应当宣读附表四中的誓言并签名后才得就职。

第 154G 条　省议会的立法

（1）在符合宪法规定的前提下，各省议会可制定与附表九中的列表 1（以下称"省议会表单"）所列事项相关的、适用于该省的立法。

（2）任何对本章或附表九中的规定进行修正或废止的法案不得成为法律，除非该法案在公报公布后列入国会议事日程前，由总统送交各省议会征询其意见，在征询意见期间——

（a）如果各省议会均同意该修正或废止，该法案得经国会出席投票的议员多数通过；或

（b）如果一个或多个省议会不同意该修正或废止，该法案得经第 82 条规定的特别多数通过。

（3）任何有关"省议会表单"所列事项的法案不得成为法律，除非该法案在公报公布后列入国会议事日程前，由总统送交各省议会征询其意见，在征询意见期间——

（a）如果各省议会均同意通过，该法案得经国会出席投票的议员多数通过；或

（b）如果一个或多个省议会不同意通过，该法案得由第 82 条规定的特别多数通过；

在征询意见时，如并非所有的省议会同意通过该法案，则该法案经国会出席投票的议员多数通过后，将成为只在上述省议会所在的省份适用的法律。

（4）当一个或多个省议会请求国会以决议的形式通过有关"省议会表单"所列事项为法律时，国会可就该事项制定法律，经国会出席投票的议员多数通过，并仅在那些提出要求的省议会所在的省份适用。

（5）（a）国会如认为合适，经与各省议会磋商后，可就附表九中的列表 3（以下称"并行表单"）所列事项制定法律。

（b）在符合宪法规定的前提下，各省议会如认为合适，经与国会磋商后，可制定与"并行表单"所列事项相关的、适用于该省的立法。

（6）如果省议会立法中的任何规定与根据本条前述规定制定的法律的规定相抵触，则以该法律的规定为准，省议会立法中的规定在相抵触的范围内无效。

（7）省议会无权制定有关附表九中的列表 2（以下称"保留表单"）所列事项的立法。

（8）当一项与"省议会表单"所列事项有关的法律自本章生效之日起开始生效，某省议会又针对相同事项制定一项立法，而该立法被认为在标题上与该法律相抵触，则自该立法获得批准并具有效力之日起，该法律的规定暂停生

效且在该省份无效。

（9）当一项与"并行表单"所列事项有关的法律自本章生效之日起开始生效，某省议会又针对相同事项制定一项立法，而该立法与该法律相抵触，则自该立法获得批准并具有效力之日起，该法律的规定暂停生效且在该省份无效，除非国会通过决议作出相反的规定。

（10）对于宪法授予国会依照宪法的规定（含本章），就任何事项，对斯里兰卡整体或任何部分制定法律的权力，本条中的任何内容都不得被理解或解释为对该权力的克减。

（11）尽管国会就本条第（3）款规定的任何事项均可制定法律，但在涉及有关"省议会表单"所列的执行与一国或多国缔结的条约、协定或公约，或在国际会议、协会或其他组织中做出任何决定等事项时，无须遵守该款规定的程序。

第154H条　批准

（1）省议会制定的每项立法均应在获得下述批准后才能生效。

（2）省议会制定的各项立法均应呈交省长批准，省长可批准该立法，也可在收到立法尽快将其返还省议会，并附上要求省议会重议该立法或其中某些规定的通告，特别是要求省议会考虑该通告中提出的对立法的修改意见是否合适。

（3）当一项立法被省长依照第（2）款的规定返还省议会时，省议会应根据省长的通告重议该立法，可在作出修改或不作修改的情况下通过该立法，并将其呈交省长批准。

（4）当一项立法依照第（3）款的规定再次呈交省长时，省长可予批准，也可暂不批准，并在该立法第二次通过后的一个月内将其交由最高法院院长作出该立法不违反宪法规定的裁决。如果最高法院裁决该立法符合宪法的规定，省长应在收到裁决后批准该立法。如果最高法院裁决该立法不符合宪法的规定，省长应在收到裁决后否决该立法。

第154J条① 公共安全

（1）根据《公共安全法令》或有关公共安全的法律作出公告，使该法令或法律的有关规定开始实施，在国家的基本物资和服务的维持受到威胁，或斯里兰卡的安全受到战争、外来侵略或武装叛乱的威胁时，总统可对省长就如何行使其权力作出指示。该指示应与公告所规定的内容相关。

释：根据《公共安全法令》作出公告，宣布国家的基本物资和服务的维持

---

① 编者注：原文此处无第1541条之条文序号。

受到威胁，或斯里兰卡及其领土的安全受到战争、外来侵略或武装叛乱的威胁的，如果总统确认有迫在眉睫的危险，该公告可在物资和服务出现真正的短缺或战争、侵略与武装叛乱真正爆发之前作出。

如果该公告只在斯里兰卡部分范围内有效，总统根据本条作出指示的权力应扩展到公告有效范围以外的其他各省，以保证基本物资和服务的维持和斯里兰卡的安全。

（2）根据《公共安全法令》或有关公共安全的法律作出的公告，应当对一切行为具有决定效力，且不应在法院受到质疑，任何法院或法庭不得调查、评判或以其他任何形式对该公告及其作出、存在的理由或根据本条作出的指示提出质疑。

第 154K 条　违反指示

对于根据宪法本章的规定对其作出的指示，省长或省议会未遵守或未执行的，总统应依法宣布这一情况，即该省行政机构不能依照宪法的规定履行职能。

第 154L 条　行政机构失灵

（1）总统在收到省长或其他途径的报告后，确认已经出现该省行政机构不能依照宪法的规定履行职能的情况，其可作出公告——

（a）将该省行政机构的全部或部分职能，省长或除省议会外的其他机关行使的全部或部分权力，均由其行使；

（b）宣布省议会的权力应由国会行使或在国会的控制下行使；

（c）基于对总统具有必要性或有助于达到该公告的目的，制定附带的或配套的规定。

本款的规定不得使总统获得属于法院的或由其行使的权力。

（2）任何此种公告可被后续的公告撤销或改变。

（3）根据本条作出的每项公告均应提交国会，除该公告系撤销先前公告的外，应当在 14 日期限届满后失效，除非国会在届满之日前作出决议予以批准。

如果该公告（非为撤销先前公告的公告）在国会解散时作出，或国会的解散在前述 14 日内发生，而国会未能在该期限届满前批准该公告，则其在 14 日届满后失效，该期限自国会重组后的首次会议召开之日起算，除非国会在上述 14 日内作出决议批准该公告。

（4）经批准的公告，除非提前被废除，否则自其作出之日起两个月内有效。

如果国会通过延长该公告有效期的决议，则该公告的有效期自依照本款规定的生效之日起延期两个月，除非该公告被废除，但任何情形下有效期不得超过一年。

此外，如果在该 2 个月期间内国会解散，而国会在该期间内未通过延长该公告有效期的决议，则其在国会重组后的首次会议召开之日起满 14 日后失效，除非国会在该 14 日期限内宣布该公告继续有效。

（5）尽管本条已作规定，总统可在根据第（1）款作出公告的 14 日内，基于自身考虑，就该款涉及的事项，任命最高法院一名退休法官在 60 日内就有关事项作出调查和报告。该被任命的法官在调查时享有与根据《调查委员会法案》任命的委员相同的权力。根据该法官提交的报告，总统可废除根据第（1）款作出的公告。

（6）根据本条作出的公告应当对一切行为具有决定效力，且不应在法院受到质疑，任何法院或法庭不得调查、裁判或以其他任何形式对该公告及其作出、存在的理由或根据本条作出的指示提出质疑。

第 154M 条　国会将省议会权力授予总统

（1）根据第 154L 条第（1）款作出的公告，实际上宣布省议会的权力应由国会或根据国会的授权行使，其应符合——

（a）国会将省议会的立法权授予总统，并允许总统在其认为合适的情况下将该被授予的权力转授给其指定的其他机关行使；

（b）国会在休会期间，不能对省级基金的支出作出批准，国会可将该批准权授予总统。

（2）国会、总统或其他机关就第（1）款第（a）项有关的内容制定的立法，在根据第 154L 条第（1）款制定的公告的有效期间内继续有效，直至被省议会修正或废除。

第 154N 条　金融动荡

（1）如果总统确认斯里兰卡全国或某些地区的金融稳定性或信用体系受到威胁，其可通过公告宣布该情况。

（2）根据第（1）款作出的公告：

（a）可以被后续的公告废除或改变；

（b）应当提交国会；

（c）应当在两个月期限届满后失效，除非国会在届满日前作出决议予以批准。

如果该公告在国会解散时作出，或国会的解散在第（c）项规定的两个月期间内发生，而国会未能在该期间届满前批准该公告，则其在 30 日期限届满后失效，该期限自国会重组后的首次会议召开之日起算，除非国会在上述 30

日期限内作出决议批准该公告。

（3）在该期限内，第（1）款提及的公告有效的，总统可向省长作出指示，要求其保持金融标准符合指示中的规定，并可作出其认为必要的、符合目的需要的其他指示。

（4）在宪法规定的范围内，此种指示可包括：

（a）要求降低任职于省行政事务相关部门的所有或某些阶层人员的薪金和津贴的规定；

（b）要求立法向省级基金注入或提取资金的规定，该立法被省议会通过后，省级基金根据总统的意见作出预留。

第 154P 条[①]　高级法院

（1）各省应设立一所自本章生效之日起开始运作的高等法院。该高级法院应作为该相关省的高级法院。

（2）首席大法官应根据该高级法院需要的法官数量，从斯里兰卡高级法院法官中提名若干人就职。首席大法官可调换这些被提名的法官。

（3）各高等法院应——

（a）根据法律的规定，行使斯里兰卡高级法院有关在省内犯罪行为的初审刑事管辖权；

（b）遵守第138条和法律的规定，就该省内治安法院及初级法院作出定罪、裁决及命令的有关问题行使上诉管辖权和修正管辖权；

（c）在得到国会依法授权的条件下行使其他管辖权和相关权力。

（4）各高级法院有权依照法律发布——

（a）对在该省内被非法拘禁的公民，具有人身保护令性质的法令。

（b）在该省内，具有调卷令、禁令、速审令、执行令或收回僭占特权令等性质的法令，并依据：

（i）法律；或

（ii）由该省的省议会制定的立法，

立法内容与"省议会表单"所列事项相关。

（5）司法人员叙用委员会可委任高级法院检查该省内任何初审法院的执行情况并向其报告。

（6）根据宪法和法律的规定，因高级法院行使第（3）款第（b）项、第（c）项或第（4）款规定的管辖权而受到该法院终审命令、裁决或判决侵害的公民，可以按照第138条的规定向上诉法院提出上诉。

---

①　编者注：原文此处无第1540条之条文序号。

第 154Q 条　省议会的职能、权力、选举及其他

国会应当通过法律规定——

（a）省议会成员的选举和成员资格；

（b）各省议会的工作程序；

（c）省议会成员的薪金与津贴；以及

（d）使本章的规定和原则得到实行的条件，以及与本章规定相关或配套的事项。

第 154R 条　金融委员会

（1）应设立金融委员会，由以下成员组成：

（a）斯里兰卡中央银行行长；

（b）财政部长；

（c）其他 3 名〔总统任命的〕① 代表 3 个主要团体的成员，其应为杰出人士，或在金融、法律、行政、商业或学术领域内担任高级职务。

（2）委员会成员除在此期间死亡、退休或被免职外，任期 3 年。

（3）政府应与金融委员会磋商并根据其建议，从年度预算中分配符合该省需要的有关基金。

（4）金融委员会应为总统提供以下建议：

（a）政府每年给各省分配基金的原则；以及

（b）总统关于省级财政向委员会提出的其他事项。

（5）金融委员会应阐明实现国家各地区平衡发展目标的原则，并应考虑如下事项：

（a）各省的人口数量；

（b）各省的人均收入；

（c）逐步减少社会和经济发展不均等的需要；

（d）逐步减少各省人均收入和最高人均收入之间差距的需要。

（6）金融委员会的工作程序应自行决定，并应在履行职责时得到国会的依法授权。

（7）总统应将金融委员会根据本条提出的建议提交国会，并告知国会采取相应的行动。

（8）任何法院或法庭不得调查、评判或以其他任何形式对与基金的适当性或金融委员会提出的建议、阐明的原则提出质疑或作出决定或规定。

----

① 原文注：《宪法第十八修正案》第 25 条将《宪法第十七修正案》增加的规定"根据宪法委员会的建议由总统任命"修改为"由总统任命"。

第 154S 条　在本章中使省议会不行使权力的特别规定

（1）省议会可以作出决议，决定不行使第 154G 条中规定与附表九中"省议会表单"或"并行表单"所列全部或部分事项相关的权力。

（2）省议会根据第（1）款通过决议且其中的规定得到国会同意的，则第 154G 条规定的省议会权力不再对决议中的事项行使，并且国会可针对该事项相关的情形制定法律，并适用于该省议会所在的省份，无须遵守第 154G 条的规定。

第 154T 条　过渡措施

总统认为对本章规定的实施、行政机构的改革或克服各种困难具有必要性或适当性的，在不违背宪法的前提下，可以通过公报发布命令采取行动或作出指示。]①

塔吉克斯坦共和国宪法[*]

第六章　地方政权

第 76 条　地方政权由在自己权限范围内活动的地方各级代表机关和执行机关组成。它们保障本宪法、法律、上议院和下议院的共同决议、上议院的决议、下议院的决议、塔吉克斯坦共和国总统和政府文件的执行。

第 77 条　由主席领导的地方各级人民代表会议，是各州、市和区的地方代表权力机关。地方各级人民代表会议每届任期 5 年。

地方各级人民代表会议批准地方预算和地方预算执行情况的报告，决定本地区的社会经济发展方向，依照法律的规定决定地方的税收和收费，规定地方财产管理和占有的方式，行使本宪法和法律规定的其他权限。

＊　1994 年 11 月 6 日以全民公决形式通过，1999 年 9 月 26 日和 2003 年 6 月 22 日先后以全民公决形式予以修改和补充。

①　原文注：《宪法第十三修正案》第 4 条增加第十七章之一第 154A 条至第 154T 条。

第 78 条　总统的代表，即各州长、市长和区长，行使地方各级的执行权①。

各行政区域单位的代表权和执行权，由相应的州长、市长和区长领导。

总统任免戈尔诺－巴达赫尚自治州州长以及各州长、杜尚别市长、市长、区长，同时把上述人选送交相应的人民代表会议批准。

地方各级行政长官对上一级执行机关和本级人民代表会议负责。

地方政权机关的组成程序、权限和活动，均由宪法性法律予以规定。

镇、村的自治机关，是居民大会②。居民大会的组成程序、权限和活动，均由法律予以规定。

第 79 条　各职工代表机关和行政长官在其权限范围内通过法律文件。上述法律文件，在本辖区内必须执行。

在代表机关和行政长官的文件与本宪法和法律相抵触的情况下，上级机关、该机关、行政长官和法院可以将其撤销。

第 80 条　在戈尔诺－巴达赫尚自治州以及各州、杜尚别市、市和区的人民代表会议经常不执行本宪法和法律的情况下，上议院有权解散人民代表会议。

第七章　戈尔诺－巴达赫尚自治州

第 81 条　戈尔诺－巴达赫尚自治州是塔吉克斯坦共和国不可分割的组成部分。

非经人民代表会议的同意，禁止变更戈尔诺－巴达赫尚自治州的疆界。

第 82 条　戈尔诺－巴达赫尚自治州人民代表会议享有立法动议权。

第 83 条　戈尔诺－巴达赫尚自治州在社会生活、经济生活和文化生活领

---

① 译者注：在苏联时期，实行最高国家权力机关宪法监督制。当代独联体的一些国家虽然仿效德国等改行了宪法法院制，但它们仍然坚持继承苏联时期的法律传统，把其称为宪法法院（宪法）监督制，而不是宪法法院（违宪）审查制。独联体国家在宪法和法律领域，继承苏联时期法律传统的例子是大量的。例如，它们仍然称国家管理机关为执行机关 исполнительнительные органы，或者把整个执行机关体系称为执行权 исполнительная власть。为了尊重独联体国家的法律传统，译者仍将其译为“执行机关”、“执行权”。译者不愿意无视独联体国家的现状，把它们改译为西方国家宪法和法律领域通常使用的“行政机关”、“行政权”。

② 译者注：村、镇的自治机关是扎莫奥特。译者在这里按照《世界各国宪法》编辑部的编译规范将其译为“居民大会”。

域的权限以及其他权限，由宪法性法律予以规定。

泰王国宪法[*]

第十四章　地方政府

第 281 条　在遵循第 1 条规定的前提下，国家赋予地方政府自治权，以建立在地方人民意愿基础上的自治为原则，促进并鼓励地方政府作为公共服务的主要提供者参与解决地方问题。

任何符合自治条件的地方有权依法组织地方政府机构。

第 282 条　地方政府的监督应在必要范围内，并依法建立在明确的规则、程序和与地方政府形式相适应的条件上，以保护地方居民利益或国家作为整体的利益为目的，不得实质性改变建立在地方人民意愿基础上的自治原则。

实施第 1 款所规定的监督，应确定统一标准指导地方政府遵守，并考虑各类地方政府的行政效率与发展水平的差异与适应性，不得损害地方政府根据其需要决策的能力。应建立主要由公众监督的运行机制。

第 283 条　地方政府行使如下总职权：为地方居民利益实施监督和提供公共服务，制定政策、行政管理、提供公共服务、人事和财政等方面的自治权，地方政府职权应考虑扩展地方分权范围与国家作为整体相协调。

促进和支持地方政府增强如下能力：自治管理和运行；高效满足地方居民需求；完善地方财政体系以提供充分的职权范围内的公共服务；为提供全面的公共服务或等值的利益，根据职权设立或联合设立提供公共服务的组织。

制定有关分权计划和程序的法律，厘清中央与地方政府以及地方政府之间的职权范围、财政收入分配，并协调分权状况与各类地方政府机构的不同能力；确定委员会审查和评估制度，该委员会依法由数量相等的相关政府机构代表、地方政府代表和适格的人组成。

制定有关地方财政收入的法律，以规定地方政府征税和取得其他收入的权力和职责，亦应在考虑地方经济发展水平、地方政府财政状况和国家财政可持续性的前提下，为各类别的税收、公共部门间资源的配置、地方政府在其权责

---

* 2007 年 8 月 19 日全民公决通过，2007 年 8 月 24 日实施。

内有充足的收入以供支出而制定适当的规则。

如果地方政府的职权范围与收入分配已确定，第3款所指的委员会应至少每5年审查一次该事项，审查已确定的职权范围与收入分配的适宜性，主要考虑扩展地方分权范围。

第5款规定的行为经内阁批准有效，并向国会报告。

第284条　地方政府得设立地方议会、地方行政委员会或地方行政官。

地方议会议员由选举产生。

地方行政委员会或地方行政官由人民直接选举产生或经地方议会批准产生。

地方议会议员的选举、经人民直接选举的地方行政委员会或地方行政官的选举，应以直接、无记名投票方式进行。

地方议会议员、地方行政委员会或地方行政官任期4年。

地方行政委员会委员或地方行政官不得是拥有固定职位或固定薪水的政府官员以及国家机构、政府组织、国有企业或地方政府组织的官员或雇员，不得担任与法律规定的利益存在冲突的职务。

地方议会议员、地方行政委员会或地方行政官选举中，选举权人与候选人的资格、选举规则与程序由法律规定。

地方行政委员会委员全体空缺或地方行政官空缺，且有必要任命地方行政委员会委员或地方行政官时，依法不适用第3款和第6款。

具有不同于本条规定的行政架构的、特别形式的地方政府的设立，须经法律许可，且地方行政委员会或地方行政官须经选举产生。

第265条、第266条、第267条、第268条变通适用于地方议会议员、地方行政委员会或地方行政官。

第285条　如果地方政府选举中的选举权人认为，任何地方议会议员、地方行政委员会或地方行政官不适合继续任职，有权投票免除其职务。提出免职请求的法定人数、规则与程序、提案人的审查以及投票由法律规定。

第286条　任何地方政府选举中的选举权人有权请求地方议会主席发布地方条例。

提出请求的法定人数、规则与程序、提案人的审查由法律规定。

第287条　地方居民有权参加地方政府管理，为此，地方政府应为公共参与提供可行的途径。

如果地方政府的任何行为可能实质性影响地方居民生活，地方政府应在实施该行为前的合理期间内向公众公开有关详情，在必要时且经选举权人要求下应依法举行听证会，或将该事项提交公投。

地方政府应向公众报告上一年的预算制定、支出和工作情况，使公众参与审查和监督地方政府管理。

第 168 条第 6 款变通适用于第 3 款规定的地方政府的预算制定。

第 288 条 地方政府官员或雇员的任免须符合地方特点和需求。人事管理须根据地方政府机构间的调整或共同发展的可能性，根据统一标准依法进行，并事先经作为中枢的负责人事管理的地方公务员委员会同意。

在人事管理中，须依法设立地方公务员绩效考核监督机构，构建维护美德与相关价值的制度。

第 1 款规定的地方公务员委员会，依法由数量相当的相关政府机构代表、地方政府机构代表、地方官员代表和适格之人组成。

地方政府官员或雇员的调任、晋升、加薪、惩罚由法律规定。

第 289 条 地方政府有权力和义务保护艺术、习俗、地方知识和地方优秀文化。

地方政府有权根据地方特点和需要提供教育和职业培训，参与提供国家的教育和培训，并考虑与国家教育标准和制度相一致。

在提供第 2 款规定的地方教育和培训中，地方政府应考虑保护艺术、习俗、地方知识和地方优秀文化。

第 290 条 地方政府有权力和义务根据法律改善和维护环境质量。

第 1 款所指法律的内容至少应包括下列事项：

（1）地方区域内自然资源和环境的管理、保护和开发；

（2）只有在地方居民生活受影响的情形下，参与保护本区域范围之外的自然资源和环境；

（3）在本区域范围之外的任何项目或活动可能影响本区域的环境质量、健康或卫生状况时参与审查该项目或活动；

（4）社区的参与。

土库曼斯坦宪法[*]

第三编　土库曼斯坦的权力机关和管理机关体系

第五章　地方权力机关

第 77 条

地方政权由代表机关和执行机关组成。它们均在自己的职权范围内活动。

第 78 条

在州、州级市、区和区级市建立相应的代表机关，即人民委员会。人民委员会的成员，由相应行政区域单位的公民依照土库曼斯坦立法规定的程序选举产生，每届任期 4 年。

第 79 条

各级人民委员会在自己的权限范围内解决本地区经济、社会和文化发展的问题。

人民委员会及其成员的职能和权限，它们的活动程序以及与其他权力机关和管理机关之间的相互关系，均由法律予以规定。

第 80 条

地方各级的执行权，即州、州级市和区的执行权，分别由州、州级市和区的行政长官行使。

第 81 条

各级行政长官是土库曼斯坦总统在地方各级的代表。他们由土库曼斯坦总统任免，并向土库曼斯坦总统报告工作。

第 82 条

各级行政长官对本级管理机关的活动实施领导，并保障本宪法、土库曼斯坦法律、土库曼斯坦总统和内阁的文件以及土库曼斯坦议会决议的执行。各级行政长官在自己的职权范围内颁布决议。上述决议在其管辖区域内必须执行。

＊ 2008 年 10 月 8 日公布。

第 83 条

各级行政长官的职能和权限，它们的活动程序以及与其他权力机关和管理机关之间的相互关系，均由法律予以规定。

第四编 地方自治

第 84 条

地方自治体系由地方会议和区域性的社会自治机关组成。

地方会议是区辖市、镇和村的辖区内人民权力的代表机关。地方会议成员由公民直接选举产生，每届任期 3 年。

第 85 条

地方会议独立实施自己的活动。地方会议依照土库曼斯坦立法的规定，处理与权力机关和管理机关之间的相互关系。

第 86 条

地方会议——

1. 规定本辖区经济、社会和文化发展的基本方针；

2. 编制和批准地方预算和地方预算执行情况的报告；

3. 确定地方的收费，以及地方收费的征收程序；

4. 采取措施以合理利用自然资源和保护自然资源；

5. 解决由法律划归地方会议职权范围内的其他问题。

地方会议在其职权范围内通过的决议，本辖区必须执行。

第 87 条

地方会议从其组成人员中选举产生本地区的行政长官。行政长官领导地方会议的工作，并向地方会议报告工作。

行政长官保证地方会议决议、国家权力机关和管理机关文件的执行，并解决其他的地方性问题。

第 88 条

地方会议以及其他社会自治机关的活动程序，由法律予以规定。

乌兹别克斯坦共和国宪法[*]

第四编　行政区域结构和国家结构

第十六章　乌兹别克斯坦共和国
的行政区域结构^①

第 68 条　乌兹别克斯坦共和国由州、区、市、镇、村^②，以及卡拉卡尔帕克斯坦共和国组成。

第 69 条　卡拉卡尔帕克斯坦共和国的疆界、州界、塔什干市市界的变更，以及州、市、区的设立或撤销，须经乌兹别克斯坦共和国议会^③同意。

第十七章　卡拉卡尔帕克斯坦共和国

第 70 条　主权的卡拉卡尔帕克斯坦共和国，是乌兹别克斯坦共和国的组成部分。

卡拉卡尔帕克斯坦共和国的主权，受乌兹别克斯坦共和国的保护。

第 71 条　卡拉卡尔帕克斯坦共和国有自己的宪法。

＊　1992 年 12 月 8 日乌兹别克斯坦共和国第二十届最高苏维埃第十一次会议通过。

①　译者注：苏联宪法和法律使用行政区域结构（Административно - территориальное устройство）这一概念。包括乌兹别克斯坦共和国在内的独联体各国继承苏联的法律传统，目前仍然使用"行政区域结构"这一概念。"行政区域结构"这一概念，在我国称为"行政区域划分"（或简称为"行政区划"）。

②　译者注：乌兹别克斯坦共和国的村有平原地区的村庄（基什拉克 кишлаков）和山村（阿乌尔 аулов）之分。依照《世界各国宪法》编辑委员会翻译规范的要求，在《乌兹别克斯坦共和国宪法》的翻译过程中，不再区分平原地区的村庄（基什拉克）和山村（阿乌尔），一律将 кишлаков 和 аулов 译为"村"。

③　译者注：俄文词组 Олий Мажлиса Республики Узбекистан 可以直译为"乌兹别克斯坦共和国奥利伊·马日利斯"。依照《世界各国宪法》编辑委员会翻译规范的要求，在《乌兹别克斯坦共和国宪法》的翻译过程中，一律将俄文词组 Олий Мажлиса Республики Узбекистан 译为"乌兹别克斯坦共和国议会"。

卡拉卡尔帕克斯坦共和国宪法不得与乌兹别克斯坦共和国宪法相抵触。

第 72 条 乌兹别克斯坦共和国的法律，在卡拉卡尔帕克斯坦共和国境内必须执行。

第 73 条 卡拉卡尔帕克斯坦共和国的领土和疆界，非经卡拉卡尔帕克斯坦共和国的同意不得变更。卡拉卡尔帕克斯坦共和国自主地决定自己的行政区域结构问题。

第 74 条 卡拉卡尔帕克斯坦共和国有权根据卡拉卡尔帕克斯坦人民的全民公决，退出乌兹别克斯坦共和国。

第 75 条 乌兹别克斯坦共和国与卡拉卡尔帕克斯坦共和国的相互关系，应当在乌兹别克斯坦共和国宪法的范围内，由乌兹别克斯坦共和国和卡拉卡尔帕克斯坦共和国签署的条约和协定予以调整。

乌兹别克斯坦共和国和卡拉卡尔帕克斯坦共和国之间的争议，应当通过协商程序解决。

第五编 国家权力组织

第二十一章 地方国家权力的原则①

第 99 条 由州长、区长、市长（区辖市以及市辖区除外）领导的州、区、市人民代表会议，是州、区、市的代表权力机关。州、区、市的代表权力机关应当从国家和公民的利益出发解决属于其职权范围内的问题。

第 100 条 地方各级权力机关的管辖对象包括：

保障法制、法律秩序和公民的安全；

辖区的经济、社会和文化的发展问题；

编制和执行地方预算，规定地方的税收、收费，建立预算外基金；

领导地方公共事业；

保护环境；

---

① 译者注：俄文单词 основа 有框架、基础、原则等含义。在俄文单词 основа 作为"基础"一词使用时，该俄文单词一般使用单数。在俄文单词 основа 作为"原则"、"原理"等词使用时，该俄文单词一般使用复数，即 основы。而这里使用的是 Основы государственной власти на местах。与此相类似的，还有《俄罗斯联邦宪法》第一章《宪政制度的原则（Основы конституционного строя）》，第 64 条《俄罗斯联邦个人法律地位的原则（основы правового статуса личности в Российской Федерации）》。

保障户籍登记;

通过规范性文件,以及不与乌兹别克斯坦共和国宪法和法律相抵触的其他权限。

第 101 条 地方各级权力机关应当执行乌兹别克斯坦共和国的法律、乌兹别克斯坦共和国总统的命令以及上级国家权力机关的决议,参加讨论全国性和地方性的问题。

上级机关在其职权范围内通过的决议,下级机关必须执行。

地方各级人民代表会议和地方各级行政长官的每届任期,均为 5 年。

第 102 条 州长、区长和市长领导相应区域的代表权力机关和行政权力机关。

州长和塔什干市市长,由乌兹别克斯坦共和国总统依照法律的规定任免。

区长和市长由相应州的州长任免,并由州人民代表会议批准。

市辖区的区长由相应市的市长任免,并由市人民代表会议批准。

区辖市的市长由区长任免,并由区人民代表会议批准。

第 103 条 州长、区长和市长根据一长制原则行使其权限①,并对其所领导机关的决定和行为承担个人责任。

地方各级行政长官和地方各级人民代表会议活动的组织与权限范围,地方各级人民代表会议的选举程序,由法律予以规定。

第 104 条 行政长官在其授权范围内作出的决定,其辖区内的所有企业、机构、组织、联合组织以及公职人员和公民必须执行。

第 105 条 镇、村、市、镇、村内社区的公民大会,以及由其选举产生的,每届任期两年半的苏维埃主席(德高望重的人)及其助手,是镇、村以及市、镇、村内社区的自治机关。

两级自治机关的选举程序、活动的组织和权限范围,由法律予以规定。

---

① 译者注:俄文单词 полномочия 的含义是"权限"。俄文单词 компетенции 的含义是"职权范围"。本条为"权限"。

阿拉伯叙利亚共和国宪法[*]

第三章　国家权力

第二节　行　政　权

三、地方行政议会

第 130 条

阿拉伯叙利亚共和国由若干行政单位组成，法律规定其数量、边界、职权、享有法人身份的限度，规定财政与行政的独立。

第 131 条

1. 地方行政单位按照权力和责任下放和分权原则设立。法律规定这些行政单位与中央权力的关系，规定其职权、财政收入和对其工作的监督，规定任命或选举其领导人的方式，规定地方行政单位领导人的职权及其各机构领导人的职权。

2. 地方行政单位的议会由普遍、秘密、直接和公正的选举产生。

亚美尼亚共和国宪法[**]

第七章　地方自治

第 104 条　各市镇实施地方自治。

地方自治是指市镇为了居民的福利，依照本宪法和法律的规定解决地方性问题，并为此承担相应责任。

---

[*]　2012 年 2 月 15 日签署，2012 年 2 月 27 日全民公投通过并生效。

[**]　1995 年 7 月 5 日全民公决通过。

第 104 -1 条　市镇是指一个或几个居民点的居民共同体。

市镇是一个享有所有权和其他财产权的法人。

第 105 条　管理和支配市镇的财产、解决具有市镇性问题的权限，以及满足市镇需求的其他权限，是市镇自身的权限，由市镇予以行使。市镇部分的自身权利，可以由法律规定为市镇的义务。

为了最有效地行使国家权力机关的权限，可以以法律形式将上述权限授予地方自治机关。

第 105 -1 条　市镇辖区内的土地，是市镇的财产。但是，用于国家需要的土地，以及属于自然人和法人的土地除外。

第 106 条　市镇独立自主地编制本市镇的预算。

市镇的收入来源，由法律予以规定。

市镇的拨款，应当能保障市镇权限的行使。市镇拨款的来源，由法律予以规定。

授予市镇的权限，应当用国家预算拨款予以保障。

市镇的税收和收费，由市镇在法律规定的范围内予以规定。市镇还可以为其提供的服务规定应当收取的费用。

第 107 条　市镇通过地方自治机关，即市镇会议和市长（镇长），行使市镇的自治权。市镇会议和市长（镇长）依照法律规定的程序选举产生，每届任期 4 年。

市镇会议依照法律规定的程序支配市镇的财产，根据市长（镇长）的提议批准本市镇的预算，监督预算的执行情况，依照法律规定的程序确定地方的税收、收费和其他款项，通过在市镇境内必须执行的法律文件。

市镇会议通过的文件，不得与立法相抵触。市镇会议所通过文件的公布和生效程序，由法律予以规定。

市长（镇长）的权限，以及市长（镇长）行使权限的程序，由法律予以规定。

市镇地方自治组织的成员可以以在地方公决上解决地方性问题的形式，直接参加市镇事务的管理。地方公决举行的程序，由法律予以规定。

第 108 条　埃里温市是市镇地方组织。

在埃里温市市内实施地方自治的特点，以及埃里温市市内的地方自治机关的组成特点，由法律予以规定。

埃里温市市长的选举是实行直接选举还是间接选举，可以由法律予以规定。

第 108 -1 条　为了保障地方自治机关活动的合法性，应当依照法律规定的程序实施法律监督。对市镇权限行使情况实施国家监督的程序，由法律予以规定。

第 109 条 政府可以在法律规定的情况下，并且在具有宪法法院结论意见的条件下，罢免市长（镇长）的职务。

第 110 条 市镇可以从社会利益出发，依照法律的规定相互联合或分离。与市镇联合或分离相关的法律，由国民议会根据政府的建议予以通过。在政府提出立法动议之前，得在相关市镇内确定举行地方公决。地方公决的结果，应当附在政府提出的立法动议上。

市镇的联合或分离，可以不取决于地方公决的结果。

市镇联合或分离的原则、程序，以及新组成市镇地方自治机关的选举期限，由法律予以规定。

可以依照法律规定的程序，成立跨市镇级单位。

伊拉克共和国宪法*

第五章 地区权力

第一节 地 区

第 116 条

伊拉克共和国的联邦系统由首都、地区、非中央省份和地方行政机构组成。

第 117 条

第 1 款 本宪法自实施时起承认库尔德地区作为一个联邦地区所享有的现有的权力。

第 2 款 根据宪法条款，本宪法承认新设立的地区。

第 118 条

议会在其第一次会议的 6 个月内，以到场成员的简单多数通过法律，确定形成地区的特殊行政程序。

---

* 2005 年 10 月 15 日全民公投通过。

第 119 条

一个或者多个省份均有权通过以下两种方法提交公投请求，形成一个地区：

第 1 项　要求形成地区的各省委员会总人数的 1/3 提出请求；

第 2 项　要求形成地区的各省 1/10 选民提出请求。

第 120 条

地区政府在不违反国家宪法的前提下，可以起草自己的法律，确立自己的行政权力机构以及行使这些权力的机制。

第 121 条

第 1 款　根据宪法，地区政府拥有行使立法、行政和司法的权力，联邦政府的专属权力除外。

第 2 款　在联邦宪法和地区宪法不一致的情况下，地方政府有权修改联邦宪法在本地区的施行，但不得涉及联邦政府的专属权力。

第 3 款　根据每个地区和各省的地区和各省的资源、需要和人口比例公正地分配联邦政府的收入。

第 4 款　地区和各省可在使馆和外交使团建立办事处，以促进文化性、社会性和发展性事务。

第 5 款　地区政府可以按照需要的方式实行管理，并有权建立自己的"安全组织"，如警察机关、治安部队和卫队等。

第二节　各　　省

第 122 条

第 1 款　省由一定数量的街道、区、村庄组成。

第 2 款　各省享有广泛的行政和财政权限，使其能够根据地方行政原则管理事务。法律对此予以规定。

第 3 款　省长由省议会选举产生，其为省的最高行政长官，由议会授权行使其权力。

第 4 款　法律规定省议会、省长的选举及其权力。

第 5 款　省议会不受任何部委或者与之相关机构的控制或者监督。省议会财政独立。

第 123 条

只要双方同意，联邦政府可将权力下放给各省，反之亦然。法律对此予以规定。

第三节　首　　都

第 124 条

第 1 款　巴格达及其市政边界是伊拉克共和国的首都，并构成其行政边界巴格达省。

第 2 款　法律规定首都的地位。

第 3 款　首都不得合并到其他地区。

第四节　地方行政

第 125 条

本宪法保障各民族如土库曼族、库尔德族、亚述族和其他所有民族在社会管理、政治、文化及教育领域的权力。法律对此予以规定。

伊朗伊斯兰共和国宪法[*]

第七章　地方议会

第 100 条

应成立监督本地行政事务的村、区、市、镇和省议会，以便配合地方需要并在地方人士参与下推动实施社会、经济、公共卫生、文化、教育发展及其他公共福利方面的计划。各级议会成员由当地人民选举。

地方议会议员选举人及候选人之资格、权限和权力、选举方式、议会之管辖及其阶级制度，皆由法律制定，而其法律的精神应在维持国家统一、领土完整、伊斯兰共和国体系和中央政府之统治权。

第 101 条

应由各省议会派代表组成联省最高议会，以在各省的福利规划和建设计划中消除歧视并确保合作，及上述计划的整合实施。

---

* 1979 年 3 月 30 日由全民公投通过，1979 年 11 月 15 日生效。

联省最高议会的产生及其职能另由法律规定。

第 102 条

联省最高议会有权在管辖范围内草拟法案，并直接或经由政府呈交伊朗伊斯兰议会。这些法案将由议会进行审核。

第 103 条

政府任命的省长、市长、区长及其他官员，须服从各地方议会在职权范围内作出之决议。

第 104 条

为保证在计划的拟订及协调制造、工业、农业部门配合时，伊斯兰的正义原则以及合作关系得以实现，地方议会应由工人、农民、其他雇员及经理的代表组成。地方议会亦应包括教育界、行政单位及服务业及其他类似部门的代表。

地方议会的组成、职责及管辖范围，另以法律规定。

第 105 条

各级地方议会所通过的决定不得与伊斯兰教义及国家法律相抵触。

第 106 条

地方议会若非背弃其法定职责，不受解散。地方议会是否违法背弃职责，及地方议会的解散与重组方法均由法律予以规定。

若地方议会对于解散有异议，则地方议会成员有权就此向法院提出诉讼，法院必须优先处理。

印度共和国宪法[*]

第六编 [……]^① 邦

第一章　一般规定

第 152 条　定义

在本编中，除语境另有要求外，"邦"一词不包括查谟－克什米尔邦。

---

* 1949 年 11 月 26 日制宪会议通过，1950 年 1 月 26 日生效。
① 原文注：为 1956 年《宪法第 7 修正案》第 29 条和附件删除数词。

第二章 行　政

总　督

第 153 条　邦总督

各邦设总督一人。

[但是，本条规定并不排除任命同一人为两个以上邦总督的可能。]①

第 154 条　邦行政权

1. 邦行政权属于总督，其由总督直接或者经其下属官员遵照本宪法行使。

2. 不得认为本条的规定——

（1）旨在将现行法赋予其他任何机关的职权转授给总督；或者

（2）阻止议会或者邦立法会以法律将职权授予总督的下属机关。

第 155 条　总督的任命

邦总督由总统亲自签署并加盖印章的委任状任命。

第 156 条　总督一职的任期

1. 邦总督得由总统免职。

2. 邦总督得以亲笔辞呈向总统辞职。

3. 除本条前两款规定的情形外，总督每届任期 5 年，自其任职之日起计算。

在其继任者上任之前，邦总督应继续任职，即使其任期已经届满。

第 157 条　总督的任职资格

非为印度公民且年满 35 周岁者不得被任命为总督。

第 158 条　总督的任职条件

1. 总督不得担任议会或者附件一所列举的各邦立法机关的议员，议会或者邦立法机关的议员一旦被任命为总督的，则自其就任总督之日起，其在议会或者邦立法机关的议席即行空缺。

2. 总督不得担任其他有收益的职务。

3. 邦总督有权免付租金而使用其官邸，并享有议会以法律所规定的薪俸、津贴和特权。在制定此类规定之前，其薪俸、津贴和特权按附件二的规定执行。

[3 - 1. 同一个人兼任两个或者两个以上邦总督的，其薪金和津贴应由各

---

① 原文注：为 1956 年《宪法第 7 修正案》第 6 条增加。

邦按总统令确定的比例分摊。]①

4. 在其任期内，不得削减总督的薪俸和津贴。

第 159 条　总督的誓言或者声明

总督或者代行总督职权者，在其就任之前，应在对该邦行使管辖权的高等法院首席法官的主持下，在首席法官缺席的情形下则在该法院最资深法官面前，以如下形式作出宣誓或者声明：

"本人……以神的名义起誓/庄严声明：本人将忠诚地履行……（邦的名称）邦总督的职责（暂行总督的职责），尽本人所能维护、保护并捍卫宪法和法律，本人将为……（邦的名称）邦的人民服务并致力于其福祉。"

第 160 条　非常情形下总督职权的行使

对本章未作规定的情形，如果总统认为对于邦总督在非常情形下行使其职责有必要的，总统得制定相应的规定。

第 161 条　邦总督赦免及中止、暂缓或者减轻某些案件判决执行等的权力

在联邦政府的管辖范围内，邦总督有权赦免、减轻、暂缓或者免除刑罚，或者中止、免除或者减轻任何人因违法而被定之罪。

第 162 条　邦行政权的范围

在本宪法规定的范围内，邦行政权可以拓展至邦立法机关有权立法的事项。

但是，就邦立法机关和议会有权立法之事项而言，邦行政权限于本宪法、议会所制定的法律或者其他有权机关所赋予其的权力，并受其限制。

内　　阁

第 163 条　赞襄总督和为之提供顾问的内阁

1. 设立以首席部长为首组成的内阁，为总督行使其职权赞襄总督、供其垂询，但是，总督根据本宪法之规定应依其裁量行使其职权者除外。

2. 对某一事项是否为总督根据本宪法的规定可便宜行事的事项存在争议时，总督的决定为最终决定，不得以其应或者不应行使裁量权为由就总督的任何行为向法院提出诉讼。

3. 部长是否向总督提交建议，如有提交，其建议为何，此类问题法院不得审查。

---

① 原文注：为 1956 年《宪法第 7 修正案》第 7 条增加。

第 164 条　关于部长的其他规定

1. 首席部长由总督任命，其他部长由总督根据首席部长的建议任命。部长秉承总督的意愿任其职。

但是在［恰蒂斯加尔邦、恰尔肯德邦］①、中央邦、奥里萨邦各邦，应设立负责部族福利的部长，其得另外负责附件规定的种姓和落后阶层的福利以及其他工作。

1-1. 包括首席部长在内的内阁部长总人数不得超过该邦立法会议员数的 15%。

但是，包括首席部长在内的一邦部长总人数不得少于 12 人。

此外，在 2003 年《宪法第 93 修正案》施行之日，包括首席部长在内的内阁部长人数超过该邦立法会议员数的 15% 或者不足前述但书规定的 12 人的，应在总统以公告指定的日期之日起的 6 个月内使之与本款规定相一致。

1-2. 属于某一政党的邦立法会或者设有立法委员会的邦的立法机关之一院的议员，依据附件十第 2 条的规定而丧失该院议员的资格的，自其丧失议员资格之日起至其原任期届满之日止，或者其竞选邦立法会或者设有立法委员会的邦立法机关之一院议员的，至其宣布当选之日止，亦不得被任命为部长；前述两个截止时间以在先者为准。

2. 内阁集体向邦立法会负责。

3. 在部长任职前，总督应依附件三规定的就职宣誓和保密宣誓的形式主持其宣誓。

4. 任何部长如果连续 6 个月不是邦立法机关议员，自 6 个月期限届满之日终止其部长职务。

5. 部长的薪酬和津贴由邦立法机关随时以法律作出规定；在邦立法机关就此作出规定之前，按照附件二的规定执行。

邦总检察长

第 165 条　邦总检察长

1. 各邦总督应任命有资格被任命为高等法院法官者为该邦总检察长。

2. 总检察长有职责就法律事项向邦政府提供建议，并履行总督所移送或者分配给他的其他法律职责，并行使本宪法或者根据本宪法或者其他当时暂行

---

① 原文注：为 2006 年《宪法第 94 修正案》替换。

之法律赋予其的职能。

3. 总检察长秉承总督的意愿任职，其薪酬由总督决定。

政府的行事规则

第166条 邦政府的行事规则

1. 邦政府的行政行为应明示以总督的名义为之。

2. 以总督名义制定和实施的命令及其他文件，应根据由总督制定的规章中规定的方式认证，对于该命令、文件的合法性，不得以其非总督亲自制定或者实施为由提出异议。

3. 总督应制定条例以便于邦政府的事务能够更顺利地开展，并将根据本宪法要求总督应依其裁量而决定的事项以外的事项分配给各部部长。

[……]①

第167条 首席部长向总督通报信息的义务及其他

各邦首席部长有义务——

（1）就所有内阁作出、关于邦行政事务或者法律提案的决定与总督进行沟通；

（2）应总督的要求向其通报关于本邦行政事务或者法律提案的信息；

（3）若总督要求将部长未经内阁讨论而作出的决定交付内阁讨论，其应将该决定交付内阁讨论。

第三章 邦立法机关

一般性规定

第168条 邦立法机关的构成

1. 各邦均设立法机关——

---

① 原文注：先为1976年《宪法第42修正案》第28条增加，后为1978年《宪法第44修正案》第23条删除。

（1）在 ［安德拉］①、比哈尔、［……］②、［中央邦］③、［……］④、［马哈拉施特拉］⑤、［卡纳塔克］⑥ 和 ［……］⑦ ［以及北方］⑧ 各邦，由总督和两院组成；

（2）在其他邦，由总督和一院组成。

2. 在立法机关为两院的邦，其立法机关一为立法委员会，二为立法会；在仅有一院的邦，其立法机关为立法会。

第 169 条　邦立法委员会的取消和设立

1. 无论第 168 条作何规定，如果邦立法会以其全部成员的多数出席，并以出席并参与表决的成员的 2/3 以上多数通过决议，则立法会得以法律取消设有立法委员会的邦的立法委员会或者在未设有该委员会的邦设立立法委员会。

2. 任何本条第 1 款所提及的法律应包括为实施该法而对本宪法所作的修正以及议会认为必要的补充、附带或者后续的规定。

3. 不得认为任何前述法律是第 368 条规定的宪法修正案。

第 170 条　立法会的组成

1. 根据本宪法第 333 条的规定，各邦邦立法会由该邦各地区选区以直接选举产生的 60 人以上 500 人以下的议员组成。

2. 为第 1 款的目的，各邦的地区选区的划分应以尽可能确保各地区选区人口数之比同分配给各该选区的立法会议席数之比相统一的方式确定。

［释：所谓"人口数"系指最近一次人口普查确定并公布的人口数据。

但是，在〔2026〕⑨ 年人口普查数据公布之前，本解释中的最近一次人口普查确定并公布的人口数据应视为〔2001〕⑩ 年人口普查所确定并公布的

---

① 原文注：为 2005 年《安德拉邦立法委员会法案》第 3 条增加。

② 原文注：为 1960 年《孟买重组法案》（1960 年第 11 号）第 20 条删除。

③ 原文注：为 1956 年《宪法第 7 修正案》增加。

④ 原文注：为 1986 年《废止泰米尔纳德立法委员会法案》（1986 年第 40 号）删除。

⑤ 原文注：为 1960 年《孟买重组法案》（1960 年第 11 号）第 20 条增加。

⑥ 原文注：为 1973 年《迈索尔邦更名法案》第 4 条修正。

⑦ 原文注：为 1969 年《废止旁遮普邦立法委员会法案》（1969 年第 46 号）第 4 条删除。

⑧ 原文注：为 1969 年《废止西孟加拉邦立法委员会法案》（1969 年第 20 号）第 4 条替换。

⑨ 原文注：为 2001 年《宪法第 84 修正案》替换。

⑩ 原文注：为 2003 年《宪法第 87 修正案》第 4 条替换。

数据。]①

3. 在每次人口普查完成之后，各邦立法会的总议席数以及各邦地区选区的划分应当由立法会以法律规定的机关根据立法会以法律规定的方式调整。

但是，在当届立法会解散之前，此种调整不得影响立法会的议席状况。

［此外，上述调整应当在总统令规定之日起生效；在该调整生效之前，立法会的选举得以调整之前的地区选区为基础进行。］②

［但是，下列事项在〔2026〕③ 年之后的第一次普查数据公布之前，无须根据本条调整——

1）在 1971 年普查的基础上进行调整后的邦立法会总议席数；

2）在 2001 年普查的基础上进行调整后的各邦地区选区的划分。］④

第 171 条　邦立法委员会的组成

1. 设有立法委员会的邦，该委员会的议员总数不得超过该邦立法会议员总数的［1/3］⑤。

但是，一邦立法委员会的议员总数不得少于 40 人。

2. 除由法律另作规定外，邦立法委员会依照第 3 款的规定组成。

3. 在邦立法委员会的议员总数中：

（1）应有近 1/3 由市政委员会、地区委员会以及其他议会以法律列举的该邦其他地方机关的成员组成的选举团选举产生；

（2）应有近 1/12 由在该邦居住的在印度境内的大学受过 3 年以上研究生教育的人或者从事议会以法律或者根据议会的法律规定的相当于受过任何前述大学的研究生教育的职业 3 年以上的人组成的选举团选举产生；

（3）应有近 1/12 由议会以法律规定的在该邦的中学及中学以上教育机构从事教学 3 年以上的人组成的选举团选举产生；

（4）应有近 1/3 由邦立法会议员从非邦立法会议员中选任；

（5）其余的由总督根据第 5 款提名。

4. 根据第 3 款第（1）项、第（2）项及第（3）项选任的议员应从议会以制定的法律和根据议会所制定的法律而规定地区选区选举，前述各项以及该款第（4）项的选举应依比例代表制以单记名可转移投票制的方式进行。

---

① 原文注：为 1976 年《宪法第 42 修正案》第 29 条增加。

② 原文注：为 1976 年《宪法第 42 修正案》第 29 条增加。

③ 原文注：为 2001 年《宪法第 84 修正案》第 5 条替换。

④ 原文注：为 2001 年《宪法第 84 修正案》第 5 条替换。

⑤ 原文注：为 1956 年《宪法第 7 修正案》第 10 条替换。

5. 总督根据第 3 款第 （5） 项提名的议员应由有下列专业和实践知识的人员组成：

文学、科学、艺术、互助运动以及社会服务。

第 172 条　邦立法机关的任期

1. 各邦立法会，除被解散的外，从其被任命的第一次会议之日起算任期 [5 年]①，不得延长，5 年任期届满则议会即行解散。

但是，如果正处于紧急状态，则立法会得以法律延长其任期，其延长之期限不得超过一年；在紧急状态结束后，其延长期限不得超过 6 个月。

2. 邦立法委员会不得解散，但其中应有近 1/3 的委员在其第二年任期届满时根据议会制定的法律退休。

第 173 条　邦立法机关议员的资格

凡不具备下列资格者不得当选邦立法机关议员：

[（1） 为印度公民，并在选举委员会专门指定的监誓人面前按照附件三规定的形式进行宣誓或者作出声明；]②

（2） 任立法会议员者不得小于 25 周岁，任立法委员会议员者不得小于 30 周岁；

（3） 并满足议会以法律或者根据议会法律规定的其他资格。

[第 174 条　邦立法机关的会期、休会与解散

1. 总督得随时召集议院或任一议院在其认为合适的时间和地点开会，但上次会期最后一次会议与下一会期的第一次会议之间的间隔不得少于 6 个月。

2. 总督得随时——

（1） 宣布议院或者两院之一闭会；

（2） 解散立法会。] ③

第 175 条　总督向议院或者两院发表演说或者致送咨文的权利

1. 总督得向立法会，在设有立法委员会的邦得向邦立法机关之一院或者两院联合会议发表演说，为此得要求议员出席。

2. 无论其是否与邦立法机关在审的法案相关，总督得向邦立法机关的议院或者任一议议院致送咨义，受送该咨义的议院应提供一切便利对咨文所要求讨论的事项进行讨论。

---

① 原文注：先后为 1976 年《宪法第 42 修正案》和 1978 年《宪法第 44 修正案》替换。

② 原文注：为 1963 年《宪法第 16 修正案》第 4 条替换。

③ 原文注：为 1951 年《宪法第 1 修正案》第 8 条替换。

第 176 条　总督的特别演说

1. ［在邦立法机构大选之后的第一个会期开始时以及每年的第一个会期］① 开始时，总督应向立法会，设有立法委员会的则向两院联席会议发表演说，并告知其召集会议的目的。

2. 调整议院或者任一院的议事规则时，应对总督演说中提及的事项的讨论时间 ［⋯⋯］② 作出规定。

第 177 条　邦部长和总检察长在邦立法机关的权利

所有邦的部长和总检察长有权在邦立法会，设有立法委员会的则有权在两院、两院联席会议或者其可能属于的立法机关委员会发言，并可以参与其活动，但是不因本条规定而获得表决权。

邦立法机关官员

第 178 条　立法会的议长和副议长

邦立法会应尽快从其议员中选出二人分别为立法会议长、副议长；但凡议长或者副议长职位出现空缺的，立法会应另选其他立法会议员为议长或者副议长。

第 179 条　议长和副议长的空缺、辞职和免职

任立法会议长或者副议长职务的议员——

（1）在其丧失立法会议员身份时应空出该职位；

（2）得随时以亲自签署的辞呈辞去职务，其中，议长辞职的应向副议长提出，副议长辞职的应向议长提出；

（3）得以立法会以当时全部议员的多数通过的决议被免职。

但是，在提出第（3）项的决议之前应先行 14 日预告提出该决议的意向，否则，不得提出该决议。

但是，无论立法会于何时被解散，议长在下一届立法会第一次会议召开之前不得离职。

第 180 条　副议长以及其他行使议长职权或者代行议长职务者的权力

1. 议长职位空缺时，其职责应由副议长行使；副议长的职位也空缺时，则由总督提名的立法会议员代行议长职务。

2. 无论何时议长缺席立法会会议，由副议长担任议长之职；副议长也缺

---

① 原文注：为 1951 年《宪法第 1 修正案》第 9 条替换。

② 原文注：为 1951 年《宪法第 1 修正案》第 9 条删去数语。

席的，则由立法会议事规则确定的人担任议长；议事规则没有作出规定的，则由立法会指定的其他人担任议长之职。

第 181 条　在审议罢免其职务的决议时，议长或者副议长本人不得主持立法会的会议

1. 在立法会会议审议罢免其议长或者副议长职务的决议时，议长或者副议长即便在场，也不得主持该会议，并且应视为议长或者副议长缺席而适用第 180 条第 2 款的规定。

2. 在立法会审议罢免其议长职务的决议时，议长有权在立法会发言，并可参与议事，且无论第 180 条第 2 款的规定为何，其仅有权参与该决议或者该议程的其他事项的第一轮表决，但出现票数相等的情形时，其不得参与投票。

第 182 条　立法委员会主席和副主席

设有立法委员会的各邦的立法委员会应视情况选择两名议员分别任主席和副主席；一旦主席或者副主席职位出现空缺，立法委员会应视情况选择其他议员任主席或者副主席。

第 183 条　主席或者副主席的空缺、辞职和免职

任立法委员会主席或者副主席者——

（1）一旦不再是该委员会议员则应空出其职位；

（2）得随时以亲自签署的辞呈辞去其职务；主席辞职的向副主席提出，副主席辞职的则向主席提出；

（3）得被立法委员会以当时全部成员的多数通过之决议免除其职务。

但是，除非在提出第（3）项的决议之前应先行 14 日预告提出该决议案的意向，否则，不得提出该议案。

第 184 条　副主席以及其他行使主席职权者的权力

1. 主席职位空缺时，其职位的职责应由副主席行使，副主席的职位也空缺的，则由总督提名的立法委员会议员代行主席职责职务。

2. 无论何时主席缺席立法委员会会议，由副主席担任主席之职；副主席也缺席的，则由立法委员会议事规则确定的人担任主席之职；立法委员会的议事规则未作出规定的，则出该委员会指定的其他人担任主席之职。

第 185 条　审议罢免其职务的决议时主席或者副主席本人不得主持立法会的会议

1. 在立法委员会会议审议罢免其职务的决议时，主席或者副主席即便在场，也不得主持该会议，并且应视为主席或者副主席缺席而适用第 184 条第 2 款的规定。

2. 在立法委员会审议罢免其主席职务的决议时，主席有权在立法委员会发言，并可参与议事，且无论第 189 条第 2 款的规定为何，其仅有权参与该决议或者其他事项的第一轮表决，但出现票数相等的情形时，其不得参与投票。

第 186 条　议长、副议长和主席、副主席的薪俸、津贴

应向邦立法会议长、副议长和邦立法委员会主席、副主席支付邦立法机关以法律分别规定的薪俸和津贴，在邦立法机关制定此类规定之前，按照附件二规定的薪俸和津贴执行。

第 187 条　议会秘书处

1. 邦立法机关议院设其秘书机构。

邦立法机关中设有立法委员会的，不得以本条规定禁止其立法机关两院设立共同的秘书机构。

2. 邦立法机关得以法律规定邦立法机关之议员或者任一议院的秘书机构的招聘及其任职条件。

3. 在邦立法机关根据第 2 款制定规定前，总督得在咨询立法会议长或者视情况咨询立法委员会主席后，以条例对立法会或者立法委员会的秘书机构的招聘和任职条件加以规定，该条例与依前款制定的法律具有同等效力。

第 188 条　议员的誓言和声明

邦立法机关立法会或者立法委员会的议员在就职前应在总督或者总督委任的代表的主持下依照附件三规定的方式宣誓或者发表声明。

第 189 条　议院的表决、议院在议员缺额和法定人数不足时采取行动的权力

1. 除本宪法另有规定外，邦立法机关之一院之会议讨论的所有问题应由除议长、主席或者代行其职责者之外的所有出席会议的议员以多数通过。

议长、主席或者代行其职责者在第一轮表决时不得投票，但在出现票数相等的情形时，其应有并应投决定性的一票。

2. 即便其议席有空缺，邦立法机关的一院仍有权采取行动；议事后发现出席、投票或者以其他方式参与议事者中有人并无出席和表决权利或者其他权利的，议会的议事仍然有效。

［3. 除邦立法机关以法律另有规定外，邦立法机关任一院开会的法定人数为该院议员 10 人或者其全部议员数的 1/10。

4. 如果邦立法会或者立法委员会在开会时未达到法定人数的，议长或者主席以及代行其职责者，有义务宣布该院休会或者中止会议直至达到法定人数。]①

议员资格的丧失

第 190 条　议席的空缺

1. 任何人不得同时为邦立法机关两院之议员，邦立法机关应以法律规定若一人同时被选为两院议员时，其应空缺其中一院的议席。

2. 任何人不得同时为两个以上附件一所列举的邦的立法机关议员；任何人同时被选为两个以上邦立法机关议员的，在总统以条例②规定的期限届满时，其在所有各邦的议席均空缺，但其先行辞去一邦以外的其他邦立法机关议席的除外。

3. 邦立法机关议员——

（1）出现［第 191 条第 1 款和第 2 款］③ 规定的丧失资格的情形的；

［（2）以亲笔辞呈向立法会议长或者立法委员会主席辞职，且得到立法会议长或者立法委员会主席同意的，]④

则其议席因此空缺。

［但是，对于第（2）项所称之辞职，如果立法会议长或者立法委员会主席已经得知或者经过其他其认为合适的调查之后，认为该辞职并非真实自愿的，则不予同意。]⑤

4. 邦立法机关各院的议员在 60 日内，未经各该院批准而缺席其间该院全部会议的，该院得宣告其议席空缺。

但是，在计算前述 60 日期限时，议会闭会时间或者连续休会 4 日以上的时间不得计算在内。

第 191 条　议员资格的丧失

1. 凡有下列情形者，无当选及充任邦立法委员会或者邦立法会议员的资格：

（1）在印度政府或者附件一所列举的邦政府担任任何有报酬的职务，但

---

① 原文注：该两款规定此前曾为 1976 年《宪法第 42 修正案》第 31 条废止，后为 1978 年《宪法第 44 修正案》第 45 条恢复。

② 原文注：1956 年《防止双重议员身份条例》。

③ 原文注：为 1985 年《宪法第 52 修正案》第 4 条替换。

④ 原文注：为 1974 年《宪法第 33 修正案》第 3 条替换。

⑤ 原文注：为 1974 年《宪法第 33 修正案》第 3 条增加。

是，该职务为邦立法机关以法律宣告的不影响其议员资格的除外；

（2）经有权法院宣告为精神不健全者；

（3）未清偿债务之破产者；

（4）非印度公民、自愿取得外国国籍者或者承诺效忠于外国者；

（5）议会或者议会以法律剥夺议员资格者。

［释：就本条而言］①，不得认为担任联邦和邦部长为在印度政府或者附件一列举的邦政府担任任何有报酬的职务者。

［2. 如果其议员资格因附件十的规定而丧失，则丧失邦立法委员会或者邦立法会议员的资格。］②

［第192条　关于议员资格丧失问题的裁决

1. 如果就是否应对邦立法机关任一议院的议员适用第191条第1款的规定而使其丧失议员资格产生争议，则该争议应移交总督裁决，其裁决为生效裁决。

2. 在对任何此类问题作出裁决前，总督应征求选举委员会的意见并应根据该意见作出裁决。］③

第193条　对未根据第188条的规定作出宣誓或者声明以及不具备资格或者丧失资格而与会或者表决者的处罚

在依照第99条的规定而为宣誓或者声明之前，或者明知其不具备议员资格或者已丧失议员资格，或者为议会或者邦立法机关的法律禁止如此行事者，而以邦立法委员会或者邦立法会之一之议员身份与会或者表决者，则其每出席会议或者参加表决一日，应向邦缴纳500卢比的罚金。

邦立法机关及其议员的
权力、特权与豁免权

第194条　邦立法机关的议院、议员与委员会的权力与特权等

1. 在本宪法及邦立法机关议事规则和议事程序规定的范围内，议员在各邦立法机关中有言论自由。

2. 邦立法机关议员不因其在邦立法机关或者其委员会的发言或者表决而

---

① 原文注：为1985年《宪法第52修正案》第5条替换。

② 原文注：为1985年《宪法第52修正案》第5条增加。

③ 原文注：先后为1976年《宪法第42修正案》第33条和1978年《宪法第44修正案》第25条替换。

受追诉；任何人不得因根据邦立法机关的职权发表报告、文章和进行表决、议事而受追诉。

3. 此外，邦立法机关得随时以法律规定邦立法机关各院、其议员以及各院委员会的权力、特权与豁免权；在制定此类规定之前，[其各院、议员以及各院委员会的权力、特权与豁免权沿用 1978 年《宪法第 44 修正案》第 15 条生效前的规定。]①

4. 对依据本宪法有权在邦立法机关任一议院或者其委员会中发言和议事者应视为该立法机关议员而适用本条第 1 款、第 2 款和第 3 款的规定。

第 195 条　议员的薪俸和津贴

邦立法委员会和邦立法会议员有权获得邦立法机关以法律规定的薪俸和津贴；在议会制定此类规定之前，其薪俸与津贴的数额及条件按照本宪法实施前印度自治领各省立法会议员的薪俸与津贴的数额及条件执行。

立法程序

第 196 条　法案的提出和通过程序

1. 在设有立法委员会的邦，除第 198 条和第 207 条规定的财政法案或者其他财政法案外，任何法案得在有邦立法委员会的邦的任一议院提起。

2. 在设有立法委员会的邦，除第 197 条和第 198 条的规定外，法案除非不经修正地获得立法机关的两院或者任一院同意，有修正案的获得两院一致同意，否则，不得视为经立法机关通过。

3. 邦立法机关在审的法案不因为一院或者两院闭会而废弃。

4. 邦立法委员会在审的尚未经立法会批准的法案不因立法会的解散而废弃。

5. 邦立法会被解散的，其在审的或者其通过而立法委员会在审的法案应予以废弃。

第 197 条　对邦立法委员会处理财政法案之外的法案权力的限制

1. 设有立法委员会的邦，其立法会通过法案之后应将之移送给立法委员会——

（1）该法案为该委员会拒绝的；或者

（2）自该法案送达该委员会后，一直未获批准，时逾 3 个月的；或者

（3）立法委员会对该法案作出修改后予以通过，立法会不同意该修正

---

① 原文注：为 1978 年《宪法第 44 修正案》第 26 条替换。

案的，

立法会得根据其议事规则的规定，在同一会期或者之后的任何会期内重新通过未作修改的法案，或者附有依立法委员会建议而作的修正案或者立法委员会同意的修正案的法案，并将通过的法案移送立法委员会。

2. 立法会第二次通过法案并将之移送立法委员会的，如果——

（1）该法案被立法委员会否决的；或者

（2）自该法案送达立法委员会后一直未获批准，其时间已过一个月的；或者

（3）立法委员会对该法案作出修改后予以通过，立法会不同意该修正案的，

则视为该法案已为邦立法机关两院，以立法会第二次通过的、附有立法委员会所作的或者依照其建议所作且经立法会同意的修正案的形式通过。

3. 本条不适用于财政法案。

第 198 条　关于财政法案的特别程序

1. 财政法案不得在立法委员会提起。

2. 设有立法委员会的邦，其立法会通过财政法案之后，应将之移送立法委员会审议，立法委员会在收到该法案之日起的 14 日内将该法案及其意见返回立法会，立法会得接受或者拒绝立法委员会的全部或者部分意见。

3. 立法会同意接受立法委员会任何意见的，则应视为该财政法案附加了立法委员会建议并为立法会采纳的修正案后为两院一致通过。

4. 立法会不接受立法委员会的任何建议的，则应视为该财政法案按立法会通过的内容而不附加立法委员会任何修正案为两院通过。

5. 如果财政法案在立法会通过后移送立法委员会审议，但在前述收到该法案之日起的 14 日内，立法委员会未将该法案返回立法会的，在前述期限届满后，应视为该财政法案按立法会通过的内容为两院通过。

第 199 条　"财政法案"的定义

1. 包含涉及下列一项或者多项事项的法案才为本章所指的"财政法案"：

（1）税收的征收、废除、豁免、变更或者规制；

（2）关于邦政府的借款、提供担保的规定，或者邦政府所承担或者将承担的金融债务的法律的修正；

（3）邦统一基金或者印度应急基金的保管，以及该两项基金的收支；

（4）邦统一基金的拨付；

（5）任何由邦统一基金支付的开支的申报或者任何此类支出数额的增加等；

（6）邦统一基金和邦公共账目的收入，或者此类账目的保管和拨付；

（7）任何与第（1）项至第（6）项所列举的事项相关的事项。

2. 不得认为规定罚金、罚款和其他财产罚或者许可费用或者服务费用的征缴的法案，或者地方当局或者其他地方机构关于税收的征收、废除、豁免、变更或者规制的法案为财政法案。

3. 如果就一项在邦立法机关提出的法案是否财政法案存在疑问，则该邦立法会议长的决定为最终决定。

4. 所有依第198条规定移送立法委员会审议、依第200条呈交总督签署的财政法案应有下院议长本人签署的证明书，证明其为财政法案。

第200条　法案的批准

邦立法会通过法案后，在设有立法委员会的邦由立法机关两院通过法案之后，应将其呈交总督，总督应宣布同意该法案或者拒绝同意而保留该法案呈送总统考虑。

但是，如果财政法案在呈交总督批准时，总督可以将之退回并附咨文要求邦立法机关重新审议该法案或者其中的部分规定，特别应审议其咨文所建议的修正案的必要性。当法案被这样退回之后，立法机关应据此重新审议该法案。如果立法机关再次通过该法案，无论有无修正，在呈交总督批准时，总督不得拒绝批准。

但是，如果总督认为该法案成为法律后将损害高等法院的权力并进而危及本宪法赋予高等法院的地位，应不予批准并将该法案呈送总统考虑。

第201条　呈送总统考虑的法案

对邦总督呈送总统考虑的法案，总统应宣布其是否同意该法案。

但是，如果该法案不是财政法案，总统得指示总督将该法案退回邦立法机关，并附第200条第一条但书规定的咨文。当法案被这样退回后，立法机关应于收到咨文之日起的6个月内对其进行审查，如果该法案再次被通过，无论有无修正案，应再次呈送总统考虑。

第202条　年度财政报告

1. 总督应于每个财政年度向邦立法机关各院提交该邦当年财政收支的预算报告，本编称为"年度财政报告"。

2. 年度财政报告应分别列举下列各项开支预算：

（1）本宪法所规定的应从邦统一基金支付的开支的总额；

（2）其他应从邦统一基金支付的开支的总额，

并区分收入账目开支和其他开支。

3. 下列开支为应从邦统一基金支付的开支：

（1）总督的薪俸和津贴以及其办公开支；

（2）邦立法会议长和副议长，设有立法委员会的邦的立法委员会主席和副主席的薪俸和津贴；

（3）邦所负担之债务，包括利息偿债基金和贴现的费用以及与借贷、服务和偿债相关的其他开支；

（4）高等法院法官的薪俸、津贴及退休金的开支；

（5）所有法院或者仲裁法庭执行法院裁决、令状或者判决所需款项；

（6）本宪法或者邦立法机关以法律规定的应从中支付的开支。

第 203 条　邦立法机关与预算有关的程序

1. 但凡应从邦统一基金支付的开支预算不必提交立法会表决，但是，不得认为本条规定禁止立法会讨论此类预算。

2. 其他开支的预算应以请求拨款的形式提交立法会，立法会有权批准或者拒绝批准任何拨款请求，或者在削减金额后批准。

3. 非有总督的建议不得提出拨款请求。

第 204 条　拨款法案

1. 立法会依第 203 条批准拨款后，应随即提出法案，规定从邦统一基金中拨付的一切款项应符合下列条件：

（1）立法会批准的拨款；

（2）应从邦统一基金支付的开支，但不得超过先前向邦立法机关提交的报告确定的金额。

2. 不得在邦立法机关之议院或者任一议院提出改变已经批准的拨款数额，或者变更其用途，或者改变从统一基金支付任何开支数额的修正案。对于某修正案是否依本款而不得提出，会议主持人的决定为最终决定。

3. 根据第 205 条和第 206 条的规定，除非根据本条规定通过的法律允许的拨款外，不得从邦统一基金支出任何资金。

第 205 条　补充、追加或者超支拨款

1. 有下列情形的——

（1）依第 204 条规定制定的法律批准的用于当下财政年度特定事项的经费不敷该年度所需的，或者当下财政年度出现了该年度财政报告中未提及的新的事项而需要补充或者追加经费的；或者

（2）某财政年度内用于某一用项的经费超过当年批准的拨款时，

总督应向邦立法机关之一院或者两院提交另外一份财政报告，说明该项开支预算的总额，或者向邦立法会提出超支的拨款请求。

2. 第 202 条、第 203 条和第 204 条的规定，对本条第 1 款所述财政报告、

开支、拨款要求，以及为应对此开支而授权从邦统一基金拨付款项，或者批准上述拨款需求的法律具有的效力，与其对年度财政报告、年度预算开支、拨款要求，以及为应对该开支而授权从邦统一基金拨付款项或者批准该拨款要求的法律，具有同等效力。

第 206 条　账目的表决、贷款和额外拨款的表决

1. 无论本章之前作何规定，邦立法会有权——

（1）在完成第 203 条规定的对拨款的表决程序以及第 204 条规定的拨款法案批准程序以前，提前批准该财政年度某一阶段的开支预算；

（2）为满足因规模庞大或者性质不确定而不能如常在年度财政报告中对经费需求加以详细说明的项目的非常需求而予以拨款；

（3）批准未列入财政年度经常项目的额外拨款，

并且邦立法机关有权为上述拨款之目的而以法律授权从邦统一基金中拨款。

2. 第 203 条及第 204 条的规定适用于已列入年度财政报告的开支的拨款及为满足上述开支而制定的授权从邦统一基金中提取款项的法律，同样也适用于本条第一款所述的拨款以及根据该款规定制定的法律。

第 207 条　关于财政法案的特别规定

1. 非根据总督的建议，不得提出或者动议关于第 199 条第 1 款第（1）项至第（6）项所列事项的法案或者修正案；此类法案不得在邦立法会提出。

但是，本款不要求动议税收的减免或者取消修正案必须有总督的建议。

2. 不得仅以其规定罚金、罚款和其他财产罚，或者许可费用或者服务费用的征缴，或者地方当局或者其他地方机构关于税收的征收、废除、豁免、变更或者规制为由，而认为一项法案或者修正案是关于前述事项的法案或者修正案。

3. 一项法案如果其批准和施行涉及从邦统一基金开支的，则邦立法机关任一议院不得通过，但总督建议该院审议该法案的除外。

第 208 条　议事规则

1. 邦立法机关任一议院在本宪法规定的范围内，得制定规制其程序和议事办法的规则。

2. 在第 1 款所述规则制定以前，以及本宪法施行之前相应省的立法机关的程序规则和议事规则在经立法会议长或者立法委员会主席修正和调整后适用于该邦立法机关。

3. 在设有立法委员会的邦，总督经咨询立法会议长和立法委员会主席后，得就两院的交流程序制定规则。

第 209 条　以立法机关议事法律调整财政事务的审议

为及时完成对财政事务的审议，邦立法机关得以法律调整邦立法机关各院关于财政事务或者从邦统一基金拨款的法案的审议程序及议事行为，如果邦立法机关为此而制定的法律的规定与立法机关各院根据第 208 条第 1 款而制定的规则或者依据该条第 2 款而适用于邦立法机关的规则或者议事规则不一致的，优先适用邦立法机关为此而制定的法律的规定。

第 210 条　得在立法机关中使用的语言

1. 无论第十七编作何规定，在第 348 条规定的范围内，邦立法机关处理事务应使用官方语言、该邦语言、印地语或者英语。

但是邦立法会议长或者立法委员会议长及其他代行其职务者，在无法用前述语言作充分表达时，得以其母语向该院发表演说。

2. 除邦立法机关以法律另作规定外，自本宪法施行之日起满 15 年，本条中的"或者英语"自行删除。

［但就〔喜马偕尔邦、曼尼普尔邦、梅加拉亚邦、特里普拉邦的立法机关］① 而言，本款中的"15 年"应更替为"25 年"。]②

［此外，就〔（阿鲁那恰尔邦、古阿邦与米佐拉姆邦）③ 的立法机关］④ 而言，本款中的"15 年"应更替为"40 年"。]⑤

第 211 条　立法机关讨论的限制

邦立法机关不得讨论任何最高法院或者高等法院法官履行职责的行为。

第 212 条　法院不得审查立法机关议事

1. 不得以邦立法机关议事不符合议事程序而质疑其合法性。

2. 邦立法机关的官员或者议员，为本宪法或者依本宪法授权负责议事程序、议会事务或者维持秩序者，其行使这些权力的行为不受任何法院的审查。

---

① 原文注：为 1971 年《东北各区重组法案》（1971 年第 81 号）第 71 条替换。

② 原文注：为 1970 年《喜马偕尔邦法案》（1970 年第 53 号）第 46 条增加。

③ 原文注：为 1987 年《古阿邦、达曼邦和丢邦重组法案》（1987 年第 18 号）第 63 条替换。

④ 原文注：为 1986 年《阿鲁那恰尔邦法案》（1986 年第 69 号）第 42 条替换。

⑤ 原文注：为 1986 年《米佐拉姆邦法案》（1986 年第 34 号）第 39 条增加。

第四章 总督的立法权

第 213 条 邦立法机关休会期间总督颁布法令的权力

1. 除邦立法会处于会期外，在设有立法委员会的邦则是立法机关两院均处于会期外，如果总督认为出现了其有必要立即采取行动的情形，其得根据情势颁布必要的法令。

但是，如果无总统指示，总督不得颁布下列法令：

（1）根据本宪法，包含同样规定的法案向立法机关提出前需要得到总统批准的；或者

（2）其认为包含同样规定的法案有必要提交总统考量的；

（3）根据本宪法，包括同样规定之邦立法机关法律，如果未提交总统考量并获得其批准，将无效的。

2. 依本条颁布的法令和邦立法机关制定并获得总督批准的法律具有同等效力，但该法令——

（1）应提交邦立法会，在设有立法委员会的邦则应提交立法机关两院；并在该立法机关重新召集之日起满 6 周时失效；如果在上述期限届满时，立法会通过否决该法令的决议，在设有立法委员的邦并经立法委员会同意，该法令在该否决决议二读通过之时失效；并且

（2）得随时被总督撤回。

释：如果在设有立法委员会的邦，召集邦立法机关各院重新集会的日期不同，则本款中 6 周的计算以二者集会日较晚者起算。

3. 如果根据本条而颁布的法令包含了某些规定，即便由邦立法机关的法律加以规定并获得总督批准也是无效的，则其自始无效。

但是，依本宪法关于邦立法机关法律与议会法律或者关于附件一之共享清单事项中的现行法律相冲突的规定，遵循总统指示而依本条公布的法令应视为邦立法机关制定并提交总统考量且获得其批准的法律。

　　[……]①

---

① 　原文注：为 1975 年《宪法第 38 修正案》第 3 条增加并溯及既往地适用，后为 1978 年《宪法第 44 修正案》第 27 条删除。

第五章　邦高等法院

第 214 条　邦高等法院

［……］① 各邦应设立一高等法院。

［……］②

第 215 条　高等法院作为存卷法院

高等法院作为存卷法院，享有此类法院的一切权力，包括对藐视高等法院予以处罚的权力。

第 216 条　高等法院的组织

高等法院由一名首席法官以及其他总统认为有必要而任命的法官组成。

［……］③

第 217 条　高等法院法官的任命和任职条件

1. 高等法院法官应由总统在咨询印度首席大法官和邦总督后，除任命首席大法官外，还应咨询高等法院首席法官后，由总统以其亲自签署并加盖印章的委任状任命，［其中，编外或者代理法官的任期按第 224 条规定执行，其他法官的任期至其年满〔62 周岁〕④ 时止。］⑤

此外——

（1）法官得以亲笔辞呈向总统辞职；

（2）得以第 124 条第 4 款规定的免除最高法院法官的方式免除高等法院法官的职务；

（3）高等法院法官被总统任命为最高法院法官或者被总统调往印度境内的其他高等法院时，其职位空缺。

2. 非印度公民且不具备下列条件者，无被任命为高等法院法官的资格：

（1）在印度境内的担任司法职务 10 年以上者；或者

（2）在 ［……］⑥ 同一高等法院或者两个及两个以上的此类法院连续担任出庭律师 10 年以上。

---

① 原文注：为 1956 年《宪法第 7 修正案》第 29 条和附件删除原有的序号。

② 原文注：为 1956 年《宪法第 7 修正案》第 29 条和附件删除原有的第 2 款和第 3 款。

③ 原文注：为 1956 年《宪法第 7 修正案》第 11 条删除了原有的但书条款。

④ 原文注：为 1963 年《宪法第 15 修正案》第 4 条替换。

⑤ 原文注：为 1956 年《宪法第 7 修正案》第 12 条替换。

⑥ 原文注：为 1956 年《宪法第 7 修正案》第 29 条和附件删去数语。

［……］①

释： 就本款规定而言——

［（1）某人在印度境内担任司法职务的时间，应包括其担任司法职务后，担任高等法院出庭律师或者裁判所裁判员或者联邦或者邦下属的任何需要专门法律知识的职务的时间。］②

［（1－1）］③某人担任高等法院出庭律师的时间，应包括自该人担任高等法院出庭律师以来，其担任［司法职务或者裁判所裁判员或者联邦或者邦下属的任何需要专门法律知识的职务的时间。］④

［（2）］⑤某人在印度境内担任司法职务或者担任高等法院出庭律师的时间，应包括本宪法施行之前，在那些在 1947 年 8 月 15 日前属于 1935 年《印度政府法》规定的印度领土的地区担任司法职务或者高等法院出庭律师的时间。

［3. 一旦就高等法院法官的年龄产生异议，则该问题应由总统经咨询印度首席法官后作出决定；总统的决定为最终决定。］⑥

第 218 条　某些适用于最高法院的规定准用于高等法院

第 124 条第 4 款和第 5 款关于最高法院将案件移送高等法院的规定也适用于高等法院将案件移送最高法院的情形。

第 219 条　高等法院法官的宣誓或者声明

任何被任命为［……］⑦高等法院法官者，在其任职之前，应在总督或者总督所委任的代表面前，依附件三规定的形式进行宣誓或者发表声明。

［第 220 条　常任法官执业的限制

自本宪法施行之后，任何曾任高等法院法官者不得在最高法院和高等法院以外的任何法院或者机关进行辩护或者代理。

释： 本条中的"高等法院"不包括在 1956 年《宪法第 7 修正案》施行前附件一第二部分规定的邦高等法院。］⑧

---

① 原文注：为 1976 年《宪法第 42 修正案》第 36 条增加了词语与条文，但后为 1978 年《宪法第 44 修正案》第 28 条删除。

② 原文注：为 1978 年《宪法第 44 修正案》第 28 条增加。

③ 原文注：为 1978 年《宪法第 44 修正案》第 28 条对其序号作了变更。

④ 原文注：为 1976 年《宪法第 42 修正案》第 36 条修改。

⑤ 原文注：序号为 1978 年《宪法第 44 修正案》第 28 条改变。

⑥ 原文注：为 1963 年《宪法第 15 修正案》第 4 条替换，溯及既往地适用。

⑦ 原文注：部分文字为 1956 年《宪法第 7 修正案》第 29 条和附件删除。

⑧ 原文注：为 1956 年《宪法第 7 修正案》第 13 条修改。

第 221 条　法官的薪酬及其他

[1. 应向各高等法院法官支付议会以法律所规定的薪俸；在制定此类规定之前，应向其支付附件二规定的薪俸。]①

2. 所有法官均享有议会或者议会所制定的法律规定的特权和津贴，以及休假和领取退休金的权利；在就此作出规定前，其享有附件二规定的特权、津贴与权利。

但是，在法官就任之后，不得对其所享有特权和津贴，或者对其休假和退休金的权利作出不利的变更。

第 222 条　高等法院法官的调任

1. 总统得在咨询印度首席大法官之后，将某高等法院法官调任至[……]② 另一高等法院。

[2. 受如此调任的法官，自 1963 年《宪法第 15 修正案》施行时起，在其担任另一高等法院法官期间，在其工资之外有权获得议会以法律规定的补贴；在议会作出规定之前，该补贴得由总统以总统令作出规定。]③

第 223 条　执行首席法官的任命

当高等法院首席法官的职位出现空缺，或者当首席法官因缺席或者其他原因而无法行使其职责时，该职责得由总统为此而任命的其他高等法院法官行使。

[第 224 条　特别法官的任命

1. 高等法院案件数量临时增加或者出现积压时，总统认为应暂时增加该法院法官人数时，得任命确实适格者担任该高等法院的特别法官，其任期由总统规定，但不得超过两年。

2. 当首席法官以外的高等法院法官因缺席或者其他原因无法履行其职责或者被任命临时担任首席法官，总统得任命确实适格者暂行该法院法官直至常任法官复职。

3. 任何被任命为高等法院特别法官或者执行法官的人年满〔62 周岁〕④的不得担任该职务。]⑤

---

① 原文注：原第 1 款为 1986 年《宪法第 54 修正案》第 3 条替换。

② 原文注：为 1956 年《宪法第 7 修正案》第 14 条删除。

③ 原文注：第 2 款曾为 1956 年《宪法第 7 修正案》第 14 条删除，现条文为 1963 年《宪法第 15 修正案》第 5 条增加。

④ 原文注：为 1963 年《宪法第 15 修正案》替换。

⑤ 原文注：为 1956 年《宪法第 7 修正案》第 15 条替换。

[**第 224 - 1 条　任命退休法官出席高等法院的开庭**

无论本章作何规定，高等首席法官在事先获得总统的同意后，得随时邀请曾任该高等法院法官或者其他高等法院法官者出庭并暂行该邦高等法院法官之职；接受此项邀请者，在出庭和行使职责时，有权享有总统以命令确定的津贴并享有高等法院法官的管辖权、权力和特权；除此之外，其不得被视为高等法院法官。

但是，不得以本条规定而要求前述人员出庭并暂行高等法院法官之职，其本人同意的除外。]①

第 225 条　现有高等法院的管辖权

除遵循本宪法及相关立法机关根据本宪法授权制定的法律的规定外，现有高等法院的管辖权、所执行的法律及其法官为进行审判而享有的权力，包括制定法院议事规则、规制法院庭审以及独任庭或者合议庭主持庭审的权力，均与本宪法实施前相同。

[但是，在本宪法实施前夕，高等法院对税收或者收税等事项行使初审管辖权时所受的限制，今后均不再适用。]②

[**第 226 条　高等法院颁发特定令状的权力**

1. 无论第 32 条作何规定〔……〕③，所有高等法院在其管辖权所及的地域范围内均有权向该地域范围内的任何人和机关，包括在适当情形下，向任何政府发布指令、命令或者令状，包括〔人身保护令、执行令、禁令、责成有关机关说明职权行使的理由令和调卷令，以实现第三编保障的权利或者其他目的。]④]⑤

2. 如果诉讼标的全部或者部分要求其所在地的高等法院行使第 1 款赋予的向任何政府、机关或者个人发布指令、命令或者令状之权力的，则无论该政府和机关所在地以及个人的住所是否在该地域范围内，高等法院均可以行使该权力。

[3. 第 1 款所述诉状而发布的临时命令或者与第 1 款所述诉状有关的诉讼产生的临时命令，如果使诉讼一方处于不利境地，无论通过禁止令和中止令，

---

①　原文注：为 1963 年《宪法第 15 修正案》第 7 条增加。

②　原文注：此前为 1976 年《宪法第 42 修正案》第 37 条删除，后为 1978 年《宪法第 44 修正案》第 29 条恢复。

③　原文注：部分文字为 1977 年《宪法第 43 修正案》第 7 条删除。

④　原文注：为 1978 年《宪法第 44 修正案》第 30 条替换。

⑤　原文注：为 1976 年《宪法第 42 修正案》第 38 条修改。

还是以其他方式，但——

（1）未向该当事人提供该诉状的副本以及其他支持该临时命令的所有文件；以及

（2）未给予该当事人陈述机会，

一旦该当事人申请撤销该命令，应将该申请的副本抄送另一方当事人，即法院为其利益而作出该命令的当事人，或者该另一方当事人的律师。高等法院应在接受申请之日起或者副本送达之日起的两周内审理该申请。如果申请日期和副本送达日期不一致，以时间较近者为准；如果该期限的最后一天，高等法院休庭的，以之后最近的高等法院开庭日的第二日为期限届满日。如果法院在此期限内未对该申请作出处理的，则该命令应于该期间届满后失效；或者视情况，该期限于前述第二日届满的，则该命令在该第二日之后失效。]①

[4. 不得以本条赋予高等法院的权力侵害第 32 条第 2 款赋予最高法院的权力。]②

[第 226 - 1 条　不得根据第 226 条的程序审查部分法律的合宪性]③

第 227 条　高等法院对所有法院的监督权

[1. 各高等法院对有管辖权的地域范围内的所有法院和裁判所有监督权。]④

2. 在不损害前款规定一般性的前提下，高等法院得——

（1）要求法院进行汇报；

（2）制定和发布一般规则，规定调整各法院的规程；

（3）规定任何此类法院官员保存图书、目录和账本的规程。

3. 高等法院得为下级法院的执行官、书记员、职员以及在此类法院执业的代理人、辩护人、申诉人等制定收费标准。

但是，根据第 2 款或者第 3 款制定的规则，所规定的规程和标准不得与当时有效的法律不一致，并应事先获得总督的批准。

4. 不得认为本条规定授予高等法院有监督武装部队相关法律或者根据此类法律设立的法院或者裁判所的权力。

---

① 原文注：为 1978 年《宪法第 44 修正案》第 30 条替换。

② 原文注：为 1978 年《宪法第 44 修正案》第 30 条替换。

③ 原文注：为 1976 年《宪法第 42 修正案》第 39 条增加；后为 1977 年《宪法第 43 修正案》第 8 条删除。

④ 原文注：先后为 1976 年《宪法第 42 修正案》第 40 条和 1978 年《宪法第 44 修正案》第 31 条替换。

[……]①

[第228条]②

[第228-1条　关于处理邦法律合宪性问题的特别规定]③

第229条　高等法院的官员、雇员及开支

1. 高等法院的官员和雇员由该法院首席法官或者其指定的该法院的其他法官或者官员任命。

但是，[……]④ 邦总督得以条例规定，在条例规定的情形下，不得任命任何与法院无关者出任与法院有关的职务，但经咨询邦公务员铨叙委员会的除外。

2. 在邦立法机关制定的法律规定的范围内，高等法院官员和雇员的任职条件由该法院首席法官制定的条例或者由首席法官授权的其他法官或者官员制定的条例规定。

但是，根据该款制定的条例，如果涉及薪酬、津贴、假期以及年金，须得到 [……]⑤ 邦总督的批准。

3. 高等法院的行政开支，包括应向法院官员和官员支付的薪酬、津贴和年金，应从邦统一基金支付，其他高等法院所收取的费用和其他款项应纳入该基金。

[第230条　扩展高等法院的管辖权以及于联邦直辖领

1. 议会得以法律扩展高等法院的管辖权及于联邦直辖领或者排除其对联邦直辖领的管辖权；

2. 在邦高等法院对联邦直辖领行使管辖权的情形下——

（1）不应认为本宪法的规定授权邦立法机关增加、限制或者取消该管辖权；

（2）第227条所称的总督，就其涉及该直辖领范围内的下级法院的规则、规程和标准者，应解释为总统。

第231条　为两个或者两个以上邦设立共同的高等法院

1. 无论本章此前作何规定，议会得以法律为两个或者两个以上邦和一个

---

①　原文注：为1976年《宪法第42修正案》第40条增加，后为1978年《宪法第44修正案》第31条废除。

②　原文注：1977年《宪法第43修正案》第10条废除。

③　原文注：为1976年《宪法第42修正案》第42条增加，后为1977年《宪法第43修正案》第10条删除。

④　原文注：部分文字为1956年《宪法第7修正案》第29条和附件删除。

⑤　原文注：部分文字为1956年《宪法第7修正案》第29条和附件删除。

联邦直辖领设立一个共同的高等法院。

2. 就该高等法院——

（1）第 217 条所称的邦总督应解释为该高等法院管辖权范围内的所有邦的总督；

（2）第 227 条所称的总督，就其涉及该直辖领范围内的下级法院之规则、规程和标准者，应解释为各该下级法院所在邦的总督；另外

（3）第 219 条和第 229 条所称的邦应解释为该高等法院主要所在地的邦。

但是，如果其主要所在地位于联邦直辖领的，第 219 条和第 229 条所称的总督、公务员铨叙委员会、立法机关和邦统一基金应相应地解释为总统、联邦公务员铨叙委员会、议会和印度统一基金。]①

［第 232 条］②

第六章 下级法院

第 233 条 地区法官的任命

1. 地区法官的任命、委派及提升由邦总督经咨询在该邦行使管辖权的高等法院后进行。

2. 已在联邦或者邦任职者，仅在其任公诉人或者辩护人 7 年以上且由高等法院推荐才有资格被任命为地区法官。

第 233 - 1 条 某些地区法官的任命及其所作出的判决等的有效性

尽管任何法院作出过任何判决或者裁定——

（1）在 1966 年《宪法第 20 修正案》施行之前，

1）对已担任各邦司法职务的人或者担任公诉人或者辩护人已满 7 年的人，将其任命为该邦地区法官；或者

2）委派、提拔或者调任此类人员为地区法官的，

除依照第 233 条或者第 235 条进行任命、委派、提拔或者调任的外，对此类人员的任命、委派、提拔或者调任不得认定其为违法或者无效，或者不得仅因对其的任命、委派、提拔或者调任未遵照上述条款的规定而归于非法或者无效。

（2）在 1966 年《宪法第 20 修正案》施行之前，对未遵照第 233 条或者第 235 条的规定而任命、委派、提拔或者调任为地区法官的人而言，其对管辖

---

① 原文注：为 1956 年《宪法第 7 修正案》第 16 条替换。
② 原文注：为 1956 年《宪法第 7 修正案》第 29 条和附件废除。

权的行使，作出的判决、裁定、宣判或者命令，或者作出的其他行为或者措施，不得被认定为非法或者无效或者不得仅因对其的任命、委派、提拔或者调任未遵照上述条款的规定而归于非法或者无效。

第234条　地区法官以外的司法职务的聘用

地区法官以外的邦司法人员由总督按照其为此而制定的规则，经咨询邦公务员铨叙委员会和在该邦行使管辖权的高等法院之后予以任命。

第235条　对下级法院的管理

对县法院及其下级法院的管理，包括邦内司法部门县法官以下司法人员的委派、提升、休假等事宜的管理权属高等法院，但本条规定不得理解为剥夺任何此类人员根据有关其待遇的法律进行上诉的权利，也不得理解为授权高等法院可按任何法律规定的待遇条件对待他们。

第236条　解释

在本章中——

（1）"地区法官"包括城市民事法院法官、编外地区法官、区共同法院法官、助理地区法官、简易法庭首席法官、首席治安法官、编外首席治安法官、庭期法官、编外庭期法官和助理庭期法官；

（2）"司法局"系指完全由有意担任地区法官或者其他职位低于地区法官的民事司法岗位的人组成的部门。

第237条　将本章规定适用于某类或者数类治安法官

总督得以公告规定，自其制定之日起适用于被任命至邦司法局的人员的本章前述规定和依据前述规定而制定的规定在依其公告的规定作出保留和调整后，也适用于该邦某类或者数类治安法官。

［第七编　附件一第二部分的邦］①

第八编　［联邦直辖领］②

［第239条　联邦直辖领的行政管理

1. 除议会法律另有规定外，联邦直辖领由总统在其认为适当的范围内，通过其所任命的行政长官治理。行政长官的称呼由总统予以规定。

2. 无论第六编作何规定，总统得任命邦总督为该邦相邻的联邦直辖领的

---

① 原文注：第七编第238条为1956年《宪法第7修正案》第29条和附件废除。

② 原文注：为1956年《宪法第7修正案》第17条替换。

行政长官，受此任命的邦总督应独立于其邦内阁而行使该行政长官的职权。]①

［第239－1条　某些直辖领地方立法机关或者内阁的设立

1. 议会得以法律为［本地治里］② 联邦直辖领设立——

（1）由选举、部分任命或者部分选举产生的人组成的机关，作为联邦直辖领的立法机关；或者

（2）内阁；

或者同时设立上述两个机构，并得以法律规定其组织、权力和职能。

2. 不得认为本条第1款中的法律为第368条规定的本宪法的修正案，即便其包含修正本宪法或者有修正本宪法的效果的条文。]③

［第239－1－1条　关于德里的特别规定

1. 自1991年《宪法第69修正案》施行后，德里联邦直辖领改称为德里国家首都直辖领（在本编之后简称为国家首都直辖领），依第239条任命的行政长官为副总督。

2.（1）国家首都直辖领设立法会，其议席由国家首都直辖领的各选区以直接选举产生的议员充任。

（2）立法会的议席数、保留给附件所规定种姓的议席、国家首都直辖领的选区的划分（包括划分标准）以及其他立法会相关事项由议会以法律作出规定。

（3）第324—327条和第329条适用于邦、邦立法会和邦立法委员会的议员的规定同样适用于国家首都直辖领的立法会及其议员；第326条和第329条称的"有权立法机关"系指议会。

3.（1）在本宪法规定的范围内，立法会有权为国家首都直辖领的部分地区或者全部地区就适用于联邦直辖领的，邦清单第1项、第2项、第18项以及第64项、第65项、第66项中与第1项、第2项、第18项有关的部分之外的邦清单和共享清单的事项制定法律。

（2）本款第1项的规定不得损害议会根据本宪法对联邦直辖领或者其部分地区的事项进行立法的权力。

（3）如果立法会就任何事项所制定的法律的规定与其前后议会就该事项所制定的法律或者更早之前的非由立法会制定的法律相冲突，则在上述任一情形下，议会制定的法律或者更早之前的法律应优先适用，立法会制定的法律与

---

① 原文注：为1956年《宪法第7修正案》第17条替换。

② 原文注：为2006年《本法治里更名法案》（2006年第44号）第4条修改。

③ 原文注：为1962年《宪法第14修正案》第4条增加。

其冲突的部分无效。

如果该立法会制定的法律呈送总统审议并获得其同意，则该法律在国家首都直辖领优先适用。

此外，本项的规定不得妨碍议会就同一事项制定法律对立法会制定的法律予以补充、修改、变更或者废除。

4. 设内阁，由不超过立法会全部议员中不超过 1/10 的议员组成，首席部长为内阁首脑，其为副总督行使与立法会有权立法的事项相关的职权提供协助和建议，但该事项依法应由副总督自行裁量的除外。

如果副总督与部长就某事项的意见存在分歧，则其应呈送总统决定并按照总统的决定处理；等待总统决定期间，如果副总督认为事出紧急有必要立即行动，则其有权采取行动并发布其认为必要的指令。

5. 首席部长由总统任命，其他部长则由总统根据首席部长的建议任命，总统有权免除其部长的职务。

6. 内阁集体向立法会负责。

〔7. (1)〕① 议会得立法以实施或者补充前述各款的规定，并就所有附带或者后续事项进行立法。

〔(2) 不得认为本条第 1 款中的法律为第 368 条规定的本宪法修正案，即便其包含修正本宪法或者有修正本宪法的效果的条文。〕②

8. 第 239 - 2 条适用于本地治里联邦直辖领、其行政长官和立法机关的规定同样适用于国家首都直辖领、副总督与立法会；第 239 - 2 条中的"第 239 - 1 条第 1 款"系指第 239 - 1 - 2 条。〕③

[第 239 - 1 - 2 条　关于宪法制度失灵的规定

如果总统收到副总督的报告后或者通过其他渠道认为：

(1) 出现行政长官依照第 239 - 1 - 1 条规定或者根据该条而制定的法律的规定无法处理的情形；或者

(2) 为妥善治理国家首都直辖领所必需或者必要的，

则依第 239 - 1 - 1 条规定的法律，在其规定的期限内和情形下，总统得以法令中止第 239 - 1 - 1 条或者根据该条而制定的法律的部分或者所有规定的适用，并得根据第 239 条和第 239 - 1 - 1 条的规定，就其认为对国家首都直辖领

---

① 原文注：为 1992 年《宪法第 70 修正案》第 3 条替换。

② 原文注：为 1992 年《宪法第 70 修正案》第 3 条增加。

③ 原文注：为 1991 年《宪法第 69 修正案》第 2 条增加。

治理而言是必需或者必要的事项作出补充或者后续规定。]①

[第239 –2 条　立法机关闭会期间行政长官颁布法令的权力

1. 除〔（本地治里）② 直辖领]③ 立法机关处于会期外，如果行政长官认为出现了有必要立即采取行动的情形，则其得根据情势颁布必要的法令。

行政长官如果未就此获得总统的指示，则不得颁布此类法令。

此外，一旦前述立法机关被解散或者其职能为根据第239 – 1 条第 1 款的规定采取的措施中止的，行政长官在该解散期或者中止期内不得颁布此类法令。

2. 依本条并遵照总统的指示而颁布的法令与联邦直辖领立法机关制定的法律具有同等效力，但该法令——

（1）应提交联邦直辖领立法机关，并在联邦直辖领立法机关重新集会之日起满 6 周即失效；在上述期限内联邦直辖领立法机关通过否决该法令的决议的，则该法令在该否决决议通过之时失效；并且

（2）得随时为行政长官在获得总统的指示后予以撤回。

3. 根据本条制定的法令所作的规定，即便由联邦直辖领立法机关以法律加以规定，但因包括第239 – 1 条第 1 款所指的法律规定而无效者，则其规定无效。]④

[……]⑤

第240 条　总统为某些联邦直辖领制定条例的权力

1. 总统得为下列联邦直辖领的和平、进步和善治而制定条例：

（1）安达曼和尼科巴群岛；

[（2）拉克沙群岛；]⑥

[（3）达德拉和纳加尔哈维利；]⑦

---

① 原文注：为1991 年《宪法第 69 修正案》第 2 条增加。

② 原文注：为2006 年《本地治里更名法案》（2006 年第 44 号）第 4 条修改。

③ 原文注：为1987 年《古阿邦、达曼邦以及丢邦重组法案》（1987 年第 18 号）第63 条修改。

④ 原文注：为1971 年《宪法第 27 修正案》第 3 条增加。

⑤ 原文注：为1975 年《宪法第 38 修正案》第 4 条增加并溯及既往适用，后为 1978年《宪法第 44 修正案》第 32 条删除。

⑥ 原文注：为1973 年《拉克代夫、米尼科伊及阿明迪维群岛改名法案》（1973 年第34 号）第 4 条替换。

⑦ 原文注：为1961 年《宪法第 10 修正案》第 3 条增加。

［（4）达曼和丢；］①

［（5）〔本地治里②；］］③

［……］④

［……］⑤

［但是，一旦根据第 239 - 1 条为〔（本地治里）⑥ 直辖领］⑦ 设立立法机关，则自该立法机关第一次会议召开之日起，总统不得再就该联邦直辖领的和平、发展或者善治制定条例。］⑧

［此外，一旦〔本地治里］⑨ 联邦直辖领的立法机关被解散，或者该立法机关的运行因根据第 239 - 1 条第 1 款所称的法律采取的措施而中止的，则在其解散或者中止期间，总统得就该联邦直辖领的和平、发展和善治制定条例。］⑩

2. 如此制定的条例得废止或者修改当时适用于该联邦直辖领的议会制定的法律或者［任何其他法律］⑪，其经总统宣布后，与议会制定的适用于该直辖领的法律具有同等效力。

第 241 条　联邦直辖领高等法院

1. 议会得以法律为［联邦直辖领］⑫ 设立高等法院或者宣布［各该直辖领］⑬ 内的任何法院为本宪法全部或者部分条款所称的高等法院。

2. 与其适用于第 214 条的高等法院一样，在按照议会法律的规定进行修正或者保留后，第六编第五章规定亦适用于第 1 款所称的各高等法院。

---

① 原文注：为 1962 年《宪法第 12 修正案》第 3 条增加，后为 1987 年《古阿邦、达曼邦和丢邦重组法案》（1987 年第 18 号）第 63 条替换。

② 原文注：为 2006 年《本地治里更名法案》（2006 年第 44 号）第 4 条替换。

③ 原文注：为 1962 年《宪法第 14 修正案》第 5 条和第 7 条增加。

④ 原文注：原第（5）项为 1986 年《米佐拉姆邦法案》（1986 年第 34 号）第 39 条删除。

⑤ 原文注：原第（6）项为 1986 年《阿鲁那恰尔邦法案》（1986 年第 69 号）第 42 条删除。

⑥ 原文注：为 2006 年《本地治里更名法案》（2006 年第 44 号）第 4 条替换。

⑦ 原文注：为 1971 年《宪法第 27 修正案》第 4 条替换。

⑧ 原文注：为 1962 年《宪法第 14 修正案》第 5 条增加。

⑨ 原文注：为 2006 年《本地治里更名法案》（2006 年第 18 号）第 4 条替换。

⑩ 原文注：为 1971 年《宪法第 27 修正案》第 4 条增加。

⑪ 原文注：为 1971 年《宪法第 27 修正案》第 4 条修改。

⑫ 原文注：为 1956 年《宪法第 7 修正案》第 29 条和附件替换。

⑬ 原文注：为 1956 年《宪法第 7 修正案》第 29 条和附件替换。

[3. 除本宪法有关条款和相应立法机关根据本宪法和该立法机关授权制定的法律另有规定外，所有在 1956 年《宪法第 7 修正案》施行前对联邦直辖领有管辖权的高等法院，在本宪法施行后，继续行使对该直辖领的管辖权。

4. 不得以本条减损议会将某邦高等法院的管辖权扩展及于联邦直辖领或者其部分地区，或者排除该高等法院对联邦直辖领或者其部分地区的管辖权。]①

[第 242 条　库格省]②

第九编　潘查亚特

第 243 条　定义
在本编中，除另有说明外——

（1）"区"指一邦之区；

（2）"村民大会"系指由在村级潘查亚特地区的村选民名册登记者组成的机构；

（3）"中级"系指介于邦总督为本编的目的以公告

明确规定的介于村和邦的区之间的级别；

（4）"潘查亚特"（无论其名称为何）系指农村地区依第 243 - 2 条组建的自治机构；

（5）"潘查亚特地区"系指潘查亚特的领地；

（6）"人口数"系指最近一次人口普查所确定并公布的人口数据；

（7）"村"系指总督为本编之目的以公告规定的村，其包括以此方式规定的村落。

第 243 - 1 条　村民大会
村级村民大会得行使邦立法机关以法律规定的权力和职责。

第 243 - 2 条　潘查亚特的设立
1. 各邦应根据本编的规定建立村级、中级和区级潘查亚特。

2. 无论第 1 款的规定为何，其人口不超过 200 万的邦不得设立中级潘查亚特。

第 243 - 3 条　潘查亚特的组成
1. 在本编规定的范围内，邦立法机关得以法律规定潘查亚特的构成。

---

① 原文注：为 1956 年《宪法第 7 修正案》第 29 条和附件替换。

② 原文注：为 1956 年《宪法第 7 修正案》第 29 条和附件废除。

各级潘查亚特的疆域的人口与应以选举充任之潘查亚特的席位的比例，但凡可行，全邦应相同。

2. 潘查亚特的席位应由潘查亚特选区以直接选举产生的人担任，为此目的应按照各选区人口和分配给该选区的席位的比例——但凡可行，此比例在该潘查亚特区应相同——将潘查亚特区分成若干选区。

3. 邦立法机关得以法律规定——

（1）村级潘查亚特主席在中级潘查亚特的发言，在没有中级潘查亚特的邦则指在区级潘查亚特的发言；

（2）中级潘查亚特在区级潘查亚特的发言；

（3）代表完全或者部分由潘查亚特区——非村级潘查亚特——构成的选区的下院议员或者邦立法会议员在各该潘查亚特的发言；

（4）上院或者邦立法委员会的议员在其作为选民的

1）中级潘查亚特区的中级潘查亚特的发言；

2）区级潘查亚特区的区级潘查亚特的发言。

4. 潘查亚特的主席或者其他潘查亚特成员，无论其是否由潘查亚特选区以直接选举产生，在潘查亚特的会议上有表决权。

5.（1）村级潘查亚特的主席依邦立法机关以法律规定的方式选任；

（2）中级或者区级潘查亚特的主席应由其成员从成员中选任。

第 243 - 4 条　席位保留

1. 在各潘查亚特中，应为——

（1）附件规定的种姓；

（2）附件规定的部族，

保留一定席位。其席位数与直接选举产生的潘查亚特全部席位数的比例，应尽可能和在该潘查亚特区的附件规定的种姓或者部族与该区人口的比例相同。该保留席位得轮流分配给该潘查亚特中的不同选区。

2. 根据本条第 1 款而保留的全部席位应有不少于 1/3 保留给附件规定的种姓和部族的妇女。

3. 各潘查亚特应由直接选举产生的全部席位中应有不少于 1/3 的席位保留给妇女（包括保留给附件规定的种姓和部族的妇女的议席在内），该保留席位得轮流分配给该潘查亚特中的不同选区。

4. 村级或者其他级别的潘查亚特的主席职位应依法律规定的方式保留给附件规定的种姓和附件规定的部族或者妇女，但是：

一邦内各级潘查亚特保留给附件规定的种姓和部族的主席职位的数量和各级潘查亚特的全部该职位数量的比例，应和该邦附件规定的种姓和部族的人口数与该邦总人口数的比例相同。

根据本款保留的职位也应轮流分配给各级的、不同的潘查亚特。

5. 第 1 款和第 2 款的席位保留及第 4 款的主席职位保留（除保留给妇女之外的）在第 334 条规定的期限届满后应终止适用。

6. 本编的任何规定不得阻止邦立法机关制定有利于公民中弱势群体的潘查亚特席位保留或者各级潘查亚特主席职位保留的规定。

第 243 - 5 条　潘查亚特的任期及其他

1. 所有潘查亚特，除依据当时现行有效的法律而被解散外，其任期为 5 年，自其被任命的第一次会议之日起算，不得延长。

2. 在第 1 款规定的任期届满之前，当时现行有效的法律的任何修正不得导致任何级别的在其施行前已经在运行之潘查亚特解散。

3. 潘查亚特的选举应在下列时间之前完成：

（1）在其第 1 款规定的任期届满之前；

（2）自其解散之日起的 6 个月期限届满前。

被解散的潘查亚特的剩余任期少于 6 个月的，则无须依据本款规定选举旨在完成该剩余任期的潘查亚特。

4. 因潘查亚特在其任期届满前被解散而组建的新的潘查亚特的任期，为被解散的潘查亚特在如果未被解散的情形下根据第 1 款的规定所剩余的任期。

第 243 - 6 条　成员资格的丧失

1. 下列人员丧失当选潘查亚特成员的资格，其为潘查亚特成员者则应丧失其成员资格：

（1）其资格依照现行有效的适用于相关邦立法机关选举的法律予以剥夺的。

对于年满 21 周岁者，不得以其不满 25 周岁而剥夺其资格。

（2）其资格依照邦立法机关制定的法律予以剥夺的。

2. 凡就是否应对潘查亚特成员适用第 1 款规定剥夺其资格出现争议的，应呈交邦立法机关以法律所规定的有权机关，由其依照邦立法机关以法律规定的方式解决。

第 243 - 7 条　潘查亚特的权力、权威及职责

在本宪法规定的范围内，邦立法机关得以法律赋予潘查亚特发挥其作为自治机关功能所必要的权力和权威，该法律得将下列权力和职责委托给所规定的、适当的各级潘查亚特：

（1）制定经济发展和社会正义的规划；

（2）执行被委托由其执行的经济发展和社会正义计划，包括与附件十一

所列事项相关的规划。

第 243 - 8 条　潘查亚特的课税权与基金

邦立法机关得以法律——

（1）授权潘查亚特依照法定的程序、在法律规定的范围内课征、收缴和使用税收、关税、通行费及其他费用；

（2）将应由邦政府课征和收缴的税收、关税、通行费及其他费用委托潘查亚特在法律规定的条件和范围内予以课征和收缴；

（3）对从邦统一基金中拨付给潘查亚特的财政补贴的拨付进行规定；

（4）为分别将潘查亚特或者以其名义收到的全部资金分别计入各潘查亚特基金中以及从上述基金支出款项而规定潘查亚特基金的构成。

第 243 - 9 条　审查财政状况的财政委员会的组成

1. 在 1992 年《宪法第 73 修正案》施行一年内，其后在每个第 5 年期届满之后，邦总督应立即设立财政委员会以审查潘查亚特的财政状况，并就规制下列事项的原则为总督提供建议：

（1）

1）邦与潘查亚特根据本编的规定就应由邦收取的税收、关税、通行费及费用的净收益以及各级潘查亚特就该净收益的应享份额进行分配的原则；

2）得分配给潘查亚特或者得由其适用的税收、关税、通行费和其他费用的确定原则；

3）从邦统一基金拨付给潘查亚特的财政资金的规则。

（2）改善潘查亚特的财政状况所需的手段。

（3）邦总督为潘查亚特财政利益而移交给该委员会的其他事项。

2. 邦立法机关得以法律规定该委员会的构成、其委员者应具备之资格及其选任方式。

3. 该委员会得决定其工作程序并且有权行使邦立法机关以法律赋予的职能。

4. 总督应将该委员会根据本条提出的有关采取措施的建议，连同其说明提交给邦立法机关。

第 243 - 10 条　潘查亚特账户的审计

邦立法机关得以法律规定潘查亚特账户的维护和审计。

第 243 - 11 条　潘查亚特的选举

1. 对潘查亚特选举中选民登记筹备工作进行监督、管理及控制的权力和举行选举的权力赋予邦选举委员会，其由总督任命的邦选举委员会委员组成。

2. 在邦立法机关制定的法律规定的范围内，邦选举委员会的任职条件和任期由总统以条例作出规定。

非以免除高等法院法官职务之相同方式和理由，不得免除邦选举委员会委员的职务；在其任职后，不得对其作为选举委员会委员的任职条件作出不利的变更。

3. 应邦选举委员会的请求，邦总督得任命其他对选举委员会履行第 1 款赋予的职能所必需的职员。

4. 在本宪法规定的范围内，邦立法机关得以法律对潘查亚特选举及其相关事项作出规定。

第 243 – 12 条　对联邦直辖领的适用

本编规定适用于联邦直辖领，在其适用于联邦直辖领时，所称的总督系指根据第 239 条任命的联邦直辖领行政长官；所称的邦立法机关或者邦立法会系指有立法会的联邦直辖领的立法会。

但是，总统得在公告中对本编的规定作保留或者调整后适用于联邦直辖领的全部或者部分地区。

第 243 – 13 条　不适用本编的特定地区

1. 本编的规定不适用于第 244 条第 1 款所指称的附件规定的地区以及第 2 款所指称的部族地区。

2. 本编的规定不适用于——

（1）那加兰、梅加拉亚与米佐拉姆各邦；

（2）根据当时现行有效的法律设有区委员会的曼尼普尔邦之山区。

3. 本编中——

（1）关于区级潘查亚特的规定，不适用于西孟加拉邦根据当时有效的法律设有大吉岭廓尔喀山区委员会之大吉岭区的山区；

（2）规定的解释不得损害根据该法律设立的大吉岭廓尔喀山区委员会的职能和权力。

[3 – 1. 第 243 – 4 条关于为附件规定的种姓保留席位的规定不适用于阿鲁那恰尔邦。]①

4. 无论本宪法的规定为何——

（1）除第 1 款规定的地区外，第 2 款第（1）项提及的邦，如果其立法会以其 2/3 以上议员出席并表决且以其全部议员的多数通过决议，则邦立法机关得以法律规定将本编适用于该邦；

（2）议会得以法律扩张本编规定的适用范围，在法律中作出保留和调整

---

① 原文注：为 2000 年《宪法第 83 修正案》第 2 条增加。

之后，本编适用于第1款提及的附件规定的地区和部族地区，不得认为此类法律是第368条规定的宪法修正案。

第243-14条　既有法律和潘查亚特的存续

无论本编作何规定，任何在1992年《宪法第73修正案》施行之前已在一邦施行的有关潘查亚特的法律，其与本编的规定不一致的，在其被立法机关或者其他有权机关修正或者废除之前，或者在前述修正案施行满一年之前的任何时间里，其应继续有效。

凡在前述修正案施行前就已经存在的潘查亚特，除其为邦立法会，在设有立法委员会的邦则由邦立法机关两院以决议解散的外，应继续存在直至任期届满。

第243-15条　禁止法院干预选举事务

无论本宪法的规定为何，

（1）有关选区的划定或者各该选区议席的分配或者依第243-11条对选区议席进行分配的法律的有效性的争议不得向法院提起；

（2）除依据或者按照邦立法机关规定的法律规定的方式向规定的有权机关提出选举请愿外，不得审查潘查亚特的选举。

第九编之一　市　政　府

第243-16条　定义

除另有说明外，本编中的——

（1）"委员会"系指依第243-19条组建的委员会；

（2）"区"系指邦的区；

（3）"大都市区"系指有100万或者100万以上人口，包括一个或者一个以上区以及两个或者两个以上市政府或者潘查亚特的地区，或者总督为本编的目的以公告规定其为大都市区的其他相邻地区；

（4）"市区"系指总督公告的市政府的辖区；

（5）"市政府"系指根据第243-17条设立的自治机关；

（6）"潘查亚特"系指根据第243-2条而设立的潘查亚特；

（7）"人口数"系指最近一次人口普查确定并公布的人口数据。

第243-17条　市政府的构成

1. 各邦应根据本编的规定——

（1）在过渡地区，即农村向城市过渡的地区，设立纳加尔潘查亚特（无论其名称为何）；

（2）在较小的城区设立市政委员会；或者

（3）在较大的城区设立市政府。

如果总督在对一个市区的规模以及该地区的工业企业所提供或者应提供的市政服务以及其他其认为适当的因素作出考量后，得不在该市区设立本款之市，而以公告设立工业区。

2. 在本条中，"过渡地区"、"较小的市区"或者"较大的市区"系指在总督考量该区的人口数、人口密度以及地方行政收入、非农行业就业率、经济地位以及其他其认为合适的因素后，为本编的目的以公告界定的地区。

第243－18条 市政府的构成

1. 除第2款规定的情形外，市政府的所有席位应由该市区的所有选区以直接选举产生的人担任，为此目的，应将市区分成若干选区，称为行政区。

2. 邦立法机关得以法律规定——

（1）下列人员在市政府的发言：

1）有城市管理方面的专业知识和经验者；

2）代表涵盖整个市区或者部分市区的选区的下院议员或者立法会议员；

3）在市区登记为选民的上院或者邦立法委员会议员；

4）依第243－19条第5款组成的委员会的主席。

但是，第1）亚项所指称的人在市政府会议中无表决权。

（2）市政府主席的选举方式。

第243－19条 行政区委员会的组织和构成及其他

1. 在其人口达30万或者超过30万的市辖区设立行政区委员会，其由一个或者一个以上的行政区组成。

2. 邦立法机关得以法律规定——

（1）行政区委员会的构成及其辖区；

（2）行政区委员会的席位的选任方式。

3. 代表行政区委员会辖区内的行政区市政府成员为行政区委员会的委员。

4. 当行政区委员会——

（1）由一个行政区组成时，该行政区在市政府的代表；或者

（2）由两个或者两个以上行政区组成时，由该行政区委员会委员选举的上述行政区在市政府的代表，

应为各该委员会的主席。

5. 不得以本条规定限制邦立法机关就行政区委员会的构成作出补充规定。

第243－20条 席位的保留

1. 在市政府中，应为附件规定的种姓和部族保留一定席位，其席位与应

由直接选举产生的市政府的全部席位的比例，应尽可能和在该市区的附件规定的种姓或者部族与该市区人口的比例相同，该保留席位得轮流分配给该市区的不同选区。

2. 根据本条第1款保留的全部席位应有不少于1/3保留给附件规定的种姓和部族的妇女。

3. 应由直接选举产生的市政府的全部席位中应有不少于1/3的席位保留给妇女（包括保留给附件规定的种姓和部族的妇女的议席在内），该保留席位得轮流分配给该市区的不同选区。

4. 市政府的主席职位应依法律规定的方式保留给附件规定的种姓、部族或者妇女。

5. 第1款和第2款的席位保留及第4款的主席职位保留（保留给妇女的除外）在第334条规定的期限届满后应终止其适用。

6. 本编的任何规定不得阻止邦立法机关制定有利于公民中的弱势群体的市政府席位保留或者市政府主席职位保留的规定。

第 243 - 21 条　市政府的任期及其他

1. 所有市政府，除依据当时现行有效的法律而被解散外，其任期为5年，自其被任命的第一次会议之日起算，不得延长。

在解散市政府之前，应给予其合理的听证机会。

2. 在第1款规定的任期届满之前，对现行有效的法律的任何修正不得导致在其施行前已经在运行的任何级别的市政府的解散。

3. 市政府的选举应在下列时间之前完成：

（1）在其第1款规定的任期届满之前；

（2）自其解散之日起的6个月期限届满前。

被解散的市政府的剩余任期少于6个月的，则无须依据本款规定选举组建旨在继续剩余任期的市政府。

4. 因市政府在其任期届满前被解散而组建的市政府的任期为被解散的市政府的剩余任期。

第 243 - 22 条　成员资格的丧失

1. 下列人员丧失当选市政府成员的资格，其为市政府成员的则应丧失其成员资格：

（1）其资格为或者依照现行有效的、适用于相关邦立法机关选举的法律予以剥夺的。

对于年满21周岁者，不得以其不满25周岁而剥夺其资格。

（2）其资格为或者依照邦立法机关制定的法律予以剥夺的。

2. 凡就是否应对市政府的成员适用第 1 款规定剥夺资格出现争议的，应呈交邦立法机关以法律所规定的有权机关，由其依照邦立法机关以法律所规定的方式解决。

第 243 – 23 条　市政府的权力、权威与职责及其他

1. 在本宪法规定的范围内，邦立法机关得以法律赋予市政府发挥其作为自治机关功能所必需的权力和权威，该法律得将下列权力和职责委托给市政府：

（1）制定经济发展和社会正义规划；

（2）执行被委托的经济发展和社会正义规划，包括与附件十二所列事项相关的规划。

2. 赋予委员会履行包括与附件十二所列事项相关的职责在内的职责所必需的权力和权威。

第 243 – 24 条　市政府的课税权与基金

邦立法机关得以法律——

（1）授权市政府依照法定的程序、在法律规定的范围内课征、收缴和使用税收、关税、通行费及其他费用；

（2）将应由邦政府课征和收缴的税收、关税、通行费及其他费用委托市政府在法律规定的条件和范围内予以课征和收缴；

（3）对从邦统一基金中拨付给市政府的财政补贴的拨付进行规定；

（4）为分别将市政府或者以其名义收到的全部资金分别计入各市政府基金中以及从上述基金支出款项而规定市政府基金的构成。

第 243 – 25 条　财政委员会①

1. 根据第 243 – 9 条设立财政委员会，其应审查市政府财政状况，并就下列事项为总督提供建议：

（1）

1）邦和市政府之间根据本编的规定，就分配给的邦得征收之税收、关税、通行费及费用的净收入以及各级市政府就该收益所享有的相应配额进行分配的原则；

2）得分配给市政府或者得由其使用的税收、关税、通行费和其他费用的确定原则；

---

① 译者注：在其适用于联邦达德拉和纳加尔哈维利直辖领时，第 1 款中的两处“总督”均应替换为“总统”。［参见 S. O. 615（E），2004 年 5 月 21 日，《印度政府公报》增刊，第二编第 3 条第 2 项，2004 年 5 月 21 日］。

3）从邦统一基金拨付给市政府的财政资金的规则。

（2）改善市政府财政状况所需的手段。

（3）邦总督为市政府财政利益而移交给该委员会的其他事项。

2. 总督应将该委员会根据本条作出的建议，以及附有说明理由的根据委员会的建议而采取的措施提交给邦立法机关。

第 243 - 26 条　市政府账户的审计

邦立法机关得以法律规定市政府账户的维护和审计。

第 243 - 26 - 1 条　市政府的选举

1. 对市政府选举中选民登记的筹备工作进行监督、指导和管理的权力和举行选举的权力由第 243 - 11 条规定的邦选举委员会行使。

2. 在本宪法规定的范围内，邦立法机关得以法律对市政府的选举及其相关事项作出规定。

第 243 - 26 - 2 条　对联邦直辖领的适用

本编规定适用于联邦直辖领，在其适用于联邦直辖领时，所称的"总督"系指根据第 239 条任命的联邦直辖领的行政长官；所称之邦立法机关或者邦立法会系指有立法会的联邦直辖领的立法会。

但是，总统得在公告中对本编的规定作保留或者调整后，将其适用于联邦直辖领的全部或者部分。

第 243 - 26 - 3 条　不适用本编的特定地区

1. 本编的规定不适用于第 244 条第 1 款所指称的附件规定的地区以及第 2 款所指称的部族地区。

2. 不得以本编的规定损害根据当时现行有效的法律在西孟加拉邦大吉岭区设立的大吉岭廓尔喀山区委员会的职能和权力。

3. 无论本宪法作何规定，议会得以法律扩大本编规定的适用范围，在法律中对其作保留和调整之后，将其适用于第 1 款提及的附件规定的地区和部族地区，不得认为此类法律是第 368 条所称的宪法修正案。

第 243 - 26 - 4 条　区规划委员会①

1. 各邦应在区一级设立区规划委员会，以统一各该区潘查亚特和市政府准备之规划，其在起草发展规划时应将该区作为整体考虑。

2. 邦立法机关得以法律对下列事项作出规定：

（1）区规划委员会的构成。

---

① 译者注：第 243 - 26 - 4 条的规定不适用于新德里国家首都直辖领，参见 S. O. 1125 （E），2001 年 11 月 12 日。

（2）各该委员会委员的选任方式。

但是，各该委员会中应有不少于4/5的成员从由区级潘查亚特和市政府中经由选举产生的议员中按照城乡人口比例选举产生。

（3）得委托给各该委员会与区规划相关的职能。

（4）该委员会主席的选任方式。

3. 区规划委员会准备发展规划草案时，

（1）应考虑——

1）潘查亚特和市政府有共同利益的事项，包括空间规划、水和其他物理及自然资源的分享、基础设施和环境保护的统一发展；

2）包括财政和其他可支配资源的范围和种类。

（2）应咨询总督以总督令指定的机构和组织。

4. 各区规划委员会主席应根据该委员会的建议将发展规划提交给邦政府。

第 243 - 26 - 5 条　大都市规划委员会

1. 各大都市区应设立大都市委员会以为作为整体的大都市区的发展规划草案。

2. 邦立法机关得以法律对下列事项作出规定：

（1）大都市规划委员会的构成。

（2）各该委员会委员的选任方式。

但是，各该委员会中应有不少于2/3的成员由市政府中经由选举产生的议员和大都市区潘查亚特主席从中按照城市和潘查亚特的人口比例选举产生。

（3）在印度政府、邦政府以及其他对于履行委托给各该委员会职能所必要的机构和组织的发言。

（4）得委托给各该委员的大都市规划和协调相关的职能。

（5）各该委员会主席的选任方式。

3. 大都市规划委员会准备发展规划草案时——

（1）应考虑——

1）该大都市区市政府和潘查亚特准备的规划；

2）潘查亚特和市政府有共同利益的事项，包括协调该区空间规划、水和其他物理及自然资源的分享、基础设施和环境保护的统一发展；

3）印度政府和邦政府设定的总体目标和优先事项；

4）印度政府和邦政府的机构可能投入大都市区的投资、其他财政支持及其他可支配资源的范围和类型。

（2）应咨询总督以总督令指定的机构和组织。

4. 大都市规划委员会主席应根据该委员会的建议将发展规划提交给邦

政府。

第 243 - 26 - 6 条　既有法律和市政府的维持

无论本编作何规定，任何在 1992 年《宪法第 74 修正案》施行前已在某邦施行的有关市政府的法律，其与本编的规定不一致的，在其被有权的立法机关或者其他有权机关修正或者废除之前，或者在前述修正案施行满一年之前的任何时间里，其应继续有效。

凡在前述修正案施行前就已经存在的市政府，除被邦立法会解散的，或者在设有立法委员会的邦则由邦立法机关两院以决议解散的外，应继续存在直至任期届满。

第 243 - 26 - 7 条　禁止法院干预选举事务

无论本宪法作何规定，

（1）有关选区的划定或者各选区议席的分配，或者依第 243 - 26 - 1 条有关选区议席进行分配的法律的有效性的争议不得向法院提起；

（2）除依据邦立法机关规定的法律规定的方式向规定的有权机关提出选举请愿外，不得审查市政府的选举。

［第九编之二　合 作 社

第 243 - 26 - 8 条　定义

在本编中，除非另有说明，否则——

（1）"受权之人"系指第 243 - 26 - 17 条所称之人；

（2）"委员会"系指被委以合作社的事务的指导和管理权的合作社的主管委员会或者管理机构，无论其名称为何；

（3）"合作社"系指依或者被视为依当时有效的关于合作社的法律而注册的协会；

（4）"跨邦合作社"系指其对象不限于一邦，并依或者被视为依当时有效的关于合作社的法律而注册的协会；

（5）"合作社官员"系指合作社社长、副社长、主席、副主席、秘书或者会计，并包括其他当选合作社委员会主管者；

（6）"登记官员"系指印度政府就跨邦合作社而任命的中央登记官员以及邦政府根据邦立法机关制定的有关合作社的法律而任命的合作社登记官员；

（7）"邦法律"系指邦立法机关制定的法律；

（8）"邦级合作社"系指其运作区域及于全邦并因此而为邦立法机关制定的法律界定为邦级合作社的合作社。

第243 - 26 - 9条 合作社的合并

在本编规定范围内，邦立法机关得在自愿组建、成员民主控制、成员之经济参与和自治运营的原则的基础上以法律对合作社的合并、规制和分立进行规定。

第243 - 26 - 10条 委员会及其官员的人数及任期

1. 合作社委员会由邦立法机关制定的法律规定的成员组成。

但是，其主管人数不得超过21人。

并且，由个人组成合作社，其有附件规定的种姓或者附件规定的部族或者妇女成员的，邦立法机关应以法律规定在合作社委员会中为附件规定的种姓或者部族保留一个席位、为妇女保留两个席位。

2. 当选的合作社委员会成员和合作社官员的任期为5年，合作社官员的任期与委员会的任期相一致。

如果主管的任期过半后出现空缺，则委员会得任命一名与空缺的主管属于同一群体的成员以填补该偶然出现的空缺。

3. 邦立法机关应以法律规定，选任具有金融、管理、财政以及其他与合作社的目标或者所从事的活动相关的专业经验的人员为合作社委员会主管。

但是，除第1款第一条但书规定的21名主管外，如此选任的主管不得超过两人。

但是，如此任命的人在合作社的选举中不得享有委员会成员所享有的投票权，也无权当选委员会的官员。

委员会的执行主管也是委员会成员，但是，不计入第1款第1条但书规定的主管人数。

第243 - 26 - 11条 委员会成员的选举

1. 无论邦立法机关制定的法律作何规定，委员会成员的选举应在委员会任期届满前举行，以确保新当选的委员会成员能够在即将离任的委员会成员任期届满之时上任。

2. 所有合作社的选举登记的准备的监督、指导和控制权以及合作社选举的管理权属于邦立法机关以法律规定的机关或者机构。

但是，邦立法机关得以法律规定举行各该选举的程序和准则。

第243 - 26 - 12条 委员会的更迭和中止及过渡期管理

1. 无论当时现行有效的法律作何规定，委员会的更迭或者中止不得超过6个月。

但是，在下列情形下，委员会得更替或者中止：

(1) 其持续缺席的；或者

（2）不履行其职责的；或者

（3）委员会有某些不利于合作社或者其成员的利益的行为的；或者

（4）委员会的构成或者功能陷入困境的；或者

（5）邦立法机关根据第 243 - 26 - 11 条规定的机关或者机关未能依照邦法律的规定举行选举的。

但是，如果政府在合作社未持有股份，或者向其提供政府贷款、财政援助或者担保的，则不得替换或者中止各该合作社的委员会。

但是，在合作社处理财政事务时，应适用 1949 年《财政规制法》的规定。

但是，除跨邦合作社外，合作社在处理财政事务时，本款中的"6 个月"应替换成"一年"。

2. 就委员会的更替而言，被委任以处理该合作社事务的行政官员，应当在第 1 款规定的期限内举行选举并将管理权转交给当选的委员会。

3. 邦立法机关得以法律规定该行政官员的任职条件。

第 243 - 26 - 13 条　合作社账目的审计

1. 邦立法机关得以法律规定合作社的账目的保持和每个财政年度至少对各该账目进行一次审计。

2. 邦立法机关得以法律规定有资格审计合作社账户的审计师和审计公司的最低资格和经验。

3. 应由合作社全体大会任命的第 2 款所称的审计师或者审计公司对各合作社进行审计。

但是，该审计师或者审计公司应由邦政府或者邦政府为此而授权的机关批准的小组予以任命。

4. 合作社的账目的审计应在各该账目的财政年度结束的 6 个月内完成。

5. 邦法律所规定的最高合作社的账目审计报告应按照邦立法机关规定的方式提交给邦立法机关。

第 243 - 26 - 14 条　召集合作社全体大会

邦立法机关得以法律规定，在财政年度结束的 6 个月内，应召开合作社全体大会以处理该法律可能规定的事项。

第 243 - 26 - 15 条　合作社成员的知情权

1. 邦立法机关得以法律规定合作社的成员查阅合作社在日常处理与其有关的事务中保存的账本、信息和账户的权利。

2. 邦立法机关得以法律规定成与会成员人数的下限和利用最少的部门层级，以确保成员参与合作社的管理。

3. 邦立法机关得以法律规定合作社成员的合作教育和培训。

第 243 - 26 - 16 条　报告

所有合作社应在财政年度结束后的 6 个月内就下列事项向邦政府指定机关作书面报告：

（1）其活动的年度报告；

（2）其账目的审计报告；

（3）合作社全体大会所批准的盈余的处理计划；

（4）合作社章程的修正案清单；

（5）关于合作社全体大会开会日期，如果恰逢选举年的，和举行选举日期的说明；

（6）登记官员依邦法的规定而要求提供的信息。

第 243 - 26 - 17 条　犯罪与刑罚

1. 邦立法机关得以法律对有关合作社的犯罪和此类犯罪的刑罚进行规定。

2. 邦立法机关根据第 1 款制定的法律应将下列行为或不作为视为犯罪加以规定：

（1）合作社或者合作社官员故意作虚假回呈或者提供虚假信息的，或者任何人不依根据邦法相关规定而授权之人的要求故意不向其提供所要求的信息的；

（2）任何人故意或者无合理理由不服从根据邦法律的规定而为的召唤、正式请求或者合法的书面命令；

（3）雇主无充分理由而未能在自从其雇员的薪酬中扣除一定额度之日起的 15 日内将该款项支付给合作社的；

（4）任何合作社官员或者管理人故意不将其所保管的其就职的合作社的账本、账户、文书、档案、现金、债券或者其他财产交给受权之人的；

（5）任何人在委员会和官员选举之前、期间或者之后有腐败行为的。

第 243 - 26 - 18 条　对跨邦合作社的适用

本编适用于跨邦合作社，但在适用时应作如下调整，即将"邦立法机关"、"邦法律"或者"邦政府"分别解释为系指"议会"、"中央法律"或者"中央政府"。

第 243 - 26 - 19 条　对联邦直辖领的适用

本编规定也适用于联邦直辖领。在其适用于未设立法会的联邦直辖领时，所称之立法会指根据第 239 条而任命的联邦直辖领行政长官；在其适用于设立立法会的联邦直辖领时，则指联邦直辖领立法会。

但是，总统得在政府公报发表通告规定本编规定或者通告所规定的部分不适用于联邦直辖领。

第 243－26－20 条　既有法律的继续适用

无论本编的规定为何，在 2011 年《宪法第 97 修正案》施行前在一邦施行的有关合作社的法律的规定，其与本编的规定不一致的，继续有效直至其为有权立法机关或者其他机关修改或者废止时或者至前述修正案施行满一年为止，时间以在先者为准。]①

第十编　附件规定的地区和部族地区

第 244 条　附件规定的地区和部族地区的行政

1. 附件五的规定适用于除［阿萨姆、〔（梅加拉亚、特里普拉及米佐拉姆)②]③ 各邦]④ 外的［……]⑤ 各邦的附件规定的地区和部族地区的行政和管理。

2. 附件六的规定适用于［阿萨姆、〔（梅加拉亚、特里普拉及米佐拉姆)⑥]⑦ 各邦]⑧ 的部族地区的行政和管理。

［第 244－1 条　由阿萨姆邦特定部族地区构成的自治邦的设立和地方立法机关或者内阁的设立

1. 无论本宪法作何规定，议会得以法律在阿萨姆邦内设立一个由附于附件六第 20 条之后的表的〔第一部分]⑨ 所规定的部族地区的全部或者部分地区构成的自治邦，并为其设立——

（1）一个机构作为自治邦的立法机关，其成员由选举产生，或者部分由提名、部分由选举产生；

（2）一个内阁；

或者同时设立二者，在上述情形下，上述机构的组织、权力与职能由法律规定。

---

① 原文注：为 2011 年《宪法第 97 修正案》第 4 条增加。
② 原文注：为 1986 年《米佐拉姆邦法案》第 39 条替换。
③ 原文注：为 1984 年《宪法第 49 修正案》第 2 条替换。
④ 原文注：为 1971 年《东北各区重组法案》（1971 年第 81 号）第 71 条替换。
⑤ 原文注：为 1956 年《宪法第 7 修正案》第 29 条和附件删除。
⑥ 原文注：为 1986 年《米佐拉姆邦法案》（1986 年第 34 号）第 39 条替换。
⑦ 原文注：为 1984 年《宪法第 49 修正案》第 2 条替换。
⑧ 原文注：为 1971 年《东北各区重组法案》（1971 年第 81 号）第 71 条替换。
⑨ 原文注：为 1971 年《东北各区重组法案》（1971 年第 81 号）第 71 条替换。

2. 特别是本条第 1 款所指的法律得——

（1）规定自治邦立法机关享有排除阿萨姆邦或者其他立法机关而为自治邦全部或者部分就邦清单和共享清单所列的事项进行立法的权力；

（2）确定自治邦行政权所涵盖的事项；

（3）如果阿萨姆邦所征税的收益得分配给自治邦的，规定将该税收委托给自治邦；

（4）规定本宪法哪个条文中所称的邦应解释为包括自治邦在内；以及

（5）制定必要的补充、附带或者后续的规定。

3. 前述各法之修正案，如果其修正涉及第 2 款第（1）项和第（2）项规定的事项，非由议会各院 2/3 以上议员出席并表决通过，不产生效力。

4. 即便本条所指的前述各法包含修改本宪法的规定或者具有修改本宪法的规定效果的规定，也不得认为其是第 368 条所指的本宪法的修正案。]①

第十一编　联邦和邦的关系

第一章　立法关系

立法权的分配

第 245 条　议会和邦立法机关的立法权限

1. 在本宪法规定的范围内，议会得为印度全部或者部分领土制定法律，邦立法机关得为邦全部或者部分地区制定法律。

2. 不得因议会法律适用于印度境外而认为其无效。

第 246 条　议会和邦立法机关有权立法的事项

1. 无论第 2 款或者第 3 款作何规定，议会就附件七清单 1（在本宪法中称为"联邦清单"）所列的事项享有排他的立法权。

2. 无论第 3 款作何规定，议会享有，及在第 1 款规定的范围内
［……］②，邦立法机关也享有就附件七之清单 3（在本宪法中称为"共享清单"）所列事项的立法权。

3. 在遵守第 1 款和第 2 款规定的前提下，［……］③ 邦立法机关有在邦全

---

① 原文注：为 1969 年《宪法第 29 修正案》第 2 条增加。

② 原文注：为 1956 年《宪法第 7 修正案》第 29 条和附件删除。

③ 原文注：为 1956 年《宪法第 7 修正案》第 29 条和附件删除。

部或者部分地区享有就附件七清单 2（在本宪法中称为"邦清单"）所列事项的排他的立法权。

4. 议会有权就任何非属于邦的印度领土的事务制定法律，即便该事项列于邦清单。

第 247 条　议会就增设法院进行立法的权力

无论本章作何规定，议会为更好地实施议会所制定的法律或者任何有关联邦清单所列事项的现行法律，得以法律增设法院。

第 248 条　其他立法权

1. 就共享清单和邦清单未作规定的事项，议会享有排他的立法权。

2. 此项权力包括各清单未提及的制定征税法律的权力。

第 249 条　议会为国家利益就邦清单的事项进行立法的权力

1. 无论本章此前作何规定，如果上院以其全部成员的 2/3 以上出席和表决通过决议，认为国家利益由议会就决议中规定的、邦清单列举的事项进行立法是必要或者适当的，则在该决议生效期间，议会有权为印度全境或者部分地区就此事项进行立法。

2. 依据第 1 款通过的决议在其规定的期限内有效，但不得超过一年。

但是，如果批准延长前述决议有效期的决议依第 1 款规定的方式获得通过，则该决议继续有效，期限为一年，该期限从其依本款本应终止实施之日起计算。

3. 议会制定的、非依第 1 款通过的决议则无权立法的法律，其无权立法的部分应在决议失效之日起的 6 个月期限届满后终止其效力，但在上述期限届满前已经完成或者因疏忽而未完成的事项除外。

第 250 条　紧急状态公告实施期间议会就邦清单的事项进行立法的权力

1. 无论本章此前作何规定，在紧急状态公告实施期间，议会有权为印度全境或者部分地区就邦清单列举的事项进行立法。

2. 议会制定的、非因宣告紧急状态则无权立法的法律，其无权立法的部分应在紧急状态公告停止实施之日起的 6 个月期限届满后终止其效力，但在上述期限届满前已经完成或者因疏忽而未完成的事项除外。

第 251 条　议会根据第 249 条和第 250 条制定的法律和邦立法机关制定的法律之间的冲突

不得以第 249 条和第 250 条限制邦立法机关根据本宪法而享有的立法权，但是如果邦立法机关制定的法律与议会行使前述两条之一的权力所制定的法律相冲突，无论后者制定在前还是在后，均应优先适用；邦立法机关制定的法律中与议会制定的法律相冲突的部分，在议会制定的法律施行期间，不产生效力。

第 252 条　联邦议会经有关邦同意后为两个以上邦立法的权力

1. 对于除按照第 249 条、第 250 条规定外，联邦议会原无权为各邦制定法律的任何事项，如果两个以上的邦认为宜由议会以法律为其作出规定时，在有关邦的立法机关通过如果上决议后，联邦议会据此就上述事项通过的法律应属合法。如此通过的立法不仅适用于上述有关各邦，而且也适用于邦立法机关通过决议表示愿意采用该项法律的其他各邦。

2. 联邦议会如此通过的法律，可由以同样方式通过或者采用的联邦议会法令加以修正或者废止，但就适用该项法律的各邦而言，邦立法机关无权以法令对其加以修正或者废止。

第 253 条　为实施国际条约的立法

无论本章此前作何规定，议会有权为印度全境或者部分地区制定法律，以执行双边或者多边条约、协定、公约，或者其他在国际会议、组织或者其他机构所作的决定。

第 254 条　议会制定的法律和邦立法机关制定的法律的冲突

1. 如果邦立法机关制定的法律与议会就其有权立法的事项制定的法律或者与现行的、议会就共享清单所列举事项所制定的法律相冲突的，则根据第 2 款的规定，议会的立法，无论其制定是在邦立法机关法律制定之前还是之后，其与前述现行法均应优先适用，邦立法机关制定的法律中与议会的立法及现行法律相冲突的部分无效。

2. 如果［……］① 邦立法机关就共享清单所列举的事项制定的法律包含任何与议会此前的立法或者现行有效的法律中关于该事项的规定相冲突的规定的，邦立法机关制定的该法，如果已经呈交总统考量并获得其批准，则在该邦优先适用。

但是，本款规定不得妨碍议会随时就相关事项制定法律，包括制定法律以补充、修改、变更以及废除邦立法机关制定的法律。

第 255 条　关于建议和事先批准作为程序事项的规定

如果议会或者［……］②邦立法机关制定的法律获得如下批准，则不得以欠缺本宪法规定的建议该法律或者事先批准为由而使该法律或者其部分条款无效：

（1）应获得总督之建议的法律，获得该总督或者总统的批准的；

---

① 原文注：为 1956 年《宪法第 7 修正案》第 29 条和附件删除。

② 原文注：为 1956 年《宪法第 7 修正案》第 29 条和附件删除。

（2）应获得土邦总督（Rajpramukh）的建议的法律，获得该土邦总督或者总统批准的；

（3）应获得总统的建议或者事先批准的法律，获得总统批准的。

第二章 行政关系

一般规定

第256条 邦和联邦的义务

各邦行政权的行使应遵守议会制定的法律以及适用于该邦的所有现行法，联邦的行政权包括在印度政府认为必要的情形下向邦发布命令的权力。

第257条 在特定事项上联邦对邦的管理

1. 各邦行政权的行使不应妨碍或者损害联邦的行政权的行使，联邦的行政权包括在印度政府认为必要的情形下向邦发布命令的权力。

2. 联邦行政权应包括就联邦认为具有全国意义和军事意义的交通线的建设和维护问题向各邦下达指示。

但本款规定并不限制议会宣布公路、水道为国家公路、军事公路或者国家水道的权力；不限制联邦对经此宣布的公路、水道的权力，也不限制作为联邦对陆、海、空军军事工程所负职责的组成部分对建设和维护交通线的权力。

3. 联邦的行政权包括向邦发布命令采取措施保护该邦内铁路的权力。

4. 如果邦在执行联邦根据第2款发布的建设和维护通信手段的命令或者第3款发布的保护铁路的命令时，其开支超出了接受该命令前该邦履行其正常职责可能发生的开支的，则印度政府应就该邦发生的该笔额外开支向该邦支付经印度首席大法官任命的仲裁员认可、默认或者确定的金额。

[第257-1条 适用联邦武装部队或者其他部队以援助各邦]①

第258条 特定情形下联邦赋予邦权力的权力

1. 无论本宪法作何规定，在征得邦总督同意的情形下，总统得附条件地或者不附条件地委托该邦政府或者其官员处理联邦行政权所及的事项的职能。

2. 议会制定的适用于邦的法律，即便其是关于邦立法机关无权立法的事项，也得授予邦或者邦的官员或者机关以权力或者课以其义务，或者授权邦或者邦的官员或者和机关授予权力或者课以其义务。

---

① 原文注：为1976年《宪法第42修正案》第43条增加；1978年《宪法第44修正案》第33条废除。

3. 根据本条而授予邦或者邦的官员或者和机关以权力或者课以其义务的，则印度政府应就该邦发生的与行使该权力和履行该义务相关的额外行政开支向该邦支付经印度首席大法官任命的仲裁认可、默认或者确定的金额。

[**第 258 – 1 条　邦将职权委托给联邦的权力**

无论本宪法作何规定，邦总督在征得印度政府同意后，得附有条件或者不附条件地委托印度政府或者其官员处理该邦行政权所及之事项的职能。]①

[**第 259 条附件一第二部分规定的邦的武装力量**]②

第 260 条　联邦对于印度境外领土的管辖权

印度政府可与非属印度领土的政府达成协议，行使该领土所属政府享有的行政权、立法权和司法权，但所有此类协议应受当时现行有效的关于治外权的法律的约束和制约。

第 261 条　公共法令、记录与法院判决

1. 在印度全境应给予联邦和各邦的公共法令、记录和法院判决以充分信任和尊重。

2. 查验第 1 款所称的法令、记录与法院判决以及确定其效力的方式和条件由议会制定的法律作出规定。

3. 印度境内任何地区的民事法院所作出或者通过的生效裁决或者判决在该地区内的任何地方依法均具有执行力。

水域纠纷

第 262 条　邦际河流或者河谷的水域纠纷的裁决

1. 议会得以法律对邦际河流或者河谷的水域的使用、分配或者控制纠纷或者诉愿的裁决作出规定。

2. 无论本宪法作何规定，议会得以法规定：无论是最高法院抑或其他任何法院对第 1 款所述的纠纷或者诉讼无管辖权。

邦际协作

第 263 条　关于邦际委员会的规定

如果总统认为为实现公共利益有必要设立行使下列权力的委员会——

---

① 原文注：为 1956 年《宪法第 7 修正案》第 18 条增加。

② 原文注：为 1956 年《宪法第 7 修正案》第 29 条和附件废除。

（1）调查邦之间可能产生的争议，并就其解决提出建议；

（2）调查或者讨论部分或者所有邦或者联邦与一个或者以上邦有共同利益的事项；

（3）就任何前述事项提供建议，尤其是就促进各邦在有关该事项的政策或者行动上的协作提供建议，

则依法总统得以总统令设立该委员会，并明确其所行使的职责的性质、其组织与程序。

印度尼西亚共和国宪法[*]

第六章　地方政府

第 18 条

（1）单一制的印度尼西亚共和国划分为省，省划分为县和市，县和市设地区政府，由法律规定。

（2）省、县、市政府根据自治原则和援助任务安排和处理各自政府事务。

（3）省、县、市设地方代表会议。议员通过普选产生。

（4）省长、县长、市长为省政府、县政府、市政府的地方首长，通过民主选举产生。

（5）除法律规定的属于中央政府的权力外，地方政府实行广泛自治。

（6）为实施自治和援助任务，地方政府有权制定地方法规和其他规定。

（7）地方政府的组织体制由法律规定。

第 18－1 条

（1）中央政府与省政府、县政府、市政府的关系，以及省政府与县政府或市政府的关系，由法律在尊重各地区特殊性和多样性的基础上规定。

（2）中央政府与地方政府在财政、公共服务、自然资源和其他资源开发方面的关系由法律规定，并以公正、及时的方式实施。

第 18－2 条

（1）国家承认和尊重地区政府的特殊性，由法律规定。

---

[*] 1945 年 8 月 18 日印度尼西亚共和国独立筹备委员会通过，1949—1959 年效力中止，1959 年 7 月 5 日恢复实施。

（2）国家承认和尊重保留习惯法的社会的同质性。只要其传统权利与社会发展、印度尼西亚共和国统一国家的原则一致，国家将予以立法保护与规范。

第七章之一　地方代表理事会

第 22 - 3 条

（1）地方代表理事会的议员从各省普选产生。

（2）各省地方代表理事会议员的人数相同，地方代表理事会议员的总数不得超过国会议员总数的 1/3。

（3）地方代表理事会每年至少开会一次。

（4）地方代表理事会的组织和权力由法律规定。

第 22 - 4 条

（1）地方代表理事会可向国会提交关于地方自治，中央和地方关系，地区建立、扩张、合并，自然资源和其他经济资源的管理及中央和地方财政平衡的法案。

（2）地方代表理事会参与涉及地方自治，中央和地方关系，地区建立、扩张、合并，自然资源和其他经济资源的管理及中央和地方财政平衡的法案的讨论；对涉及国家预算、税收、教育和宗教的法案提出建议。

（3）地方代表理事会监督以下法律的实施——地方自治，地区建立、扩张、合并，自然资源和其他经济资源的管理，国家预算的执行，税收，教育和宗教，并把监督结果提交国会作为决策的参考。

（4）地方代表理事会议员根据法律规定的条件和程序可以被免职。

越南社会主义共和国宪法[*]

第九章　人民议会和人民委员会

第 118 条　越南社会主义共和国的行政单位划分如下：

国家划分为省、中央直辖市；

---

* 1992 年 4 月 15 日越南社会主义共和国第八届国会第十一次会议通过。

省划分为县、省辖市和县级市，中央直辖市划分为郡、县和县级市；

县划分为乡和镇，省辖市和县级市划分为坊和乡，郡划分为坊。

各行政单位的人民议会和人民委员会的建立由法律规定。

第119条 人民议会是地方的国家权力机关，代表人民的意志、愿望和自主权，由当地人民选举产生，向当地人民和上级国家权力机关负责。

第120条 根据宪法、法律和上级国家权力机关的文件，人民议会可以通过决议采取措施，以保证宪法和法律在当地的严格遵守；对当地的社会发展计划和预算执行计划作出决议；对国防和地方安全作出决议；通过决议采取措施稳定和改善当地人民的生活条件，完成上级国家权力机关指派的一切任务，履行对国家的义务。

第121条 人民议会代表是当地人民意志和愿望的代表，应当与选民保持密切联系并接受其监督，定期会见选民，向选民报告自己和人民议会的工作，答复选民的要求和建议，检查、督促人民申诉和控告的处理工作。

人民议会代表应当促使人民遵守法律、国家政策和人民议会的决议，鼓励他们参与国家管理。

第122条 人民议会代表有权质询人民议会主席、人民委员会主席及其他成员、人民法院院长、人民检察院检察长以及人民委员会直属机关的负责人。被质询者必须在法定时间内作出答复。

人民议会代表有权向当地国家机关提出建议。有关机关应当接受并审查和转呈其建议。

第123条 人民委员会由人民议会选举产生，是人民议会的执行机关，是地方的国家行政机关。人民委员会执行宪法、法律、上级国家权力机关的规范性文件和人民议会的决议。

第124条 人民委员会有权在其职权范围内作出决定、指令并监督其执行。

人民委员会主席领导和管理人民委员会的工作。

地方重大事项必须集体讨论，按照多数意见作出决定。

人民委员会主席有权停止执行或废除人民委员会的机关或下级人民委员会作出的不适当的决定；有权停止执行下级人民议会作出的不适当的决议，并提请本级人民议会予以废除。

第125条 地方越南祖国阵线委员会主席和地方各人民团体负责人可以在讨论相关事项时应邀参加同级人民议会会议和人民委员会会议。

人民议会和人民委员会应定期向阵线委员会和各人民团体报告地方各方面的情况，听取其对当地政权建设和社会经济发展的意见和建议，协调其推动当地群众与国家共同完成当地的社会经济、国防安全任务。

欧　洲

阿尔巴尼亚共和国宪法[*]

第六章　地方政府

第 108 条

一、地方政府单位是自治村或自治市和区。其他地方政府单位由法律规定。

二、地方政府单位的领土行政区域由法律以相互间的经济需要、利益和历史传统为基础予以规定。其边界不得在未考虑居民意见的情况下改变。

三、自治村和自治市是地方政府的基本单位。它们履行自治的全部职责，法律赋予其他地方政府的职责除外。

四、地方单位的自治通过其代表机关和地方公民复决投票行使。地方公民复决投票组织的原则和程序依照第 151 条第二款由法律规定。

第 109 条

一、地方政府的基本单位的代表机关，是每 3 年以普遍的直接选举和无记名投票方式选出的地方议会。

二、自治市或自治村的执行机构是依照本条第一款规定的方式由人民直接选举产生的议长。

三、只有在地方范围内有永久住所的公民有权被选举为自治市或自治村的地方议会议员和议长。

四、地方政府单位的机构有权建立工会和联合机构，代表它们的利益，与其他国家的地方单位合作，以及代表国际组织中的地方权力。

第 110 条

一、区包括若干个有着传统的、经济的、社会联系和共同利益的基本的地方政府单位。

＊ 1998 年 10 月 21 日阿尔巴尼亚议会通过，1998 年 11 月 22 日全民公决批准，1998 年 11 月 28 日公布。

二、区级单位确立和实施与国家政策相协调的区级政策。

三、区的代表机构是区级议会（the Regional Council）。自治市和自治村的代表委员按照他们的人口比例参加区级议会，但至少有一名议员。自治市和自治村的主席恒定是区级议会的议员。其他议员从各议会提出的自治市和自治村的议员的成比例的名单中选举产生。

四、区级议会有权发布在地区具有一般强制力的命令和决定。

第 111 条

一、地方政府单位是法人。

二、地方政府单位有独立的预算，其按照法律规定的方式创建。

第 112 条

一、国家行政管理的法律权力可以授权给地方政府单位。行使代理权而产生的费用由国家负担。

二、只有依照法律或根据它们所订立的协议所约定的义务才可以赋予地方政府机构。与法律赋予地方政府机构的义务有关的费用包括在国家预算中。

第 113 条

一、自治村、自治市和区的议会：

（一）在其管辖范围内以独立的方式调整和管理地方问题；

（二）行使所有权，以独立的方式管理创收，也有权进行经济活动；

（三）有权收取和支出收益，其是行使其职责所必需的；

（四）有权依照法律设立地方税收以及税收等级；

（五）制定其组织的规则并遵守法律运作；

（六）设计地方政府的徽章以及地方荣誉头衔；

（七）在法律对机构限定之前对当地问题采取主动措施。

二、地方政府单位的机关发布法规、决定和命令。

三、地方政府单位的自治权受法律保护。

第 114 条　部长会议在各区任命区长作为代表。区长的权力由法律规定。

第 115 条

一、部长会议可以解散或撤销严重违反宪法或法律的地方政府单位的直选机构。

二、被解散或撤销的机关有权在 15 日内向宪法法院提出申诉，并且在这种情况下，部长会议的决定中止执行。

三、如果在 15 日内没有行使申诉权或者当宪法法院支持部长会议的决定时，共和国总统确定日期进行各地方政府单位的选举。

爱尔兰宪法 *

第六章 地方政府

第 28 条之一

一、国家承认地方政府的下述作用：为地方社区的民主代表制度提供场所，在地方一级行使和履行法律赋予的权力和职权，以及主动促进这些地方社区的利益。

二、直接选举产生的地方政府得由法律予以规定，其职权应依本宪法的规定由法律予以确定且应依法行使和履行。

三、地方政府的选举应依法在该届选举年内举行。

四、任何有权选举众议员的公民和其他可能由法律规定的人，均有权依法选举本条第二款中所指的地方政府成员。

五、本条第二款所指的地方政府成员的临时空缺应依法替补。

爱沙尼亚共和国宪法 **

第十四章 地方自治

第 154 条

地方生活的所有问题和地方自治的机构，均由地方自治机关予以决定。地方自治机关依照法律的规定，独立地开展活动。

只有依照法律的规定，或者在征得地方自治机关同意后，才能赋予地方自治机关职责。因履行法律赋予地方自治机关的国家职责有关的支出，由国家预算资金抵补。

---

* 1937 年 7 月 1 日由人民通过，1937 年 12 月 29 日生效。

** 1992 年 6 月 28 日全民公决通过，1992 年 7 月 3 日生效。

第 155 条

地方自治单位是乡和市。

其他的地方自治单位，可以根据法律规定的原则并依照法律规定的程序设立。

第 156 条

地方自治代表机关根据自由选举制选举产生，每届任期 4 年。在合并地方自治机关或者将地方自治机关分成若干部分，或在其无行为能力，可以以法律形式缩短地方自治代表机关的任期。选举实行普遍的、平等的和直接的选举制，并采用无记名投票方式。

年满 18 岁且在本地方自治机关辖区内定居的人，依照法律规定的条件享有地方自治代表机关选举的投票权。

第 157 条

地方自治机关有独立的预算。预算的原则和程序，由法律予以规定。

地方自治机关依照法律的规定,享有确定税收种类和征税,处以差役的权力。

第 158 条

在未听取地方自治机关意见的情况下，不得变更地方自治机关的疆界。

第 159 条

地方自治机关有与其他地方自治机关共同组成联合会和联合机构的权利。

第 160 条

地方自治机关的工作程序，以及对地方自治机关活动的监督，由法律予以规定。

安道尔公国宪法 *

第六编　领土组织

第 79 条

一、市镇既是行政区的代表机构也是行政管理机构，具有法律人格，是有权颁布符合法律的以政令、规章和法令为表现形式的地方性规范的公共团体。

＊ 1993 年 2 月 2 日议会通过，1993 年 3 月 14 日安道尔全民公决批准，1993 年 4 月 28 日安道尔两大公批准生效。

在权限范围内，在符合宪法、法律和传统的情况下，市镇遵循受到宪法确认和保护的行政管理自治原则。

二、市镇代表行政区利益，通过并执行行政区预算；同时在其区划范围内决定和实行其权限内的公共政策，并管理行政区的所有财产，无论财产的性质为共有、私有或属于广义财产范畴。

三、市镇政府机构由民主选举产生。

第80条

一、在行政和财政自治的范围内，市镇的权限由有效法律划定。其权限特别包括下列事项：

（一）人口普查；

（二）选举统计，依据法律规定的情况参与选举的组织和进行；

（三）全民协商；

（四）商业、工业和职业活动；

（五）市镇边界划分；

（六）私有财产和市镇公有财产；

（七）自然资源；

（八）地籍登记；

（九）城市规划；

（十）公共道路；

（十一）文化、体育和社会活动；

（十二）市镇公共服务。

二、在国家财政权的范围内，同一部有效法律确定市镇为在经济和财政领域行使职权而得到承认的特权。这些特权至少涉及自然资源的收入和利用、传统税目，及与市镇公共服务，行政许可，进行商业、工业和职业活动及不动产有关的税目。

三、属于国家的权限可通过法律授予市镇。

第81条　为保持市镇的经济能力，从总预算向市镇转移资源由有效法律规定，资源中的一部分平均分配给所有市镇，另一部分为可变部分，根据市镇的人口、区划范围大小和其他因素依照比例进行分配。

第82条

一、与普通国家机关和市镇之间的权限的解释或行使有关的争议由宪法法院解决。

二、市镇行为在法律规定的条件下可直接执行。可对其进行行政和司法上诉，以监督其与法律秩序的相符性。

第 83 条　市镇享有立法权，并有权在宪法规定的条件下对不合宪性提起上诉。

第 84 条　法律应考虑风俗习惯，以决定街区和街道①的权限及其与市镇的关系。

奥地利联邦宪法[*]

第四章　州的立法和行政

第一节　　一般规定

第 95 条

一、各州的立法权，由州议会行使。州议会议员，由依州议会选举条例享有投票权的男女联邦公民，以平等、直接、亲自、自由和秘密投票的方式，按比例代表制原则选举产生。州宪法可以规定，凡在其主要住所迁至国外之前，在本州拥有住所的奥地利公民，在居留国外期间亦可参与对本州议会的选举，但最长时间不得超过 10 年。

二、州议会选举条例所规定的有关选举权与被选举权的条件，不得严于联邦宪法就国民议院选举所规定的条件。

三、选民在选区行使选举权，每一选区均形成一个封闭区域，并可被划分为独立的地区性选区。代表名额应根据各选区的公民人数按比例分配给各选区。州议会选举条例应当规定一个适用于全州的最终分配程序，以既能保证在各选区参选党派间均衡地分配代表席位，又能依比例代表制原则将剩余的席位分配完毕。不得将任何选区的一部分选民划归其他选区。

四、有关选举程序的细则，由州议会选举条例予以规定。第 26 条第六款的规定应予以比照适用。

五、凡公共雇员谋求州议会议席或当选为州议会议员的，应适用第 59 条

---

* 1920 年 10 月 1 日由奥地利共和国制宪国民议会通过，1920 年 10 月 5 日以国家法律公报第 450 号予以公布，1920 年 11 月 10 日以联邦法律公报第 1 号予以重申，1920 年 11 月10 日生效。

① 原文注：街区和街道：某些行政区的分支。

之一的规定，亦允许采用更严格的规则。州宪法性法律可以设立一个机构，由其享有与第 59 条之二所述委员会同样的权利，并承担同样的公布报告的义务。

第 96 条

一、州议会议员享有与国民议院议员同样的豁免权；第 57 条的规定应予以比照适用。

二、第 32、33 条的规定适用于州议会及其委员会会议。

三、对于州议会议员因被选举为联邦议院议员，或被任命为州政府成员而放弃州议会席位的情况，州法律可以制定类似于第 56 条第二至四款规定的规则。

第 97 条

一、任何州法律，均须由州议会根据州宪法的规定予以通过、确认和会签，并由州长在州法律公报上予以公布。

二、如果某项州法律预先规定须有联邦机关参与其实施，则必须就此取得联邦政府的同意。如果自该项立法决议送达联邦总理府之日起 8 日内，联邦政府未通知州长拒绝联邦机关的参与，则应视为联邦政府已给予同意。在上述规定限期届满以前，只有联邦政府明确表示同意，方可公布该项法律。

三、凡依照宪法规定须由州议会通过决议方可直接颁布的措施，如遇州议会无法立即召开或因不可抗力而无法有所行动时，为避免给共同体造成明显的、不可弥补的损害，经按比例代表制原则设立的州议会委员会同意，州政府得以临时法律修正令颁布上述措施。州政府必须立即通知联邦政府所采取的措施。一旦召开会议的障碍解除，应立即召集州议会会议。第 18 条第四款的规定在此应予以比照适用。

四、本条第三款所述的法令，无论如何不得导致州宪法性法律条款的变更，不得使州承担长期财政负担，不得使联邦或市镇承担财政负担，不得使联邦公民承担财政义务，不得以国家财产的转让为目的，不得旨在就第 12 条第一款第（六）项所述事项采取措施，也不得涉及农林雇工协会问题。

第 98 条

一、州议会所通过的任何立法决议，均须在公布以前由州长立即呈报联邦总理府。

二、自该项决议送达联邦总理府之日起的 8 周内，联邦政府可以以危害联邦利益为由，对州议会通过的立法决议提出说明理由的书面反对意见。如果在启动立法程序之前，联邦曾获得机会就该项立法决议发表评论，则只能以涉嫌侵犯联邦权限为由对此项立法决议提出反对意见。在联邦政府提出反对意见的情况下，如果州议会在半数以上议员出席的情况下重申该项法律，即可予以公布。

三、只有在联邦政府明确表示同意的情况下，才可以在提出反对意见的限期届满以前公布该项法律。

四、州议会有关税收的立法决议，应适用财政宪法的规定。

第 99 条

一、凡以州宪法性法律予以颁布的州宪法，均可以由州宪法性法律予以修改，但不得以此影响联邦宪法。

二、除非有半数议员出席并有 2/3 多数票赞同，州议会不得通过任何州宪法性法律。

第 100 条

一、联邦总统根据联邦政府的动议，并征得联邦议院的同意，可以解散任何州议会；但不得以同一理由两次解散该州议会。须有半数议员出席并有 2/3 多数票赞同，联邦议院方可作出同意决议。州议会将被解散的，该州的联邦议院议员不得参加上述表决。

二、原州议会解散后，必须在 3 周之内依据州宪法的规定发布新的选举令；新当选的州议会，必须在选举后 4 周内召集开会。

第 101 条

一、各州的行政权，由州议会选举产生的州政府行使。

二、州政府的成员不必是州议会议员。但是，他们必须有当选为该州议会议员的资格。

三、州政府由州长、必要数目的副州长和其他成员组成。

四、州长在就职前应在联邦总统主持下宣誓遵守联邦宪法，其他成员应在州长主持下宣誓遵守联邦宪法。允许附加宗教宣誓。

第 102 条

一、在未设立联邦机关（联邦直接行政）的州界内，由州长及其下属州机关行使联邦的行政权（联邦间接行政）。如果联邦机关，特别是联邦警察局，被授权执行属于联邦间接行政的事项，该联邦机关在此等事项方面即受州长领导，并受州长指令的约束（第 20 条第　款）；是否授权联邦机关负责执行以及授权范围如何，由联邦法律予以规定；只要联邦法律的授权不涉及本条第二款所述事项的执行权，即可在取得有关州的同意后予以公布。

二、在宪法规定的权限范围内，下列事项可由联邦机关直接执行：

划分国界；货物及牲畜的对外贸易；关税；联邦出入境管理和监督；护照；禁止居住、驱逐和流放；庇护；引渡；联邦财政；垄断；货币、信贷、股票和银行；度、量、衡以及金银制品的纯度标记；司法；新闻出版；维护公共和平、秩序和安全，包括提供普遍的紧急救助，但不包括地方公共安全管理；结社和集会的权利；外国人的管理和居住报告；武器、弹药、爆炸物品及枪支的使用；专利事务以及对设计、商标和其他商品描述的保护；交通事务；河流与航运管理；邮政和电信系统；采矿；多瑙河的管理与维护；控制洪水泛滥；航道的建设和维护；勘测；劳动法；社会和合同保险；种子和植物类商品、饲料和肥料、植物防腐剂以及植物安全设施方面的商业交易，包括植物安全设施的准入，如果涉及种子和植物类商品，还包括对它们的认可；文物古迹的保护；联邦警察的组建和指挥；军务；公务员事务；对战士及其家属的福利措施；发放儿童津贴以及减轻家庭负担的人口政策；学校教育和非学校教育中的学生宿舍问题，但不包括农林学校教育和非学校教育中的学生宿舍问题；公共招标。

三、授权州长执行本条第二款所列事项的权力，亦由联邦保留。

四、在本条第二款所列事项以外设置联邦机关，须取得有关州的同意方可。

五、（已废除）

第 103 条

一、凡属于联邦间接行政的事项，州长受联邦政府及个别联邦部长指令的约束（第 20 条），州长还有义务运用其作为州独立权限范围内之机关所拥有的手段促使指令的顺利实施。

二、州政府在制定自己的议事规程时可以规定，属于联邦间接行政的某些具体事项，因与州独立权限范围内的事项有根本性联系，应当由州政府成员以州长的名义予以实施。在处理此等事项时，州政府有关成员受州长指令的约束（第 20 条），如同州长受联邦政府或个别联邦部长指令的约束。

三、联邦政府或个别联邦部长依照本条第一款规定发出的指令，如涉及本条第二款所述的情况，也应送达州长。如果州长本人并不负责实施属于联邦间接行政的有关事项，则其有责任［第 142 条第二款第（五）项］立即将指令原文转交给州政府有关成员，并对其执行情况予以监督。如果州长虽然已作必要的安排而上述指令仍未执行，则有关州政府成员亦应依据第 142 条的规定对联邦政府负责。

四、凡属联邦间接行政的事项，如果应由州长作为法律救济机关进行裁决，且联邦法律没有因事关重要而另行明文规定，则上诉程序到州长为止；如果初审裁决由州长作出，则有关联邦间接行政事项的上诉程序最高可到达联邦主管部长，但联邦法律另有规定者除外。

第 104 条

一、第 102 条的规定，不适用于负责处理第 17 条所述联邦事务的机构。

二、受委托管理联邦财产的联邦部长，可委托州长及其下属机关在州内负责处理上述联邦事务。此类委托可以随时全部或部分地撤回。在例外情况下联邦对代管上述事务所蒙受的损失应如何赔偿，其具体办法由联邦法律予以规定。第 103 条第二、三款的规定应予以比照适用。

第 105 条

一、州长代表本州。州长应依据第 142 条的规定，就属于联邦间接行政的事项对联邦政府负责。州长可由州政府指定的州政府成员（副州长）代理。此类任命应呈报联邦总理。如果州长职务由他人代理，被指定为代州长的州政府成员，同样应就属于联邦间接行政的事项，依据第 142 条的规定对联邦政府负责。豁免权并不妨碍对州长或代理州长的州政府成员进行问责。豁免权也不妨碍在第 103 条第三款所规定的情形下，对任何州政府成员进行问责。

二、州政府成员，依据第 142 条的规定对州议会负责。

三、须有半数议员出席，州议会始得通过第 142 条所述的指控决议。

第 106 条　为指导州政府办公厅的内务事宜，应任命一位精通法律的行政官员为州政府办公厅主任。办公厅主任亦应协助州长处理联邦间接行政事务。

第 107 条　（由联邦法律公报 1974 年第 444 号废除）

第二节　联邦首都维也纳

第 108 条

一、联邦首都维也纳，作为一个州，其市镇议会兼理州议会职能，市委员会兼理州政府职能，市长兼理州长职能，市政厅兼理州政府办公厅职能，市政厅主任兼理州政府办公厅主任职能。

二、（由联邦法律公报 1977 年第 539 号废除）

第 109 条　在维也纳州，凡属于联邦间接行政的事项，其申诉程序，以未为联邦法律所排除者为限，从职同专区行政机关的市政厅起，到职同州长的市长止；对执行权在初审程序中被授予联邦机关（第 102 条第一款第二句）的事项，其申诉程序从该联邦机关起，到职同州长的市长止；其他方面适用第 103 条第四款的规定。

第 110 条　（由联邦法律公报 1984 年第 490 号废除）

第 111 条　有关建筑和税务纠纷的最高裁决权属于专门的合议制机关。该合议制机关的组成和任命事宜由州法律予以规定。

第 112 条　此外，依据第 108 条至第 111 条的规定，第五章第一节的规定适用于联邦首都维也纳，但第 117 条第六款第二句、第 119 条第四款和第 119

条之一的规定除外。对联邦委派维也纳管辖的有关事项，应适用第 142 条第二款第（五）项的规定。

第 113 条 （已废除）

第 114 条 （已废除）

第五章　自治行政

第一节　市　　镇

第 115 条

一、以下各条凡提到市镇（Gemeinden）之处，其含义均为地方共同体。

二、凡未明确规定为联邦权限者，州立法机关应根据本节以下各条所规定的原则制定市镇法。依据第 118 条、第 118 条之一和第 119 条的规定由市镇负责管理的事务，其管辖权依本联邦宪法的一般规定予以确定。

三、奥地利市镇联盟和奥地利城市联盟，代表市镇的利益。

第 116 条

一、各州均被划分为若干市镇。市镇是拥有自治行政权的地域团体，同时又是地方行政区划。任何一片土地均应属于一个市镇。

二、市镇是独立的经济体。它有权在联邦和州的普通法律的规定范围内占有、取得和处分各类财产，有权独立经营企业，并在财政宪法规定的范围内管理预算，课征捐税。

三、如果拥有 2 万以上居民的市镇提出请求，且州利益不因之而受到危害的，即可以通过州法律授予该市镇特许状（城市法）。此类立法决议只有在得到联邦政府同意后方可予以颁布。如果自上述立法决议上报联邦主管部之日起 8 周内，联邦政府未通知州长拒绝同意，即视为业已给予同意。拥有特许状的城市，除要履行市镇的行政管理任务外，还必须承担专区的行政管理任务。

四、（由联邦法律公报 1984 年第 490 号废除）

第 116 条之一

一、为履行独立权限范围内的具体职责，市镇得以协议结成市镇联盟。此类协议须经监督机关批准。如果有关市镇已依法签订协议，且市镇联盟的形成，

（一）在以履行有关高权行政的职责为目的的情况下，不危及有关市镇作为自治行政团体的功能；

（二）在以履行市镇作为私权利持有者的职责为目的的情况下，在合目的

性、效率和节约方面符合市镇利益,

　　　即应以法令批准市镇联盟的形成。

　　二、基于合目的性的考虑,主管的立法机关(第 10 条至第 15 条)可以预先作出规定,以便能以设立市镇联盟的方式来履行某些具体职责,但不得以此危及市镇作为自治行政团体和地方行政区划的功能。在已经设立市镇联盟的情况下,执行过程中应事前给予有关市镇以发表意见的机会。

　　三、凡市镇联盟处理市镇独立权限范围内的事务,应允许市镇联盟成员在其中发挥决定性作用。

　　四、州立法机关应对市镇联盟的组织加以规定,至少应规定市镇联盟大会为市镇联盟的机关,市镇联盟大会由市镇联盟各成员选派的代表组成,设主任一位。对于以协议结成的市镇联盟,应颁布细则以规范其成员的加入和退出及联盟的解体事宜。

　　五、市镇联盟的管辖权,依本联邦宪法的一般规定予以确定。

　　第 117 条

　　一、所有市镇均应设置下列机关:

　　(一)市镇议会,即由各市镇有选举权的人选举产生的一般代议制机关;

　　(二)市镇委员会(市政会),在拥有特许状的市则为市委员会;

　　(三)市长。

　　二、市镇议会由在该市镇拥有主要住所的男女公民,以平等、直接、亲自、自由和秘密投票的方式,按比例代表制原则选举产生。但是,选举条例也可以规定,在本市镇拥有非主要住所的公民也有选举权。选举条例有关选举权和被选举权条件的规定,不得严于州议会选举条例的规定;但是,选举条例可以规定,在本市镇居住未满 1 年且显系临时居留的人员,在市镇议会的选举中不享有选举权和被选举权。选举条例还可以在选举和被选举条件中规定,欧盟其他成员国的公民享有选举权和被选举权。选举条例可以规定,选民应在形成独立区域的选区内行使选举权。不得将任何选区的一部分选民划归其他选区。第 26 条第六款的规定应予以比照适用。选举条例可以规定,在没有提名候选人的情况下,姓名在选票上出现次数最多的人当选。

　　三、只需符合法定人数的出席议员以简单多数投票赞同,市镇议会即可通过决议;但是,可以就特定事项的表决规定其他条件。

　　四、市镇议会公开举行会议,但可以规定例外情况。审议市镇预、决算时,不得禁止公众参加会议。

　　五、凡在市镇议会拥有席位的政党,均有权要求按照席位比例参加市镇委员会。

六、市长由市镇议会选举产生。州宪法可以预先作出规定，以使拥有市镇议会选举权的人选出市长。在此情况下应比照适用第26条第六款的规定。

七、市镇事务由市镇公所（市公所）处理，在拥有特许状的市镇则由市政厅处理。应任命一位精通法律的行政官员为市政厅主任，负责管理市政厅内务。

八、对属于市镇独立权限范围内的事项，州立法机关可以作出规定，以使对市镇议会有选举权的人可直接参与。

第118条

一、各市镇的权限范围，包括其独立权限范围，以及由联邦或州委派的权限范围。

二、各市镇的独立权限范围，除第116条第二款所述事项外，还包括所有与该市镇所辖地方共同体绝对相关或主要相关，并适于由共同体在地方范围内予以处理的事务。凡属于市镇独立权限范围的事项，法律必须明确称之为市镇独立权限范围内的事项。

三、在独立权限范围内，各市镇就下列具体事项履行法定职责：

（一）任命市镇机关，但不得以此影响上级选举委员会的权限；为履行市镇职责管理市镇内部组织；

（二）任命市镇雇员，并对其行使管理权，但不得以此影响上级惩戒、资格审查和检查等委员会的权限；

（三）管理地方公共治安（第15条第二款），控制地方事件；

（四）管理市镇内的交通场所，维护地方道路治安；

（五）保护农田；

（六）管理地方市场；

（七）管理地方健康卫生事务，特别是对救济救护服务的管理，以及对尸体和殡葬的管理；

（八）管理道德风化；

（九）管理地方建筑事务，但涉及服务于公共目的之联邦建筑物者除外（第15条第五款）；地方消防；地方区域规划；

（十）法庭外解决纠纷的公共机构；

（十一）动产的自由出售。

四、对于其独立权限范围内的事项，各市镇应在联邦和州的法律法令所规定的范围内自行处理，不受指令的约束，并自行承担责任，同时亦要遵守第119条之一第五款的规定，在例外情况下允许向市镇之外的行政机关寻求法律救济。对市镇在其独立权限范围内的执政情况的监督权（第119条之一），属于联邦和州。第 12 条第二款的规定仍应予以适用。

五、市长、市镇委员会（市政会，市委员会）成员以及其他可能被任命的市镇机关，应就市镇独立权限范围内职责的履行情况向市镇议会负责。

六、对于其独立权限范围内的事项，市镇有权自行决定发布地方治安禁令，以防止和取缔各种妨害地方共同生活的不良现象，并宣布如有违反概以违禁论处。上述禁令不得违反联邦和州的现存法律法令。

七、应市镇的请求，州政府或州长可依据第 119 条之一第三款的规定，以法令将属于市镇独立权限范围的某些事项委派给国家机关处理。如果上述法令意在把处理权委派给某联邦机关，则须经联邦政府同意。如果州长的上述法令意在把处理权委派给州机关，则须经州政府同意。如果发布法令的理由不再存在，则该项法令即应废除。上述处理权的委派不包括本条第六款所述的发布禁令权。

八、设置市镇武装警察或改变其组织，必须通知联邦政府。

第 118 条之一

一、联邦法律和州法律可以规定，经市镇同意可授权市镇武装警察成员代有关主管机关执行任务。

二、经市镇同意，专区行政机关得授权市镇武装警察成员与其他公共安全机关人员一样参与行政处罚法的实施。但是，只有当上述公共安全机关人员有权针对可能成为行政处罚对象的事务，对行政规定是否得到遵守进行监督，或者所涉事务属于市镇管辖权范围时，方可作出上述授权。

第 119 条

一、委派的权限范围，包括依据联邦法律和联邦指令，以及依据州法律和州指令，应由市镇处理的事务。

二、委派给市镇的事务由市长负责处理。市长在处理此类事务时，凡涉及应由联邦执行的事务，受联邦主管机关指令的约束，凡涉及应由州执行的事务，受州主管机关指令的约束，并依照本条第四款的规定负责。

三、委派给市镇的事务，如果与市镇独立权限范围内的事务有根本性联系，市长即可以将其中几类交给市镇委员会（市政会、市委员会）成员、依第 117 条第一款规定设置的其他机关成员，或该类机关成员组成的委员会，以市长的名义予以处理，但市长仍应就此负责。在处理上述事务时，有关机关及其成员受市长指令的约束，并依照本条第四款的规定对市长负责。

四、本条第二、三款所述机关因违法或不遵守法令或指令而犯有故意或重大渎职罪的，如果他们在联邦执行权限范围内活动，可由州长宣布取消其职务，如果他们在州执行权限范围内活动，可由州政府宣布取消其职务。上述人等的市镇议会成员资格不因此而受到影响。

第 119 条之一

一、联邦和州对市镇行使监督权，以使其在独立权限范围内施政时不违反法律法令，特别是不超越权限范围，并履行法定职责。

二、州有权检查市镇的财政管理是否符合节约、效率和合目的性的原则。检查结果应呈报市长提交市镇议会。市长应在 3 个月内将根据检查结果所采取的措施通知监督机关。

三、凡市镇独立权限范围内的事项包括属于联邦执行权限之事务的，其监督权及监督条例制定权属于联邦，否则属于各州；监督权应由一般国家行政机关行使。

四、监督机关有权获得有关市镇各种事务的报告。在个案当中，市镇有义务根据监督机关的要求提供信息并允许其现场检查。

五、凡声称某市镇机关就属于市镇独立权限范围内事项所作的决定侵害其权利而提出指控者，在穷尽所有的上诉程序后（第 118 条第四款），可于决定公布后 2 周内向监督机关提出申诉。如果当事人的权利确系受到损害，则监督机关应撤销该项决定，并发回市镇复议重新作出决定。对拥有特许状的市镇，主管的立法机关（本条第三款）可以规定不得上告于监督机关。

六、市镇应将其在独立权限范围内自行颁布的法令及时报告监督机关。监督机关在听取市镇汇报后，对于违法的市镇法令应下令撤销，同时将撤销的理由告知该市镇。

七、凡主管的立法机关（本条第三款）规定解散市镇议会为一种监督手段的，如果行使的是州的监督权，则采取此等措施的权力属于州政府，如果行使的是联邦的监督权，则采取此等措施的权力属于州长。仅在绝对必要的情况下，才允许以替代措施作为监督手段。使用上述监督手段时应尽可能考虑第三方的既得权利。

八、主管的立法机关（本条第三款）可以规定，凡市镇在独立权限范围内采取的个别措施，特别是具有重大财政意义的措施，如对本市镇之外的利益有重大影响，则须取得监督机关的同意方可采取。只有具有能明确地证明应对本市镇之外的利益给予优先考虑的事实，方得被规定为监督机关拒绝同意的理由。

九、在向监督机关提出的申诉程序中，市镇享有一方当事人的地位；市镇有权向行政法院（第 131 条和第 132 条）和宪法法院（第 144 条）对监督机关提出指控。

十、在市镇联盟处理市镇独立权限范围内的事项时，本条各款的规定相应地适用于对市镇联盟的监督。

第 120 条　在州内将地方市镇合并成地区市镇，按自治行政模式为其设立机关，以及确立一般国家行政机关应予适用的其他组织原则，应通过联邦组织法进行；此类法律应通过州立法予以实施。有关地区市镇雇员的服务法和雇员代表法，其管辖权由联邦组织法予以确定。

第二节　其他自治行政

第 120 条之一

一、个人可依法结成自治行政团体，以独自处理纯粹或主要与其共同利益有关，并适于由其共同完成的公共职责。

二、奥地利承认社会伙伴的作用。奥地利尊重社会伙伴的独立自主，并通过设立自治行政团体推动社会伙伴的对话。

第 120 条之二

一、自治行政团体有权自主地履行职责，不受任何指令约束，就此自行负责，并有权在法律规定的范围内颁布法律规章。联邦和州依据法律的规定，就自治行政行为是否合法行使监督权。上述监督权亦包括对自治行政行为是否符合合目的性原则实施监督，但仅以为自治行政团体承担的职责所必需者为限。

二、可将国家行政管理职责委派给自治行政团体。对委派给自治行政团体的事务，法律必须明确称之为委派的权限范围，并作出规定以使自治行政团体就此接受最高主管行政机关指令的约束。

三、法律可规定自治行政团体参与国家执行事务的形式。

第 120 条之三

一、自治行政团体各机关应依民主原则从其成员中产生。

二、应保证自治行政团体能依据法律的规定，利用成员的捐款或其他资金节约、高效地履行职责。

三、自治行政团体是独立的经济体。为履行职责，它们可以在法律规定的范围内取得、占有并处分各类财产。

白俄罗斯共和国宪法[*]

第五编　地方管理和地方自治

第117条　公民通过地方代表苏维埃，地方执行和指挥机关，区域性的社会自治机关，地方性的全民公决、会议以及直接参与国家事务和社会事务的其他形式，实施地方管理和地方自治。

第118条　地方代表苏维埃由相应行政区域单位的公民选举产生，每届任期4年。

第119条　地方执行和指挥机关的领导人由白俄罗斯共和国总统任免，或者由相应的地方代表苏维埃依照白俄罗斯共和国总统规定的程序批准任免。

第120条　地方代表苏维埃、地方执行和指挥机关从国家利益和居住在相应区域内居民的利益出发，在自己的职权范围内解决地方性问题，执行上级国家机关的决议。

第121条　地方代表苏维埃的专有职权包括：

批准经济和社会发展规划，批准地方预算和地方预算执行情况的报告；

依照法律的规定，确定地方的税收和收费；

在法定的范围内，规定地方财产管理和支配的程序；

决定举行地方性全民公决。

第122条　地方代表苏维埃、地方执行和指挥机关根据现行立法，通过在相应区域内具有约束力的决议。

地方代表苏维埃作出的与法律相抵触的决议，由上级代表机关予以撤销。

地方执行和指挥机关作出的与法律相抵触的决议，由相应的地方代表苏维埃、上级执行和指挥机关以及白俄罗斯共和国总统予以撤销。

对地方代表苏维埃、地方执行和指挥机关作出的限制或者侵犯公民权利、自由和合法利益的决议，以及出现法律规定的其他情况，可以依照司法程序提出上诉。

第123条　在地方代表苏维埃经常或者严重违反法律规则的情况下，可以

＊　1994年3月15日以卢卡申科总统为首的制宪委员会通过，1994年3月20日生效。

由共和国院解散地方代表苏维埃。提前终止地方代表苏维埃权限的其他事由，由法律予以规定。

第 124 条　地方管理和地方自治机关的职权范围、建立和活动的程序，由法律予以规定。

保加利亚共和国宪法*

第七章　地方自治和地方行政机构

第 135 条

一、保加利亚共和国的领土划分为市和大区。首都市和其他大城市的区域划分和权限由法律规定。

二、其他区域行政单位和自治机构依法设立。

第 136 条

一、市是实行地方自治的基本区域行政单位。公民通过由他们选出的地方自治机构以及直接通过公民复决或民众大会参加市的管理。

二、市的边界应当在民众公民复决投票后确定。

三、市是一个法律实体。

第 137 条

一、市应有为解决共同问题而进行联合之自由。

二、法律为促进市的联合创造条件。

第 138 条　市的地方自治机关是依照法律规定的程序每 4 年由民众直接选举产生的市政委员会。

第 139 条

一、市长在市行使行政权。每 4 年由民众或由市政委员会按法律规定的方式选举产生。

二、市长的活动遵从法律、市政委员会的法令以及民众的决定。

第 140 条　市有权拥有自己的市政财产，其应当用于地方社区利益。

第 141 条

一、市有自己的预算。

＊　1991 年 7 月 12 日大国民议会通过，1991 年 7 月 13 日生效。

二、市的永久的财政来源由法律规定。

三、（SG 12/07 新）市政委员会依照法律规定的条件、程序和框架确定地方税收额度。

四、（SG 12/07 新）市政委员会依照法律规定的程序确定地方收费的数额。

五、（SG 12/07 原第三款）国家应当通过预算拨款和其他方式确保市的正常工作。

第 142 条 大区是贯彻执行区域政策、在地方一级实施国家管理以及保证全国和地方利益一致的区域行政单位。

第 143 条

一、大区由大区长在大区行政机关的协助下管理。

二、大区长由部长会议任命。

三、大区长保证贯彻国家的政策、维护国家的利益、法律和公共秩序并实行行政控制。

第 144 条 中央国家机关及其各地区的分支机构应当只有在法律授权的情况下才对地方政府机构行为的合法性行使控制权。

第 145 条 市政委员会应当在法庭上对侵犯其权力的行为提出质疑。

第 146 条 地方自治机构和地方行政机构的组织和程序由法律规定。

比利时联邦宪法[*]

第三编　权　　力

第四章　共同体和行政区

第一节　机　　构

第一分节　共同体议会和行政区议会

第 115 条（术语修改）

一、法语共同体议会（Parlement de la Communauté Française）和被称为弗

　＊ 1994 年 1 月 20 日众议院通过，1994 年 2 月 3 日参议院通过，1994 年 2 月 17 日《比利时官方公报》公布生效。

拉芒议会（Parlement Flamand）的弗拉芒语共同体议会（Parlement de la Communauté Flamande）的组成和运行由法律规定，该法律以第4条第三款规定的多数通过。

德语共同体议会的组成和运行由法律规定。

二、在不违反第137条规定的情况下，第39条规定的行政区机构包括行政区议会。

第116条

一、共同体议会和行政区议会由选举产生的被委托人组成。

二、以相关共同体议会成员或者行政区议会成员的身份直接选举产生的成员组成共同体议会。

以相关行政区议会成员身份或者以共同体议会成员身份直接选举产生的成员组成行政区议会，但第137条规定的情况除外。

第117条

共同体议会和行政区议会成员经选举产生后，任期5年。共同体议会和行政区议会每5年全面改选一次。

共同体议会和行政区议会与欧洲议会选举同时进行，以第4条第三款的多数通过的法律另有规定除外。

第118条

一、法律规定第116条第二款规定的选举，以及共同体议会和行政区议会的组成和运转。该法律以第4条第三款规定的多数通过，但涉及德语共同体议会的部分除外。

二、以第4条第三款规定的多数通过的法律规定与选举、法语共同体议会、瓦隆行政区议会和弗拉芒语共同体议会的组成和运转有关的事项，这些事项由议会管理，每一议会根据情况以法令或第134条规定的规则管理与其相关的事项。该法令和规则在议会多数成员出席的情况下，由投票总数的2/3多数通过。

第118条之二

在比利时境内，第2条和第3条提及的共同体议会成员和行政区议会成员有权在公权力机关经营或特许的交通道路上免费通行。

第119条

共同体议会成员或行政区议会成员的职位与众议院成员的职位不可兼任。此外，共同体议会成员或行政区议会成员的职位与第67条第一款第（一）项、第（二）项、第（六）项和第（七）项规定的参议员的职位也不可兼任。

第 120 条

共同体议会或行政区议会的所有成员均享有第 58 条和第 59 条规定的豁免权。

第二分节 共同体政府和行政区政府

第 121 条

一、法语共同体政府和弗拉芒语共同体政府的组成和运行由法律规定，该法律以第 4 条第三款规定的多数通过。

德语共同体政府的组成和运转由法律规定。

二、在不违反第 137 条规定的情况下，第 39 条规定的行政区机构包含每一行政区政府。

第 122 条

共同体政府或行政区政府的成员由其议会选举产生。

第 123 条

一、法律规定共同体政府和行政区政府的组成和运行。除有关德语共同体政府的规定外，该法律以第 4 条第三款规定的多数通过。

二、以第 4 条第三款规定的多数通过的法律规定与法语共同体政府、瓦隆行政区政府和弗拉芒语共同体政府的组成和运行有关的事项，这些事项由议会管理，每一议会根据情况以法令或第 134 条规定的规则管理与其相关的事项。该法令和规则在议会多数成员出席的情况下，由投票总数的 2/3 多数通过。

第 124 条

共同体政府或行政区政府的任何成员不得因为行使职权时的意见或表决被追究或调查。

第 125 条

共同体政府成员或行政区政府成员行使职权时的违法行为只受到上诉法院的审判。其行使职权以外的违法行为也受到该法院审判，审判在共同体政府成员或行政区政府成员行使职权时进行。在此情况下，第 120 条和第 59 条不适用。

法律规定共同体政府成员或行政区政府成员在起诉和审判时的待遇。

法律可以指定上诉法院以全体法官出庭的形式对相关案件进行管辖，但应当明确规定该法院的组成。当事人可以将上诉法院的判决上诉到最高法院的联合法庭，但后者不审理上述法院判决的合理性。

只有有权的上诉法院的检察机关可就被惩处事项起诉共同体政府成员或行政区政府成员。

所有根据程序规则提出的附带请求、上诉法院的直接传唤，以及除现行犯之外的拘留均需要共同体议会或行政区议会就与其相关的部分进行批准。

法律确定当第 103 条和第 125 条同时适用，且第 125 条双重适用时应遵循的程序。

非经相关共同体议会或行政区议会请求不得对依据前款规定被判刑的共同体政府成员或行政区政府成员进行特赦。

法律规定受损害方提起民事诉讼的情况和须遵循的规则。

本条涉及的法律应当以第 4 条第三款规定的多数通过。

过渡性规定

本条不适用于作为信息行为对象的事实，或为实施本条而制定的法律生效前提出的起诉。

在此情况下，适用下列规则：共同体议会或行政区议会有权起诉共同体政府成员或行政区政府成员并在最高法院对其进行传唤。最高法院的权限仅限于以联合法庭在刑事法律规定的情况下、适用其规定的刑罚对政府成员进行审判。1997 年 2 月 28 日生效的、为临时和部分地实施宪法第 103 条而制定的法律仍然适用于该事项。

第 126 条

关于共同体政府成员或行政区政府成员的宪法规定和第 125 条最后一款规定的与执行有关的法律适用于地方国务卿（Secrétaires d'État Régionaux）。

第二节　权　　限

第一分节　共同体的权限

第 127 条

一、法语共同体议会和弗拉芒语共同体议会，以法令分别管理与其相关的如下事项：

（一）文化事务；

（二）教育，但不包括以下事项：

1. 确定义务教育的开始与结束；

2. 颁发文凭的最低条件；

3. 退休金制度；

（三）共同体间合作和国际合作，包括就本款第（一）项和第（二）项规定的事项缔结条约。

以第 4 条第三款规定的多数通过的法律确定本款第（一）项规定的文化事务的范围、第（三）项规定的合作形式和第（三）项规定的缔结条约的形式。

二、该法令在法语语区、荷兰语语区，以及布鲁塞尔—首都双语语区内基于其活动应当被认为属于法语共同体或者弗拉芒语共同体的机构内具有法律效力。

第 128 条

一、法语共同体议会和弗拉芒语共同体议会以法令管理与其相关的特别事务，以及在该事务上的共同体间合作和国际合作，包括缔结条约。

以第 4 条第三款规定的多数通过的法律确定特别事务的范围、合作形式和缔结条约的方式。

二、该法令在法语语区、荷兰语语区，以及布鲁塞尔—首都双语语区内基于其活动应当被认为属于法语共同体或者弗拉芒语共同体的机构内具有法律效力，但以第 4 条第三款规定的多数通过的法律另有规定的除外。

第 129 条

一、除联邦立法另有规定外，法语共同体议会和弗拉芒语共同体议会以法令管理与其相关的下列事项中的语言运用问题：

（一）行政事务；

（二）公权力机关创建、资助或承认的机构的教育事务；

（三）雇主和雇员的社会关系，以法律和规章规定的企业的行为和文件。

二、该法令在法语语区和荷兰语语区内具有法律效力，但下列事项除外：

——毗邻另一语区，且法律要求或允许其运用不同于其所在地区语言的另一语区的市镇和市镇组。该市镇修改与第一款规定的事项有关的语言运用规则只能通过以第 4 条第三款规定的多数通过的法律；

——活动延伸至其营业地所属语区以外地区的服务；

——法律指定的、涉及一个以上共同体的共同活动的联邦机构和国际机构。

第 130 条

一、德语共同体议会以法令管理以下事务：

（一）文化事务；

（二）特别事务；

（三）第 127 条第一款第（二）项范围内的教育；

（四）共同体间合作和国际合作，包括就本款第（一）项、第（二）项和第（三）项规定的事务缔结条约；

（五）公权力机关创建、资助或承认的机构的教育事务中的语言运用。

法律确定本款第（一）项和第（二）项规定的文化事务和特别事务的范围，以及第（四）项规定的合作形式和缔结条约的方式。

二、该法令在德语语区内具有法律效力。

第 131 条

法律应当规定相关措施，以防止任何基于意识形态和哲学而造成的歧视。

第 132 条

法律创议权由共同体政府成员和共同体议会成员行使。

第 133 条

只能以法令对另一法令作出有权解释。

第二分节　行政区的权限

第 134 条

为实施第 39 条而制定的法律决定其所设机构对所辖事项的规则的法律效力。

该法律可赋予所设机构在法律规定的权限内依据法定形式颁布具有法律效力的法令。

第三分节　特别规定

第 135 条

法律指定的权力机关在第 128 条第一款规定的事项上对布鲁塞尔—首都行政区行使权力，但由共同体行使的权力除外，该法律以第 4 条第三款规定的多数通过。

第 136 条

布鲁塞尔—首都行政区议会下设语言组和有权处理共同体事务的团体。其组成、运行、权限和除第 175 条以外的财政问题由法律规定，该法律以第 4 条第三款规定的多数通过。

各团体组成联合团体（Collège Réuni）。联合团体履行共同体间协商和协调机构的职责。

第 137 条

依据第 39 条的规定，法语共同体议会和弗拉芒语共同体议会及其相应政府可依法律规定的条件、根据法律规定的形式行使瓦隆行政区和弗拉芒行政区的权力。该法律应当以第 4 条第三款规定的多数通过。

第 138 条

法语共同体议会、瓦隆行政区议会和布鲁塞尔—首都行政区议会中的法语语言组可一致并各自通过法令，规定法语语区内的瓦隆行政区议会和政府以及布鲁塞尔—首都双语语区内的布鲁塞尔—首都行政区议会中的法语语言组和团体全部或部分地行使法语共同体的权力。

在相关议会或语言组的多数成员出席的情况下，该法令在法语共同体议会内以总票数的 2/3 多数通过，在瓦隆行政区议会和布鲁塞尔—首都行政区议会中的法语语言组内以总票数的绝对多数通过。该法令可管理与权力相关的财政，以及相关人员、物资、权利和义务的分配。

第 139 条

在相关政府的提议下，德语共同体议会和瓦隆行政区议会可以各自以其法令，共同一致地决定德语语区内的德语共同体议会和政府全部或部分地行使瓦隆行政区的权力。

这些权力根据情况以法令、决定或规章的方式行使。

第 140 条

德语共同体议会和政府以决定和规章的形式行使法律赋予其的权力。

第 159 条适用于该决定和规章。

第八章　省和市镇的机构

第 162 条

省和市镇机构由法律规定。

法律适用以下原则：

（一）省和市镇委员会成员的直接选举；

（二）在不影响省和市镇委员会行为的许可的情况下，赋予省和市镇委员会在法律规定的情况下、以法律规定的形式处理有关省和市镇利益的事务；

（三）地方分权，将权力下放至省和市镇机构；

（四）在法律规定的范围内公开省和市镇委员会会议；

（五）公开预算和账目；

（六）监督机关或联邦立法权为防止违反法律或损害公共利益而进行干预。

实施以第 4 条第三款规定的多数通过的法律，可由共同体或行政区议会组织和开展管理监督。

实施以第 4 条第三款规定的多数通过的法律，由法令或第 134 条规定的规则规定多个省或市镇合作或结盟的条件和形式。但不允许多个省委员会或市镇委员会共同审议。

第 163 条

瓦隆行政区和弗拉芒行政区内由当选的省机构行使职权，在布鲁塞尔—首都双语语区内，法语共同体、弗拉芒语共同体和共同体联合委员会行使第 127 条和第 128 条规定的职权，布鲁塞尔—首都行政区行使其他职权。

但是，以第 4 条第三款规定的多数通过的法律规定布鲁塞尔—首都行政区或机构行使本条第一款规定的，且不属于第 39 条规定事项的职权的模式，该机构成员由行政区指定。以第 4 条第三款规定的多数通过的法律规定将本条第一款规定的，且属于第 127 条和第 128 条规定事项的职权全部或部分地赋予第 136 条规定的机构。

第 164 条

编撰民事身份的档案和保存记录的职权由市镇机关排他性地享有。

第 165 条

一、法律建立居民点（Agglomérations）和市镇联合会（Fédérations de Communes）。为促进实施第 162 条列举的原则，该法律决定其组成和权限。

每一居民点和市镇联合会分别设立一个委员会和一个行政团体（Collège Exécutif）。

行政团体主席由委员会在其内部选举产生；其选举由国王批准；法律规定其地位。

第 159 条和第 190 条适用于居民点和市镇联合会的决定和规章。

只有通过法律才可改变或调整居民点和市镇联合会的界限。

二、法律设立机构，在该机构中每一市镇居民点和与其最近的市镇联合会在该法律规定的条件和形式下共同商议，以审查属于其相应权限内的共同技术性问题。

三、多个市镇联合会可相互或者与一个或多个居民点在法律规定的条件和形式下合作或结盟，以共同解决和管理属于其权限内的事务。不允许其委员会共同审议。

第 166 条

一、第 165 条适用于比利时王国首都所属的居民点，但以下规定除外。

二、依据以第 4 条第三款规定的多数通过的法律确定的方式，比利时王国首都所属居民点的权限由依据第 39 条建立的布鲁塞尔—首都行政区机构行使。

三、第 136 条规定的机构：

（一）对各自的共同体而言，享有同等职权和其他组织文化、教育和个性化事务的权力；

（二）对各自的共同体而言，行使法语共同体议会和弗拉芒语共同体议会的授权；

（三）共同管理本款第（一）项规定的，且涉及共同利益的事项。

波兰共和国宪法[*]

第七章　地方自治政府

第 163 条

地方自治政府行使依宪法和法律规定由其他国家机关行使权力之外的权力。

第 164 条

一、社区应是地方自治政府的基本单位。

二、地方自治政府的其他单位形式应由法律规定。

三、社区应履行对其他地方自治政府单位无保留的所有地方自治政府职责。

第 165 条

一、地方自治政府应具有合法的地位，拥有所有权及其他财产性权利。

二、地方自治政府的自治性质受法院保护。

第 166 条

一、地方自治政府履行旨在满足自治团体需要的公共职能，并对此负有直接责任。

二、基于国家的基本需要，法律可以命令地方自治政府执行其他职能。职能转移的方式和执行方式应由法律规定。

三、行政法院应解决地方自治政府与中央政府部门之间的权限争议。

第 167 条

一、地方自治政府应被保证有充足的公共资金用于执行被分配的任务。

* 1997 年 4 月 2 日国民大会通过，1997 年 5 月 25 日波兰全民公投批准，1997 年 7 月 16 日总统签署，1997 年 10 月 17 日生效。

二、地方自治政府的总收入由其自己的收入、一般补贴和国家预算明确准予的部分组成。

三、地方自治政府的收入来源由法律规定。

四、地方自治政府的职责和权限的范围变更，应伴随相应的公共收入份额变更。

第 168 条

依法律设定的范围，地方自治政府有权设定地方税收和收费的水平。

第 169 条

一、地方自治政府通过其执行部门履行职能。

二、地方自治机关的选举应是普遍、直接、平等的，且实行秘密投票方式。候选人提名及选举的原则和程序、选举的效力由法律规定。

三、地方自治政府执行机构的选举和撤销的原则及程序由法律规定。

四、地方自治政府的内部组织，在法律的限度内由地方自治机关规定。

第 170 条

自治团体的成员对于本团体的事务可以通过全民投票进行表决，包括通过直接投票撤销某一地方政府机构。实行地方全民投票的原则和程序应由法律规定。

第 171 条

一、地方自治政府行为的合法性应受到审查。

二、审查地方自治政府活动的机关有：总理和省长；涉及财政事务的，审查机关为地方审计机关。

三、如果地方自治政府严重违反宪法和法律，应总理的动议，众议院可以解散地方政府自治机关。

第 172 条

一、地方自治政府有结社的权利。

二、地方自治政府有权加入国际协会和区域性团体，也可以与其他国家的地方性和区域性团体合作。

三、涉及第 一、二款的地方自治政府权力的运用原则由法律规定。

德意志联邦共和国基本法[*]

第 28 条

1. 各州的合宪性秩序必须与基本法意义上的共和国、民主以及社会法治国原则相符。在州、县和乡镇中，人民必须拥有一个由普遍、直接、自由、平等且无记名方式选举出来的代表机构。在县和乡镇的选举中，根据欧共体的法律规定，拥有欧洲共同体成员国国籍的人同样享有选举权和被选举权。在乡镇中，乡镇公民大会也可取代由选举产生的公法团体。

2. 应保障乡镇在法律框架内自主管理本地区所有相关事务的权利。在法律规定的任务范围内，根据法律规定，乡镇联合也享有自治权。自治之保障同样包含了财政上自我负责的基础；乡镇凭借营业税稽征率的调整权而拥有的与经济实力相关的税源，即属此类。

3. 联邦应保障各州的合宪性秩序与基本权利相吻合并符合第 1 款和第 2 款的相应规定。

第 29 条

1. 联邦领土可以进行重新划分，以保证各州根据其幅员及能力有效完成加诸其身的各项任务。重新划分时，应考量乡土认同感、历史与文化联系、经济上的合目的性以及空间秩序和地区规划的需要。

2. 联邦领土重新划分的措施由联邦法律加以规定，该法律须全民公决加以认可。应听取相应各州的意见。

3. 在其领土或者领土的一部分应当被组成一个新州或者重新定界的各州中（相关各州），应举行全民公决。相关各州是应继续存在还是应组成新州或重新定界应进行投票表决。在相关州的未来领土以及现有全部领土或者在涉及州属关系发生变化的部分领土中，相应变动均获得半数以上同意时，为新州组成或者重新定界而举行的全民公决才告完成。在相关各州的任一州中，如果半数以上多数否决了该变动，则全民公决未获通过；但如果在涉及州属关系发生变化的部分领土中，由 2/3 以上的多数同意该变动，则上述否决即告失效，除非在相关州的全部领土中，由 2/3 多数否决该变动。

---

* 1949 年 5 月 23 日由国会颁布并生效。

4. 隶属多个州、至少拥有 100 万居民、因关系紧密而被界分出来的居住与经济区，如果其中拥有联邦议院选举权的 1/10 通过人民请愿的方式要求在此区域建立统一的州属关系，则应当通过联邦法律在 2 年内决定是否根据第 2 款规定变更州属关系或者在相应各州进行民意调查。

5. 民意调查旨在确定在法律中所建议的州属关系的变动是否能够获得同意。法律可提出不同的民意调查建议，但不得超过两个。如果半数以上多数同意所建议的州属关系的变动，则应当通过联邦法律在 2 年内决定，是否根据第 2 款规定变更州属关系。如果一项提交民意调查的建议获得与第 3 款第 3 句和第 4 句所规定标准相符的同意，则应在民意调查之后的 2 年内颁布组建所建议之州的联邦法律，该法律不再需要公民公决的认可。

6. 在全民公决和民意调查中的多数是实际投票者的多数，但前提是至少有 1/4 有联邦议院选举权的公民被包含在内。另外，关于全民公决、人民请愿以及民意调查的具体细则应由联邦法律加以规定；该法律同样也可规定：人民请愿在 5 年之内不得重复进行。

7. 当州属关系应发生变更的领土拥有不超过 5 万人的居民时，有关各州领土现状的其他变更可通过各参与州之间签署的国家条约或者通过由联邦参议院批准的联邦法律加以规定。具体细则由联邦法律加以规定，该法律须经联邦参议院批准，并且经联邦议院成员多数表决通过。该法律必须规定举行相应市镇与县参与的听证。

8. 对所属领土或者部分领土的重新划分，各州可通过国家条约作出异于第 2 款至第 7 款的规定。应听取相关市镇与县的意见。国家条约需要通过在每一个参与州举行的全民公决加以认可。如果国家条约涉及各州的部分领土，则通过全民公决所进行的认可仅局限于部分领土之内；第 5 句中的后半句不予适用。在举行全民公决时，实际投票的多数可决定之，其前提是至少有 1/4 有联邦议院选举权的公民被包含在内；具体细则由联邦法律加以规定。国家条约须经过联邦议院的批准。

第 30 条

国家权限的行使与国家任务的履行属各州事务，但基本法有其他规定或允许其他规定时除外。

第 31 条

联邦法优于州法。

第 32 条

1. 与其他国家维护外交关系属联邦事务。

2. 签署触及一州特别关系的条约之前，应及时听取该州意见。

3. 各州在其立法权限范围内，经联邦政府批准，可与外国签署条约。

俄罗斯联邦宪法[*]

第一编

第八章　地方自治

第 130 条

1. 俄罗斯联邦的地方自治，保障居民自主地解决地方性问题，并保障居民占有、使用、支配地方财产。

2. 公民既可以通过公决、选举以及直接表达意愿的其他形式，又可以通过选任的和其他的地方自治机关实现地方自治。

第 131 条

1. 地方自治可以在城市居民点、农村居民点，以及一些具有历史传统、其他地方传统的地区内予以实施。地方自治机关的机构设置，由在相应区域内居住的居民自主地予以决定。

2. 地方自治区域的变更，须得到在相应区域内居住的居民同意。

第 132 条

1. 地方自治机关自主地管理地方财产，编制、批准和执行地方预算，确定地方税收和收费，维护社会秩序，以及解决其他的地方性问题。

2. 地方自治机关可以拥有法律赋予的部分国家权限，并获得行使这部分权限所必需的物资和财政资金。这部分权限的行使，受国家监督。

第 133 条

俄罗斯联邦保障地方自治有受司法保护的权利，享有在国家权力机关通过的决议致使其产生额外开支时获得补偿的权利。禁止对俄罗斯联邦宪法和联邦法律规定的地方自治权利作出限制性规定。

---

* 1993 年 12 月 12 日以全民公决形式通过，1993 年 12 月 25 日公布并生效。

法　国

1958 年宪法 *

第十二章　地方公共团体

第 72 条① 共和国的地方公共团体为市镇、省、大区、特殊地位的团体和宪法第 74 条规定的海外领地。所有其他的地方公共团体均应依法创建，必要时得替代本款规定的一个或多个团体。

地方公共团体得在其层次以最适当的方式行使职权，作出决策。

依法律规定的条件，地方公共团体通过选举出的委员会实施自治，并为行使职权享有规则制定权。

根据情况，当法律或行政法规已有规定，地方公共团体或其联合体可以依照组织法规定的条件，为特定目的并在确定期限内，试验性地减损调整其权限行使的该立法性或者法规性条款，但涉及行使公共自由或者宪法所保障的实质条件的除外。

任何地方公共团体均不得对其他的地方公共团体行使管辖权，但如有必要联合多个地方公共团体行使权力，法律得授权其中一个地方公共团体或联合体安排共同行动的方式。

在共和国地方公共团体内，国家代表，政府成员的代表，负责国家利益、行政监督和遵守法律。

第 72 - 1 条② 每个地方公共团体选民得通过行使请愿权要求该地方议事机构将与其权限相关的事项纳入议事日程的条件，由法律予以规定。

依组织法的规定，供审议的草案或有关地方公共团体权力的法案得由地方公共团体自行交给该地方选民以公民投票作出决定。

欲建立特殊地位的地方公共团体或改变其组织结构，得依法律规定咨询相关地方登记选民的意见。改变地方公共团体边界亦须依法律规定的条件咨询选

---

*　1958 年 9 月 28 日经公民投票通过，1958 年 10 月 5 日公布生效。

①　译者注：本条曾经 Loi constitutionnelle n° 93—952 du 27 juillet 1993 和 Loi constitutionnelle n° 2003—276 du 28 mars 2003 修改。

②　译者注：本条经 Loi constitutionnelle n° 2003—276 du 28 mars 2003 而加入。

民意见。

第72－2条① 地方公共团体享有财政收入并依法自由处置。

地方公共团体得获得各种税收的全部或部分，法律得授权其在规定范围内决定征税基数和税率。

对于各类地方公共团体而言，其税收和其他财政收入即为其收入的主要部分。此项规则的实施由组织法予以规定。

国家和地方公共团体间的权力转移均应辅之以权力行使所需的财政分配。所有创设或拓展权力造成地方公共团体支出扩大亦须辅之以法律确定的财政收入。

法律应规定均衡的分担机制以促进不同的地方组织之间的平等。

第72－3条② 共和国承认自由、平等、博爱为海外领地人民和法国人民共同的理想。

对瓜德罗普、法属圭亚那、马提尼克、留尼旺、马约特、圣巴泰勒米、圣马丁、圣皮埃尔和密克隆、瓦利斯和富图纳岛及法属波利尼西亚的管理依宪法第73条有关海外省和大区的规定、宪法第73条最后一款有关地方公共团体的规定及宪法第74条有关其他地方公共团体的规定。

新喀罗尼西亚的地位由宪法第十三章予以规定。

法属南半球和南极领地及克利珀顿的立法体制及特别组织由法律予以规定。

第72－4条③ 对于宪法第72－3条第2款规定的其中一类地方公共团体的全部或部分，宪法第73条和第74条中所规定的制度发生任何变化，未经相关地方公共团体全部或部分选民依下一款的规定事先同意不得实施。此种制度的变化由组织法予以规定。

依已在官方公报发表的政府在议会会期中的建议或两院联合提议，共和国总统得决定就海外的一个地方公共团体的组织、权力或立法体制咨询选民意见。当就上款所述规定的变化而实施的咨询为依政府建议而组织时，政府应向议会两院发表声明，继而展开辩论。

---

① 译者注：本条经 Loi constitutionnelle n° 2003—276 du 28 mars 2003 而加入。

② 译者注：本条经 Loi constitutionnelle n° 2003—276 du 28 mars 2003 而加入，并经 Loi constitutionnelle n° 2008—724 du 23 juillet 2008 修改。

③ 译者注：本条经 Loi constitutionnelle n° 2003—276 du 28 mars 2003 而加入。

第 73 条① 法律和行政法规在海外省和大区当然适用。法律和行政法规得依地方公共团体的特有情况与限制而作出调整。

此类调整得由这些地方公共团体在其权力行使范围内予以决定，并考虑其是否根据情况得到法律或行政法规的授权。

依第 1 款规定的例外情况并考虑到地方公共团体的特殊性，本条规定的各地方公共团体得依法律或行政法规的授权，在属于法律或行政法规立法范围的某些方面自行制定适用于其辖区内的规则。

此类规则不得涉及国籍、公民权利、公共自由的保障、个人身份及行为能力、司法组织、刑法、刑事诉讼程序、外交政策、国防、公共安全和秩序、货币、信贷和汇兑、选举法。以上列举事项得由组织法进行细化和补充。

上述两款不得适用于留尼汪省和地区。

第 2 款和第 3 款规定的授权应依相关地方公共团体的要求并依组织法规定的条件而作出决定，但此类授权的实施不得影响公共自由或宪法保障的基本权利。

依法创立地方公共团体取代海外省和大区，或以单一的议事机构服务于两个地方，非依宪法第 72 - 4 条第 2 款规定的形式获得该类地方登记选民同意的不得实施。

第 74 条② 本条规定的海外领地应考虑到其在共和国内各自利益的章程。

此类章程由组织法予以规定，在咨询议事机构意见后通过，其内容包括：

——法律和行政法规适用的条件；

——地方组织的权限；已经保留给地方公共团体行使，国家权力转移亦不得涉及的宪法第 73 条第 4 款规定的事项，必要时以组织法予以细化和补充；

——地方公共团体机构的组成和运作规则及议事机构的选举制度；

——就法律草案和提案、法令和命令草案包含关于此类团体之特别规定者，以及国际条约之批准与认可涉及此类团体之权限者，征求此类团体之机构的意见的条件。

组织法对于被授权自治的地方公共团体同样还规定以下事项：

——最高行政法院就属于法律规范范围的事项对其议事机构的某些种类条例实施特殊的司法审查；

---

① 译者注：本条曾经 Loi constitutionnelle n° 2003—276 du 28 mars 2003 和 Loi constitutionnelle n° 2008—724 du 23 juillet 2008 修改。

② 译者注：本条曾经 Loi constitutionnelle n° 92—554 du 25 juin 1992、Loi constitutionnelle n° 93—952 du 27 juillet 1993 和 Loi constitutionnelle n°2003—276 du 28 mars 2003 修改。

——当地方公共团体机关向宪法委员会提请审查，宪法委员会确认法律介入了地方公共团体的权限范围时，其议事机构得修改地方公共团体章程生效后公布的法律；

——为有利于人民就业，以及实施职业活动培训或保护土地，地方公共团体得采取符合地方正当需要的措施；

——地方公共团体在国家监督下，在尊重和保障全国范围内公共自由行使的前提下，行使其保留的权力。

其他关于本条地方公共团体特殊组织机构的模式须在咨询议事机构后以法律予以规定或修改。

第 74 - 1 条[①]　在宪法第 74 条规定的海外领地，以及新喀罗尼西亚，政府得就原属国家权限范围内的事项通过法令，结合必要的调整，将适用于法国本土具有法律性质的规则扩大适用，只要法律未针对相关法律文件明确排除此类程序的适用。

此类法令在咨询相关议事机构和最高行政法院意见后由国务会议发布，其在公布之时即行生效，但如在其公布后的 18 个月内仍未得到议会的批准，则即行失效。

第 75 条　共和国公民不具备宪法第 34 条规定的国民身份，在未放弃其身份前，保持其个人原有的身份。

第 75 - 1 条[②]　区域性语言属于法国的文化遗产。

芬兰共和国宪法[*]

第十一章　行政和自治

第 119 条　国家行政

除内阁、各部外，国家中央行政机关还可包括局、署和其他机构。国家还可设置地区和地方公权机关。议会下属的行政部门由法律另行规定。

如果国家行政机关的职责涉及公权力的行使，其一般原则应由法律规定。

---

[*]　1999 年 6 月 11 日芬兰议会通过，2000 年 3 月 1 日生效。

①　译者注：本条经 Loi constitutionnelle n° 2008—724 du 23 juillet 2008 而加入。

②　译者注：本条经 Loi constitutionnelle n° 2008—724 du 23 juillet 2008 而加入。

国家下设的地区和地方行政部门的一般原则也应由法律规定。除此之外，国家行政部门的设立可由法令规定。

第120条　奥兰岛的特殊地位

奥兰岛省依据奥兰岛自治法的特殊规定享有自治权。

第121条　自治市和其他地方自治

芬兰划分为各自治市，其行政由当地居民实行自治。

自治市行政的一般原则及其职责由法律规定。

自治市享有征税权。纳税义务和征税决定的原则以及纳税人的权利保障由法律规定。

市以上行政区域的自治权由法律规定。萨米人依法在其聚居区享有语言和文化上的自治权。

第122条　行政区划

行政区域的划分，应确保芬兰语和瑞典语居民都能依据同等原则获得使用各自语言的服务。

划分自治市的原则由法律规定。

第123条　大学和其他教育机构

大学依法享有自治权。

国家和自治市组织的其他教学活动所依据的原则以及在私立教学机构中组织相应教学活动的权利，由法律规定。

第124条　将行政职责授予非公权组织

只有通过法律或根据法律方可将公共行政职责授予非公权组织，同时该授权须为妥善履行公务所必要，并不会危及基本权利、权利保障和其他良政要求。但包含重要公权行使的职责，只能授予公权机关。

第125条　公职任职资格和任命依据

可制定法律，规定对于特定的公共职位或职责只能任命芬兰公民。

任命公职的一般依据包括才华、能力和经过证明的公民品质。

第126条　国家公职的任命

非由总统、各部或其他公权机关任命的公职由内阁任命。

总统任命共和国总统办公室主任及芬兰驻外外交使团负责人。

荷兰王国宪章[*]

第二章　王国事务的管理

第 6 条

1. 王国事务将由荷兰本土、荷属安地列斯及荷属阿鲁巴，依据下列条款以合作的方式处理。

2. 各国机构应尽可能地参与王国事务的处理。

第 7 条

王国部长会议，应由国王任命的部长以及由荷属安地列斯和阿鲁巴政府任命的全权公使组成。

第 8 条

1. 全权公使必须具有荷兰国籍，且以其所属政府的名义行事。各国政府有权任命或解除本国全权公使的职务。

2. 全权公使缺席时，该成员国政府应任命公使代理人。本宪章中有关全权公使的条款，在将依情况作必要变更后，适用于该代理人。

第 9 条

1. 在任职之前，全权公使应在总督在场的情况下宣誓或承诺效忠于国王和本宪章。誓言或承诺的形式由王国部长会议法令规定。

2. 在荷兰本土的全权公使，应在国王在场的情况下宣誓或作出承诺。

第 10 条

1. 当王国事务的讨论影响到某成员国时，该国的全权公使应参加部长会议以及隶属于部长会议的常设机构和特殊委员会的审议。

2. 在对某一特定事项的审议中，如果荷属安地列斯和阿鲁巴政府认为有必要，应当任命另外一名部长，与全权公使一道参与第 1 款所提及的审议会议，并参与咨询性投票。

第 11 条

1. 提议修改包含王国事务条款的宪法修正案的议案，应当提及其对荷属

---

* 1954 年 10 月 28 日法案批准，1954 年第 503 号律令公告。

安地列斯和阿鲁巴的影响。

2. 荷属安地列斯或阿鲁巴的国防，以及关涉其利益范围内的任何领土的协议或安排，应被视为影响到这两个成员国。

3. 如果荷属安地列斯或阿鲁巴的特定利益牵涉其中，或预期安排可能会对其利益产生重大影响，则外交关系应被视为影响到了这两个成员国。

4. 第35条涉及的费用分担的确定，应被视为分别影响到了荷属安地列斯和阿鲁巴。

5. 只有在涉及成员国的居民时，入籍计划应被视为是影响到了荷属安地列斯和阿鲁巴。

6. 荷属安地列斯或阿鲁巴政府，可以提出第1款至第4款所涉事项以外的其他可能影响到该国的王国事务。

第12条

1. 如果荷属安地列斯或阿鲁巴的全权公使，通过说明理由，认为一项包含一般性约束规则的计划会严重损害其国家的利益，且该公使已声明其国家不会受此计划拘束，则该计划将不会在该国采用与其他成员国相同的方式实施，但可能违反该国与荷兰王国的关系的除外。

2. 如果荷属安地列斯或阿鲁巴的全权公使，强烈反对部长会议就第1款中所提及的具有约束效力的计划作出动议，或者反对其参与审议的其他事项，则部长会议应当依该公使的请求继续对相关事项进行审议，如有必要，部长会议可以确定一个审议期限。

3. 上述提及的审议会议，应由首相、两名部长、全权公使以及一名由所涉成员国政府指定的部长或特别代表参加。

4. 如果两位全权公使愿意，则其可以与首相、两名部长一道参加上述审议会议。第10条第2款的规定将依情况作必要变更后适用。

5. 部长会议将根据继续审议的结果作出决定。如果继续审议的机会在指定的期限内未被利用，则部长会议应作出决定。

第13条

1. 将成立荷兰王国国家参事院。

2. 如果荷属安地列斯或阿鲁巴政府提出请求，国王应基于成员国政府的协议，在国家参事院中为荷属安地列斯或阿鲁巴政府各任命一名代表。

在未与成员国政府协商之前，该国的代表不得被免职。

3. 当国家参事院或其组成部门就适用于荷属安地列斯或阿鲁巴的王国法案或部长会议法令的提案，或根据第11条会影响荷属安地列斯或阿鲁巴的其他事项，举行听证时，荷属安地列斯或阿鲁巴在国家参事院中的成员应参与听证议程。

4. 上述国家参事院成员违反国家参事院法令的处理规则，可以由王国部长会议法令规定。

第 14 条

1. 如果有关王国事务所涉及的事项不适用荷兰王国宪法、国际协定以及本宪章第 3 条的规定，则应当依照王国法案或王国部长会议法令（如果有）处理。该法案或法令可以指示或允许其他机构制定进一步的规则。就各成员国而言，适格的机构应是其立法机关或政府。

2. 如果王国法案无法对某一事项作出单独规定，则可以通过部长会议法令进一步规定。

3. 不适用于荷属安地列斯或阿鲁巴的王国事务，应通过议会法案或部长会议法令的方式进行规范。

4. 居住于荷属安地列斯或阿鲁巴的人应依据王国法案入籍。

第 15 条

1. 国王应同时将其所提出的王国法律议案提交给荷兰议会和荷属安地列斯和阿鲁巴的议会。

2. 如果王国法律议案是由荷兰议会提出的，则该议案应由下院在收到该议案时立即送交其他两个国家的议会。

3. 荷属安地列斯或阿鲁巴的全权公使有权建议下院提出王国法律议案。

第 16 条

如果某一项立法议案通过后适用于某成员国，则该国议会有权在下院公开讨论该议案之前审查该议案，并发布一份关于该议案的书面报告。如果有时间限制，该国议会应予以遵守。

第 17 条

1. 如果某一项立法议案通过后适用于某成员国，则该国全权公使应当获得授权参加荷兰议会中该议案的审议，并为上院和下院提供其认为必要的信息。

2. 如果某一项立法议案通过后适用于某成员国，为了充分参与荷兰议会对该议案的讨论，成员国议会可以指派一名或多名参加讨论并提供信息的特别代表。

3. 全权公使和特别代表，在上院或下院会议的任何法律程序中所作的发言或者提交的书面材料，享有不受法律追究的权利。

4. 全权公使和特别代表，有权在下院的议程中对议案提出修改意见。

第 18 条

1. 如果某一项立法议案通过后适用于某成员国，在上院和下院中就任何王国议案进行最终表决前，该国全权公使应当有机会表达其对该议案的意见。如果全权公使反对该议案，其可以请求荷兰议会将表决推迟到下一次会议。在全权公使陈述其反对意见之后，如果下院对该议案的赞成票少于 3/5，则该提案暂停审议，交王国部长会议进一步审议。

2. 如果各成员议会指定的特别代表参加了上院或下院的会议，第 1 款中所规定的权力应转移至该特别代表。

第 19 条

第 17 条和第 18 条的规定在依据具体情况作细节上作必要修正之后，适用于荷兰议会上下两院联席会议。

第 20 条

第 15 条至第 19 条所规定的事项的进一步规则，可以由王国法案规定。

第 21 条

在战争或其他需要立即采取措施的特殊情况下，如果国王在与荷属安地列斯和阿鲁巴的全权公使协商后，认为不可能依照第 16 条的规定进行审议，则可以不适用该条规定。

第 22 条

1. 王国政府应确保王国法案和部长会议法令的出版，这些法律应依法公布在该国官方公报上。各国政府应提供一切必要的协助。

2. 王国法案和部长会议法令应在该法律规定的日期或者随后的日期生效。

3. 在出版王国法案和部长会议法令时，应当说明相关法律遵守了王国宪章的规定。

第 23 条

1. 荷兰最高法院对荷属安地列斯和阿鲁巴境内案件的司法管辖权，应当由王国法案规定。

2. 如果所涉国家的政府提出请求，上述王国法案应当规定在荷兰最高法院增加一名法官、一名特殊法官或一名法院顾问。

第 24 条

1. 与其他国家和国际组织订立的影响到荷属安地列斯或阿鲁巴的协议，应同时提交给荷兰议会，荷属安地列斯或阿鲁巴的议会。

2. 如果一份协议已被提交至荷兰议会且被默示许可，全权代表可以在荷兰议会下院和上院规定的期限内，发表其希望该协议应由荷兰议会明确批准的意见。

3. 上述两款在作必要的变通后适用于有关国际协议的废止，第 1 款的规定应附带一个前提条件，即，荷属安地列斯或阿鲁巴的议会应被事先告知王国准备废止的国际条约的情况。

第 25 条

1. 国王不受荷属安地列斯或阿鲁巴签订的国际经济或财政协议的约束，如果某成员国政府认为相关协议有损于其国家利益，其可以声明不受该国际经济或财政协议约束。

2. 国王不应废止关涉荷属安地列斯或阿鲁巴的国际经济或财政协议，如果某成员国政府认为这项废止有损于其国家利益，其可以声明该项废止不适用于本国。但是，如果此项声明会导致与该协议规定不一致的后果，则该协议废止依然可以适用于该国。

第 26 条

如果荷属安地列斯或阿鲁巴政府希望订立一份仅适用于该国的国际经济或财政协议，荷兰王国政府应协助该协议的订立，除非这样做会导致该国与王国的关系不一致。

第 27 条

王国在与其他权力实体①订立协议时，如果该协议依照第 11 条规定会影响到荷属安地列斯或阿鲁巴，则应当征求后两国的意见。后两国参与该协议的实施并受其约束。

第 28 条

如果荷属安地列斯或阿鲁巴愿意，可以根据王国所订立的国际协议获得国际组织成员的身份。

第 29 条

1. 以某一成员国的名义或者其账户在王国之外进行的借贷，应以该国与王国政府达成的协议来签约或担保。

2. 除非违背王国的利益，王国部长会议应当同意该类借贷的订立或担保。

第 30 条

1. 当驻扎在荷属安地列斯或阿鲁巴的王国武装力量请求帮助时，荷属安地列斯或阿鲁巴应在其领域内为该武装力量提供必要的协助和支持。

2. 为确保驻扎于荷属安地列斯或阿鲁巴的王国武装力量能够履行其任务，各成员国应制定相关国家法令。

---

① 译者注：这里的权力实体（powers），包括其他国家，也包括其他国际组织。

第 31 条

1. 仅可依据国家法令的规定，强迫居住在荷属安地列斯或阿鲁巴的人服兵役或从事替代性的文职工作。

2. 仅可依据国家法令的规定，在无须征求当事人同意的前提下，将宪法规定的服兵役的人派往任何地方。

第 32 条

荷属安地列斯或阿鲁巴的武装力量应尽可能由居住于该国的人组成。

第 33 条

1. 征收和征用财产，限制所有权及使用权，为国防之目的而征用劳役和军事驻扎的行为，只受王国法案规定的一般规则约束，王国法案亦应规定有关补偿事宜。

2. 在任何可能的情况下，上述王国法案应指示各国有权机关制定具体的规则。

第 34 条

1. 在发生战争或有战争威胁，或者在国内和平与秩序受到威胁或发生骚乱，且可能严重损害王国利益的情况下，为了维系内部或外部的安全，国王可以发布领土的任何部分处于战争状态或紧急状态的声明。

2. 该声明作出的方式以及所附随的后果，应当依据或遵王国法案的规定。

3. 相关法律可以规定文职机关在公共秩序维护中的权力，以及警察权被全部或部分地转移至其他文职机关或军事机关的情形。在后一种情形下，文职机关应当从属于军事机关。在任何可能的情况下，上述权力的转移应当咨询所涉成员国政府的意见。该项立法可以违背有关出版自由，结社和集会自由，以及与居住和通讯不受侵犯的规定。

4. 在发生战争的情况下，军事刑法和军事刑事司法系统可以依据王国法案规定的方式，全部或部分地适用于已被宣布处于紧急状态地区的任何人。

第 35 条

1. 在与其资源相称的范围内，荷属安地列斯和阿鲁巴应在其各自受益的范围内，出资维系王国独立和防御的开支以及其他王国事务的管理开支。

2. 第 1 款提及的荷属安地列斯和阿鲁巴的出资，应由部长会议在每一财政年度或数个连续的财政年度确定。在达成一致性决定的前提下，第 12 条的规定应当以附带条件的方式进行必要修改后适用，但是，此种修改应当获得部长会议一致同意。

3. 如果第 2 款提及的出资无法在合理期限内确定，应当依据该款所确定的前一财政年度的出资来确定相关出资，期限不应超过一个财政年度。

4. 上述 3 款的规定不适用于特殊条文所规定的措施的开支。

第三章　相互协助、磋商与合作

第 36 条

荷兰、荷属安地列斯和阿鲁巴应彼此帮助和协助。

第 36a 条

1. 应建立一项旨在维持荷属安地列斯境内的波内赫,沙巴和圣尤斯特歇斯岛正常治理的基金,荷兰、荷属安地列斯和阿鲁巴应共同参与。

2. 该基金将依王国法案设立。

第 37 条

1. 在任何可能的情况下,如果至少涉及两个成员国的利益,则荷兰本土、荷属安地列斯和阿鲁巴应就相关事项进行磋商。基于此目的,可以指定特别代表并成立联合机构。

2. 本条所提及的事项应当包括:

a. 增进各成员国的文化和社会关系;

b. 增进各成员国有效的经济、财政和货币关系;

c. 有关币值和汇率,银行和外汇政策的问题;

d. 通过相互帮助和协助的方式增进经济抵御风险能力;

e. 荷兰国民在各成员国内从事职业和商业的行为;

f. 涉及与航空有关的事项,包括未列入计划的航空政策;

g. 涉及船运的事项;

h. 在电报、电话和无线电通讯领域的合作。

第 38 条

1. 荷兰、荷属安地列斯和阿鲁巴可以订立多边协议。

2. 各成员国基于一致同意签署的多边协议及其修正案,应当遵守王国法案或部长会议法令的规定。

3. 具有区际或国际性质的私法和刑法事项可以由王国法案规定,其前提是所涉国家政府同意这些规定。

4. 法人注册地的转移应由王国法案规定。该规定必须经各国政府批准。

第 39 条

1. 在荷兰、荷属安地列斯和阿鲁巴领域内,有关民法、商法、民事诉讼法、刑法、刑事诉讼法、著作权、工业产权、公证员职位以及涉及度量衡的规定,应当尽可能一致。

2. 只有在成员国政府已经表达其对拟修订法律的意见之后，旨在大幅度地修订有关上述法律或机构的任何建议，方可被提交至议会或由议会考虑。

第 40 条

由荷兰、荷属安地列斯和阿鲁巴的法院作出的判决和签署的令状，以及由其签署的公证书，在尊重被执行人所在国法律的基础上，可以在各成员国执行。

第四章　各国宪法机构

第 41 条

1. 荷兰、荷属安地列斯和阿鲁巴将独立自主地处理其内部事务。
2. 各国应共同关注王国的利益。

第 42 条

1. 在王国之内，荷兰的宪法机构由荷兰本土宪法规定，荷属安地列斯和阿鲁巴的宪法机构由其各自的宪法规定。
2. 荷属安地列斯和阿鲁巴的宪法依据国家法令确立。对该宪法的任何修改时，相关议案应明确地列出其拟修改的具体内容。议会将只能以 2/3 的多数票批准此类议案。

第 43 条

1. 各成员国应增进基本人权和自由、法律的确定性以及良善治理的实现。
2. 保护上述权利和自由、法律确定性以及良善治理是一项王国事务。

第 44 条

1. 任何旨在修改宪法的国家法令，如果包括：
a. 涉及基本人权和自由的条款；
b. 涉及总督权力的条款；
c. 涉及王国内各国议会权力的条款；
d. 涉及司法管理的条款，
应提交至王国政府。只有在王国政府表示同意后，该国家法令方能生效。

2. 第 1 款的规定应当同样适用于，任何修订荷属安地列斯宪法中有关该国所属各岛屿在该国议会中的席位分配，以及有关各岛屿领土范围的国家法令。

3. 在获得王国政府的意见之前，旨在实现上述两款提及的国家法令的议案（如果有此项议案），不应被提交至议会，或不应在议会审议。

第 45 条

宪法修正案如果包括：

a. 涉及基本人权和自由的条款；

b. 涉及政府权力的条款；

c. 涉及王国内各国议会权力的条款；

d. 涉及司法管理的条款，

在不损害第 5 条规定的前提下，应被视为属于第 10 条规定的范围，即，影响到了荷属安地列斯和阿鲁巴。

第 46 条

1. 各成员国议会应由居住在该国，并已达到该国所确定的年龄限制的荷兰公民选举产生，选举人的年龄限制不应超过 25 岁。每个选举人仅可投一票。选举自由且应以无记名的方式进行投票。如有需要，各国可以制定一定的限制性措施。在符合各国关于居住期限和年龄限制的前提下，任何荷兰国民均有权利参加竞选。

2. 在遵守上述为定居在荷兰的荷兰公民设定的条件的前提下，各国可以赋予那些并非定居该国的荷兰国民以选举议会议员的权利，也可以赋予那些定居该国但并非荷兰公民的居民以投票权和竞选议会议员的权利。

第 47 条

1. 在就任之前，总督和议会的成员应宣誓或承诺效忠于国王和本宪章。

2. 荷属安地列斯和阿鲁巴总督以及议会成员应在国王代表在场的情况下，宣誓或作出承诺。

第 48 条

各国应在其立法和行政中考虑到本宪章的相关规定。

第 49 条

王国法案可以设立有关规则以约束与本宪章、国际文件、王国法案或部长会议法令不相一致的立法措施。

第 50 条

1. 如果荷属安地列斯和阿鲁巴的立法和行政措施，与本宪章、国际文件、王国法案或部长会议法令，或与作为王国事务增进或保护的利益不相一致，可以由作为王国元首的国王通过一份附带理由的命令中止或废除。废除建议应由部长会议作出。

2. 如有需要，荷兰本土应在本宪法中调整此事项。

第 51 条

1. 如果荷属安地列斯或阿鲁巴的任一机构没有或未充分履行本宪章、国际文件、王国法案或部长会议法令赋予的职责，则可以依照王国法案采取处理措施，并附上该措施的法律依据和事实理由。

2. 如有需要，荷兰本土应在其宪法中规定此一事项。

第 52 条

在国王同意的前提下，国家法令可以授予作为王国元首的国王以及作为王国机构的总督，管理相关国家事务的权力。

第 53 条

如果荷属安地列斯或阿鲁巴愿意，对荷属安地列斯及其岛屿属地或阿鲁巴的财政预算资金的监管可以由荷兰审计法院行使。在此种情形下，在与审计法院磋商后，应通过王国法案确立有关规则以规范审计法院和所涉成员国之间的合作。相关国家的政府有权，基于其议会的提名，任命一名有机会参加对本国境内所有事务进行审计的人士。

黑山共和国宪法以及
以实施黑山共和国宪法为目的的宪法性法律[*]

第三部分　权力的组织

4. 地方自治

第 113 条　决定的方式

在地方自治中，决定应直接并应通过自由选出的代表作出。

地方自治的权利应包括由公民和地方自治机构，在他们各自的责任范围内并且为了地方居民的利益，规范和管理某些公共的和其他事务的权利。

第 114 条　地方自治的形式

地方自治的基本形式应是自治市。

也有可能建立其他形式的地方自治政府。

第 115 条　自治市

自治市应具有法人实体的地位。

---

* 2007 年 10 月 19 日黑山共和国立宪议会通过，2007 年 10 月 22 日颁布并生效。

自治市应通过法令和普遍性法案。

自治市的权力机关应是大会和市长。

第 116 条　与财产有关的权力和财政

根据法律，自治市对国家所有的资产行使某种与财产有关的权力。

自治市应拥有财产。

自治市应以其自己的资源和国家的资产负担其经费。

自治市应拥有一份预算。

第 117 条　自治权

自治市在履行其职责时应是自治的。

仅当自治市大会，也即自治市市长，超过 6 个月不能履行职务时，政府才可以解散自治市大会，也即解除自治市市长的职务。

克罗地亚共和国宪法[*]

第六章　社区、地方和区域自治政府

第 133 条

保障公民的地方和区域白治权利。

地方和区域自治权利通过地方和各自的区域代表机构实现。这些机构由根据直接、平等和普遍的选举权利通过无记名投票方式自由选举产生的成员组成。

公民可以根据法律和地方法规通过会议、公投以及其他直接决策的方式直接参与管理地方事务。

本条所列权利应由欧盟成员国国民根据法律和欧盟法的规定行使。

第 134 条

市和镇是地方自治单位，其区域范围由法律规定的方式予以确认。其他地方自治单位可以由法律规定。

县是区域自治单位。县的区域范围由法律规定的方式予以确认。

首都萨格勒布市，其属性地位是法律规定的县。克罗地亚共和国较大的市

＊ 1990 年 12 月 22 日克罗地亚议会颁布。

可以由法律规定给予县的权责。

社区自治方式依法在各地方及其各部分建立。

第 135 条

地方自治单位开展能直接满足公民需要的并在其管辖范围内的事务，特别是有关地方组织、住房、区域和城市规划、公用事业、儿童保育、社会福利、基层健康服务、教育和中小学、文化、体育教育和运动、消费者保护、保护和改善环境、消防和民防等事务。

区域自治单位开展具有区域意义的事务，特别是有关教育、公众健康、区域和城市规划、经济发展、交通和交通基础设施建设以及教育、卫生、社会和文化机构各网络的发展等事务。

地方和区域管辖范围内的事务由法律规定。在事务的分配上，与公民最密切相关的事务应优先分配给各机构。

在决定地方和区域自治管辖范围时，应对事务的范围和性质以及效率和经济性要求加以考虑。

第 136 条

地方和区域自治单位有权在法律规定的范围内，用其法规自主规范其机构的内部组织和管辖范围，并根据地方的需要和潜在因素对此进行调整。

第 137 条

地方和区域自治单位在管辖范围内自主执行事务时，只接受政府授权机构的合宪性和合法性审查。

第 138 条

地方和区域自治单位在管辖范围内享有税收权，并得在执行事务时对税收自由支配。

地方和区域自治单位的税收与其由宪法和法律规定的权限应成比例。

国家依法援助经济实力较弱的地方和区域自治单位。

立陶宛共和国宪法[*]

第十章 地方自治和地方管理

第119条

保障法律规定的国家行政区域单位享有地方自治权。地方自治权通过相应的地方自治会议予以行使。

立陶宛共和国公民以及行政单位的其他常住居民可以依照法律的规定，按照普遍的、平等的和直接的选举制，并采用无记名投票方式选举地方自治会议成员，每届任期4年。

地方自治机关的组织和活动程序，由法律予以规定。

为直接执行立陶宛共和国法律、政府决议以及地方自治会议的决议，地方自治会议可以组成对其报告工作的执行机关。

第120条

国家支持地方自治。

地方自治机关在本宪法和法律规定的职权范围内，自由和独立地开展活动。

第121条

地方自治机关[①]编制和通过自己的预算。

地方自治会议在法律规定的范围内，并依照法律规定的程序，有权确定地方的收费。地方自治会议可以规定税收和收费方面的优惠，但用于优惠的资金应当由地方自治机关的预算资金负担。

第122条

地方自治会议在其权利受到侵害时，有权诉诸法院。

第123条

高级别的行政单位的管理，由政府依照法律规定的程序予以组织。

对地方自治机关遵守本宪法和法律情况的监督，对执行政府决议情况的监

---

[*] 1992年10月25日全民公决通过，1992年11月2日生效。

① 译者注：俄文单词 Самоуправление 有"自治"、"自治制度"、"自治权"等含义。在本条中，指的是"（地方）自治机关"。

督，由政府任命的代表予以实施。

政府代表的权限，以及政府代表行使权限的程序，均由法律予以规定。

议会在法律规定的情况下，并依照法律规定的程序，可以在地方自治机关的辖区内临时实施直接管理。

第 124 条

对于地方自治会议及其执行机关的，以及其公职人员的损害公民和组织权利的文件或行为，可以向法院提起控告。

列支敦士登公国宪法*

第十章　行　政　区

第 110 条　法律应确定各行政区职权范围内的地域、组织和责任，并予以分配。

各行政区的法律中应确立以下原则：

（1）由区议会自由选举区行政长官和其他行政区机关；

（2）在中央政府的监督下自主管理各行政区资产和地方治安；

（3）在中央政府的监督下为穷人提供良好有序的服务；

（4）各行政区有授予公民资格的权利，列支敦士登公民享有在任一行政区自由居住的权利。

第 111 条①　所有年满 18 周岁且选举权未被剥夺的列支敦士登公民，对其居住的行政区的行政事务均享有投票权。

---

* 1862 年 9 月 26 日议会颁布。

① 原文注：第 111 条经 2000 年第 55 号和 2003 年第 186 号列支敦士登官方法律公报修订。

卢森堡大公国宪法[*]

第九章　市　　镇

第 107 条

（1979 年 6 月 13 日修改）

"（1）市镇以领土为基础，具有法人资格，通过其机构管理其财产和利益，构成自治团体。"

（1994 年 12 月 23 日修改）

"（2）每个市镇设置一个市镇居民直接选举产生的市镇委员会；法律规定选民或者候选人的条件。"

（1979 年 6 月 13 日修改）

"（3）市镇委员会每年确定市镇预算和决算。市镇委员会制定市镇条例，但紧急情况除外。市镇委员会可确定经大公准许的市镇赋税。大公有权解散市镇委员会。"

（1994 年 12 月 23 日修改）

"（4）市镇由市长及其助理组成的团体管理，团体成员应来自市镇委员会成员。根据宪法'第 114 条第 2 款'[①] 规定的条件表决通过的法律规定担任市长及其助理组成的团体成员的国籍条件。"

（1979 年 6 月 13 日修改）

"（5）法律规定市镇机构的构成、组织和权限。法律确定市镇公务人员的地位。市镇参与发展教育，其方式由法律确定。"

第 108 条

民事情况的文件汇编和登记簿的管理排他性地属于市镇机关的权限。

---

[*]　1868 年 10 月 17 日纪尧姆三世、国务委员会颁布。

[①]　原文注：经 2005 年 6 月 21 日修改所替换。

罗马尼亚宪法[*]

第三编　公共权力机构

第五章　公共行政

第二节　地方公共行政

第 120 条　基本原则

（1）地方国家行政单位的公共行政立基于分权、地方自治和公共服务分散化。

（2）在少数民族占一定数量的地方行政单位中，应确保各该少数民族的语言，在与地方公共行政机关及分散化的公共服务机关的关系中，在口语和书面语中的运用。

第 121 条　教区和市镇当局

（1）在教区和市镇行使地方自治权的公共行政机构应为依法选举产生的地方议事会和市长。

（2）地方议事会和市长应根据法定的条件，作为自治的公共行政机构，管理教区和乡镇的公共事务。

（3）第（1）款规定的机构可作为直辖市的分支而设立。

第 122 条　郡议事会

（1）郡议事会是提供有利于整个县之利益的公共服务，协调教区和市镇议事会所实施之行为的公共行政权力机构。

（2）郡议事会应依法选举和运作。

第 123 条　高级行政专员

（1）政府应在各郡和布加勒斯特市任命一位高级行政专员。

（2）高级行政专员系政府在地方的代表，对在地方行政单位层面、属于部委和其他中央国家行政机关的公共服务活动进行指导。

---

　*　1991 年 11 月 21 日国民代表大会接受此宪法，1991 年 12 月 8 日国民投票批准生效。

（3）高级行政专员的权力应由组织法规定。

（4）高级行政专员之间无隶属关系；高级行政专员与地方议事会和市长、郡议事会和其首长之间亦无隶属关系。

（5）行政专员如果认为郡议事会、某一地方议事会或市长的决定不合法，可以向行政法院提出异议。系争的决定应依法中止执行。

马耳他共和国宪法[*]

第十章之一　地方市政委员会

第 115 条之一　地方市政委员会

国家采取地方政府体系，依据法律的决定随时把马耳他的领域分成数个地区。每个地区由当地居民选举的地方市政委员会进行管理，依法设立和运行。

马其顿共和国宪法[**]

第五章　地方自治

第 114 条　公民实行地方自治的权利应受保障。

自治区是地方自治单位。

自治区得建立各种形式的社区自治制度。

自治区依法从自身的收入来源以及共和国的资金中筹措财政资金。

地方自治由全体议员的 2/3 多数票通过的法律规定。

第 115 条　在地方自治单位内，公民直接或通过代表间接地参与有关地方事务的决策，特别是在市政规划、公共事业、文化、体育、社会保障、儿童保护、学前教育、初等教育、基本健康保护以及法律规定的其他领域。

---

[*]　1964 年 9 月 21 日国会颁布生效。

[**]　1991 年 11 月 17 日共和国议会通过，1991 年 11 月 20 日生效。

自治区自主地履行宪法和法律规定的职责，其工作的合法性由共和国加以监督。

某些专门事务得由共和国依法授权自治区实施。

第 116 条　共和国的领土划分和自治区管辖的领域由法律规定。

第 117 条　斯科普里市是地方自治的特别单位，其组织由法律规定。

在斯科普里市，公民直接或通过代表间接地参与有关地方事务的决策，特别是在市政规划、公共事业、文化、体育、社会保障、儿童保护、学前教育、初等教育、基本健康保护以及法律规定的其他领域。

斯科普里市依法从自身的收入来源以及国家财政中筹措财政资金。

斯科普里市自主地履行宪法和法律规定的职责，其工作的合法性由共和国加以监督。

某些专门事务得由共和国依法授权该市实施。

摩尔多瓦共和国宪法[*]

第三编　公 权 力

第八章　公共管理

第 109 条　**地方公共管理的基本原则**

1. 各级行政区域单位内的公共管理，建立在地方自治、社会公务的分权制、地方公共权力机关的选任制、就最重要的地方性问题与公民磋商等原则的基础上。

2. 自治既涉及地方公共管理的组织和活动，也涉及所代表共同体事务的管理。

3. 上述原则的适用，不能损害国家的单一制。

---

* 1994 年 7 月 29 日通过，1994 年 8 月 18 日公布，1994 年 8 月 27 日生效。

第 110 条　行政区域结构①

1. 在行政关系方面，摩尔多瓦共和国的领土划分为村、市、区和加加乌济亚自治区域组织。依照法律的规定，某些市可被确认为自治市。

2. 可赋予德涅斯特河左岸各居民点以与其特殊地位相适应的特殊的自治形式和条件。上述特殊的自治形式和条件，由组织法予以规定。

3. 摩尔多瓦共和国的首都是基希讷乌市。基希讷乌市的地位，由组织法予以规定。

［2003 年 7 月 25 日签署第 344 号法律批准的第 110 条的文本，2003 年 8 月 8 日载《摩尔多瓦共和国官方公报》第 170 期，第 721 页］

第 111 条　加加乌济亚的自治区域组织

1. 加加乌济亚作为加加乌兹人的自治形式，是具有特殊地位的自治区域组织。加加乌济亚是摩尔多瓦共和国不可分割的组成部分。加加乌济亚依照摩尔多瓦共和国宪法的规定，在其职权范围内独立自主地解决政治、经济和文化问题，以造福于所有居民。

2. 摩尔多瓦共和国宪法和法律规定的所有权利和自由，在加加乌济亚自治区域组织境内均受到保障。

3. 在加加乌济亚自治区域组织境内，依照法律规定设立代表权力机关和执行权力机关。

4. 土地、矿藏、水流、动植物界，以及位于加加乌济亚自治区域组织境内的其他自然资源，是摩尔多瓦共和国人民的财产，同时也是加加乌济亚的经济基础。

5. 加加乌济亚自治区域组织的预算，依照确定加加乌济亚特殊地位的组织法所规定的规范予以编制。

6. 政府依照法律的规定，对加加乌济亚自治区域组织境内遵守摩尔多瓦共和国法律的情况实施监督。

7. 对确定加加乌济亚自治区域组织特殊地位的组织法的修改，由议会以其已当选代表总数的 3/5 多数予以通过。

［2003 年 7 月 25 日签署第 344 号法律批准的第 111 条的文本，2003 年 8 月 8 日载《摩尔多瓦共和国官方公报》第 170 期，第 721 页］

---

① 译者注：俄文词组 административно‐территориальное устройство 的含义是"行政区域结构"，相当于我国宪法教材的概念"行政区划"。为了尊重摩尔多瓦共和国宪法文本的原意，译者将其直译为"行政区域结构"。

第 112 条　村和市的权力机关

1. 选举产生的地方苏维埃和行政长官，是村和市实施地方自治的公共管理权力机关。

2. 地方苏维埃和行政长官作为独立的管理权力机关，依照法律的规定进行活动，解决村和市的社会事务。

3. 地方苏维埃和行政长官的选举程序，以及地方苏维埃和行政长官的职能，由法律予以规定。

摩纳哥公国宪法 *

第九章　市　　镇

第 78 条　公国的领土组成单一的市镇（la Commune）。

第 79 条　（经 2002 年 4 月 2 日第 1.249 号法律修改）市镇由市镇政府管理，市镇政府由一名市长和几名助理组成，市长和助理由市镇委员会在其成员中任命。

在法律规定的条件下，年满 18 周岁的男性或者女性摩纳哥公民都有选举权，因法律规定的原因被剥夺选举权的人除外。

年满 21 周岁的具有选举权的男性或者女性摩纳哥公民，获得摩纳哥公民资格至少 5 年，且未因法律规定的原因被剥夺被选举资格的都具有被选举资格。

第 80 条　市镇委员会由 15 名经普遍直接选举和按名单投票方式产生的成员组成。

市镇委员会委员与国民议员的职务不得兼任。

第 81 条　市镇委员会每 3 个月举行一次例会。每次会期不超过 15 日。

第 82 条　为特定目的，应国务大臣的要求或者经国务大臣同意，可以召开特别会议。

第 83 条　在征求国务委员会的意见后，可以根据附理由的政府法令解散市镇委员会。

---

* 1962 年 12 月 17 日通过并生效，由雷尼尔三世殿下颁布。

第 84 条　在市镇委员会被解散或者所有成员集体辞职的情况下，由经政府法令指定的特别代表代行市镇委员会的职能直至选举新市镇委员会。新市镇委员会选举应在 3 个月内举行。

第 85 条　市镇委员会由市长主持，如果没有市长，根据排名顺序由助理或者委员代行其职务。

第 86 条　市镇委员会召开公开会议讨论市镇事务。市镇委员会的决议在呈交国务大臣 15 日后具有执行力，除非以政府法令形式发布了附理由的反对意见。

第 87 条　（经 2002 年 4 月 2 日第 1.249 号法律修改）市镇预算由市镇财产收入、市镇的常规收入以及年度最初预算法中载明的预算拨款负担。

葡萄牙共和国宪法[*]

第三编　政治权力组织

第七章　自　治　区

第 225 条　（**亚速尔群岛与马德拉群岛的政治行政体制**）

1. 根据亚速尔群岛和马德拉群岛的地理、经济、社会与文化特点，以及岛上居民长久以来的自治愿望，在上述两群岛实行特殊的政治行政体制。

2. 区域自治的目的，在于保障公民的民主参与，加快经济和社会发展，以及促进与维护地区之利益，巩固国家的统一和加强葡萄牙人民的团结。

3. 地方的政治和行政自治，不得损害国家的主权完整，并须在宪法的范围内实行。

第 226 条　（**规章和选举法**）

1. 有关选举自治区立法议会议员的政治和行政规章草案及政府提案，应由自治区立法议会起草，并提交共和国议会讨论及通过。

2. 如共和国议会否决或建议修改上述规章草案或提案，应将草案或提案退回自治区立法议会复议并提出意见。

＊ 1976 年 4 月 2 日制宪会议通过，1976 年 4 月 25 日生效。

3. 共和国议会应对自治区立法议会的上述意见进行最后讨论并表决。

4. 以上条款的规定同样适用于对有关选举自治区立法议会议员的政治和行政规章及法律的修改。

第 227 条　（自治区的权力）

1. 自治区是区域性的法人，享有下列权力，这些权力可以在各自治区的规章中得到具体规定：

（1）对区域范围内事项制定政治和行政规章，且该事项不属于主权机关专有立法权范畴；

（2）依据共和国议会的授权，对属于共和国议会相对专有立法权范畴的事项进行立法，但第 165 条第 1 款第（1）项至第（3）项、第（4）项中的第一部分、第（6）项、第（9）项、第（12）项中的第二部分、第（14）项、第（15）项、第（16）项、第（18）项、第（19）项、第（21）项、第（22）项和第（24）项规定的事项除外；

（3）在区域范围内，发展并遵守法律中具有约束力的原则和一般基础性规定；

（4）为地方立法和由主权机关制定但主权机关不保留细则制定权的法律制定细则；

（5）依照第 226 条的规定，提出有关选举立法议会议员的规章和立法；

（6）依照第 167 条第 1 款的规定，向共和国议会提交地区政府提案和修正案草案；

（7）行使各自的行政管理权；

（8）管理和处置自治区的资产，从事与其利益有关的活动，签订与其利益有关的合同；

（9）依法行使自治区课税权，以及依据共和国议会通过的纲要法，并根据自治区具体情况变通适用国家财政制度；

（10）依据自治区章程和法律中有关自治区财政的规定，支配本地区税收收入，本着加强国家团结的原则支配部分国家税收收入，以及自治区的其他收入，并决定其支出；

（11）依法设立和撤销地方机关，或调整其辖区；

（12）对地方机关行使监管权；

（13）将农村人口聚居地升级为城镇或城市；

（14）对自治区内的部门、服务机构、公共学术机构、进行垄断经营或占主导地位的公有或国有企业，以及关系自治区利益的其他机构实施监督；

（15）通过自治区的经济和社会发展规划、自治区预算和收支账目，并参与制定国家规划；

（16）在不违反第 165 条第 1 款第（4）项规定的前提下，对行政违法行为及其处罚作出规定；

（17）参与制定和实施财政、货币、金融和外汇政策，以确保自治区能够控制资金的流通支付手段和为自治区经济与社会发展进行融资；

（18）参与制定有关领水、专属经济区和毗邻海底的政策；

（19）参与与其直接相关的国际条约和协定的谈判，并分享由此产生的利益；

（20）依据主权机关和外交事务主管机关制定的指导方针，与外国地区组织建立合作关系，加入旨在促进地区间对话和合作的组织；

（21）对属于主权机关职责范围且与自治区有关的事项、关系自治区利益的事项、在欧盟建设过程中葡萄牙的国家立场等事项提出意见，该意见可以由自治区自行提出，也可经向主权机关征求意见后提出；

（22）当与自治区有关的事务处于风险之中时，可以通过其派驻欧盟地区机构的代表，或派出代表团参加欧盟决策程序，或依据第 112 条的规定将欧盟立法或其他法案转化为自治区立法的方式，参与欧盟建设。

2. 请求给予立法授权的自治区政府提案应随请求获准制定的该自治区立法草案一同提交。第 165 条第 2 款和第 3 款的规定也适用于授予自治区相应立法权的法律。

3. 前款规定的授权随共和国议会或者得到授权的自治区立法议会任期届满或解散而失效。

4. 第 1 款第（2）项和第（3）项规定的地区性立法应写明对其进行立法授权的法律或基本法。第 169 条的规定参照适用于本条第 1 款第（2）项所规定的地区性立法。

第 228 条 （立法自治）

1. 自治区的立法自治应适用于制定各自的政治和行政规章，且不得侵犯主权机关的专有立法权。

2. 如果对某一事项没有专门的地区立法加以规定，且该事项不属于主权机关的专有立法权，则在自治区适用有关该事项的现行法律规定。

第 229 条 （国家主权机关与自治区机关的合作）

1. 国家主权机关在同自治区自治机关的合作中，应以改善岛屿环境带来的不利因素为宗旨，确保自治区的经济与社会发展。

2. 国家主权机关应随时对自身管辖的与自治区有关的事项同自治区自治机关进行协商。

3. 有关共和国与自治区的财政关系的立法应依据第 164 条第（19）项的规定制定。

4. 共和国政府与自治区政府可以以其他形式进行合作，特别是需要委托授权的事项。财政资金的划拨和财政审查机制的适用应视具体情况而定。

第 230 条　（共和国代表）

1. 应在每一自治区派驻 1 名共和国代表；由共和国总统在征求政府意见后进行任免。

2. 共和国代表的任期应与共和国总统的任期相同，在下一任代表就职时结束。但共和国代表被免职的除外。

3. 当共和国代表职位空缺或不能履行职务时，由该自治区立法议会主席暂时代理。

第 231 条　（自治区的自治机关）

1. 自治区立法议会和自治区政府为自治区的自治机关。

2. 立法议会按照比例代表制的原则，由直接、普遍及秘密选举产生。

3. 自治区政府在政治上对自治区立法议会负责，其主席由共和国代表根据地区选举结果任命。

4. 共和国代表根据自治区政府主席的建议任免自治区政府的其他成员。

5. 自治区政府应在自治区立法议会就职。

6. 自治区政府对涉及其自身的组织结构和工作流程的事项有专属管辖权。

7. 自治区自治机关官员的法律地位和职责，由自治区的政治和行政规章规定。

第 232 条　（自治区立法议会的职责）

1. 第 227 条第 1 款第（1）项至第（3）项、第（4）项中的后半部分、第（6）项、第（9）项的第一部分、第（11）项、第（13）项、第（16）项规定的权力，以及通过自治区预算、自治区经济和社会发展规划与自治区账目，和依据自治区具体情况变通适用国家财政体系，均为专属于自治区立法议会的职权。

2. 共和国总统可以提议由自治区登记选民全民投票来对关系自治区重大利益的事项作出具有法律约束力的决定，自治区立法议会负责提交全民投票草案。第 115 条的规定应参照适用于此类全民投票。

3. 自治区立法议会应依据宪法及自治区的政治行政通则的规定，自行起草和通过议事规则。

4. 第 175 条第（3）项、第 178 条第 1 款至第 6 款和第 179 条的规定参照适用于自治区立法议会及其议会党团。但第 179 条第 3 款第（5）项和第（6）

项、第 4 款的规定除外。

第 233 条　（共和国代表的签署与否决权）

1. 共和国代表有权签署并公布自治区的立法性法令和管理性法令。

2. 共和国代表应在收到自治区立法议会提交的任何法令后 15 日内，或自宪法法院裁定该法令没有违宪的裁判公布后 15 日内，签署该法令或行使否决权。如否决该法令，应说明理由，并以书面形式要求自治区立法议会对该法令进行复议。

3. 如果自治区立法议会确认该法令的最初表决是经全职议员的绝对多数票通过，共和国代表应在收到该法令后的 8 日内予以签署。

4. 共和国代表应自收到送交其签署的任何区政府命令之日起 20 日内予以签署或拒绝签署。如果拒绝签署，应向自治区政府发出书面通知并说明拒绝签署的理由。自治区政府可将该政府令转为提案提交自治区立法议会。

5. 共和国代表可以依据第 278 条和第 279 条的规定行使否决权。

第 234 条　（自治机关的解散）

1. 在征求国务委员会意见和在自治区立法议会拥有席位的政党的意见后，共和国总统可以解散自治区立法议会。

2. 自治区立法议会如被解散，则自治区政府亦被解散。在选举产生的新一任自治区政府就职之前，现政府仅能行使绝对必要的公共事务管理职能。

3. 自治区立法议会解散后，至新当选议会举行第一次会议前，该立法议会议员的任期及常务委员会的职责不受影响。

第八章　地方政府

第一节　一般原则

第 235 条　（地方机关）

1. 地方机关属于国家的民主组织机构。

2. 地方机关是拥有代表机关的区域性法人，致力于为本地居民谋求利益。

第 236 条　（地方机关的分类与行政区划）

1. 在大陆，地方机关分为镇、市和行政区三级。

2. 亚速尔自治区和马德拉自治区下设镇和市。

3. 在大城市和海岛，法律可以根据其具体情况，设立不同的地方政府组织。

4. 葡萄牙领土的行政区划由法律规定。

第 237 条 （行政分权）

1. 地方机关及其下设机构的职责与组织结构，由法律依据行政分权的原则规定。

2. 地方议会应依法行使职权，包括通过规划决策和预算。

3. 市警察机关应共同维护社会治安，保护当地居民社区。

第 238 条 （地方资产和地方财政）

1. 地方机关有权拥有资产和财政。

2. 地方财政制度由法律规定，应确保公共资源在国家和地方机关之间进行公平分配，并对同级的各地方机关之间的不平等事项作出必要的调整。

3. 地方机关的收入必须包括资产管理收益和服务收费。

4. 地方机关有权依据法律的相关规定进行征税。

第 239 条 （决策和执行机关）

1. 地方机关的组织机构应包括经选举产生并有决策权的议会和对该议会负责的合议执行机关。

2. 议会应按比例代表制由在当地登记的选民以直接、普遍及秘密选举产生。

3. 合议执行机关应包括适当数量的成员。候选人名单中获得选票数最多的候选人应依据法律规定的程序被任命为议会主席或者执行机关主席。法律应对选举程序、议会和合议执行机关的组成和罢免的条件及其工作规则作出规定。

4. 地方机关选举的提名可以由单个政党或政党联盟提出，也可以由选民团体提出。法律应作出具体规定。

第 240 条 （地方全民投票）

1. 依据法律规定的情形、条件和效力，地方机关可以将其职权范围内的事项提交当地登记选民进行全民投票。

2. 法律可以授权登记选民发起全民投票。

第 241 条 （制定规章权）

在宪法、法律、上级地方机关或对地方机关有监督权的机关颁布的法规的限制范围内，地方机关享有自行制定规章的权力。

第 242 条 （行政监督）

1. 对地方机关的行政监督包括审查地方机关对法律的遵守情况，行政监督应依据法定情形和法定方式进行。

2. 限制地方自治的监督措施，应依法先征询地方机关的意见。

3. 地方机关只有因严重违法或失职才能被解散。

第 243 条 （地方机关工作人员）

1. 地方机关应依法拥有自己的工作人员。

2. 有关国家工作人员和代理人的规定适用于地方机关的工作人员和代理人。

3. 法律应规定国家向地方机关提供技术援助与人员支持的方式，但不得影响其自治权。

第二节　镇

第 244 条 （镇机关）

镇的代表机关为镇议会和镇政府。

第 245 条 （镇议会）

1. 镇议会为镇的决策机关。

2. 对于人口少的镇，法律应当规定以登记选民全体会议代替镇议会。

第 246 条 （镇政府）

镇政府是镇的合议执行机关。

第 247 条 （协会）

镇可以依法设立协会管理共同利益。

第 248 条 （任务的委托）

镇议会可以将属行政性质，且不涉及行使当局权力的管理事项委托给居民组织。

第三节　市

第 249 条 （市的变更）

市的设立、撤销以及市的辖区的变更，应在事先征询自治区的地方机关的意见后依法进行。

第 250 条 （市机关）

市的代表机关包括市议会和市政府。

第 251 条 （市议会）

市议会是市的决策机关，由经直接选举产生的议员和市下设的各镇政府主席组成，经直接选举产生的议员人数应多于各镇政府主席的人数。

第 252 条 （市政府）

市政府是市的合议执行机关。

第 253 条 （协会和联合会）

市可以组建若干协会和联合会以管理共同利益。法律可以授予其具体的权力和职责。

第 254 条 （对直接税收的分配）

1. 市应依据法律规定公正地分配直接税的收入。

2. 市可以依法自行创设税收。

第四节 行 政 区

第 255 条 （法律上的设立）

各行政区通过法律的方式同时设立，该法律应当规定行政区的权力和组成、其下设机构的职责和工作规则，也可以规定各行政区适用的不同规则。

第 256 条 （事实上的设立）

1. 行政区事实上的设立，即由单个法律对每一个行政区的设立进行规定，应总体依据第 255 条中规定的法律，并且应由包括每一个行政区在内的全国性直接投票决定，如登记选民中的大多数投赞成票，则通过设立。

2. 如果某个有关事实上设立行政区的全国性问题，没有得到参加投票的大多数登记选民的赞成，则该问题的答案在法律上设立的各行政区不生效。

3. 前两款规定的以投票的方式向登记选民征求意见的制度，应依据相关组织法的规定实施，并应由共和国议会提出提案，由共和国总统决定，可以参照适用第 115 条的规定。

第 257 条 （职责）

各行政区应特别负责对公共部门和服务机构的指导，以及协调和支持各市的工作，但应尊重各市的自治权，且不限制各市的权力。

第 258 条 （规划）

行政区应制定地区规划，并应参与国家规划的制定。

第 259 条 （行政区机关）

行政区的代表机关是地区议会和地区政府。

第 260 条 （地区议会）

地区议会是地区的决策机关，大部分由经直接选举产生的议员组成，小部分由依据比例代表制和汉狄最高均数法选出的议员和该行政区内各市议会中经直接选举产生的议员组成。

第 261 条 （地区政府）

地区政府是行政区的合议执行机关。

第 262 条　（政府代表）

内阁可以在各行政区任命 1 名政府代表，中央政府代表的职责应扩展至该行政区所辖的各地方机关。

第五节　居民组织

第 263 条　（设立和区域）

1. 为促进当地居民参与地方行政管理活动，应当设立居住在比镇范围更小的地域内的居民组织。

2. 镇政府应主动地，或应一个或多个居民委员会的请求，或应一定人数居民的请求，划分前款规定的组织所辖区域，并应解决因区域划分产生的冲突。

第 264 条　（结构）

1. 居民组织的结构由法律进行规定，应包括居民大会和居民委员会。

2. 居民大会由在镇人口普查期间登记的居民组成。

3. 居民委员会由居民大会选举产生，并可以随时由居民大会解散。

第 265 条　（权利和职责）

1. 居民组织有权：

（1）就有关居民利益的行政事务向地方机关请愿；

（2）派代表列席镇议会，但无表决权。

2. 居民组织有权执行法律规定的或镇机关委托的任务。

瑞　　典

政府组织法*

第十四章　地方政府

第 1 条

瑞典设立市政府和县政府。这些地方政府的决策权由地方当选议会行使。

---

*　1974 年 2 月 28 日议会通过。

第 2 条

地方政府按照地方自治的原则管理涉及公共利益的地方或地区事务。有关这方面的细则由法律规定。按照相同的原则，地方政府还负责管理法律所规定的其他事务。

第 3 条

对地方自治的任何限制均不得超过为达到该限制之目的所必要的范围。

第 4 条

地方政府可为管理地方事务而征税。

第 5 条

根据法律，地方政府可能有义务为实现平等财政基础而承担其他地方政府所产生的费用。

第 6 条

有关改变王国行政区划的理由的规则由法律予以规定。

瑞士联邦宪法[*]

第三编　联邦、州、市镇

第一章　联邦和各州的关系

第一节　联邦和各州的任务

第 42 条　（1）联邦应履行宪法规定的任务。

（2）（已废除）。①

第 43 条　各州在权限范围内履行规定的任务。

第 43a 条②　（1）联邦只承担各州不能履行或需由联邦统一规定的任务。

---

* 1999 年 4 月 18 日经由公民投票通过，2000 年 1 月 1 日生效。

① 原文注：该款经 2004 年 11 月 28 日的公民投票而被废除，该废除自 2008 年 1 月 1 日起生效。

② 原文注：该条经 2004 年 11 月 28 日的公民投票而被接受，自 2008 年 1 月 1 日起生效。

（2）所有的享受国家给付的行政单位应对该给付的成本负责。

（3）所有负担国家给付成本的行政单位对该给付有决定权。

（4）在同样的标准下，任何行政单位都可以得到基础的给付。

（5）对国家的任务应以合理而充分的方式予以完成。

第二节　联邦与各州的合作

第 44 条　（1）联邦和各州在履行各自职责时应互相帮助、共同合作。

（2）联邦和各州有义务互相尊重、互相援助，并且彼此协商给予行政和司法的帮助。

（3）各州之间或者各州与联邦之间的分歧应尽可能通过协商或者调解解决。

第 45 条　（1）各州根据联邦宪法的规定参与联邦计划的决定程序，特别是立法方面的判定过程。

（2）联邦应在适当的时间就其计划的细节方面通知各州；当计划涉及州利益时，联邦应向其征求意见。

第 46 条　（1）各州根据宪法和法律实施联邦的法律。

（2）联邦和各州得就各州在实施联邦法律时的目标进行协商；为实现此目的，各州得在联邦财政的支持下实施各项计划。

（3）联邦允许各州根据各自特点拥有最大限度的实施法律的自由。

第 47 条　（1）联邦尊重各州的自治。

（2）联邦允许各州充分保留各自的职能，并尊重各州组织机构的自治。联邦为各州保留充足的财政来源并采取必要的财政措施以确保各州完成其任务。

第 48 条　（1）各州得签署州际条约、建立共同的组织或机构，特别是共同实现区域利益的任务。

（2）联邦在其权限范围内得参加此类条约。

（3）州际条约不得与联邦的权利和利益，以及其他各州的权利相抵触，且必须向联邦备案。

（4）各州得通过州际条约授权一个州际机构颁布实施州际条约的规定，并确保该规定符合如下条件：

a. 适用通过法律的程序予以通过；

b. 规定此类规定的重要基准。

（5）各州应遵守州际条约。

第 48a 条[①]   （1）根据相关各州的要求，联邦得赋予一些州际条约一般性强制力或要求特定的州在如下领域必须加入州际条约：

a. 刑事处罚和措施的执行；

b. 第 62 条第 4 款所规定的公立教育问题；[②]

c. 州立高等学校；[③]

d. 重要的跨区域文化机构；

e. 废品管理；

f. 污水净化；

g. 城镇交通；

h. 先进的医学和专业的诊所；

i. 安排残障人士及其康复机构。

（2）关于一般性强制力的宣告以联邦命令的形式作出。

（3）关于一般性强制力的宣告和加入州际条约的必要条件与程序，由法律予以规定。

第 49 条   （1）联邦法律优于与之相抵触的州法律。

（2）联邦确保各州遵守联邦法律。

第三节   市   镇

第 50 条   （1）市镇的自治由各州法律的规定予以保障。

（2）联邦应考虑其活动可能对市镇的影响。

（3）联邦为此应充分考虑城市、城镇和山区的具体情况。

第四节   联邦的保障

第 51 条   （1）各州均应制定民主宪法。各州宪法须得到人民的认同，并在多数选民认为必要的情况下予以修改。

（2）各州的宪法应得到联邦的保障。如不与联邦法律相抵触，此种保障获得承认。

---

①　原文注：该条经 2004 年 11 月 28 日的公民投票而被接受，自 2008 年 1 月 1 日起生效。

②　原文注：该项经 2006 年 5 月 21 日的公民投票而被接受。

③　原文注：该项经 2006 年 5 月 21 日的公民投票而被接受。

第 52 条 （1）联邦保护各州的宪法秩序。

（2）当各州的宪法秩序遭遇困难和威胁，并且无法自己或在其他各州的帮助下维持其秩序时，联邦应当介入。

第 53 条 （1）联邦保护各州的存在、地位及其区域。

（2）州的数量和地位的变化须得到相关各州及其选民的批准，且须提交瑞士人民和各州投票。

（3）各州之间区域的变更须得到相关选民及相关州的批准，随后提交联邦议会以联邦命令的形式通过。

（4）州界的调整须由相关各州通过州际条约予以实现。

塞尔维亚共和国宪法[*]

第七章　区域组织

第一节　省自治和地方自治

第 176 条　概念

公民应享有实行省自治和地方自治的权利，他们直接或者通过他们自由选出的代表行使这一权利。

自治省和地方自治单位应有法人的地位。

第 177 条　权限的确定

地方自治单位应当在那些在地方自治单位内可以有效实现的事务方面享有权限，自治省可以在那些在自治省内可以有效实现的事务方面享有权限，这些事务不应当是塞尔维亚共和国的权限。

法律应规定哪些事务须符合共和国、省或者地方利益。

第 178 条　权限的委托

根据法律，塞尔维亚共和国可以将其权限内的特定事务委托自治省和地方自治单位。

　＊ 2006 年 9 月 30 日国民大会特别会议通过，10 月 28 日、29 日交由全民公决，2006 年 11 月 8 日生效。

自治省可以根据其决定，将其权限内的特定事务委托地方自治单位。

根据受委托者的能力，塞尔维亚共和国或者自治省为受委托者提供执行委托事务所需要的资源。

在监督委托权限执行过程中，自治省和地方自治单位的权利和义务以及塞尔维亚共和国和自治省的权力应由法律规定。

第179条 自主组织机构的权利

自治省根据宪法和法规，地方自治单位根据宪法和法律，应自主地规范其机构和公共服务机构的组织和权限。

第180条 自治省和地方自治单位的议会

议会应是自治省和地方自治单位的最高机构。

议会应由代表组成，地方自治单位的议会由顾问组成。

代表和顾问应通过投票在直接选举中产生，任期4年，代表选举依据自治省议会的决定，而顾问选举则依据法律规定。

在拥有不同民族人口的自治省和地方自治单位中，根据法律，应当规定在议会中占一定比例的少数民族代表。

第181条 自治省和地方自治单位的合作

自治省和地方自治单位应当在塞尔维亚共和国外交政策的范围内，在遵守塞尔维亚共和国领土完整和法律体系的情况下，与相应地区社区和其他国家的地方自治单位合作。

第二节 自 治 省

第182条 自治省的概念、设立和地域

自治省应当是宪法建立的自治的地域社区，公民在此行使省自治权。

在塞尔维亚共和国，有伏伊伏丁那自治省以及科索沃和梅托希亚自治省。科索沃和梅托希亚自治省的实质性自治应当由按照为修改宪法规定的程序通过的特别的法律来规范。

新的自治省可以设立，而已经设立的自治省可以遵循为修改宪法规定的程序而撤销或者合并。根据法律，建立新的，或者撤销或合并现存自治省的建议应当由公民在公民复决中确认。

自治省的地域以及自治省的边界可以改变的条件应由法律规范。根据法律，自治省的边界未经其公民在公民复决中同意的，不得改变。

第183条 自治省的权限

根据宪法及其法规，自治省应当规范其设立的机构和服务机构的权限、选

举、组织和工作。

根据法律，自治省应当在下列领域规范关系省利益的事务：

（一）城市规划和发展；

（二）农业、水利、经济、林业、狩猎、渔业、旅游、餐饮、温泉和保健名胜、环境保护、工业和手工业、道路、河流和铁路交通以及道路维修、组织集市和其他经济活动；

（三）教育、体育、文化、保健和社会福利以及省级的公共信息传播。

根据法律，自治省应关照人权和少数人权利的行使。

自治省应设立其标志，以及确定以何种方式投入使用。

自治省应按照法律规定的方式管理省的财产。

自治省应根据宪法和法律，有直接的收入，向地方自治单位提供资源以履行委托的事务，并通过其预算和年度资产负债表。

第 184 条　自治省的财政自治

自治省应有直接的收入以为其权限提供财政支持。

直接收入的种类和数量应由法律规定。

法律应规定自治省在塞尔维亚共和国收入中享有的份额。

考虑到伏伊伏丁那自治省的 3/7 的预算应当被用于资助基本建设费用，伏伊伏丁那自治省的预算至少应达到塞尔维亚共和国预算的 7%。

第 185 条　自治省的法律文件

法规应当是自治省的最高法律文件。

伏伊伏丁那自治省的法规应由其议会通过，并由国民议会事前批准。

自治省应就其权限范围内的事务制定颁布其他决定和一般性法令。

第 186 条　对自治省机构工作的监督

政府得在其生效前在宪法法院面前启动评估自治省所通过决定的合宪性与合法性的程序。在此意义上，宪法法院得在通过其裁决前推迟自治省争议决定的生效。

第 187 条　省自治的保障

如果一个单独的法律文件或者国家机构或地方自治单位的行为阻碍了自治省履行其权限，由自治省法规设定的机构应有权向宪法法院上诉。

自治省法规设定的机构可以就侵犯自治省权利的塞尔维亚共和国法律和其他法律文件或者地方自治单位法规的合宪性或者合法性启动评估程序。

第三节　地方自治

第188条　一般条款
地方自治单位是自治市、城镇和贝尔格莱德市。

地方自治单位的地域和位置应由法律规定。

地方自治单位地域的设立、撤销或者变更应通过关于该地方自治单位地域的公民复决进行。

根据法律,地方自治单位的事务应当由地方自治单位直接收入和塞尔维亚共和国预算提供资助;根据自治省议会的决定,在自治省将其权限内事务的履行进行委托的情况下,由伏伊伏丁那自治省预算资助。

第189条　地方自治单位的法规
自治市应由法律设立和撤销。

城镇应由法律根据规范地方自治的法律所规定的标准设立。

城镇应当有宪法委托给自治市的权限,而其他权限得由法律委托给它。

城镇法规可以规定在城镇的地域内建立两个或者更多城镇自治市。城镇法规应当规范属于城镇权限范围内而由城镇自治市履行的事务。

塞尔维亚共和国的首都贝尔格莱德市的地位,应当由关于首都和贝尔格莱德市地位的法律规定。贝尔格莱德市应具有宪法和法律委托给自治市和城市的权限,并且具有其他根据关于首都的法律委托的权限。

第190条　自治市的权限
自治市应当,通过其机构,并且根据法律:

(一)　规范和提供市政活动的履行和发展;

(二)　规范和提供城市建设用地和商业地产的使用;

(三)　为地方公路和街道网络以及其他涉及自治市利益的公共设施的建设、重建、维护和使用负责;规范和提供地方交通;

(四)　对满足公民在教育、文化、保健和社会福利、儿童福利、运动和体育领域的需要负责;

(五)　对旅游、手工业、餐饮业和商业的发展和改善负责;

(六)　对环境保护、针对自然和其他灾害的防治负责;保护关系自治市利益的文化遗产;

(七)　农业用地的保护、改善和使用;

(八)　履行法律规定的其他义务。

自治市应根据法律自主地通过预算和年度资产负债表,城市发展规划和自治市发展计划，设定自治市的标志，以及它们的使用。

自治市应关照人权和少数人权利的行使、保护和改善，以及自治市的公共信息传播。

自治市应根据法律自主地管理自治市的财产。

自治市应根据法律规定违反自治市规章的违法行为。

第191条 自治市法律文件和机构

法规应是自治市的最高法律文件。法规应由自治市议会通过。

自治市议会应当通过其权限内的一般性法令，通过预算和年度资产负债表，通过发展规划和自治市空间规划，筹划自治市的公民复决并履行法律和法规规定的其他义务。

根据法律，自治市机构应当是自治市议会以及法规设定的其他机构。

自治市应当根据法律和法规决定自治市行政机关的选举。

城镇以及贝尔格莱德市行政机构的选举应由法律规定。

第192条 监督自治市的工作

政府有义务取消它认为不符合宪法或者法律的自治市一般性法令的执行，并且在5日内启动其合宪性或者合法性的评估程序。

政府可以，根据法律规定的条件，解散自治市议会。

与自治市议会的解散同时，政府应考虑解散自治市议会的政治和民族构成而指定临时机构，该机构应履行议会权限内的义务。

第193条 地方自治的保护

如果一个单独的法律文件或者一个国家机构或者地方自治单位的机构的行为阻碍了自治市履行其权限，自治市法规设定的机构应有权向宪法法院提出上诉。

自治市法规设定的机构可以启动评估塞尔维亚共和国或者自治省侵犯地方自治权的法律或者其他法律文件合宪性与合法性的程序。

斯洛伐克共和国宪法 [*]

第四章　地方自治

第 64 条

自治区是地方自治的基本元素。地方自治包括自治区和高级地方单位。

第 64 条之一

自治区和高级地方单位是斯洛伐克共和国内独立的地方行政单位，由永久居住在该地方的人组成。具体细则由法律规定。

第 65 条

一、自治区和高级地方单位属于法人，根据法律规定的条件，可以独立地管理其财产和财政资源。

二、自治区和高级地方单位主要以其财政收入和国家补贴获得所需资金。法律应规定哪些赋税和规费属于自治区和高级地方单位的财政收入。国家补贴只有在法律规定的范围内才可以主张。

第 66 条

一、一个自治区有权与其他自治区协同解决共同利益事务；一个高级地方单位也有同样的权利与其他高级地方单位合作。相应的条件由法律规定。

二、自治区的联合、分裂与解体由法律规定。

第 67 条

一、地方自治是在自治区居民会议中，通过地方公民投票实施，通过高级地方单位之领域内的公民投票实施，通过自治区机关或高级地方单位的机关实施。实施地方公民投票和高级地方单位领域内公民投票的方式由法律规定。

二、与实施地方自治有关的义务与限制应由法律在与第 7 条第五款相一致的国际条约的基础上施加于自治区和高级地方单位。

三、仅以法律规定的方式，国家才可以干预自治区和高级地方单位的活动。

第 68 条

为确保法律设定的自治任务的完成，自治区和高级地方单位可以就地方自

---

* 1992 年 9 月 1 日斯洛伐克共和国国民议会通过，1992 年 10 月 1 日生效。

治事务发布一般性的有约束力的规章。

第 69 条

一、自治机构是指：

（一）自治议会；

（二）自治政府首长。

二、自治议会由自治区议员组成。自治议会议员由自治区公民在具有永久居留身份的公民中选任，每届任期 4 年。议员的选举在普遍、平等且直接的选举的基础上以秘密投票的方式进行。

三、自治政府首长由自治区公民在普遍、平等且直接的选举的基础上以秘密投票的方式从具有永久居留身份的公民中选任，每届任期 4 年。自治政府首长是自治区的执行机构，其履行自治区的管理职责并对外代表自治区。对自治政府首长在任期届满之前解职的理由和方式由法律规定。

四、地方自治机构是指：

（一）地方自治单位的议会；

（二）地方自治单位的主席。

五、地方自治议会由地方自治议会的议员组成。议员由地方自治单位公民在具有永久居留身份的公民中选任，每届任期 4 年。议员的选举在普遍、平等且直接的选举的基础上以秘密投票的方式进行。

六、地方自治单位主席由自治单位公民在普遍、平等且直接的选举的基础上以秘密投票的方式从具有永久居留身份的公民中选任，每届任期 4 年。对主席在任期届满之前解职的理由和方式由法律规定。地方自治单位的主席是自治单位的执行机构，其履行自治单位的管理职责并对外代表自治单位。

第 70 条

一个自治区被宣告为城镇的前提条件以及宣告方法由法律规定，法律同时应指明该城镇的名字。

第 71 条

对于地方国家行政机关的指定任务的执行可以依法交由自治区和高级地方单位完成。以此种方式执行行政任务所产生的费用由国家承担。

在执行国家行政任务时，经法律授权，自治区和高级地方单位可以在法律的基础上并在其界限内，发布在其管辖区域内具有一般约束力的法令。政府指导和监督根据法律交由自治区和高级地方单位执行的行政事务。具体细则由法律规定。

斯洛文尼亚共和国宪法[*]

第五章　自　　治

第一节　地方自治

第138条　地方自治的实施

斯洛文尼亚的公民在区和其他地方共同体中实行地方自治。

第139条　城镇市

城镇市是斯洛文尼国的地方自治区域。

城镇市的范围包含一个或几个因公民的共同需要或利益而结合在一起的生活区。

在经过公民投票以确定一定地域公民的意志后，由法律规定城镇市的设置。法律规定城镇市的地域。

第140条^①　地方自治政府的权限

城镇市的权限包括它能够独立处理的、只涉及本市公民的地方事务。

根据法律的规定，在提供必要资金的前提下，国家可以把国家权限中的某些职能转移给城镇市行使。

在由国家转移给城镇市处理的事务上，国家机关要监督城镇市政府是否恰当和称职地履行职责。

第141条　非城镇市

根据法律规定的程序和条件，一个乡镇可以获得非城镇市的地位。

在其原先的管辖范围内，根据法律的规定，非城镇市应在政府的权限范围

---

　　* 1991 年 12 月 23 日国民议会公布生效。

　　① 编者注：根据修改斯洛文尼亚共和国宪法第 121 条、第 140 条和第 143 条的宪法修正案于 2006 年 6 月 27 日修正（斯洛文尼亚共和国政府公文号：68/06）。原第 140 条规定如下："城镇市的权限包括它能够独立处理的、只涉及本市公民的地方事务。在事先征得城镇市或更大范围的地方自治共同体的同意后，国家可以制定法律，在提供必要资金前提下，把国家权限中的某些职能转移给城镇市或更广的地方自治共同体行使。在由国家转移给城镇市处理的事务上，国家机关要监督城镇市政府是否恰当和称职地履行职责。"

内履行有关城市发展的特殊职责。

第 142 条　市级行政单位的收入

市级行政单位的财政经费靠本身的来源筹集。凡是经济不够发达不能完全保证任务实施的市，国家根据法律规定的原则和标准向它们提供补充资金。

第 143 条①　区

区是一个地方性自治区域，管理具有广泛重要性的地方事务以及法律规定的在区范围内具有重要性的特定事务。

根据法律设立区，并由法律规定其区域范围、区首府和区名。此类法律由国民议会批准，由国民议会出席议员 2/3 多数通过。必须保障区参与批准此类法律的权利。

根据法律的规定，国家在其权限内将特定职能的履行转移给区时，必须提供必要的资金支持。

第 144 条　国家机关的监督

国家机关对地方政府机关工作的合法性进行监督。

第二节　其他形式的自治

第 145 条　社会活动中的自治

为促进其利益，市民可以结成自治性的组织。

根据法律的规定，可以授权公民在国家权限范围内管理特定自治政府事务。

---

① 编者注：根据修改斯洛文尼亚共和国宪法第 121 条、第 140 条和第 143 条的宪法修正案于 2006 年 6 月 27 日修正（斯洛文尼亚共和国政府公文号：68/06）。原第 143 条规定如下："更大范围的地方自治共同体（条旨），各市独立的决定联合成更广的地方自治共同体（如区）以处理和调解具有更广泛意义的地方事务。国家在同这些更大的共同体的协议中，可以把自己权限中的某些职权移交给它们，成为它们的基本职权，并可以决定这些共同体参与建议和处理国家权限中的某些事务。上款所述移交权限的原则和标准由法律规定。"

乌克兰宪法 [*]

第九章 乌克兰的区域结构

第 132 条

乌克兰的区域结构，建立在国家领土的统一和完整，集中地和分散地行使国家权力相结合，各地区社会经济平衡发展，顾及各地区的历史特点、经济特点、生态特点、地理特点和人口特点以及民族传统和文化传统的原则之上。

第 133 条

克里米亚自治共和国、州、区、市、市辖区、镇和村构成乌克兰的行政区域结构体系。

（参见乌克兰宪法法院 2001 年 7 月 13 日通过的第 11—pπ/2001 号决议对第 133 条第 1 款的规定所作的正式解释。）

在乌克兰的组成中，设有克里米亚自治共和国，文尼察州、沃伦州、第聂伯罗彼得罗夫斯克州、顿涅茨克州、日托米尔州、外喀尔巴阡州、扎波罗热州、伊万诺—弗兰科夫斯克州、基辅州、基洛夫格勒州、卢甘斯克州、里沃夫州、尼古拉耶夫斯克州、敖德萨州、波尔塔瓦州、利夫涅斯克州、苏梅州、捷尔诺波尔州、哈尔科夫州、赫尔松州、赫梅利尼茨基州、切尔卡琴州、切尔诺维察州、切尔尼戈夫州，基辅市和塞瓦斯托波尔市。

基辅市和塞瓦斯托波尔市，具有乌克兰法律规定的特殊地位。

（参见乌克兰宪法法院 2001 年 7 月 13 日通过的第 11—pπ/2001 号决议对第 133 条第 3 款的规定所作的正式解释。）

第十章 克里米亚自治共和国

第 134 条

克里米亚自治共和国是乌克兰不可分割的组成部分，在乌克兰宪法规定的权限范围内解决划归克里米亚自治共和国管辖的问题。

---

* 1996 年 6 月 28 日乌克兰最高拉达第五次会议通过。

第 135 条

克里米亚自治共和国拥有克里米亚自治共和国宪法。克里米亚自治共和国宪法由克里米亚自治共和国最高拉达通过，并由乌克兰最高拉达以宪法所规定组成人员的 1/2 多数予以批准。

克里米亚自治共和国最高拉达的规范性法律文件①和克里米亚自治共和国部长会议的决议，不得与乌克兰的宪法和法律相抵触。克里米亚自治共和国最高拉达的规范性法律文件和克里米亚自治共和国部长会议的决议，根据并为了执行乌克兰宪法、乌克兰法律、乌克兰总统和乌克兰内阁的文件予以通过。

第 136 条

克里米亚自治共和国最高拉达是克里米亚自治共和国的代表机关。

克里米亚自治共和国最高拉达在自己的权限范围内，通过在克里米亚自治共和国必须执行的决定和决议。

克里米亚自治共和国部长会议是克里米亚自治共和国政府。克里米亚自治共和国部长会议主席，由克里米亚自治共和国最高拉达在征得乌克兰总统同意后任免。克里米亚自治共和国最高拉达和克里米亚自治共和国部长会议的权限、组织和活动的程序，由乌克兰宪法和乌克兰法律以及克里米亚自治共和国最高拉达就划归其职权范围内的问题通过的规范性法律文件予以规定。

克里米亚自治共和国的司法权，由作为乌克兰统一法院体系组成部分的法院予以行使。

第 137 条

克里米亚自治共和国对下列问题实施规范性调整：

（1）农业和林业；

（2）土壤改良②和露天采矿；

---

① 译者注：规范性法律文件的俄文表述，是 нормативные правовые акты 或 нормативно - правовые акты。规范性法律文件，简称法律文件，是一个国家宪法、法律和规范性文件的泛称。在联邦制国家里，规范性法律文件也可以是联邦主体（成员国）宪法、法律和规范性文件的泛称。例如，《俄罗斯联邦宪法》第 15 条第 3 款规定，"任何涉及人和公民权利、自由和义务的规范性法律文件，未经正式公布并未为公众所知的，不得予以使用"。《乌克兰宪法》第 135 条第 2 款所说的 "克里米亚自治共和国最高拉达的规范性法律文件"，也是一例。但是，规范性法律文件也可以仅仅是规范性文件的泛称。值得指出的是，新中国成立初期，我国的专家学者将 нормативные правовые акты 或 нормативно - правовые акты 译为 "法规"。这种译法一直流传至今，仍为众多专家学者使用。

② 译者注：俄罗斯联邦、乌克兰等独联体国家高度重视生态环境的保护问题。其中，也包括第 137 条第 2 款所说的 "土壤改良" 和 "土壤污染" 问题。

（3）公共工程、手工业；慈善活动；

（4）城市建设和房地产业；

（5）旅游、旅馆业、集市；

（6）博物馆、图书馆、剧院和其他的文化设施以及历史文化保护区；

（7）公共运输、公路、导水管道①；

（8）狩猎业、渔业；

（9）保健和医疗服务。

在克里米亚自治共和国最高拉达的规范性法律文件不符合乌克兰宪法和乌克兰法律的情况下，乌克兰总统可以中止克里米亚自治共和国最高拉达的上述规范性法律文件，并同时请求乌克兰宪法法院裁决上述规范性法律文件的合宪性。

第 138 条

下列问题属于克里米亚自治共和国管辖：

（1）确定举行克里米亚自治共和国最高拉达代表的选举，批准克里米亚自治共和国选举委员会的组成人员；

（2）组织和举行地方公决；

（3）管理属于克里米亚自治共和国的财产；

（4）根据乌克兰统一的税收和预算政策，编制、批准和执行克里米亚自治共和国预算；

（5）依照全国性规划的规定，编制、批准和执行克里米亚自治共和国社会经济和文化发展规划、自然资源的合理利用规划、环境保护规划；

（6）承认某些地区的疗养区地位；确定疗养地的卫生保护区；

（7）参与保障公民的权利和自由、民族和睦，协助维护法律秩序和公共安全；

（8）保障克里米亚自治共和国国家和民族的语言与文化的运用和发展；保护和利用历史文物；

（9）参与制定和实现使被驱逐出祖籍地的民族返回家园的国家规划；

（10）提议在克里米亚自治共和国或者在克里米亚自治共和国的部分地区实施紧急状态，确定生态紧急情况区。

乌克兰法律也可以授予克里米亚自治共和国其他权限。

第 139 条

在克里米亚自治共和国设立乌克兰总统的代表机关。乌克兰总统代表机关

---

① 译者注：这里所说的"导水管道"，既包括上水管道，也包括下水管道。

的地位，由乌克兰法律予以规定。

第十一章　地方自治

第 140 条

地方自治是区域性村社（村的居民，或者几个村、镇和市的居民自愿联合为村社）在乌克兰宪法和法律规定的范围内，独立自主地解决地方性问题的权利。

（参见乌克兰宪法法院 2002 年 6 月 18 日通过的第 12—pп/2002 号决议、2003 年 12 月 25 日通过的第 21—pп/2003 号决议对第 140 条第 1 款的规定所作的正式解释。）

在基辅市和塞瓦斯托波尔市实行地方自治的特殊性，由乌克兰的单行法律予以规定。

（参见乌克兰宪法法院 2003 年 12 月 25 日通过的第 21—pп/2003 号决议、2005 年 10 月 13 日通过的第 9—pп/2005 号决议对第 140 条第 2 款的规定所作的正式解释。）

地方自治由区域性村社依照法律规定的程序，直接地或者通过地方自治机关（村苏维埃、镇苏维埃和市苏维埃以及它们的执行机关）予以实施。

（参见乌克兰宪法法院 2003 年 12 月 25 日通过的第 21—pп/2003 号决议对第 140 条第 3 款的规定所作的正式解释。）

区和州的苏维埃是代表村、镇和市的区域性村社共同利益的地方自治机关。

市辖区管理的组织问题，属于市苏维埃的职权范围。

（参见乌克兰宪法法院 2001 年 7 月 13 日通过的第 11—pп/2001 号决议对第 140 条第 5 款的规定所作的止式解释。）

村、镇和市的苏维埃根据居民的动议，可以批准成立居民楼的、街道的、街区的居民自治机关以及其他的居民自治机关，并将自己的部分职权、资金和财产授予（或拨给）它们。

第 141 条

村、镇和市的苏维埃的代表，由村、镇和市的居民按照普遍的、平等的和直接的选举制，并采用无记名投票方式选举产生，每届任期 4 年。

各区域性村社按照普遍的、平等的和直接的选举制，并采用无记名投票方式选举产生相应的村、镇和市的长官，每届任期 4 年。村、镇和市的长官领导本级苏维埃的执行机关，并主持其会议。

第 142 条

地方自治的物质基础和财政基础，是属于村、镇、市、市辖区的区域性村社所有的动产和不动产、地方预算的收入、其他的货币资金、土地、自然资源，以及属于区和州的苏维埃管理的上述区域性村社共有财产的客体。

（参见乌克兰宪法法院 2001 年 7 月 13 日通过的第 11—pп/2001 号决议对第 142 条第 1 款的规定所作的正式解释。）

村、镇和市的区域性村社可以根据合同原则，合并地方公用事业财产客体和预算资金以便完成共同的项目，或者共同为地方公用事业性企业、机构和组织拨款（共同维持地方公用事业性企业、机构和组织），并为上述目的成立专门的机关和局。

国家参与形成地方自治预算的收入，从财政上支持地方自治。因国家权力机关所通过决议产生的地方自治机关的支出，应当由国家予以补偿。

第 143 条

村、镇和市的区域性村社可以直接地或者通过它们所成立的地方自治机关管理地方所有的财产；批准社会经济和文化发展规划，并监督其执行情况；批准相应行政区域单位的预算，并监督其执行情况；依照法律的规定确定地方的税收和收费；保障地方公决的举行，并保障地方公决决议的执行；成立、改组和撤销地方公用事业性企业、组织和机构，以及对它们的活动实施监督；解决由法律划归其职权范围的其他地方性问题。

州和区的苏维埃批准相应州和区的社会经济和社会发展规划，并监督其执行情况；批准由用于区域性村社之间进行相应分配的，或者用于完成共同项目的国家预算资金，以及根据合同原则从地方各级预算吸收来的资金组成的区和州的预算，以便完成共同的社会经济和文化发展规划，并监督它们的执行情况；解决由法律划归州和区苏维埃职权范围的其他问题。

地方自治机关可以由法律赋予其执行权力机关的部分权限。国家通过使用乌克兰国家预算资金，或者依照法律规定的程序将部分国家税收列入地方预算的途径，为上述权限的行使拨付需要的全部款项，并将相应的国有资产客体转交给地方自治机关。

在地方自治机关行使执行权力机关权限的问题方面，地方自治机关受相应执行权力机关的监督。

第 144 条

地方自治机关可以在法律规定的权限范围内，通过在相应区域内必须执行的决议。

地方自治机关的决议在与乌克兰宪法或者乌克兰法律相抵触时，可以依照法律规定的程序予以中止，并应当同时诉诸法院。

第 145 条

地方自治的权利，可以依照司法程序予以保护。

第 146 条

地方自治组织的其他问题，地方自治机关的组建、活动和责任问题，由法律予以规定。

西班牙王国宪法[*]

第八章　国家的地区组织

第一节　总　　则

第 137 条　市、省和自治区

国家行政区划分为市镇、省和自治区。所有这些地区在各自管理的事务中均享有自主权。

第 138 条　团结和地区平等

第 1 款　国家保证宪法第 2 条确定的团结原则的有效执行，维护西班牙领土各部分之间公正、适当的经济平衡，并特别考虑岛屿的情况。

第 2 款　各自治区章程的差异在任何情况下均不意味着存在经济或社会的特权。

第 139 条　西班牙人在国家领土上的平等

第 1 款　所有西班牙人在国家领土的任何地方都有相同的权利和义务。

第 2 款　任何当局均不得采取直接或间接措施阻碍在西班牙境内的个人迁徙、定居的自由以及货物的自由流通。

＊ 1978 年 10 月 31 日国会两院通过，1978 年 12 月 6 日西班牙公民投票通过，1978 年 12 月 27 日由国王在国会签署，1978 年 12 月 29 日生效。

第二节　地方行政

第 140 条　自治和城市民主

宪法保证城市的自主权，其享有完全的法人资格。市长和市政委员组成的市政府负责市的统治和管理。市政委员由本市居民按照法律规定的方式，通过普遍、平等、自由、无记名的选举产生。市长由 10 名市政委员或居民选举产生。法律应规定市政委员会公开会议制度适用的条件。

第 141 条　省　岛屿

第 1 款　省是一个由市镇组成、有独立法律人格的地方实体，是一级履行国家职能的行政区划。领土区划的目的是执行国家行为。省界的任何变更必须由国会通过组织法批准。

第 2 款　各省的统治和自主行政管理委托给省议会或具有代表性的其他法人机构行使。

第 3 款　可以建立有别于省的市镇联合。

第 4 款　在群岛地区，各岛屿还可成立议事会或委员会等自己的行政管理机构。

第 142 条　地方财政

为履行法律向各行政管理机构分配的任务，地方财政必须有充足的可利用的资金，其财政经费主要来自地方税收和国家、自治区税收中的份额。

第三节　自　治　区

第 143 条　自治区的自治　自治动议权

第 1 款　为行使宪法第 2 条承认的自治权，具有共同的历史、文化特征的毗邻省份、岛屿地区以及在历史上曾是一个地区单位的省份，可根据本章及各自章程的规定实行自治，组成自治区。

第 2 款　自治进程的劲议权属于有关的各省议会或相关岛屿机构，或属于 2/3 的市，这些市的人口至少应占各省或岛屿选民的多数。上述要求应在某一有关地方行政机构作出最初协议后的 6 个月内达到。

第 3 款　自治动议权如未能实现，须 5 年后方可重新提出。

第 144 条

为了民族的利益，国会可通过组织法行使如下职权：

1. 批准成立地域范围不超过一省、不具备第 143 条第 1 款规定条件的自治区。

2. 批准或同意除省级以外地区的自治章程。

3. 接管第143条第2款所列地方行政机构的动议权。

第145条　自治区之间的合作

第1款　在任何情况下都不允许自治区联合。

第2款　自治区章程可规定自治区之间可以就与其有关的管理以及提供服务的情况、要求和条件达成协议，并可规定向国会报告的性质和作用。在其他情况下自治区之间的合作协议须经国会批准。

第146条　章程的起草

由相关各省的省议会、岛屿间机构成员及这些省和岛屿选出的众议员和参议员组成的大会起草自治章程，并提交国会由其制定为法律。

第147条　自治章程　自治章程的修改

第1款　在本宪法条款中，自治章程是各自治区的基本法规，国家承认和保护其作为法律体系不可或缺的组成部分。

第2款　自治章程必须包括：

1. 最符合其历史特征的自治区名称。

2. 地区边界。

3. 本区自治机构的名称、组织和所在地。

4. 宪法规定范围内的职权，以及相应服务移交的基本规则。

第3款　自治章程的修改将按照章程中所规定的程序进行，在任何情况下均须经国会通过组织法批准。

第148条　自治区的职权

第1款　自治区可对下述事项行使职权：

1. 组织其自治机构。

2. 更改本地区城市边界；变更总体上属于国家行政当局对地方行政机关移交的职权，此变更可以由地方政府立法授权。

3. 城镇规划和住房建设。

4. 自治区在其地域内的公共工程。

5. 全程在同一自治区地域内的铁路和公路，以及在同一自治区地域内进行的铁路、公路运输或电缆传送。

6. 避风港、体育用港和飞机场，以及总体上不进行商业性活动的上述地方。

7. 根据经济总体规划，管理本区的农业和畜牧业。

8. 林地和林产的使用。

9. 管理环境保护。

10. 自治区受益的水利工程、运河和灌溉工程的设计、建设和运转；矿泉水和地热的开发。

11. 内水捕鱼、海产和水产业、狩猎以及河流捕鱼。

12. 当地集市。

13. 根据全国经济政策规定的目标，促进自治区的经济发展。

14. 手工业。

15. 与自治区有关的博物馆、图书馆和音乐厅。

16. 本自治区的文物。

17. 促进文化、科研以及适当时自治区语言的教学。

18. 促进和规划自治区内的旅游业。

19. 促进体育和适当的娱乐活动。

20. 社会救济。

21. 卫生保健。

22. 监督和保护自己的建筑物和设施。根据组织法的规定行使对地方警察的协调及其他职权。

第 2 款　5 年后，自治区可通过修改其章程，在第 149 条规定的范围内逐步扩大其职权。

第 149 条　国家专属职权　国家文化服务

第 1 款　国家对下列事项享有排他的专属权：

1. 规定保证所有西班牙人在行使宪法权利和履行宪法义务方面一律平等的基本条件。

2. 国籍、国内移民、国外移民、外国人的地位和庇护权。

3. 国际关系。

4. 国防和武装力量。

5. 司法管理。

6. 商法、刑法和监狱法；诉讼法，但不损害各自治区因实质权利的特殊性所产生的必要的特殊规定。

7. 不损害各自治区机构对其加以执行的劳工立法。

8. 民法，但不妨碍自治区保留、修改和执行已存在的特殊民事权利。在任何情况下，关于法规实施和效力的规定、关于婚姻形式的司法与民事关系、公共注册和契约的整治、解决法律间矛盾的规定以及确定特别权利的法律根据等事项，都属于国家的职权。

9. 有关知识产权和工业产权的立法。

10. 海关和关税制度；对外贸易。

11. 货币制度：外汇、汇率和兑换；信贷、银行和保险业等规定的基础。

12. 关于度量衡的立法；正式时间的确定。

13. 经济活动整体规划的基础与协调。

14. 总财政和国家债务。

15. 科学技术研究的促进工作和总协调。

16. 对外卫生工作。卫生保健事业的基础和统筹。关于医药产品的立法。

17. 社会保险的基本法和财政制度，但不妨碍由自治区进行相关服务的工作。

18. 公共行政机构法律制度和公共行政官员章程制度的基础。在任何情况下，应保证所有人在上述行政部门受到同样的对待；一般行政管理程序，但不得损害自治区自身组织的特殊性；有关强制征用的立法；关于合同和行政特许协议的基本立法，以及所有公共行政部门的责任制度。

19. 不损害管理部门规章制定权的海洋捕鱼，由自治区授予其权力。

20. 商贸船队和船舶登记；海岸照明和海上标志；公共利益性港口；公共利益性航空港；领空管制，航空买卖和运输；气象服务和航空器的注册。

21. 途经一个以上自治区区域的铁路和陆地运输；关于通讯的整体制度；机动车辆的买卖；邮政服务和电讯；空中、海底电缆及无线电通讯。

22. 水流经过一个以上自治区的水利资源的立法，管理、租让和开发；涉及另一个自治区或超出一个自治区的电力输送的水利发电设施的批准权。

23. 关于环境保护的基本立法，不得损害自治区制定补充性保护的规定。关于林地、林产的利用和牲畜通道的基本立法。

24. 具有公共利益性质或其运行涉及一个以上自治区的公共工程。

25. 矿业和能源制度的基本法。

26. 生产、销售、占有和使用武器、爆炸物的制度。

27. 关于报刊、广播、电视及一切社会传播方式的基本规定，不得损害自治区涉及这些传播方式发展和使用过程中的权利。

28. 保护西班牙的文化、艺术遗产和文物，不准出口和掠夺；属于国家所有的博物馆、图书馆和档案室，但不得损害自治区的管理。

29. 公共安全，但不得损害各自治区根据各自章程在组织法范围内以规定的方式建立警察制度的可能性。

30. 有关获得、颁布和标准化学位和职称的规定。执行宪法第27条，以保证政府当局在这方面所承担义务的执行而制定的基本规定。

31. 为国家目的进行的统计。

32. 通过举行公民投票进行民众咨询的授权。

第 2 款　在不损害自治区权限的情况下，国家将促进文化发展作为一项义务和基本职能，与自治区协作，推动自治区之间的文化交流。

第 3 款　本宪法未明确赋予国家的职权，可由自治区根据其章程行使。自治章程未规定的职权，由国家行使。在发生冲突的情况下，在所有未划为专属自治区职权的问题上，国家高于自治区。在任何情况下，国家的权力均是自治区权力的补足。

第 150 条　立法权的协调

第 1 款　在属于国家职能的事项上，国会可授予所有或一个自治区在国家法律确定的原则、基础和方针范围内为本区制定法律的权力。在不损害法院职权的情况下，由基本法律规定国会对自治区立法的监督方式。

第 2 款　国家可通过一项组织法向自治区转让或委托属于国家所有、但由于其性质可以转让或委托的权力。适当的财政手段的转让和由国家保留的具体监督形式，由法律予以规定。

第 3 款　为公共利益所必需时，国家可以颁布法律规定必要的原则，以协调自治区的规则制定，甚至包括已授权自治区的事项。对上述必要性的评估由国会两院的绝对多数确定。

第 151 条　特别政权的国家书面文件

第 1 款　获得自治的动议权由有关省议会或岛屿间机构在第 143 条第 2 款规定的期限内通过，并且须相关各省内部至少代表本省多数选民的 3/4 城市议定。按组织法的规定，上述动议权经公民投票由各省选民绝对多数赞成批准，在上述情况下，无须执行第 148 条第 2 款所规定的 5 年期限。

第 2 款　在前款规定情况下，自治章程的制定程序如下：

1. 政府召集经自治地区选区选出的众议员和参议员，组成以制定自治章程草案为惟一目的议员会议，自治章程草案的通过须经过其成员的绝对多数批准。

2. 自治章程草案经议员会议通过后，提交众议院宪法委员会。在两个月内，该委员会在提出建议的议员会议所派代表团的合作与协助卜，确定获一致同意的章程草案的最终定稿。

3. 如达成一致意见，定稿文本交由本章程所涉及区域内各省选民进行公民投票表决。

4. 如果章程草案获得各省多数有效票的批准，则将其提交至国会。两院全体会议投票表决，决定文本。一旦章程获得通过，由国王批准并作为法律颁布。

5. 若本款第 2 项所规定的一致意见没有达成，国会中章程草案的立法程序与法律草案相同。国会通过的文本交由章程草案所涉及区域内各省选民进行公民投票表决。如经各省多数有效票通过，则按前项规定颁布。

第 3 款 在前款第 4、5 两项所述情况下，一省或几省不批准自治章程，不妨碍其余各省按本条第 1 款所述组织法规定的方式组成自治区。

第 152 条 自治区的机构

第 1 款 在由前述条款规定方式通过自治区章程的情况下，自治区组织制度的基础是：根据保证本区域各地区代表权的比例代表制，通过普选产生的立法会议；具有执行权和行政管理权的政府委员会；由立法会议从其成员中选举产生，并由国王任命的 1 名主席。主席负责领导政府委员会，是本自治区最高代表和国家在该自治区的一般代表。主席和政府委员会成员在政治上向立法会议负责。

在不损害最高法院职权的情况下，自治区高级法院是本区范围内的最高司法组织机构。各自治区的章程可确定自治区参与组织司法区域划分的条件和方式。所有这些应符合司法权组织法的规定并与司法权统一及独立原则相一致。

在不损害第 123 条规定的情况下，各级案件审理的终审权属于设在第一审机构所在地的自治区区域内的司法机关。

第 2 款 各自治章程一经批准和颁布，只有通过章程规定的程序，经各自治区在选民登记中进行登记的选民举行公民投票才可以修改。

第 3 款 通过邻近城市联合方式划区，自治章秤可以设定自己的选区，这些区享有完全的法人资格。

第 153 条 对自治区机构的监督

对自治区机构的监督权的行使方式如下：

1. 宪法法院负责监督自治区有法律效力的各项规定是否具有法律效力。

2. 政府事先征求国务委员会意见，负责监督行使第 150 条第 2 款所规定的委托职能。

3. 负责监督执行自治区行政事务的及其条例性规定的司法部门的行政诉讼。

4. 审计法院负责监督财政、预算事务。

第 154 条 自治区的政府代表

在每个自治区地域内，政府任命 1 名代表领导国家行政管理，并在必要情况下与自治区自己的行政部门相协调。

第 155 条

第 1 款 如果一个自治区未履行宪法或其他法律规定的义务，或其行为严重危害西班牙的整体利益，政府可要求自治区主席改正；如果不能获得满意，经参议院绝对多数批准，政府可采取必要措施迫使自治区强制履行上述义务，或保护上述整体利益。

第 2 款　为执行前款所规定的措施，政府可向各自治区机构发出指令。

第 156 条　自治区财政自治

第 1 款　为发展和行使其职权，自治区根据与国家财政相协调以及所有西班牙人间团结互助的原则，享有财政自主权。

第 2 款　自治区可作为国家的代表或合作者，根据法律和自治章程的规定，进行国家税收资源的征收、管理和结算工作。

第 157 条　自治区的财力

第 1 款　自治区的财力由以下各项构成：

1. 国家全部或部分给予的税收；国家税收的额外索款及在国家收入中的其他份额。

2. 自治区本身的税款、税率及特种税。

3. 地区间领土转让清算资金及国家总预算的其他拨款。

4. 自有财产所自然增加收入和私法收入。

5. 信贷活动的收益。

第 2 款　在任何情况下，自治区都不得对本地区之外的财产采取税收措施或采取可能阻碍商品或服务自由流通的税收措施。

第 3 款　本条第 1 款所列举的财力的职权行使，可能出现的纠纷的解决规则以及自治区和国家之间可能进行的财政合作的方式，都可以由组织法进行规范。

第 158 条　地区间清算资金

第 1 款　在国家预算内，根据自治区职责承担的国家性服务和活动的数量及为保障西班牙全境基本公共服务最低水平，在自治区间按比例分配拨款。

第 2 款　为纠正地区间经济的不平衡和实现团结互助原则，应设立一项结算资金用于投资性支出，资金由国会在各自治区、必要时在各省之间分配。

希腊宪法[*]

第三部分　国家的组织和职能

第六章　行　　政

第三节　阿索斯山地区政体

第 105 条

一、延伸过梅加利维格拉并构成阿索斯山区的阿索斯半岛，应当按照其古老的优越地位，成为希腊国家的一个自治部分，其主权应当保持完整。在精神上，阿索斯山地区应当处于普世牧首的直接管辖之下。在此过着修道生活的所有人如获承认为见习或正式修道士，无须正式手续即获得希腊国籍。

二、根据其政治制度，阿索斯山区应当由划分整个阿索斯半岛的 20 个修道院管理；半岛的领土应当免于被征收。阿索斯山区的管理应当由修道院代表所组成的圣教会行使。其管理体系或阿陀斯山区修道院的数量，或其等级制度或者其附属地的位置不应允许有任何改变。禁止异教者或分裂宗教论者在此居住。

三、阿索斯山区机构政治体制的细节以及其运作方式由《阿索斯山区宪章》确定，此宪章，应当在国家代表的协助下，由 20 所修道院起草并投票通过，并由普世牧首和希腊议会批准。

四、对阿索斯山区机构政治体制的忠实遵守应当在精神领域处于普世牧首的最高监督之下，在行政领域，处于国家的监督之下，国家还应当负有维护公共秩序和安全的排他职责。

五、国家的上述权力应当通过总督行使，其权利和职责应当由法律规定。

法律应当同时确定修道院当局和圣教会行使的司法权，以及阿索斯山区关税及税收特权。

＊　希腊第五次宪法修正议会投票通过，1975 年 6 月 11 日公布生效。

匈牙利根本法*

第三章　国　　家

地方政府

第 31 条

（1）匈牙利设立地方政府管理地方事务，行使地方公权力。

（2）对法律规定的属于地方政府职责和职权范围内的事项，可以举行地方复决。

（3）地方政府的具体规则，由基本法律规定。

第 32 条

（1）在法律允许的范围内，地方政府在管理地方事务时，得：

（a）颁布条例；

（b）作出决定；

（c）进行自主管理；

（d）决定其组织和运行；

（e）作为地方政府财产所有人行使权利；

（f）决定其预算，并独立开展相应的财政管理活动；

（g）以其资产和可得的收入从事经营活动，但不得损害其应有任务的履行；

（h）规定地方税的类别和税率；

（i）创设地方象征物，设立地方奖章和荣誉称号；

（j）向有权机构征询信息、提出决策建议和观点；

（k）与其他地方政府自由联合，建立利益代表联盟，在其职权范围内与国外地方政府合作，并自由加入国际地方政府组织；

（l）行使法定的其他职责和职权。

---

* 2011 年 4 月 18 日匈牙利国会通过，2011 年 4 月 25 日总统签署，2012 年 1 月 1 日生效。

（2）地方政府在其职权范围内颁布地方条例，以规范法律未予规定或者未授权规定的地方社会关系。

（3）地方条例不得违反任何其他立法。

（4）在地方条例制定后，地方政府应当立即将其送交都会和县政府。如果认为该条例或者其组成条款不合法，都会和县政府机关得请求法院审查该条例。

（5）都会和县政府得申请法院就地方政府疏于履行其法定立法职责作出认定。如果地方政府在法院认定其疏于履责之日依然疏于履行其法定立法职责，应都会和县政府之创议，法院得令都会和县政府首长以地方政府的名义颁布所需的条例，以补救地方政府的履责疏忽。

（6）地方政府财产为公共财产，服务于地方政府职责的履行。

第 33 条

（1）地方政府的职责和职权由地方代表机构行使。

（2）市长为地方代表机构之首长。县代表机构在其任期之内选举其成员之一作为主席。

（3）地方代表机构按照基本法律的规定设置委员会和办公机构。

第 34 条

（1）地方政府和中央国家机关应予合作，以完成社会目标。地方政府之应有职责和职权由法律规定。为履行其应有职责和职权，地方政府有权得到合比例的预算和其他财政支持。

（2）法律可授权地方政府通过联合的方式履行其应有义务。

（3）代表机构之市长和主席根据法律或者法律授权的政府法规，可以在其承担的地方职责外，例外地履行行政职责和职权。

（4）政府通过都会和县政府机构对地方政府予以法律监督。

（5）按照法律的规定，地方政府为保持预算平衡而在法定幅度内借债或者承担其他承付款项，须满足规定的条件或者应当得到政府的同意。

第 35 条

（1）选民以法律规定的方式行使普遍和平等的选举权，在选举中自由表达其意志，并通过直接和秘密投票选举地方代表机构和市长。

（2）根据基本法律之规定，地方代表机构和市长每五年选举一次。

（3）地方代表机构的任期于地方代表机构和市长选举日终止。在选举因无候选人而取消时，地方代表机构的任期延长至过渡选举日。市长的任期于新市长选举日时终止。

（4）按照基本法律的规定，地方代表机构得决议解散。

（5）应政府在咨询宪法法院后之提请，国会得解散违反根本法的地方代表机构。

（6）市长的任期亦因地方代表机构自动和强制解散而终止。

意大利共和国宪法[*]

第二编　共和国机构

第五章　大区、省、市

第 114 条[①]　共和国由市、省、特大城市、大区和国家组成。

根据宪法所规定的原则，市、省、特大城市及大区是有其条例、权力和职能的自治单位。

罗马是共和国首都。其地位由国家法律规定。

第 115 条[②]　（被废止）

第 116 条[③]　弗留利－威尼斯·朱利亚、撒丁、西西里、特兰提诺－阿尔托·阿迪杰和瓦莱达奥斯塔，根据由宪法性法律所通过的各自的特别条例，享有特殊条件和形式的自治。

特兰提诺－阿尔托·阿迪杰大区由特兰托和波尔察诺两个自治省组成。

关于本法第 117 条第 3 款、同一条第 2 款第 a）项（仅限于治安审判的组织要求）以及第 n）项和第 s）项所涉及领域，根据相关大区的提议并听取地

---

[*]　1947 年 12 月 22 日制宪会议通过，1948 年 1 月 1 日生效。

[①]　原文注：本条由 2001 年 10 月 18 日第 3 号宪法性法律第 1 条所取代。原文为："共和国分为大区、省和市。"

[②]　原文注：本条由 2001 年 10 月 18 日第 3 号宪法性法律第 9 条第 2 款所废止。原文为："根据宪法确定的原则，各大区是有其权力和职能的自治团体。"

[③]　原文注：本条由 2001 年 10 月 18 日第 3 号宪法性法律第 2 条所替代。原文为："根据宪法性法律所通过的特别条例，西西里、撒丁、特兰提诺－阿尔托·阿迪杰，弗留利－威尼斯·朱利亚和瓦莱达奥斯塔享有特殊条件和形式的自治。"同时，2001 年第 3 号宪法性法律第 10 条的规定："在各自的条例相符前，具有特别条例的大区以及特兰托和波尔察诺两个自治省，对于其所享有的相较于其已经获得的自治形式更为广泛的部分，适用现行宪法性法律规范。"

方团体意见后，在遵守本法第119条所确定的原则基础上，进一步的特殊条件和形式的自治可由国家以法律形式授予其他的大区。该法律在国家和相关大区同意的基础上，由两院以其成员的绝对多数通过。

第117条① 在遵守宪法以及欧盟规范和国际义务所引申出的有关限制的前提下，立法权由国家和各大区分别行使。

国家在以下领域内享有专属立法权：

a）国家的对外政策和国际关系；国家同欧盟的关系；非欧盟成员国公民的避难权和法律地位；

b）从国外迁入的移民；

c）共和国与宗教教派之间的关系；

d）国防和武装力量；国家安全；武器、军需品和爆炸物；

e）货币、储蓄和金融市场的保护；竞争的保护；外汇体系；国家税收和会计体系；公共预算平衡；② 财政资源平衡；

f）国家机构和相关的选举法；全国性的全民公决；欧洲议会的选举；

g）国家以及全国性的公共团体的行政组织及规范；

h）公共秩序和安全，但不包括地方治安行政；

i）国籍，公民地位和人口登记；

l）③ 司法和程序规范；民事和刑事法律；行政审判；

m）与在国家领土范围内必须得到保障的公民权和社会权有关的财产给付的基本水平的确定；

n）关于教育的普遍准则；

o）社会保障；

p）市、省、特大城市的选举立法、政府机构和基本职能；

---

① 原文注：本条由2001年10月18日第3号宪法性法律第3条所取代。原文为："在国家法律所确定的基本原则范围内，大区就以下内容可颁布立法规范，但该规范不得违反国家利益及其他大区的利益：大区的行政机构和组织规范及公共职位；市镇区域；城乡的地方警察；定期集市和市场；公共慈善事业和卫生与医疗援助；手工业和职业教育以及学校帮助；地方团体的博物馆和图书馆；城市计划；旅游和旅馆事业；有关区的利益的电车和汽车服务事业；有关区的利益的道路、水路和公共工程；湖内航行和港口；矿泉和温泉；矿山和泥煤地；狩猎；内湖渔业；农业和林业；手工业；宪法性法律所指出的其他事项。共和国法律可将有关发布执行细则的权力委托给大区行使。"

② 原文注：根据2012年4月20日第1号宪法性法律第3条，本条第3款中的"公共预算平衡"被移至第2款第e）项。

③ 编者注：原文无j）、k）两项。

q）海关，国家边界保护及国际医疗合作；

r）度量衡；标准时间；国家、地区及当地的行政管理中有关数据的信息学和统计学的信息协调；知识著作；

s）环境、生态系统和文化遗产的保护。

以下内容为共同立法领域：各大区的国际关系及同欧盟的关系；对外贸易；劳动安全与保障；教育，但不得侵害教育机构的自治且不包括职业教育和培训；职业；科学和技术研究及生产部门的革新支柱；健康保护；食品供应；体育规范；公民保护；土地使用规划；民用港口和机场；大型交通和航行系统；通讯规范；能源的全国性生产、输送和分配；互助的及补充性社会保险；公共财政和税务体系的一致；文化财产和环境资源的开发利用及对文化活动的倡导和组织；储蓄银行、农村信用社、地区性的信贷机构；地区性的不动产和农业的信贷公司。在共同立法事项领域内，除国家立法确立其基本原则外，大区有立法权。

未明确包含在国家立法权中的事项都属于大区的立法权范围。

各大区及特兰托和波尔察诺两个自治省，在其职权范围内，根据国家法律所规定的程序规范，参与欧盟立法行为的决策准备阶段，并负责贯彻执行国际条约及欧盟决定，当其不履行时，根据国家法律的规定由国家代行其权力。

在国家专属立法范围内，除授权给大区的以外，制定规章的权力属于国家。在其地领域制定规章的权力属于大区。市、省和特大城市有权在属于其组织规范及职能行使方面制定规章。

地区性法律应消除一切在社会、文化和经济生活方面阻碍妇女与男子完全平等的障碍，促进妇女在进入选举性职位时享有与男子平等的权利。

大区之间为更好地执行其职能或设立联合机构而达成的协议应经地区法律批准。

大区在法律所规定的情况下，以法律所规定的方式，就其职权范围内的内容，可与其他国家签订条约或与其他国家的地方机构达成协议。

第 118 条①   为了保证执行的统一性，除授予给省、特大城市、大区和国家的行政职能之外，根据辅助性、区别性和适当性的原则，行政职能也授予各市。

市、省和特大城市，在其各自的职权范围内，行使其各自的行政职能以及国家和地区法律所授予的职责。

国家法律规定宪法第 117 条第 2 款第 b）项和 h）项所涉及内容在国家和大区间合作的行为，并规定国家和大区间在文化遗产保护领域的协议和合作行为。

国家、大区、特大城市、省和市，在辅助性原则的基础上，支持公民（不论是以个体还是以团体的形式）自发性开展有利于公共利益的活动。

第 119 条②   市、省、特大城市和大区有财政收支的自主权，应保持各自相应的预算平衡，并保障遵守源于欧盟规范的财政和经济限制。

市、省、特大城市和大区应有独立的财政来源。在遵守宪法以及公共财政与税收体系协调性原则的前提下，他们可以规定并征收税收，获得他们自己的收入。他们有权共享涉及到其管辖区域的国库收入。

对于税收能力较弱的地区居民，国家应设立不限制用途的共享基金。

市、省、特大城市和大区可将源于上述条款的财政资源全部用于其所享有的公共职能。

为了促进经济的发展、社会凝聚力与团结力，消除经济和社会发展上的不

---

①   原文注：本条原文为："按照关于协调大区的财政自治权同国家、省、市财政关系的共和国法律所规定的方式，且在其所规定的范围内，大区享有财政自治权。＼根据各大区为执行其一般职能所需的必要开支的需要，各区自己征收的捐税和国家税收的分配份额归各大区所有。＼为特定目的，尤其是为了开发南部以及诸岛屿，国家依法律对个别的大区给予特别资助。＼根据共和国法律所规定的方式，大区有其自己的公共财产和资产。"2001 年 10 月 18 日第 3 号宪法性法律第 5 条对之予以替代，随后 2012 年 4 月 20 日第 1 号宪法性法律又对本条第 1 款和第 6 款进行了修改，原经 2001 年 10 月 18 日第 3 号法律修改后的第 1 款和第 6 款分别为："市、省、特大城市和大区有财政收支的自主权"；"市、省、特大城市和大区根据国家立法确定的一般原则拥有分配给他们的财产。他们只能在为投资提供资金的情况下方可采取欠债形式。在该类合同上排除国家对贷款的任何形式的担保。"

②   原文注：本条由 2001 年 10 月 18 日第 3 号宪法性法律第 5 条所替代。原文为："按照关于协调大区的财政自治权同国家、省、市财政关系的共和国法律所规定的方式，且在其所规定的范围内，大区享有财政自治权。＼根据各大区为执行其一般职能所需的必要开支的需要，各区自己征收的捐税和国家税收的分配份额归大区所有。＼为特定目的，尤其是为了开发南部以及诸岛屿，国家依法律对个别的大区给予特别资助。＼根据共和国法律所规定的方式，大区有其自己的公共财产和资产。"

平衡，保障个体权利的实际行使或追求其职能正常行使以外的其他目标，国家应对特定的市、省、特大城市和大区分配补充性资源以及采取特别的措施。

市、省、特大城市和大区根据国家立法确定的一般原则拥有分配给他们的财产。如果每一个大区的全部机关都遵守了预算平衡，仅在为投资提供资金的情况并同时确定分期付款方案后方可采取欠债形式。在该类合同上排除国家对贷款任何形式的担保。

第 120 条① 各大区不得对各区之间输入、输出及过境的行为征税，不得采用任何形式的措施以阻碍各区之间的人员和物品的自由流通，也不得限制公民在国家领土范围内任何地方的劳动权。

如果大区、省、特大城市及市的机构未能遵守国际条约和欧盟规范，或出现了严重威胁公共安全和秩序的情形，或需要采取措施保护法律或经济的统一，尤其为保障公民权利和社会权利领域的补贴的基本水平时，中央政府可以替代大区、省、特大城市及市的机构行为而不必考虑地方政府管辖区域。法律应规定相应的程序以保证此种替代性权力在遵守辅助性原则及真诚合作原则的基础上行使。

第 121 条② 大区的机构为：地区议会、区政府及其主席。

地区议会行使由宪法和法律授予的立法权及其他职能，可以向议会两院提出法律议案。

区政府是大区的执行机构。

区政府主席代表大区，决定政府政策并对其负责，公布法律并颁布地区性规章，遵循共和国政府的指令下，领导大区履行国家授予它的行政职能。

---

① 原文注：本条由 2001 年 10 月 18 日第 3 号宪法性法律第 6 条所替代。原文为："大区不得对在各区之间的输入，输出山以及通过行为征税。\ 不得采取任何措施以阻碍各区之间的人和物的自由流通。\ 不得限制公民在国家领土的任何部分从事某项职业、就业或劳动的权利。"

② 原文注：本条由 1999 年 11 月 22 日第 1 号宪法性法律第 1 条所修改。原文为："大区的组织为：区议会，区政府及其主席。\ 区议会行使授予大区的立法权和规章制定权，以及由宪法和法律授予的其他职能。可向议会两院提交法律议案。\ 区政府是大区的执行机构。\ 区政府主席代表大区，公布法律以及地区规章，根据中央政府的指令，领导大区履行国家委托其行使的行政职能。"

第 122 条① 在共和国法律规定的基本原则范围内，大区以法律形式规定选举制度、区政府主席、区政府其他成员和地区议会议员的不可当选及不可兼职的情形以及所选举职位的任期。

任何人都不能同时担任地区议会议员、区政府成员、议会两院成员、其他地区的区议员或政府成员或欧洲议会议员。

地区议会在其成员中选举一位议长及议长办公室。

地区议会议员不对其在执行职务中所发表的观点及所投选票负责。

除地区条例有不同规定外，地区政府主席以直接普选的方式产生。当选主席任命或开除政府成员。

第 123 条② 在与宪法相一致的前提下，每一大区应有一部条例规定政府的组成形式、大区机构及其职能行使的基本原则。该条例应规范立法提案权的行使，大区法律和行政措施的全民公决的进行以及地区法律和规章的公开发表。

地区条例由区议会以其成员的绝对多数通过的法律予以通过和修改，须经连续两次的审议，且其间隔期不得少于 2 个月。该法律无须政府特派员的同意。共和国政府在地区条例公开发表后 30 日内，可就该条例的合宪性问题向宪法法院提起诉讼。

地区条例在其公开发表后 3 个月内，若大区选民的 1/50 或地区议员的 1/5 提出要求，应对其进行全民投票表决。若该条例在全民公决中未获有效选票的多数通过，不得被公布。

每一大区的条例都规定自治地方委员会（il consiglio delle autonomie locali）是大区和地方团体之间的咨询机构。

---

① 原文注：本条由 1999 年 11 月 22 日第 1 号宪法性法律第 2 条所修改。原文为："区议会议员的选举制度、人数，以及欠缺当选资格和不得兼职的情况，由共和国法律规定。\ 任何人不得同时兼任地区议会议员，以及议会任一院成员，也不得兼任另一地区议会议员。\ 地区议会为开展其工作，从其议员中选举议长一人以及议长办公厅。\ 任一地区议会议员不得因其在执行职位中所发表的观点和所投选票而被要求负责。区议会在其成员中选举区政府主席以及区政府其他成员。"

② 原文注：本条由 1999 年 11 月 22 日第 1 号宪法性法律第 3 条所修改。本条最后一款由 2001 年 10 月 18 日第 3 号宪法性法律第 7 条所补充。原条款为："在与宪法和共和国法律相一致的前提下，每一大区有一部规定其内部相关组织规范的条例。该条例规定就区的法律和行政措施行使提案权和全民公决的进行，以及地区法律和规章的公开发表。\ 该条例由地区议会以其成员的绝对多数议决，由共和国法律通过。"

第 124 条① （被废止）

第 125 条② 根据共和国法律所规定的组织规范，在大区内应设立基层的行政司法机构。在大区首府所在地以外的其他地方也可设立相应分支机构。

第 126 条③ 在出现违反宪法或严重违反法律的行为时，共和国主席可以通过附有理由的法令决定解散区议会及罢免区政府主席。此外，为了国家安全，同样也可以决定解散区议会及罢免区政府主席。此法令在听取参议员和众议员组成的委员会意见后被采纳，该委员会在共和国法律所规定模式内，为地区问题而组建。

地区议会可通过一项附有理由的议案表示对区政府主席的不信任，但该议案必须由至少 1/5 的区议会成员签名，且以唱名投票的方式以其成员的绝对多数通过。该议案提出后非经 3 日不得对其进行讨论。

对地区政府主席的不信任案的通过，以直接和普遍的选举进行，另外，对区政府主席的罢免，因其发生永久性障碍、死亡或自动辞职也带来区政府的辞职和区议会的解散。当议会成员多数辞职时，也产生同样的结果。

---

① 原文注：本条由 2001 年 10 月 18 日第 3 号宪法性法律第 9 条第 2 款所废止，原条款为："一名政府特派员驻在大区的首府所在地，通过对国家行使的行政职能的监督，与大区行使的行政职能相协调。"

② 原文注：本条原来的第 1 款，由 2001 年 10 月 18 日第 3 号宪法性法律第 9 条第 2 款所废止，原文为："对于大区的行政行为的合法性的监督，以地方分权的方式，由一个国家机关依共和国法律所规定的方式且在其所规定的范围内行使。在特定的情况下，法律可以允许对其进行实质审查，其惟一目的是以附有理由的请求，促使区议会重新审查其决议。"

③ 原文注：本条由 1999 年 11 月 22 日第 1 号宪法性法律第 1 条所修改，原文为："如果区议会有违反宪法或严重违反法律的行为，或者对于执行了类似的行为或违法行为的地区政府或其主席，区议会没有遵循中央政府的要求予以更换时，该区议会可予以解散。\ 区议会由于辞职或因不能形成多数以至于不能履行其职能时，亦可予以解散。由于国家安全的理由，亦可解散区议会。\ 共和国总统在听取按照共和国法律规定的方式，由参议员和众议员为地区问题而组成的委员会意见后，以附有理由的法令决定地区议会的解散。\ 该法令应任命 3 名有当选为地区议员资格的公民组成一个委员会，该委员会应指示在 3 个月内进行选举，并且处理属于区政府权限的日常行政事务以及其他不能延缓的行为，但该行为得提交新的地区议会予以批准。"

第 127 条①　若共和国政府认为某一大区法律超越了其职权时，可在该法律正式颁布后 60 日内向宪法法院提起有关合宪性问题的诉讼。

若大区认为国家或另一大区的法律或某项具有法律效力的措施侵犯了它的职权，可在该法律或具有法律效力的措施正式颁布或实施后 60 日内向宪法法院提起有关合宪性问题的诉讼。

第 128 条②　（被废止）

第 129 条③　（被废止）

第 130 条④　（被废止）

第 131 条⑤　共和国由以下大区组成：皮埃蒙特；瓦莱达奥斯塔；伦巴第；特兰提诺－阿尔托·阿迪杰；威尼托；弗留利－威尼斯·朱利亚；利古利亚；艾米利亚－罗马涅；托斯坎纳；翁布里亚；马尔凯；拉齐奥；阿布鲁奇；莫利塞；坎帕尼亚；普利亚；巴斯利卡塔；卡拉布里亚；西西里；撒丁。

第 132 条　若有至少能代表 1/3 有关居民的数个市议会提出合并现有大区或建立新区的要求，且该要求经有关居民的多数在全民公决中通过，在与区议

---

①　原文注：本条由 2001 年 10 月 18 日第 3 号宪法性法律第 8 条所替代。原文为："区议会通过的一切法律都必须通告政府特派员，除了中央政府反对的情况外，该特派员必须在收到通告后 30 日内予以签署。＼该法律自特派员签署之日起 10 日内予以公布，自其公开发表后 15 日后开始生效。若一项法律由区议会宣布为紧急，共和国政府亦表示同意时，其公布和生效的时间不受上述时间的限制。＼共和国政府如果认为区议会通过的法律超越了其职权或者违反了国家利益或其他地区的利益时，可以在规定特派员签署的期限内将该法律退回区议会。＼如果该区议会以其成员的绝对多数再次通过该法律，共和国政府可在该法律向政府特派员通告之日起 15 日内向宪法法院提出该法律的合法性问题，或者向议会两院提出有关利益冲突的实质审查问题。若对管辖权有疑问时，由宪法法院决定管辖权的归属。"

②　原文注：本条由 2001 年 10 月 18 日第 3 号宪法性法律第 9 条第 2 款所废止。原文为："省和市在规定其职能的共和国法律所确定的原则和范围内，是自治的团体。"

③　原文注：本条由 2001 年 10 月 18 日第 3 号宪法性法律第 9 条第 2 款所废止。原文为："省和市也是国家和大区的地方分权的区域单位。＼为了进一步实行地方分权，在省的区域内可以再分为只具有单一的行政职能的区县。"

④　原文注：本条由 2001 年 10 月 18 日第 3 号宪法性法律第 9 条第 2 款所废止。原文为："根据共和国法律规定的方式，建立一个大区机构，对省、市和其他的地方团体的行为的合法性进行监督。＼该机构在共和国法律规定的情况下，可以以附有理由的请求，促使作出决议的机构重新审查该决议，对其进行实质监督。"

⑤　原文注：本条由 1963 年 12 月 27 日第 3 号宪法性法律第 1 条所修改，建立了"莫利塞"大区。在以前的条款中，"阿布鲁奇和莫利塞"是一个大区。

会商议后，可以以宪法性法律的形式规定现有大区的合并，或建立一个至少有100万居民的新大区。

如果有省和市提出脱离某大区或加入另一大区的要求，且该要求经该省、若干省或该市、若干市的居民在全民公决中以多数通过，在听取区议会意见后，可以以共和国法律同意该要求。①

第133条 大区内各省区域的变动以及新省的建立应由有关市提出提议，在听取该大区的意见后由共和国法律规定。

大区在听取了相关居民意见后，可以以其自己的法律在其管辖范围内建立新的市及变更其区域和名称。

---

① 原文注：本款由2001年10月18日第3号宪法性法律第9条第1款所修改。原文为："如果有省和市提出脱离某大区及加入另一大区的要求，且在听取地区议会意见后，可通过全民公决投票及共和国法律同意该要求。"

非　洲

安哥拉共和国宪法[*]

第六章　地方政府

第一节　一般原则

第 213 条　自治地方政府机构

1. 民主国家在地方一级的组织形式应遵循宪法规定的政治和行政分权原理。

2. 依据相关法律法规，当地政府组织的形式应包括地方政府当局、传统的各级行政机构和其他特定形式的公民参与组织。

第 214 条　地方自治原则

1. 在宪法和相关法律约束下，地方自治应包括：当地政府根据自身发展需求和当地居民利益，管理和发布地方公共事务的法规。

2. 本法所规定的上述权力应归地方政府。

第 215 条　地方自治适用范围

1. 地方政府的财政来源比例必须是由宪法和法律加以规定和已获批准的地方发展规划。

2. 部分地方政府财力应当来自当地税收和收益。

第 216 条　地方政府保障

地方政府有权申诉，以确保自由行使宪法和法律中的地方自治原则并受到尊重。

---

[*] 2010 年 1 月 21 日由安哥拉共和国国民大会制宪会议通过。

第二节　地方政府

第 217 条　地方主管机关

1. 地方政府应通过地方各级机构、当地居民代表确保和追求地区和居民的利益。

2. 地方政府及各级机构的组织、运行和职责应由法律规定，遵循行政分权的原则。

3. 法律应明确规定地方政府资产，并建立地方财政系统，以确保公共资源由中央和地方政府平等分享，有必要调和地方政府之间的不平衡，地方政府收入应适当，并设置开销限制。

4. 地方政府依法享有自主监督权。

第 218 条　地方政府类别

1. 当地政府组织市政当局。

2. 当地政府可以根据特定的文化、历史特点和发展水平设立直辖政府。

3. 法律可根据具体条件设立其他县级自治地方政府。

第 219 条　职责

依据法律规定，地方政府在教育、卫生、能源、水、农村和城市设施、遗产、文化、科学、交通及通讯、休闲和体育活动、住房、社会服务、民防、环境和基本卫生设施、消费者权益、促进经济和社会的发展、城乡规划、市政警察部队、分权型合作和共赢方面承担责任。

第 220 条　地方政府机构

1. 地方政府机构由地方议会、行政执行委员会和 1 名市政长官组成。

2. 地方议会由选举出的地方代表组成，选举应是普遍、平等、自由、直接、秘密和周期性的，选民应在地方政府所辖范围内根据一定比例产生。

3. 行政执行委员会由 1 名市政长官和由其任命的地方官员组成，对地方议会负责。

4. 获得地方议会大多数选票的第一候选人当选地方行政执行委员会主席。

5. 依据法律规定，地方政府的提名选举，可以是政党联盟、个人或团体，或已登记的参选组织。

第 221 条　行政监督

1. 地方政府应受行政执行委员会监督。

2. 地方政府的行政监督应由符合当地法律的有关主管部门依法行使。

3. 当选的地方政府机构，只可能因为严重违法行为或疏忽而解散。

4. 地方政府在法律上有权管辖监督机构行使监督权力时的任何不法行为。

第 222 条　团结和合作

1. 国家鼓励地方政府依据自身特点促进彼此的一致团结，以缓解地方和区域不平衡以及国家发展的不平衡。

2. 法律应当保障地方政府为了追求共同利益所采取的组织和合作形式，同时各组织有其自身的属性和所应承担的责任。

第三节　传统地方政府的制度

第 223 条　识别承认

1. 国家承认依据相关法律且不抵触宪法而成立的地方政府的地位、作用和权力。

2. 公共和私人实体应尊重获得承认的传统地方政府机关，在相互关系中，应遵循习惯法下的价值观和行为规范，尊重政治和社区传统，但不得与宪法或人权相冲突。

第 224 条　传统地方政府

传统地方政府的法人和能够行使权力的政治和社会组织，应遵循习惯法下的价值观和行为规范，并尊重宪法和法律。

第 225 条　属性、责任和组织

地方政府的属性、职责、组织、控制系统、资产和负债，地方政府和中央政府的行政制度关系以及地方政府行政机构和类型，应遵循相关法律规定。

贝宁共和国宪法[*]

第十章　地方公共团体

第 150 条　共和国的地方公共团体（Les collecti-vités territoriales）由法律创立。

第 151 条　地方公共团体按照法律所规定的条件通过民选议会实施自治。

---

[*]　1990 年 12 月 2 日由全民公决通过。

第 152 条　国家的主权性开支不得列入地方公共团体的预算。

第 153 条　国家基于民族团结、区域潜力和区域间平衡的原则确保一切地方公共团体的协调发展。

布基纳法索宪法 *

第十一章　地方公共团体

第 143 条　布基纳法索由各地方公共团体组成。

第 144 条　地方公共团体的设立、撤销和区域划分由法律予以规定。

第 145 条　法律应组织人民民主参与地方公共团体的自主管理。

赤道几内亚共和国基本法 **

第四编　地方机构

第 101 条　地方机构享有自己的司法权利，对政府和地区、省、区、市的行政部门负责，依法推动当地经济和社会发展规划。

第 102 条　地方机构的职责是实现宪法规定的国家发展计划和目标。它们只能依法被建立、修改或废止。

法律应规定其职能、运作、司法管辖权和立法机构的组成。

---

*　1991 年 6 月 2 日由公民投票表决通过，并于 1991 年 6 月 11 日颁布。

**　1982 年 6 月由公民投票通过。

多哥第四共和国宪法[*]

第十二章　地方单位和传统部落

第 141 条　多哥共和国由地方单位组织，以分权原则为基础，以尊重国家统一为前提。

地方单位包括：市镇（Commune）、省（Préfecture）和大区（Région）。

所有其他地方单位由法律创设。

地方单位按照法律规定的条件由普选产生的议会自由行政。

第 142 条　国家致力于所有地方单位的和谐发展，以国家稳定、地区潜力和地区间平衡为基础。

第 143 条　多哥国家认可传统部落（La chefferie traditionnelle）作为风俗习惯的捍卫者。

地方首领的确定和就职应符合地方风俗习惯。

佛得角共和国宪法^{**}

第五部分　政党的组织

第六编　地方权力

第 230 条　地方行政

1. 国家组织应包括地方行政机关。

2. 地方行政应由地方公法人组成，它们的机关代表各自地方的人民，并追求地方人民的利益。

---

* 1992 年 9 月 27 日经全民公决通过并于同年 10 月 14 日颁布。

** 1992 年 8 月 5 日由国会批准，并于 9 月 4 日颁布。

3. 地方行政区域的划分、撤销和变更应由法律规定，并应事先与所影响的地方行政机关磋商。

4. 法律应规定国土的行政区划。

第231条 地方行政的类别

地方行政包括市和法律规定的其他高于或低于市级行政区划的其他类别。

第232条 团结

1. 国家应推动地方行政机关之间的团结，并符合因地制宜、地区平衡和国家发展的原则。

2. 中央行政在尊重地方行政自主性的同时，应确保对地方行政的技术和物质支持，以及人力资源领域的支持。

第233条 地方行政的资产和财政

1. 地方行政应具有自己的资产和财政。

2. 法律应规定地方行政的资产制度，并考虑国家和地方行政之间公共资源的公平分配以及本标题中所规定的其他原则。

3. 根据法律规定的条款和情况，地方行政有权处置权力机关分支。

4. 法律可以规定市从事金融收入。

第234条 地方行政组织

1. 地方行政组织由选举的具有审议权的议会和执行机关组成。

2. 议会应由地方行政区域范围内居住的选民，根据比例代表制度选举产生。

第235条 规制职能

地方行政在宪法和法律以及地方当局、上级机关或主管部门发布的法令所规定的范围内行使自己的规制职能。

第236条 监督

1. 地方行政的行政监督具有合法性，并根据法律设定的情形合法地进行。

2. 采取限制地方自主性的监督手段之前应征询市议会的意见，并符合法律的规定。

3. 地方行政机关仅因法律规定的严重行为或疏忽而由直接选举解散。

第237条 地方行政的人员

1. 地方行政应有自己的工作人员，分类由法律规定。

2. 公务员和地方行政的工作人员受中央行政公务员和工作人员的条例约束，可进行必要的修改。

第238条 地方行政的职能和组织

1. 地方行政的职能和组织，以及其机关的权力由法律规定，并应尊重自主和分权原则。

2. 地方行政的机关可以将不涉及履行职权职能的行政任务委托给团体组织。

第 239 条　地方行政协会

地方行政可以成立以共同利益为目标的协会和联盟。

冈比亚共和国宪法[*]

第十五章　地方政府和传统规则

第 193 条　冈比亚的地方政府管理制度建立在民主选举、高度自治的理事会制度之上。

议会法律应当规定市和自治市的理事会（统称地方政府权力机构）的建立以及它们的行政范围。各个地方政府地理上的边界由独立选举委员会确定。

议会法律应当规定地方政府的功能、权力、责任等。必须规定的内容包括：

（1）辖区内的基础设施发展状况；

（2）商业的鼓励政策；

（3）辖区内居民对本地区的发展和管理的参与；

（4）地方政府提供的基本服务和其他服务；

（5）地方税收的征集；

（6）地方政府财政的管理、控制和监督，以及审计长对地方政府账目的审计；

（7）地方条例的制定；

（8）环境的保护；

（9）冈比亚传统文化的发扬；

（10）中央政府分配的财政资源或其他资源的管控。

地方政府制度的目标是，只要有可能，地方政策和地方管理事务应当在地方层面由地方自行决定，地方政府应当与中央政府密切合作，共同致力于地方

＊　1996 年 8 月 8 日经全民公决通过。

分权政策的执行。

第 194 条　规定地方政府的设立的议会法律同时应当规定下列内容：

（1）地方政府成员从辖区内的居民中进行选举，每 4 年 1 次，并且应当规定候选人的资格条件；

（2）地方商业、职业、社会团体代表的产生，不论是否通过选举产生；

（3）市长或地方行政长官的直接选举；

（4）地方政府成员的任期；

（5）地方政府成员的撤职；

（6）从地方政府成员中任命相应的委员会，包括财政委员会、设置与任命委员会、发展委员会等；

（7）地方政府首席执行官的任命，其负责地方政府服务的管理和地方政府政策和项目的执行，并应规定该首席执行官任命的条款和条件。

刚果民主共和国宪法[*]

第三编　权力的组织和行使

第二章　各　　省

第一节　省各机关

第 195 条　省的各机关是：

1. 省议会；

2. 省政府。

第 196 条　根据本宪法第 3 条规定的原则组织各省。

组织法确定省内行政区划。

第 197 条　省议会是省的审议机关。省议会在保留给省的权限内进行审议，并监督省政府、省公共机构和地方公共机构。

省议会通过法令进行立法。

---

[*] 2005 年 12 月 18 日全民公决通过，2006 年 2 月 18 日颁布。

省议会成员称为省议员。

省议员通过普遍的、直接的和秘密的选举产生，或者通过自行遴选产生，任期 5 年，可连任。

自行遴选产生的省议员的数量不得超过省议会成员的 1/10。

在不损害本宪法其他规定的前提下，第 100 条、第 101 条、第 102 条、第 103 条、第 107 条、第 108 条、第 109 条和第 110 条作必要的修改，可适用于省议会及其成员。

当严重的政治危机威胁省机构的正常运行时，共和国总统可通过经部长会议审议的命令在与国民议会主席团和参议院主席团协商后解散省议会。在此情况下，国家独立选举委员会在解散后的 60 日的期限内组织省议会选举。

在不可抗力情况下，宪法法院基于国家独立选举委员会的提请可将上述期限延长至 120 日。

第 198 条　省政府包括省长、副省长和省部长。

省长和副省长由选举产生，任期 5 年，只能连任一届。共和国总统通过命令予以授权。

省长任命省部长。

省政府的组成应考虑到省的代表性。

省部长的数量不得超过 10 人。

省长在就职前向省议会提交政府施政纲领。

省议会以成员的绝对多数批准政府施政纲领的，则授权省部长。

省议会可通过不信任投票动议集体地或者个别地免除省政府成员的职务。

当严重的政治危机威胁省机构的正常运行时，共和国总统可通过经部长会议审议的命令在与国民议会主席团和参议院主席团协商后免除省长的职务。在此情况下，国家独立选举委员会在免职后 30 日的期限内组织省长选举。

第 199 条　两个或者多个省可通过协议创设一个有关相互政策和管理共同部门的协调和合作框架。

第 200 条　创设各省省长协商会议。

各省省长协商会议的任务是就未来政策和总统颁布的立法表达观点和形成建议。

各省省长协商会议包括共和国总统、总理、内政部长和各省省长。

不得邀请其他政府任何成员参加。

共和国总统主持各省省长协商会议。

共和国总统每年至少召集 2 次各省省长协商会议。各省省长协商会议轮流在各省召开。

组织法确定各省省长协商会议的组织和运行的方式。

第二节　中央政府和各省之间的职权配置

第 201 条　本宪法确定中央政府和各省之间的职权配置。

某些事项属于中央政府的排他性职能；某些事项属于中央政府和各省的共享职能；某些事项属于各省的排他性职能。

第 202 条　在不损害本宪法其他规定的前提下，下述事项属于中央政府的排他性职能：

1. 外交事务，包括外交关系、国际条约和国际协定；

2. 对外贸易的管理；

3. 国籍，外国人的地位和管理；

4. 引渡、入境侨居、移居国外、发放护照和签证；

5. 外部安全；

6. 国防；

7. 国家治安；

8. 国家公共职能；

9. 共和国公共财政；

10. 第 174 条规定的所得税、公司税和人头税的设置；

11. 共和国公债；

12. 对外借款，以满足共和国或者各省的需要；

13. 对内借款，以满足共和国的需要；

14. 货币、货币的发行和解除债务权；

15. 重量、度量和信息技术；

16. 进出口关税；

17. 有关银行、银行操作和交易所操作的管理；

18. 兑换的管理；

19. 文学、艺术、工业和专利的产权；

20. 邮政和电信，包括电话、电报、广播、电视和卫星；

21. 沿海和内地航行，航空、铁路、公路和其他交通方式；

22. 中央政府或者省政府创设或者资助的大学和其他科研机构；

23. 适用于共和国全部领土的教育规则的制定；

24. 在不损害第 34 条规定的前提下，财富的获得，以满足共和国的需要；

25. 国家农业、森林和能源计划的制订；

26. 对能源或者放射物引起危险的保护和放射性物质的消除；

27. 滥用经济影响力的预防；

28. 历史遗产、公共纪念建筑和国家公园；

29. 气象部门，大地测量、制图和水文地理部门的技术合作；

30. 初级教育、中级教育、职业教育和专门教育的省监督员的任命和分派；

31. 国家统计和清查；

32. 国家计划；

33. 科学技术研究；

34. 基础设施发展的国家指向性计划，尤其是桥梁、机场和港口；

35. 前作战人员和战争伤残者的救助；

36. 涉及下列事项的立法：

a. 商法典，包括保险公司、公司的组成和批准；

b. 刑法典，监狱制度；

c. 司法的组织和权限法典，法官法典；

d. 自由职业的立法；

e. 包括规定劳资关系和保障劳动者的劳动立法，有关社会保障的规定，有关社会保险和非故意失业的规定；

f. 经济立法，包括矿藏法、企业法、能源法和自然资源保护法；

g. 有关艺术和手工业的立法；

h. 医疗立法、预防医学立法、卫生立法、公共卫生立法、母婴保护立法、药剂师职业立法、制药商业立法、药物进口和中转立法、双边和国际救护规则、劳动卫生立法、医疗实验技术合作和医生配置立法；

i. 选举法；

j. 有关生产、提纯、进口和销售通过蒸馏方法获得的白酒的立法；

k. 有关生产、进口、出口和销售醇化和非醇化饮料的立法；

l. 有关生产、进口、出口和运输战争物资的立法；

m. 有关人类人工授精、基因信息操作、人体器官和组织的移植的立法；

n. 有关难民、被驱逐者和被迁移者的立法；

o. 有关医学职业和其他职业招录的立法。

第 203 条 在不损害本宪法其他规定的前提下，下列事项属于中央政府和各省的共享职能：

1. 促进和保护本宪法所确认人权和基本自由机制的实施；

2. 民事法律和习惯法；

3. 统计和清查；

4. 国内安全；

5. 法院和法庭、拘留所和监狱的管理；

6. 文化和体育生活；

7. 包括国内消费税的税务机构，但第174条所指的赋税除外；

8. 有关外国警察的措施的执行；

9. 科学技术研究，保护和鼓励学习和研究的奖学金；

10. 医疗和农业人员的雇佣；

11. 气象、地理、测绘和水文计划的实施；

12. 自然灾害；

13. 报纸、广播、电视和电影工业；

14. 民事保护；

15. 旅游；

16. 土地和矿藏法律，领土整治、水和森林制度；

17. 危害集体的传染病和流行病的预防；

18. 维护和保护环境和自然风景区；

19. 能源、农业、森林、畜牧、动物组织和蔬菜食品制度的管理；

20. 初级、中级、高级教育机构和大学的创设；

21. 公路运输、汽车运输、国家道路的建设和维护、中央政府和各省共建公路通行税的征收和分配；

22. 医疗和慈善机构；

23. 国际经济、文化、科学和社会合作的计划、项目和协议的创议；

24. 能源的生产、运输、使用和开发；

25. 弱势群体的保护。

第204条　在不损害本宪法其他规定的前提下，下列事项属于各省的排他性职能：

1. 各省整治计划；

2. 省际协作；

3. 省和地方的公共职能；

4. 民事状态规则的适用；

5. 省公共财政；

6. 省公共债务；

7. 内部借款，以便满足省的需要；

8. 符合国家立法的不动产的交付和维护；

9. 边境小型贸易的组织；

10. 符合国家立法的省公共部门、教育机构和公共企业的组织和运行；

11. 省和地方的公共工程及其进展；

12. 财富的获得，以便满足省的需要；

13. 根据中央政府确定的规则，幼儿园、初级、中等、职业和专门教育机构，以及公民的扫盲教育；

14. 罚金或者监禁的设置，以便确保遵守符合国家立法的法令；

15. 省的内部交流；

16. 省和地方的赋税，尤其是土地税、所得税和机动车税；

17. 根据国家立法，确定省最低工资；

18. 根据国家公共部门职业人员的法规分派医疗人员；根据国家计划制订有关传染病和流行病病人的消毒和防治计划；省卫生和预防部门的组织，国家制药和医疗立法的适用和监督，医疗部门、慈善部门、教会部门、医学实验室和制药部门的组织，初级健康护理的组织和促进；

19. 符合国家计划总规则的省矿藏、矿务、工业和能源计划的制订和执行；

20. 符合国家计划规则的农业和森林计划的制订和执行；根据和国家公共部门职业人员法规相一致的框架，分派农业人员；有关农业、森林、捕鱼、狩猎和环境的国家立法的适用，野生动物的自然保护和捕获，农业活动的组织和监督，农业产品价格的确定；

21. 按照国家公共部门职业人员法规分派各省兽医人员；动物健康活动计划的制订和兽医健康监督措施的适用，尤其是有关边境和检疫站；

22. 有关传染病病人疫苗接种的组织和活动，实验室、临床和门诊的组织，国家兽医立法的适用，基本健康的组织和促进；

23. 省和地方的旅游、历史遗产、公共纪念建筑和公园；

24. 省和地方的农村及城市住宅，集体的道路和设施；

25. 省文化和体育活动的审查；

26. 非核能的能源开发和水资源的保护，以便满足省的需要；

27. 符合法律的外国人居住权和安置措施的执行；

28. 习惯法的执行；

29. 省计划。

第 205 条 省议会不得就属于中央政府的排他性职能的事项进行立法。相应地，国民议会和参议院也不得就属于省的排他性职能的事项进行立法。

但国民议会和参议院可通过法律授权省议会就属于中央政府的排他性职能

的事项表决通过法令。当国民议会和参议院终止给予省议会的授权时，有关属于中央政府排他性职能的事项的省法令根据授权在有关省份继续有效，直至国家法律对上述事项进行立法。

同样地，省议会可通过法令授权国民议会和参议院就属于省的排他性职能的事项进行立法。当省议会终止给予国民议会和参议院的授权时，有关属于省的排他性职能的事项的国家法律在相关省份继续有效，直至省议会对上述事项进行立法。

在属于中央政府和各省共享职能的事项方面，违反国家法律和条例的任何省法令一概无效。

国家立法优先于省法令。

第 206 条　省政府以其部门为中间人执行国家法律和条例，但违背国家立法的规定除外。

吉布提共和国宪法*

第十章　地方公共团体①

第 85 条　地方公共团体是公法法人，享有行政自治与财政自治。
地方公共团体包括地区、市镇和其他特殊地位的地方公共团体。

第 86 条　地方公共团体由选举产生的机构基于发展和促进地方和地区利益的目的自由进行管理。

第 87 条　地方公共团体的任务、组织、运作和财政体制由组织法予以规定。

第 88 条　在地方公共团体中，政府委派代表负责国家利益、事后的行政监管和遵守法律。

---

　*　1992 年 9 月 4 日全民公决通过。

　①　译者注：该章于 2010 年 4 月 21 日修正。

几内亚共和国宪法 [*]

第十三章　地方组织

第 134 条　共和国的地方组织由各领土区域（Circonscriptions Territoriales）和各地方团体（Collectivités Locales）组成。

各领土区域包括各省（Préfectures）和州（Sous – préfectures）。

各地方团体包括地区（Régions）、城镇（Communes Urbaines）和农村（Communes Rurales）。

第 135 条　领土区域的创设、重组和运作属于行政法规调整的领域。

地方团体的创设和重组属于法律调整的领域。

第 136 条　领土区域由国家代表在咨议机构的协助下进行管理。

地方团体由选举产生的委员会自主进行自由的管理，但需接受负责国家利益和遵守法律的国家代表的监督。

第 137 条　法律通过向地方团体转让权限、资源和措施调整地方分权。

第十四章　地方团体高等委员会

第 138 条　地方团体高等委员会（Le Haut Conseil des Collectivités Locales）作为最高咨询机构，负责关注地方分权政策实施的演进，研究地方经济可持续性发展的政策和区域前景并提供意见。

地方团体高等委员会可以对所有关于改善地方团体内人民生活质量方面的问题，特别是环保方面的问题向政府提出具体的建议。

第 139 条　地方团体高等委员会成员任期 4 年，得连任一届。

第 140 条　地方团体高等委员会成员的数量、报酬、当选资格条件、不得当选和不得兼任的制度，以及缺位时替任的条件，都由组织法予以规定。

---

* 2010 年 4 月 19 日由国家过渡委员会通过，2010 年 5 月 7 日颁布。

几内亚比绍共和国宪法 *

第三章　国家权力机关

第五节　地方权力

第 77 条　地方权力机关是统一的国家权力的一部分，应建立在公众广泛参与的基础上，依靠当地社区的主动性和创新能力，并应加强与公众组织和其他社会组织的协调。

第 78 条　1. 出于政治行政管理目的，国家领土被划分为不同省，省下设区，区以下的设置由法律进行规定。

2. 依据法律，区可以申请成为自治区，被许可成为自治区的区在组织上直接归属中央行政机关领导。

第 79 条　1. 在每个政治行政区划内，最高地方权力机关为议会，其行政职能应高于该区划内的国务委员会。

2. 省级以下政治行政区划的议会成员的任命方式和任期由法律进行规定，并应对各地方权力机关的组织和运作进行具体规定。

3. 各级国务委员会的组成由法律进行规定。

4. 在每个政治行政区划内，行政部门应服从各自的议会、国务委员会，以及相应的上级行政机关。

第 80 条　1. 省议员选举每 5 年举行 1 次，选举方式应依据宪法和法律的规定。

2. 议会如果不能履行其职能可以自行解散。

第 81 条　省议会享有以下权力：

1. 提升公民的公民道德和政治觉悟；

2. 确保对公共秩序的尊重；

3. 保护公民权利；

4. 不断改善生活条件和工作条件；

---

* 1984 年 5 月 16 日经全国人民议会批准生效施行。

5. 优先完成国家规划中规定的省级任务，鼓励对规划的执行进行严格监督；

6. 鼓励、发展和管理公民和所有公民团体的政治、经济、社会和文化活动；

7. 加强国家的国防和安全能力；

8. 评估支撑省经济发展的地方资源，满足人民不断增长的物质和服务需求；

9. 支持分派到省的服务活动；

10. 创设、领导和发展教育、文化、卫生、体育、和其他公共服务；

11. 宪法和法律规定的其他权力。

第 82 条　在宪法和法律规定的范围内，为履行其义务，省议会负有以下职责：

1. 执行上级国家机关的决定；

2. 废除、中止或修改下级机关违反宪法、法律、法令、条例和上级国家机关的决议或决定，以及影响其他团体利益或普遍国家利益的决议或决定；

3. 为专门事项设立临时委员会和常设委员会，以辅助省议会和省国务委员会履行其职责；

4. 选举和罢免省人民法院的陪审法官；

5. 批准省级预算，认可省级审计，并采取有关预算和审计的适当措施；

6. 批准省级年度发展计划；

7. 行使宪法授予的其他权力。

第 83 条　为在法律规定的范围内完成其职责，省议会可以制定决议。该决议对所有组织、团体和省内公民均具有强制力。

第 84 条　省议会在其第 1 次会议时应从全体立法机关人员中选举出主席团，办公委员会应包括 1 名主席、1 名副主席和 1 名秘书长。

第 85 条　省议会应定期召开会议，每年 2 次。经省长或省国务委员会委员长提议，可以召开特别会议。

第 86 条　1. 省国务委员会为省级行政机关，其应由中央政府任命。

2. 省国务委员会的组成应由法律进行规定。

第 87 条　省国务委员会负有以下职责：

1. 筹备省议会的定期会议和特别会议；

2. 执行省议会通过的决议和上级国家机关的决定；

3. 支持省议会及其内设委员会成员的活动；

4. 撤销下级地方机关作出的违反宪法、法律和上级国家机关做出的措施，以及影响其他团体利益和国家普遍利益的决定；

5. 制定省级预算；

6. 熟知、批准和采纳适当的方法监督下级机关账目；

7. 起草省级年度发展计划；

8. 领导行政服务和监管地方企业；

9. 采取措施支持省内生产单位和服务单位的活动；

10. 法律或省议会决议规定的其他职责。

第 88 条 1. 为履行其职责，在议会两次会议之间，省国务委员会应通过决议和作出命令。

2. 省国务委员会作出的普通性决议和命令必须在省议会第一次会议期间提交省议会批准。

第 89 条 以下为国务委员会委员长的专属职责：

1. 在省里代表政府；

2. 召集和主持国务委员会会议；

3. 组织国务委员会活动。

第 90 条 省级以下区划内的国务委员会应在其各自区域内实施省和国家计划，其在层级上下属于上一级国务委员会，上一级国务委员会应对其活动进行指导和监督。

加纳共和国宪法[*]

第二十章　地方分权与地方政府

第 240 条　地方政府

（1）加纳设有地方政府和行政体系，其应当在可行的范围内做到地方化。

（2）地方政府的分权体制应当具有以下特征——

（a）国会应当制定适当的法律确保职责、权力、责任和自由自始至终以一种协调的方式从中央政府转移至地方政府；

（b）国会应当通过法律规定采取必要的措施加强地方政府机构的能力，

---

* 1992 年 4 月 26 日全民公决通过，1993 年 1 月 7 日起生效。

以计划、实行、协调、管理和执行对该地域人民有影响的所有事项的政策，从而在根本上实现这些活动的地方化；

（c）应当为每个地方政府单位设立良好的财政基础和充足可靠的岁入来源；

（d）在可行的范围内，地方政府任职人员服从地方机构的有效控制；

（e）确保地方政府机构负责，在地方政府领域内的人民在可行的范围内能有效参与管理。

第241条　地方政府行政区

（1）为设立地方政府，加纳划分为在本宪法生效前已有的各个行政区。

（2）国会得通过法律规定重新划定各行政区的边界或者对行政区进行重组。

（3）除本宪法的规定外，行政区议会为该区最高政治机构，具有审议、立法和行政权。

第242条　行政区议会的组成

行政区议会由下列成员组成——

（a）在行政区内由各个地方政府选区通过普选方式产生1名人员；

（b）位于行政区议会管辖范围内的议员选区选出的无投票权的国会议员；

（c）行政区行政长官；以及

（d）由总统在咨询该行政区的传统机构和其他利益集团后任命的不超过总额30%的其他成员。

第243条　行政区行政长官

（1）行政区行政长官由总统在得到行政区议会出席和投票议员2/3以上多数的批准后任命。

（2）行政区行政长官应当——

（a）主持议会的行政会议；

（b）负责行政区议会行政和管理职责的日常履行；以及

（c）为中央政府在该行政区的首席代表。

（3）在下列情形下行政区行政长官职位出现空缺——

（a）由行政区议会以全体成员2/3以上的多数通过对其的不信任投票；或者

（b）被总统免职；或者

（c）辞职或者死亡。

第244条　主席

（1）行政区议会应当有1名会议主席，由议会从其成员中选出。

（2）会议主席由议会全体成员以 2/3 以上的多数选出。

（3）会议主席应当——

（a）主持议会会议；

（b）履行法律规定的其他职责。

（4）除本条第（5）款外，会议主席任期 2 年，可以连选连任。

（5）当议会全体成员以 2/3 以上的多数投票免去其职务时，会议主席不再任职。

第 245 条　行政区议会的职责

国会通过法律规定行政区议会的职责，其应当包括——

（a）制订和实施计划、规划和战略从而实现该行政区整体发展所必需的资源的有效流动；

（b）征收或者收取税收、地方税、关税和费用。

第 246 条　行政区议会的任期

（1）行政区议会的选举每 4 年举行一次，但其选举与国会选举应当相隔至少 6 个月。

（2）除非辞职、死亡或者发生本宪法第 243 条第（3）款规定的提前停止任职的情形，行政区行政长官任期 4 年；连任不得超过连续两届。

第 247 条　资格和程序

除本宪法的规定外，行政区议会的成员资格、行政区议会以及所设立的下级地方政府单位的程序由法律予以规定。

第 248 条　地方政府单位选举的政党和候选人

（1）参加行政区或者下级地方政府单位选举的候选人，应当以个人名义向选民提出，且不得使用与任何政党有关联的标志。

（2）政党不得支持、赞助、提供平台或者以其他竞选的方式支持或者反对参加行政区议会或者地方政府单位选举的候选人。

第 249 条　选民委任的撤回

除法律规定的程序外，对行政区议员的委任得由选民或者任命机构撤回。

第 250 条　行政区行政长官和议会主席的薪金

（1）行政区行政长官的薪金由总统确定，从统一基金支付。

（2）行政区议会主席和其他成员的薪金由行政区议会确定，由议会的自有财力支付。

第 251 条　行政会议

（1）行政区议会设立行政会议，负责履行行政区议会的行政和管理职责。

（2）行政会议的组成及其议事程序由法律规定。

第 252 条　行政区议会共同基金

（1）设立行政区议会共同基金。

（2）除本宪法的规定外，国会应当每年筹措不少于加纳总岁入5%的资金分配给行政区议会以支持其发展；该资金应当分季度分期拨付行政区议会共同基金。

（3）行政区议会共同基金所得收益应当以国会批准的方案为基础分配给所有行政区议会。

（4）总统经国会批准后任命行政区议会共同基金司库。

（5）国会通过法律规定司库的职责和任期，以保障行政区议会共同基金的有效和公平管理。

（6）本章或者其他法律的规定不妨碍国家或者其他机构向行政区议会提供资助款。

第 253 条　审计

审计署长应当每年对行政区议会的账目进行审计并向国会提交报告。

第 254 条　进一步下放权力

国会应当制定法律并采取必要措施深化中央政府行政职能和规划的下放，但不得对不符合其权力下放地位或者以其他方式违反法律的行政区议会进行控制。

第 255 条　省内协调委员会

（1）各省设立省内协调委员会，由下列成员组成——

（a）省部长及其副部长；

（b）省内各行政区议会主席和行政长官；

（c）来自省酋长会议的2名酋长；以及

（d）该省权力下放的省长，无投票权。

（2）省长为省内协调委员会主席。

（3）除本章规定外，省内协调委员会的职责由国会法律规定。

第 256 条　省部长和副部长

（1）总统经国会批准后任命每个省的国务部长，其——

（a）为总统在该省的代表；以及

（b）负责协调和指挥省内的行政机构。

（2）总统在咨询该省国务部长并经国会批准后，任命该省的副部长以履行总统确定的职责。

加蓬共和国宪法*

第九章　地方团体

第 112 条　共和国的地方团体由法律创立。除非按照相关地方议会之意见并根据法律确定的条件，不得加以修改或废止。

共和国的地方团体由其民选议员按照法律确定的条件进行自治，享有与此相关的权限和财源。

第 112 甲条　对于与国会法律领域无关的特定事项，可以基于民选议会或相关选民之提议或请求，按照法律规定的条件组织地方咨询。

第 112 乙条　地方团体相互之间以及地方团体与国家之间的权限冲突，基于相关机关或国家代表之请求，交由行政法院裁决。

国家代表负责监督国家利益得到尊重。

组织法规定本章适用之方式。

喀麦隆共和国宪法**

第十章　地方分权单位

第 55 条　（1）共和国的地方分权单位包括地区（les régions）和乡镇（les communes）。

其他类型的地方分权单位由法律设立。

（2）地方分权单位是公法人。

地方分权单位享有管理地区和当地事务的行政和财政自治权。地方分权单位由经选举产生的委员会在法律规定的条件下自治。

＊　1991 年 3 月 26 日第 3/91 号法律公布。

＊＊　1972 年 5 月 20 日经公民投票通过。

地方分权单位的委员会的任务是促进本地经济、社会、卫生、教育、文化和体育的发展。

（3）国家确保按照法律规定的条件监督地方分权单位。

（4）国家关注各地方分权单位在保证国家团结、发挥地方潜力和保持地区间平衡的基础上的协调发展。

（5）地方分权单位的组织、运行和财政制度由法律规定。

（6）乡镇的制度由法律规定。

第56条（1）国家在法律规定的条件下可以将对地方经济、社会、卫生、教育、文化和体育发展必要的权限转让给各地区。

（2）法律规定以下事项：

——国家和地区就上述转让领域的权限分配；

——地区的财源；

——地区的区域范围和财产。

第57条（1）地区机构包括：

——地区委员会（le Conseil régional）；

——地区委员会主席。

地区委员会和地区委员会主席在国家转让给地区的权限范围内开展工作。

（2）地区委员会是地区的审议机构。地区委员会的成员任期5年，包括：

——经普遍间接选举产生的州代表；

——由传统法官（commandement traditionnel）在其同辈中选出的代表。

地区委员会应当反映该地区各种不同的社会构成。

地区委员会成员的选举方式、数量、类别比例、无被选举资格、禁止兼任、豁免的制度由法律规定。

（3）地区委员会由从其成员中选出的本地人担任主席，任期与委员会的任期相同。

地区委员会主席是该地区的行政长官。地区委员会主席凭此身份作为与国家代表谈判的对话者。地区委员会主席得到从地区委员会成员中选出的地区主席团（bureau régional）的协助。地区主席团应当反映该地区的社会构成。

来自本地区的议会议员协助地区委员会工作，提供咨询意见。

第58条（1）共和国总统在各地区分别任命1名国家代表。国家代表凭此身份承担保护国家利益、行政监督、遵守法律和条例制度、维护公共秩序的责任；国家代表在政府的权力下，监督和协调该地区的国家行政部门的工作。

（2）国家代表确保国家对地区的监督。

第59条（1）当地区委员会出现以下情形时，可以由共和国总统命令暂停履职：

　　——实施违反宪法的行为；

　　——危害国家安全或者公共秩序；

　　——威胁国家领土完整。

　　其他可被暂停履职的情形由法律规定。

　　（2）在第 1 款规定的所有情形下，地区委员会可以由共和国总统在征求宪法委员会意见后宣布解散。

　　其他解散的情形由法律规定。

　　（3）在第 1 款和第 2 款规定情形下的国家全权代理机关由共和国总统确定。

　　（4）本条的适用方式由法律规定。

　　第 60 条　（1）当出现以下情形时，地区委员会主席和地区委员会办公室可以由共和国总统命令暂停履职：

　　——实施违反宪法的行为；

　　——危害国家安全或者公共秩序；

　　——威胁国家领土完整。

　　其他可暂停履职的情形由法律规定。

　　（2）在第 1 款规定的所有情形下，地区委员会主席和地区委员会办公室可以被共和国总统在征求宪法委员会意见后撤职。

　　其他撤职情形由法律规定。

　　（3）在第 1 款和第 2 款规定情形下的国家全权代理机关由共和国总统确定。

　　（4）本条的适用方式由法律规定。

　　第 61 条　（1）以下各省（provinces）相应转化为地区：

　　——阿达马瓦（L'Adamaoua）；

　　——中部（Le Centre）；

　　——东部（L'Est）；

　　——远北（L'ExtrêmeNord）；

　　——海滨（Le Littoral）；

　　——北部（Le Nord）；

　　——西北（Le Nord – Ouest）；

　　——西部（L'Ouest）；

　　——南部（Le Sud）；

　　——西南（Le Sud – Ouest）。

（2）共和国总统根据需要可以：

a. 修改第 1 款列举的各地区的名称和界限；

b. 设立其他地区。在此情况下，总统为新设立的地区命名和确定区域界限。

第 62 条 （1）以上规定的一般制度适用于各地区。

（2）在不违反本章规定的条件下，法律可以对特定地区的组织和运行作特殊规定。

科特迪瓦共和国宪法[*]

第十二章　地方单位

第 119 条　法律确定地方单位的自治、其职权范围以及财政来源的基本原则。

第 120 条　地方单位包括区和市镇。

第 121 条　其他地方单位由立法予以创设和撤销。

肯尼亚宪法[**]

第十一章　地方政府

第一节　地方政府宗旨及其原则

第 174 条　地方政府职责

地方政府宗旨是——

---

[*] 2000 年 7 月 23 至 24 日经全民公决通过，2000 年 8 月 1 日第 2000 - 513 号宪法性法律颁布并生效。

[**] 2010 年 8 月 4 日全民公决通过，2010 年 8 月 27 日生效实施。

（a）促进权力行使过程中的民主和负责；

（b）通过多样性的确认促进国家统一；

（c）赋予民众自治权，推进人民在国家权力行使和决策中的参与；

（d）确认共同体管理其事务并推进其发展的权利；

（e）保护和促进少数民族和边缘化群体的利益和权利；

（f）促进政治经济发展并在肯尼亚境内提供便利化服务；

（g）确保肯尼亚境内国家资源和地方资源的公平共享；

（h）促使国家机关及其职责和服务从肯尼亚首都向外的分散；以及

（i）增进制衡与分权。

第 175 条　地方政府的原则

依据本宪法设立的县政府应当遵循下列原则——

（a）县政府应当建立在民主和分权原则基础上；

（b）县政府应当享有可靠的税源以确保其有效的治理和提供服务；以及

（c）县政府代议机构中同性别的成员不得超过 2/3。

第二节　县　政　府

第 176 条　县政府

（1）各县应当设立县政府，由县议会和县行政机构组成。

（2）各县政府应当在有效和可行的程度内下放其权限和提供普遍的服务。

第 177 条　县议会成员

（1）县议会由下列人员组成——

（a）作为单一议员选区的各选区的登记选民在国会议员大选日，即每隔 5 年在八月的第二个星期二选出的代表；

（b）数名特别议席以确保议会中同性议员不超过 2/3；

（c）由国会法律规定的边缘化群体，包括残疾人和青年人的议席数名；以及

（d）议长，为当然议员。

（2）第（1）款（b）、（c）项规定的议员由各政党根据（a）项的规定按照其在县议会选举中的席位比例依据第 90 条的规定进行提名。

（3）第（1）款（b）项规定的特别席位应当在各选区选举结果公布之后予以决定。

（4）县议员任期 5 年。

第 178 条　县议会议长

（1）县议会议长应当由县议会从非议员的人中选出。

（2）县议会的会议由下列人员主持——

（a）议长；或者

（b）议长缺席时，由议会推选的其他议员。

（3）国会应当制定法律，规定县议会议长的选举和免职。

第 179 条　县行政会议

（1）各县的行政权授予县行政会议行使。

（2）县行政会议由下列人员组成——

（a）县长和副县长；以及

（b）县长在得到议会批准后从非议会议员中任命的成员。

（3）第（2）款（b）项规定的成员——

（a）若县议会少于 30 人时，不得超过县议会议员的 1/3；或者

（b）若县议会多于或者等于 30 人时，不得超过 10 人。

（4）县长和副县长分别为县行政长官和副行政长官。

（5）当县长缺席时，由副县长代理县长一职。

（6）县行政会议成员在履行职责和行使权力时对县长负责。

（7）当县长缺位时，则依据第（2）款（b）项任命的县行政会议成员停止履职。

第 180 条　县长、副县长的选举

（1）县长由各县登记选民在国会议员大选日，即每 5 年在八月的第二个星期二直接选出。

（2）参选县长的人员必须具有参选县议会议员的资格。

（3）当只有 1 名县长候选人获得提名，应当宣告该候选人当选。

（4）当 2 名或者 2 名以上县长候选人获得提名时，在县长选举中获得最多票数的候选人当选为县长。

（5）县长各候选人应当提名 1 位具备参选县长资格的人为副县长候选人。

（6）独立选举和选界委员会不另行举行副县长的选举，但应当宣布当选县长提名的副县长候选人当选为副县长。

（7）个人不得——

（a）担任县长一职超过两届；或者

（b）担任副县长一职超过两届。

（8）基于第（7）款的目的，担任县长一职的人员视为任满一届，第 182 条第（3）款（b）项的规定除外。

第 181 条　县长的免职

（1）基于下列理由得免除县长职务——

（a）严重违反本宪法或者其他法律；

（b）有充分理由认为其犯有肯尼亚法律或者国际法规定的罪行；

（c）滥用职权或者严重渎职；或者

（d）因身体或者精神的原因不能履行县长职责。

（2）国会应当制定法律，规定县长因第（1）款规定的缘由被免职的程序。

第 182 条　县长缺位

（1）县长在下列情况下缺位——

（a）死亡的；

（b）以书面形式向县议会议长递交辞呈的；

（c）不再具备第 180 条第（2）款规定的县长选举资格的；

（d）因犯罪被判处至少 12 个月监禁的；或者

（e）依据本宪法免除其职务的其他情形。

（2）当县长缺位时，副县长应当在县长的剩余任期代理县长职务。

（3）当依据第（2）款的规定代理县长职务时，在第 180 条第（7）款意义上——

（a）若其代理职务时距离按照第 180 条第（1）款进行的下届选举还剩余两年半以上，则被视为任满一届；或者

（b）其他情形下视为任职未满一届。

（4）若县长、副县长都缺位或者副县长不能行使职权，则由县议会议长代理县长行使职权。

（5）当出现第（4）款规定的情形时，应当在议长代理县长时 60 日以内举行县长选举。

（6）除非依据本宪法被免职，依据宪法任职的县长任职至依据第 180 条第（1）款举行的下届选举中选出的新县长任职时止。

第 183 条　县行政会议的职责

（1）县行政会议应当——

（a）执行县的法律；

（b）在县的范围内执行法律规定的国家立法；

（c）管理和协调县行政机关及其部门的职责；以及

（d）履行本宪法或者国家法律赋予的其他职责。

（2）县行政会议得提出法律草案提交县议会审议。

（3）县行政会议应当定期向县议会就县内各项事务提出全面的报告。

第 184 条　城区和都市

（1）国家法律应当规定城区和都市的治理和管理，尤其应当——

（a）订立划分城区和都市的标准；

（b）规定城区和都市的治理和管理原则；以及

（c）规定居民对城区和都市管理的参与。

（2）第（1）款规定的国家法律得包含对不同类型城区和都市的认定机制及其治理。

第 185 条　县议会的立法权

（1）县立法权赋予县议会行使。

（2）县议会得就县政府有效履行附件 4 规定的职责和权力制定所必需或者附属的立法。

（3）县议会在尊重分权原则的条件下行使对县行政会议和其他行政机关的监督权。

（4）县议会可采纳和批准下列计划和政策——

（a）对县资源的管理和利用；以及

（b）对县基础设施和公共机构的开发和管理。

第三节　县政府的职责和权力

第 186 条　中央政府与县政府各自的职责和权力

（1）除非本宪法另有规定，中央政府和县政府的职责和权力分别规定于附件 4。

（2）赋予一级以上政府的职责和权力，为各级政府共有的职责和权力。

（3）本宪法或者国家法律未授予县的职责和权力，属于中央政府的职责和权力。

（4）为确定起见，国会得就国家的任何事项进行立法。

第 187 条　各级政府间职责和权力的移转

（1）在下列情形下，一级政府的职责和权力可通过政府间协议移转于另一级政府——

（a）当受移转的政府能更有效地履行职责和行使权力时；以及

（b）当规定职责履行和职权行使的法律并未禁止职责和权力的移转时。

（2）当职责或者权力从一级政府移转于另一级政府时，则——

（a）应当作出安排以确保移转履行该职责和行使该权力所必要的资源；

以及

（b）履行该职责和行使该权力的宪法责任仍由附件 4 规定的政府来承担。

第五节　各级政府之间的关系

第 189 条　中央与地方政府的合作

（1）各级政府应当——

（a）在履行职能和行使权力过程中，尊重另一级政府的职责和机构完整，尊重另一级政府的宪法地位和政府机构，县政府在履行职责和行使权力过程中应当尊重县内各层级的政府；

（b）协助、支持、顾及并在适当情形下执行另一级政府的立法；以及

（c）加强与另一级政府的联系，做到信息共享、协调政策和管理以及行政能力的加强。

（2）各级政府和县内各层政府间应当在履行职能和行使权力的过程中协同合作，并得为此成立联合委员会和联合机构。

（3）对政府间的争议，各级政府应当采取各种合理的方法，包括根据国家法律规定的程序解决纠纷。

（4）国家应当制定法律，规定各级政府间争议的解决程序，包括协商、调解和裁决在内的各种纠纷解决机制。

第 190 条　对县政府的支持

（1）国会应当制定法律，确保县政府有足够的支持履行其职责。

（2）县政府应当按照国家法律的规定实施财政管理体系。

（3）国会应当制定法律，规定中央政府在下列情形下对县政府的介入——

（a）当县政府不能履行其职责时；或者

（b）当县政府未能按照国家法律的规定实施财政管理体系时。

（4）依据第（3）款制定的法律得授权中央政府——

（a）采取适当措施确保县政府履行其职责，并按照国家法律的规定实施财政管理体系；或者

（b）在必要时直接承担相应的职责。

（5）依据第（3）款制定的法律应当——

（a）规定中央政府就其所要采取的措施向县政府发出通知；

（b）准予中央政府只能采取必要的措施；

（c）规定中央政府在介入时应当采取措施以协助县政府全面承担其职责；

以及

（d）规定参议院得终止中央政府介入的程序。

第 191 条　法律冲突

（1）本条适用于中央政府和县政府在共有权范围内的立法冲突。

（2）在下列情况下，国家立法优于县立法——

（a）国家立法统一适用于肯尼亚，且符合第（3）款规定的条件；

（b）国家立法的目标即在于阻止各县不合理的行为——

（i）有害于肯尼亚或者他国的经济、卫生或者安全；或者

（ii）妨碍国家经济政策的推行。

（3）第（2）款（a）项规定的条件为——

（a）国家立法规定的事项不能由各县立法进行有效规范时；

（b）国家立法规定的事项的有效处理要求在肯尼亚统一实施，且国家立法为统一实施而设定——

（i）规范和标准；或者

（ii）国家政策；或者

（c）有必要制定国家立法而——

（i）维护国家安全；

（ii）维护经济统一；

（iii）保护共同市场的货物、服务、资本和劳工的流动；

（iv）促进跨国经济活动；

（v）推进机会平等或者享受政府服务的平等；或者

（vi）保护环境。

（4）县立法在第（2）款不适用的情形下优于国家立法。

（5）在审查不同层级政府间立法的明显冲突时，法院应当相较于导致冲突的法律解释而优先选择能够避免冲突的法律解释。

（6）法院作出的一级政府立法优于另一级政府立法的裁判并不导致后者的无效，但后者在其不一致的范围内不予实施。

第六节　县政府职权的中止

第 192 条　县政府职权的中止

（1）总统在下列情形下得中止县政府的职权——

（a）当国内冲突或者战争导致紧急状态时；或者

（b）在其他非常情形下。

（2）在独立调查委员会对有关县政府的指控进行调查、且总统认为该指控属实并得到参议院的授权前，不得根据第（1）款（b）项的规定中止县政府的职权。

（3）在依据本条中止县政府职权期间，应当依据国会的法律对县政府职权的履行作出安排。

（4）参议院得随时撤销中止。

（5）本条规定的中止最长不得超过 90 日。

（6）第（5）款规定的期间届满后，应当举行相关县政府的选举。

第七节　一般规定

第 193 条　县议会议员的选举资格

（1）除非根据第（2）款的规定丧失资格，否则个人在下列情况下有资格参选县议会议员——

（a）登记为选民；

（b）符合本宪法或者国会法律规定的教育、伦理和道德要求；以及

（c）得到——

（i）政党提名；或者

（ii）为独立候选人，并在相关选区得到至少 500 名登记选民的支持。

（2）个人在下列情形下丧失参选县议会议员的资格——

（a）为国家官员或者其他公职人员，县议会议员除外；

（b）在选举日之前的 5 年内出任独立选举和选界委员会委员的；

（c）在选举日之前成为肯尼亚公民未满 10 年的；

（d）神志不清的；

（e）未履行债务的破产者；

（f）正在服超过 6 个月监禁的；或者

（g）依法被认定滥用国家官员或者公职人员的职权，或者违反本宪法第六章的规定。

（3）在用尽对相关判决或者裁决的上诉和审查之前，不得根据第（2）款的规定剥夺其资格。

第 194 条　县议会议员的缺位

（1）县议会议员在下列情况下缺位——

（a）议员死亡的；

（b）议员未得到议长的书面准假而缺席 8 次议会会议，且未能就缺席提

供合理解释的；

（c）议员依据本宪法或者根据本宪法第80条制定的法律被免职的；

（d）议员以书面形式向议长递交辞呈的；

（e）当——

（i）议员作为党员身份当选的，其退出该党或者依据第（2）款规定的立法被视为退出该党的；或者

（ii）议员作为独立候选人当选的，其加入政党的；

（f）在议会任期结束时；或者

（g）当议员因第193条第（2）款规定不具备选举资格的。

（2）国会应当制定法律，对第（1）款（e）项规定的退出政党的情形予以规定。

第195条　县议会传唤证人的权力

（1）县议会或者其委员会有关传唤任何人到会作证或者提供信息。

（2）县议会在第（1）款上享有与高等法院同等的权力——

（a）要求证人到会并对其宣誓进行监督；

（b）强制提供文件；以及

（c）发布委任状或者规定询问国外的证人。

第196条　公众参与和县议会的权力、特权和豁免

（1）县议会应当——

（a）公开处理事务，公开举行议会会议和委员会的会议；以及

（b）为公众参与县议会和委员会的立法和其他事项提供便利。

（2）县议会不得将公众或者媒体排除于其会议之外，除非在非常情形下议长确定存在排除的正当理由。

（3）国会应当制定法律，规定县议会、议会委员会和议员的权力、特权和豁免。

第197条　县议会的性别平等和多样性

（1）县议会或者县行政会议中同性别成员不得超过2/3。

（2）国会应当制定法律——

（a）确保县议会和县行政会议体现县共同体和文化的多样性；以及

（b）规定对县内少数民族的保护机制。

第198条　县过渡政府

当依据本章进行县议会选举时，以前组成的县行政会议履行行政职责直至选举后新一届行政会议组成。

第 199 条　县立法的公布

（1）县立法非公布于政府公报不得生效。

（2）国家法律或者县立法得规定公布县立法的具体细则。

第 200 条　实施本章的立法

（1）国会应当制定有效和便宜实施本章规定的法律。

（2）立法须对下列具体情形予以具体规定——

（a）首都、其他都市和城区的治理；

（b）一级政府向另一级政府移转职责和权力，包括从中央政府向县政府移转立法权；

（c）对县政府官员的选举、任命以及免职，包括选民和候选人的资格；

（d）县议会和行政会议的运行程序，包括会议的主席和次数、法定人数和选举；以及

（e）议会和行政会议职权的中止。

附件四　中央政府与县政府的职权分配

第二节　县　政　府

县的职责和权利是——

第 1 条　农业，包括——

（a）农作物与畜牧业；

（b）牲畜出售场地；

（c）县屠宰场；

（d）植物与动物疾病控制；以及

（e）渔业。

第 2 条　县卫生服务，特别包括——

（a）县卫生机构与药房；

（b）救护车服务；

（c）基本卫生保健的推行；

（d）对向公众出售食品的企业发放许可证和控制；

（e）兽医服务（专业管理除外）；

（f）墓地、殡仪馆与火葬场；以及

（g）垃圾清理、垃圾场与固体废物处理。

第 3 条　空气污染、噪音污染、其他公害的控制与户外广告的控制。

第 4 条 文化活动、公共娱乐与公共娱乐设施，包括——

（a）彩票、卡西诺赌场与其他博彩方式；

（b）赛马；

（c）酒类许可；

（d）影院；

（e）视频播放与出租；

（f）图书馆；

（g）博物馆；

（h）体育与文化活动以及设施；以及

（i）县公园、海滩与其他休闲设施。

第 5 条 县的交通运输，包括——

（a）县公路；

（b）街灯；

（c）交通与停车；

（d）公共道路运输；以及

（e）渡轮与港口，不包括国际与国家海运的管理以及相关事项的管理。

第 6 条 动物控制与动物福利，包括——

（a）养狗许可；以及

（b）动物的圈养、护理与埋葬设施。

第 7 条 商业发展与管理，包括——

（a）市场；

（b）商业执照（不包括专业管理）；

（c）公平交易；

（d）地方旅游；以及

（e）合作社。

第 8 条 县的规划与发展，包括——

（a）统计；

（b）土地测绘；

（c）区域边界与界碑；

（d）住房；以及

（e）电气网络与能源管理。

第 9 条 学前教育、村社职业学院、家政学中心与托儿所。

第 10 条 对中央政府自然资源和环境维护政策的执行，包括——

（a）土壤与水资源保护；以及

（b）林业。

第 11 条　县的公共工程与公共服务，包括——

（a）多建筑区域的洪水管理系统；以及

（b）水与卫生服务。

第 12 条　消防服务与灾难管理。

第 13 条　毒品与色情控制。

第 14 条　保证与协调各个群体和地区参与地方治理，协助各个群体和地区发展其管理能力以有效行使其职权与参与地方治理。

卢旺达共和国宪法 *

第六编　地方分权机关

第一章　一般原则

　　第 167 条　根据法律将国家的权力赋予地方分权行政单位，地方分权行政单位受负责地方行政的部的管辖。

　　法律确定地方分权行政单位；地方分权行政单位具有法人资格，享有行政管理和财政管理的自主权，构成国家发展的基础。

　　具有法人资格的地方分权行政单位可加入致力于地方分权的国内或者国际组织。

　　法律规定地方分权行政单位的组织和运行。

---

　　* 2003 年 5 月 26 日卢旺达全民公决通过，2003 年 6 月 4 日总统签发同意令。

马达加斯加共和国宪法

第五编　国家的领土组织

第二章　组织结构

第一节　市　　镇

第 148 条　市镇是基层的地方分权团体。

市镇根据其人口基数是否比城市群低而分为城市和农村。

第 149 条　市镇须采取措施促进其管辖领土范围内经济、社会、文化和环境的发展。它们的职权主要根据宪法原则和法律原则以及就近、促进和维护居民利益的原则予以界定。

第 150 条　市镇可以组成市镇联合体，以便于实现某些有利于共同发展的规划。

第 151 条　市镇的行政和议事职能由直接普遍选举产生的不同机关履行。

行政机关和议事机关的构成、组织、职权、运行及其成员的选举方式和条件由法律确定。

第 152 条　市镇内组织为村庄（fokontany）的屯集（fokonolona）是社会文化和环境发展与凝聚力的基础。

村庄的负责人参与市镇发展规划的制定。

第二节　地　　区

第 153 条　地区主要承担经济和社会使命。

地区通过与公共和私人机构的合作以领导、促进、配合和协调其管辖区域内整体的经济和社会发展，并确保领土的规划和发展所要求的所有行动得到实施。

　2010 年 11 月 22 日全民公决通过，以第 2010－994 号命令颁布。

第 154 条　行政职权由普遍选举产生的地区长领导的机构履行。

地区长是本地区战略和经济社会发展的所有行动实施的首要负责人。

地区长是地区的行政首长。

第 155 条　议事职权由地区委员会承担，其成员由普遍选举产生。

来自地区内不同区域的国民议员和参议员是地区委员会的当然成员且拥有表决权。

第 156 条　地区行政机关和议事机关的构成、组织、职权和运行及其成员的选举方式和条件由法律确定。

第三节　省

第 157 条　省是具有法人资格、享有行政和财政自治权的地方分权团体。

省负责本省利益发展所需行动的配合和协调，以及本省范围内地方分权团体的平衡和协调发展。

省执行和实施省委员会确定和颁布的符合其利益发展的政策和方针。

省通过与公共和私人机构的合作以领导、促进、配合和协调其管辖区域内整体的经济和社会发展，并确保领土的规划和发展所要求的所有行动得到实施。

第 158 条　省的行政职权由普遍选举产生的省长领导下的机构履行。

省长是本省战略和经济社会发展的所有行动实施的首要负责人。

省长是本省的行政首长。

第 159 条　议事职权由省委员会承担，其成员由普遍选举产生。

来自省内不同区域的国民议员和参议员是省委员会的当然成员且拥有表决权。

第 160 条　省行政机关和议事机关的构成、组织、职权和运行及其成员的选举方式和条件由法律确定。

马拉维共和国宪法[*]

第十四章 地方政府

第 146 条 地方政府机关

（1）① 应当成立一个地方政府，其权力由本宪法和某项议会法案授予。

（2）地方政府应有责任代表他们所管辖范围内的人民，为了他们的福利，并应对下列事项承担责任：

（a）通过对地方发展计划的制订和实行以及对工商企业的激励，以此促进基础设施及经济的发展；

（b）向中央政府机关报告关于地方发展的计划，并提升国家对地方问题的认识；

（c）地方民主机构与民主参与的巩固与促进；以及

（d）此类其他职能，包括出生与死亡的登记以及参与提供必要的地方服务，这些可以由任何议会法案进行规定。

（3）议会应尽可能规定地方政策及行政问题在地方政府机关的监督下在地方水平上进行决定。

（4）② 议会应确保地方政府机关的组成应包括一部分规定数目的人员在此类地方政府机关管辖范围内担任酋长，并且对其管辖范围内的每个选区提供平等代表权，各选区的范围应由选举委员会按照第 148 条的规定划定。

第 147 条 地方政府机关的组成

（1）③ 地方政府机关应由地方议员组成，他们由在该地方政府机关管辖地区的已登记的选民以自由、秘密及平等的投票方式选出，该选举应由选举委员会组织、指导和监督。

（2）地方政府的公职应包括城市和自治市的市长及所有地区的地方议员，

---

* 1994 年 5 月 18 日颁布生效。

① 译者注：由 1995 年第 6 号法案、2001 年第 13 号法案修订。

② 译者注：由 1995 年第 6 号法案修订。

③ 译者注：由 1995 年第 6 号法案、1997 年第 1 号法案、2001 年第 13 号法案、2010 年第 8 号法案修订。

并且他们享有由某项议会法案规定的职能、权力及责任。

（3）每个地方政府机关应设立从属于地方议员的行政管理人员，他们应被要求执行和管理这些议员的合法决议和政策。

（4）应设立地方政府服务委员会，它的组成、职能、权力及运作程序应由某项议会法案进行规定。

（5）① 地方政府的选举应每5年举行一次，其具体日期由总统与选举委员会商议后决定。

第148条　地方政府机关的管辖权

（1）根据选举委员会的建议，以及按照本宪法制定的原则及相关国家选举的其他任何法律，应为地方政府机关划定范围。

（2）决定地方政府机关的领土管辖权的任何范围划界，应只能根据地理界限进行划分，而不能依据种族、肤色、部落或该地区居民的种族血缘进行划分。

第149条　国家地方政府财政委员会及其设立、权力及职能

（1）② 应当设立国家地方政府财政委员会，以听取各地方政府机关有关经费支出的估算及特别支出的请求，并且其应享有由本宪法及某项议会法案授予的此类其他权力及职能。

（2）国家地方政府财政委员会对下列事项享有权力：

（a）受理所有的地方政府机关的全部的财政收入预算及所有的规划预算；

（b）③ 根据审计长的建议以及依照任何议会法案，对各地方政府机关的账户进行监督和审查；

（c）对划拨给地方政府机关的资金的分配提出建议，并且依据和考虑到经济、地理及人口的差异，在不同时期和不同地区的支付数额是不同的；

（d）为所有的地方政府机关准备一个综合预算，并且在与财政部协商后对该预算进行估算，该预算应在每一个会计年度开始前，由负责地方政府的部长提交给国民大会；

（e）在必要时向该部长申请补充资金。

第150条　为地方政府的职能行使提供足够资源的义务

中央政府应为地方政府职能的正当行使而确保有必要的足够的资源供应，并且为达到此效果，应允许地方政府机关保留按照国家地方政府财政委员会规

---

① 译者注：由2001年第13号法案、2010年第8号法案修订。

② 译者注：由2001年第13号法案修订。

③ 译者注：由2001年第13号法案修订。

定的由其接受的此类财政收入的一部分。①

第 151 条　国家地方政府财政委员会的组成

（1）② 国家地方政府财政委员会的成员应由下列人员组成：

（a）由地方政府机关的决策委员会议随时提名的 1 名人员；

（b）地方政府的秘书长；

（c）由公职任命委员会根据负责地方政府的部长的建议所指定的，具有专业资格的会计执业师 1 名；

（d）③ 文官委员会的主席或由该主席随时提名的该委员会的此类成员；

（e）由选举委员会随时提名的 1 名人员；以及

（f）④ 负责财政的秘书长或其资深代表。

（2）除了依据第（1）款第（b）项、第（d）项、第（e）项或者第（f）项而成为地方政府财政委员会成员的人员以外，国家地方政府财政委员会成员的任期应在下列情形时届满：

（a）自该成员第一次被任命之日起满 3 年；

（b）由总统依公职任命委员会的建议免职，但任何成员不应依据本条的规定而被建议免职，除非公职任命委员会证明其：

（i）不具有履行该职位责任的能力；

（ii）在一定程度上，其财政的公正性受到严重的质疑；或者

（iii）其他的丧失能力的情形。

（3）⑤ 为了第（1）款第（a）项的目的，负责地方政府的部长应在这些地方政府机关的选举的 30 日之内召集地方政府机关的决策委员会议。

---

① 译者注：由 2001 年第 13 号法案修订。

② 译者注：由 2001 年第 13 号法案修订。

③ 译者注：由 2001 年第 13 号法案修订。

④ 译者注：由 2001 年第 13 号法案修订。

⑤ 译者注：由 2001 年第 13 号法案修订。

摩洛哥王国宪法*

第九编　大区和其他地方公共团体

第 135 条　王国的地方公共团体是大区（région）、州（préfecture）、省（province）和市镇（commune）。

它们构成公法人，民主地管理自身事务。

大区和市镇委员会由普遍直接选举产生。

一切其他地方公共团体由法律创立，在必要时可以替代第 1 款规定的一个或多个地方公共团体。

第 136 条　大区和地方的组织以自治、合作和团结的原则为基础。它确保相关人民参与其事务的管理，并促进相关人民对整体人力和可持续发展的贡献。

第 137 条　大区和其他地方公共团体通过其在参议院的代表参与实施国家总政策和审议地方政策。

第 138 条　大区委员会主席和其他地方公共团体委员会主席执行其委员会的决议和决定。

第 139 条　对话和协调的参与机制由大区委员会和其他地方公共团体的委员会予以落实，以便促进公民和社团参与审议和监督发展规划。

公民和社团得行使请愿权以便要求将委员会权限范围内的问题纳入委员会的议程。

第 140 条　基于辅助性原则，地方公共团体享有固有权限、与国家分享的权限以及由国家转移的权限。

大区和其他地方公共团体在其各自的权限和地域范围内享有条例权以实现其职能。

第 141 条　大区和其他地方公共团体享有自身的财政收入和国家拨付的财政收入。

---

　　* 2011 年 7 月 2 日全民公决通过，2011 年 7 月 29 日穆罕默德六世国王以第 1 – 11 – 91 号诏令颁布。

国家向大区和其他地方公共团体转移任何权限均必须伴随相应的财政转移。

第 142 条 出于大区之利益于既定期限内设立一项社会发展基金，旨在弥补人力发展、基础设施和设备方面的赤字。

另行设立一项大区间互助基金，旨在平衡财政收入，从而减少大区间的差距。

第 143 条 任何地方公共团体均不得对其他地方公共团体行使监护权。

在审议和监督大区发展规划和大区领土整治纲要过程中，大区应在大区委员会主席的监督下，在尊重其他地方公共团体的固有权限的范围内确保其他地方公共团体的优越地位。

若规划的实现需要多个地方公共团体的参与，则各地方公共团体约定其合作的方式。

第 144 条 地方公共团体得组成联合体以在权限和规划方面互惠互助。

第 145 条 大区长（walis）和州与省之总督（gouverneurs）在地方公共团体中代表中央权力。

他们以政府之名确保法律的实施，执行条例和政府决定，进行行政监督。

大区长和总督协助地方公共团体的主席尤其是大区委员会主席实施发展规划与计划。

他们受政府相关各部之领导，协调中央政府的权力下放服务活动并监督其良好运作。

第 146 条 组织法尤其确定：

——大区和其他地方公共团体之事务进行民主管理的条件，其委员会的成员额数，关于选任资格、禁止兼任、职务兼任的限制的规则，以及选举制度和确保女性在委员会中得到最好代表的规定；

——大区委员会主席和其他地方公共团体委员会主席按照第 138 条规定执行委员会决议和决定的条件；

——公民和社团行使第 139 条规定的请愿权的条件；

——第 140 条规定的大区和其他地方公共团体的固有权限、与国家分享的权限和由国家转移的权限；

——大区和其他地方公共团体的财政制度；

——第 141 条规定的大区和其他地方公共团体的财政收入的来源；

——第 142 条规定的社会发展基金和大区间互助基金的财源和运作方式；

——第 144 条规定的联合体的构成条件和方式；

——促进市镇间发展的规定，以及在此意义上旨在确保领土组织之调整机制的规定；

——关于自治良好运作、监督基金和规划之管理、会计活动评估和核算的规则。

莫桑比克共和国宪法 *

第十二编 公共行政、警察机关、申诉专员和地方行政机构

第四章 地方国家机关

第262条 性质

地方国家机关在地方区域代表国家，在各自区域内进行管理和发展，促进民族融合和民族团结。

第263条 组织原则

1. 地方国家机关组织和活动应坚持分权的原则，但不违反统一原则和政府的法令权力的实施。

2. 地方国家机关应促进现有资源的利用，确保公民积极参与，并鼓励地方解决社区问题的主动性。

3. 地方国家机关应尊重当地其他机构的性质，权力和自主权。

4. 国家应确保每一个地方当局均代表当地的领土及公民，并能行使其特有的权力。

5. 法律应建立地方国家机关与当地团体相互联系的机制，国家在权力范围内可适当赋予当地社团一定的职能。

第264条 职责

1. 地方国家机关在各自领域内，且在不违反地方其他机构自主权的前提下，依据宪法，以及共和国议会、部长委员会、国家机关高级部门的决议，确保经济、文化和社会计划以及涉及国家利益的方案的实施。

2. 国家地方机关的组织、职能和权力由法律规定。

---

* 2004 年 11 月 16 日由共和国议会批准。

第十四编　地方行政

第 271 条　目标

1. 地方行政致力于在莫桑比克国家统一的框架内，组织公民参与解决社区问题，促进地方发展，深化和巩固民主。

2. 地方行政依赖于公民的主动性和能力，须加强与公民参与的组织进行协作。

第 272 条　地方当局

1. 地方行政由地方当局组成。

2. 地方当局应受公共法律制约，拥有独立的代表机构，致力于追求当地居民的利益，同时不违反国家利益和国家职能。

第 273 条　地方当局的分类

1. 地方当局分为自治市和村落。

2. 自治市对应于城镇的领土区域。

3. 村落对应于行政点的领土区域。

4. 法律可以建立其他类型的地方当局,规模可超过或不足于自治市或村落。

第 274 条　地方当局的建立和解散

地方当局的建立和解散由法律规定，特定地方区域的改变应与当地机构进行协商。

第 275 条　行政和决策机构

1. 地方当局应具备决策的权力，作为一个执行机构，应向议会负责。

2. 地方议会按照比例代表制通过普遍、直接、平等和定期的普选、秘密投票和个人投票的方式，由居住在当地领土选区的选民进行投票。

3. 执行机构主席应通过普遍、直接、平等和定期的普选、秘密投票和个人投票的方式，由居住当地领土选区的选民投票选出。

4. 公职职务的候选人应由政党推选，可单人推荐，亦可联合或团体推荐。

5. 行政机构的组织，构成和职能由法律规定。

第 276 条　地方财产和收入

1. 地方当局拥有独立的财产和收入。

2. 法律应确定地方当局的财产，建立地方财政收入体系，以保证公共资源的公平分配，确保减少不平衡所作的必要调整，服从于国家的更高利益。

3. 在不违反地方当局自主权的前提下，法律应确定国家向地方当局提供的技术和人员支持的形式。

第 277 条　行政监督

1. 地方当局应受到国家的行政监督。

2. 对地方当局的行政监督包括依法核查行政行为的合法性。

3. 行使监督权应尊重行政行为的特点，但仅在案件和法律明确规定的情形下行使该权利。

4. 在直接选举中，由于严重的违法行为或疏漏，地方当局可依法被解散。

第 278 条　监管权力

地方当局享有独立的监管权，受限于宪法、法律和具有监督权力的其他机构的规定。

第 279 条　地方当局公职人员

1. 地方当局应当配备独立的公职人员。

2. 国家工作人员和管理人员的行政制度同样适用于地方公职人员和代表人。

第 280 条　组织

法律应保障地方当局采取获得更高共同利益的组织形式。

第 281 条　任期

法律应规范地方当局公职人员的辞职、缺席和机构人员的选举。

纳米比亚共和国宪法[*]

第十二章　地区和基层政府

第 102 条　地区和基层政府机构

（1）为实行地方和基层管理，纳米比亚应划分为地区和基层单位，其所包含的地区和基层政权可由议会通过法律设立和界定。

（2）本条第（1）款中地区和基层政权的边界划分只是地理上的划分，并不涉及相关地域中居民的种族、肤色和血统。

（3）地区和基层的所有政府机关都应包括一个议会作为其主要的统治机关，其依据本宪法和本条第（1）款中议会的法律选出，还应包括一个管理执

---

* 1990 年 3 月 21 日生效。

行机关，其依据本宪法和其他一切相关的法律实施上述议会具有法律效力的决议和政策。

（4）按本章之规定，基层组织应包括所有政府、社区、村委会及其他由地方政府和议会法律规定和允许的机构。

（5）在议会法律的规定下，应成立由过往领导人组成的委员会，对总统关于国家控制的利用以及其他职能范围的事情提出建议。

第103条　地区议会的设立

（1）地区的边界应由划界委员会依据本宪法第102条第（2）款规定的原则确定。

（2）只有依据划界委员会的建议才能随时改变各地区的边界并随时建立新的地区。

（3）根据本条第（1）、（2）款，当各地区的边界得以确定后，每个地区都应设立1个地区议会。

第104条　划界委员会

（1）划界委员会应包括由来自高等法院或最高法院的法官担任的主席以及由总统指派的来自议会的其他2名成员。

（2）在议会法律和宪法的规定下，划界委员会可不履行自己的义务，但需要向总统进行报告。

第105条　地区议会的组成

地区议会的组成人员由划界委员会在设立该议会的特定地区内确定，这些组成人员有资格被选入全国委员会。

第106条　地区议会的选举

（1）所有地方区域需要在划界委员会根据宪法及议会法律的规定下划分出若干选区，选区数量在6—12之间。

（2）每个选区可向地方委员会输出1名成员。

（3）选举应根据议会法律的规定秘密进行，获得最多选票的候选人将成为该选区选出的地方委员会成员。

（4）纳米比亚所有地区的地方委员会选举应在同一日进行。

（5）选举日期由总统在报纸上公布。

第107条　地区议会议员的薪酬

地方委员会成员的报酬及津贴由议会法律规定。

第108条　地区议会的职权

地方委员会拥有如下权力：

（a）选举全国委员会议员；

（b）在其所属地方区域行使行政权力,履行议会法律和总统所规定的义务;

（c）在议会法律的规定下收税并代替中央政府征收国税;

（d）履行议会法律规定的其他职能、权力等。

第 109 条　管理委员会

（1）地方委员会须从自己成员中选举产生管理委员会，行使议会法律规定的行政职权。

（2）在选举管理委员会的同时须选举出委员会主席，负责主持其地区议会的会议。

（3）主席及其他成员的任期为 3 年，随后将进行重新选举。

第 110 条　地区议会的运作

地方议会会议的举办及管理、地方议会临时空缺席位的填补、官员的雇用以及其他固定或临时划分给议会的管理及职能内容由议会法律规定。

第 111 条　基层组织

（1）地方当局须根据第 102 条的内容选举产生。

（2）地方当局的范围、事务管理议会的选举、地方当局委员会成员的选举方法、委员会成员的报酬以及其他固定或临时划分给委员会的管理及职能内容由议会法律规定。

（3）有权参加地方当局议会选举的个人应为在当地居住时间不少于 1 年，且有权参加国民大会选举的公民。

（4）根据不同类型的地方当局，议会法律会作出不同的规定。

（5）所有由地方议会制定并欲赋予其法律效力的法案或规则应根据议会法律之规定呈交国民大会进行讨论，并通过表决确定其是否真正有效。

南非共和国宪法[*]

第六章　省

第 103 条　省

共和国有下列省份：

（1）东开普;

---

[*] 1996 年通过新宪法并于 1997 年生效。

（2）自由州；

（3）豪登；

（4）夸祖鲁那塔尔；

（5）林波波省；

（6）姆普马兰加；

（7）北开普；

（8）西北省；

（9）西开普。

各省的地理区域由附录一 A 中各省地图所指示的区域组成。

（1）当各省的地理区域由宪法修正案予以修改时，议会可以在合理的时间内采取措施规定修改地理区域产生的法律、实践以及其他效果。

（2）议会的上述规定可以在该宪法修正案生效前颁布和实施，但涉及各省的功能、资产、权利、义务、职责或责任的规定，只能在该宪法修正案生效后施行。

第一节　省立法机构

第 104 条　省的立法权力

省的立法权力在于省立法机构，并赋予省立法机构下列权力：

（1）为其省通过宪法或修正任何依第 142 条及第 143 条规定通过的宪法；

（2）为其省通过下列立法：附录四列举的事项；附录五列举的事项；由国家立法明文指派给省的事项以及任何在宪法条文中拟由省立法的事项；

（3）将其任何的立法权力指派给该省中的一市议会。

一省的立法机构得以其至少 2/3 成员的赞成票决议要求议会将该省改名。

省立法机构受宪法及其为其省通过的宪法的拘束，须在宪法及该省的宪法的范围内行事。

凡是为了有效实施列于附录四中事项的权力的必要的或附带的立法，皆是关于列于附录四中事务的立法。

省立法机构得就在其权力范围之外的事务，或议会法律优先于省立法的事项向国民议会建议立法。

第 105 条　省立法机构的组成与选举

省立法机构是由依照选举制度选出的男女所组成：

（1）由国家立法所规定；

（2）以全国普通选举人名册中该省的部分为基础；

（3）规定 18 周岁为最低投票年龄；以及

（4）一般按得票比例获得议员席位。

省立法机构由 30 名至 80 名成员组成。各省间成员数目可以不同，但须由国家立法所规定的计算方式决定。

第 106 条　成员资格

任何有资格选举国民议会的公民都有资格成为省立法机构的成员；除了

（1）任何为国家所任命或服公职，并因该任命或该职而收取薪资者，但是省长、省行政会议的其他成员以及其他职能与省立法机构成员职能相容，并被国家立法宣布与这些职能相容的人除外；

（2）国民议会的成员，全国省级事务委员会的永久代表或市议会的成员；

（3）尚未复权的破产者；

（4）任何由共和国法院宣布为心智不全者；以及

（5）在本条文生效后，任何在国内或国外被控罪行并被判刑 12 个月以上监禁并不得易科罚金者，条件是在国外构成的犯罪在国内也认为是犯罪。且任何人不得被认为刑罚确定直到不服控诉的上诉确定或者直到允许上诉的期限届满。本项的限制在服完徒刑的 5 年后终止。

依照本条第 1 款第 1、2 项不得成为省立法机构成员的人可以在国家立法所建立的限制或条件下成为立法机构的候选人。

一个人在下列情形下丧失省立法机构成员职位：

（1）不再符合省立法机构成员资格；

（2）未经允许缺席会议，而立法机构的规则规定此种情形应当丧失立法机构职位；

（3）失去提名该人为立法机构成员的党派的党员资格。

立法机构的空缺应当依照国家立法予以补充。

第 107 条　宣誓或确认

省立法机构成员开始履行职务前，应当依照附录二宣誓或者确认对共和国的忠诚及对宪法的遵守。

第 108 条　省立法机构的任期

省立法机构一任为 5 年。

如果省立法机构依照第 109 条解散或其任期届满，省长应当发布公告设定日期举行选举，选举应当在立法机构解散或任期届满之日起 90 日内举行。公告可以在省立法机构任期届满之前或之后发布。

如果省立法机构的选举结果未在第 190 条规定的期限内宣布，或选举被法院判定无效，则总统应当宣布设定日期举行另一选举，该选举应当在前一选举被判无效之日起 90 日内举行。

省立法机构在解散或任期届满后仍有权继续运作，直到下届立法机构选举的第一日止。

第 109 条　任期届满前省立法机构的解散

省长应当解散省立法机构，如果：

（1）立法机构成员投票多数票决议解散；以及

（2）立法机构选举已过 3 年。

代理省长应当解散省立法机构，如果：

（1）省长职位出缺；以及

（2）立法机构未能在省长职位出缺的 30 日内选出新省长。

第 110 条　开会与休会

在选举后，省立法机构的第一次开议应当依照由宪法法院院长指派的一法官所决定的日期与时间召开，但是不得迟于选举结果宣布后的 14 日。省立法机构可自行决定其其他的开议与休会的时间与期间。

省长可在任何时间召开省立法机构的特别会议以从事特别事务。

省立法机构得决定其正常的会议地点。

第 111 条　议长、副议长

在选举后的第一次开议中，或必须填补空缺时，省立法机构必须在其成员中选出 1 名议长与 1 名副议长。

宪法法院院长指派的法官应当主持议长的选举。议长应当主持副议长的选举。

附录三第一部分规定的程序适用于议长与副议长的选举。

省立法机构可以决议免除议长与副议长的职务。当此重大决议制定时，省立法机构多数成员必须出席。

依据其规则，省立法机构可从其成员中选出其他的主持会议的干事以协助议长与副议长。

第 112 条　决议

除非本宪法做出其他规定，否则：

（1）在对一法案或法案的修正案投票前，应当有省立法机构的多数成员出席；

（2）至少有成员 1/3 出席才能在立法机构中对其他问题进行投票；以及

（3）在省级立法机构中所有问题皆由多数决定。

主持立法机构会议的成员一般不投票，但是：

（1）在一问题的双方票数相同时，应当投下决定性的一票；

（2）在一问题必须由立法机构成员至少 2/3 的支持票决定时，可以投下一票。

第 113 条　省立法机构永久代表的权利

对全国省级事务委员会派出的各省代表可出席其各自的省立法机构及其委员会并发言，但是不得投票。立法机构得要求永久代表出席该立法机构或其他委员会。

第 114 条　省立法机构的权力

在行使其立法权力时，立法机构得：

（1）审议、通过、修正或拒绝任何立法；以及

（2）提议或准备除财政法案外的立法。

省立法机构应当规定机制：

（1）以确保该省中所有省级行政机构对其负责；以及

（2）监督该省中省级行政权力的运作包括法案的执行以及监督任何省级行政机构。

第 115 条　向省立法机构提出的证据或信息

省立法机构或其任何委员会得：

（1）召唤任何人在宣誓下向其提出证据或出示文件；

（2）要求任何人或省的机构向其做出报告；

（3）依照省立法或规则与命令，强迫任何人或机构遵守第 1 项或第 2 项的召唤或要求；以及

（4）向任何有关人士或机构收受请愿、陈情及委托书。

第 116 条　省立法机构的内部安排、会议及程序

省立法机构得：

（1）决定并控制其内部安排、会议及程序；以及

（2）在适当考虑代表性及参与的民主性、负责性、透明度以及公众参与程度的基础上，制定关于其业务的规则与程序。

省立法机构的规则与程序必须规定：

（1）其委员会的建立、组成、权力、职能、程序及任期；

（2）依照民主原则，议会中少数党对于立法机构及其委员会的会议的参与；

（3）依照比例代表制对立法机构中各政党提供财物及行政支援，以使各政党及其领袖能在立法机构中有效发挥其职能作用；以及

（4）承认在立法机构中最大反对党的领袖为反对党领袖。

第 117 条　特权

省立法机构成员与向全国省级事务委员会派出的永久代表：

（1）在立法机构及其委员会中依其规则和程序享有言论自由；以及

（2）有不得基于下列因素而受到刑事的或民事的诉讼追究、逮捕、监禁或赔偿的权利，包括在立法机构及其委员会中发言、所出示或提供的任何事物或者上述事物所揭露的任何事物。

国家立法可以规定省立法机构成员的其他特权与豁免。

省立法机构成员的薪金、津贴和福利由省财政直接给付。

第 118 条　省立法机构的公众接触与参与

省立法机构必须：

（1）在立法机构及其各委员会的立法及其他程序中促进公众的参与；以及

（2）以公开方式议事，在公开场合举行会议及其委员会的会议，但可以采取适当措施以管制公众进入立法机构及其委员会，包括管制媒体的进入以及搜查任何人或必要时拒绝任何人的进入或驱逐任何人。

省立法机构不得在委员会会议中排除公众或媒体，除非这种做法是在一个民主开放的社会中合理且合法的。

第 119 条　法案的提出

只有省的行政会议的成员或立法机构的委员会或其成员可在立法机构中提出法案，但只有在行政会议中负责省财政事务的成员才能在立法机构中提出财政法案。

第 120 条　财政法案

若规定下列事项，则该法案属于财政法案：

（1）拨款；

（2）征收省内税收、关税或罚款；

（3）废除、减少省内税收、关税或罚款，或规定例外；

（4）授权直接对省内税收资金收费。

财政法案不得规定其他事项，除非属于：

（1）拨款的附属事项；

（2）征收、减少或废除税收、关税或罚款的事项；

（3）省内税收、关税或罚款的例外事项；或者

（4）授权直接对省内收入资金收费的事项。

一省的法律必须规定该省的立法机构修正财政法案的程序。

第 121 条　法案的同意

省长必须或是同意并签署由省立法机构依照本章规定通过的法案，或是省长对该法案的合宪性有所保留而将其退回立法机构重议。

在重议后，如果法案完全按照省长的意见修改，则省长必须同意并签署该法案；否则省长必须：

（1）或是同意并签署该法案；或是

（2）提交宪法法院决定其合宪性。

如果宪法法院判定该法案合宪，则省长必须同意并签署。

第 122 条　成员向宪法法院的申请

省立法机构的成员得向宪法法院申请宣布省法案的全部或部分违宪。

该申请：

（1）必须获得至少 20% 的立法机构成员的支持；以及

（2）必须在省长同意并签署该法案的 30 日内提出。

宪法法院下列情形下得宣布受到依照第 1 款规定申请解释的省法案的全部或部分暂时无效直到宪法法院做出决定：

（1）正义的利益要求如此；以及

（2）该申请存在申请成功的合理可能性。

如果申请不成功或没有申请成功的合理可能性，宪法法院得要求申请者支付费用。

第 123 条　省法案的公布

由省长同意并签署的法案成为省的法律，应当迅速公布，并从公布或依照该法律决定的日期起生效。

第 124 条　省法律的保管

省法律的签署版本是该法律条文的正式标准版本，在公布后，必须委托宪法法院保管。

第二节　省行政部门

第 125 条　省的行政权力

省的行政权力属于省长。

省长与行政会议的其他成员以下列方式行使行政权力：

（1）在该省执行省的立法；

（2）执行所有符合列于附录四或附录五中的立法除非宪法或议会法律作出另外的规定；

（3）执行附录四或附录五中的立法领域之外，依照议会法律的规定赋予省行政机构执行的立法；

（4）发展与执行省的政策；

（5）协调省行政机构与其部门间的功能；

（6）准备及发起省立法；以及

（7）执行任何其他宪法或法律规定的行政功能。

依照第2款第2项的规定，省只在其有担负有效责任的行政能力的范围内享有行政权力。国家政府必须以立法或其他措施协助省发展能有效实施第2款中所赋予的权力及履行职能所必需的行政能力。

关于一省对任何功能的行政能力的纠纷必须提交全国省级事务委员会并在提交该大会起的30日之内解决。

根据第100条的规定，在一省内省立法的执行是省的排他执行权力。

省行政部门必须遵守：

（1）宪法；以及

（2）省宪法，如果该省有省宪法的话。

第126条 职能的指派

一省的行政会议成员得将依照议会法律或省法律规定必须行使或履行的权力或职能指派给一市议会。而这样的指派：

（1）必须是依照相关行政会议成员及该市议会间的协议；

（2）必须与法律规定须行使或履行的相关权力或职能相符；

（3）从省长公布之时起实施。

第127条 省长的职权

一省省长拥有宪法与法律赋予的权力。

省长有下列职责：

（1）同意并签署法案；

（2）将法案退回省立法机构以重议该法案的合宪性；

（3）将法案提交宪法法院以决定其合宪性；

（4）召集立法机构的特别会议以从事特别议事；

（5）任命调查委员会；

（6）依照国家立法在该省举行公民投票。

第128条 省长的选举

在其选举后的第一次开议或必须填补省长缺位时，省立法机构必须在其成员中选出一女或一男担任省长。

宪法法院院长指定的一法官应当主持省长的选举。附录三第一部分设定的程序适用于省长的选举。

填补省长职位空缺的选举日期和时间应当由宪法法院院长决定，但是不得超过空缺发生后的 30 日。

第 129 条　省长职务的担任

省长当选人应当在 5 日内依照附录二宣誓就职确认对共和国的效忠及对宪法的遵守。

第 130 条　省长的任期及离职

省长的任期自就职始，而至职位空缺发生或下一个被选为省长的人就职时止。

任何人不得担任两届以上的省长，但当一个人是被选出填补省长职位的空缺时，该选举至下一次省长选举的期间不应视为一届。

只有在：

（1）严重违反宪法和法律；

（2）严重的错误行为；或

（3）无力履行职能

的情形下省立法机构才得以其至少 2/3 的成员的赞成票决议免除省长的职务。

因第 3 款第 1 项、第 2 项的原因而被免除省长职务的人，不得收受任何该职务的薪金报酬并不得再担任任何公职。

第 131 条　代理省长

当省长缺席或因故无法履行省长的职责或在省长职位出缺的期间，下列人员依序代理省长：

（1）由省长指定的行政会议中的一成员；

（2）行政会议其他成员指定的成员；

（3）议长，直到立法机构指定一其他成员。

代理省长拥有省长的责任、权力与职能。

在履行省长的责任、权力与职能前，代理省长应当依照附录二宣誓确认对共和国的效忠及对宪法的遵守。

第 132 条　行政会议

省行政会议由作为会议首脑的省长及由省长所指定的不少于 5 名但不多于 10 名的省立法机构的成员所组成。

省长任命行政会议的成员，指派其权力与职能，并可将其免职。

第 133 条　负责制

省行政会议的成员对省长指派给他们的行政权力和职能负责。

省行政会议的成员对其权力的运用及功能的履行向立法机构个别及集体负责。

省行政会议的成员必须：

（1）依照宪法以及省宪法行事，如果该省有其宪法；以及

（2）向立法机构提供完整且经常性的关于他们主管事务的报告。

第 134 条　选举后行政会议的持续

当省立法机构的选举举行时，行政会议及其成员仍可以继续履行其职务，直到被下一届立法机构选为省长的人就职为止。

第 135 条　宣誓或确认

在省行政会议的成员开始履行职务前，应当依照附录二宣誓确认对共和国的效忠及对宪法的遵守。

第 136 条　行政会议成员的行为

省行政会议的成员必须依照国家所规定的道德准则行事。

省行政会议的成员不得：

（1）从事其他有报酬的职务；

（2）从事任何与其职务不相符的行为，或使自己陷入任何公共职责与私人利益相冲突的境地；或

（3）利用其职务或任何交付于其的资讯为自己谋利或使他人不当得利。

第 137 条　职能的转换

省长可以公告将下述职能由行政会议的一位成员转移给另一位成员行使：

（1）任何法律的执行；或

（2）法律规定的权力或职能。

第 138 条　临时职务的指派

省长得将缺席或不能行使权力或履行职务的行政会议成员的权力或职务指派给另一成员。

第 139 条　地方政府的省干预

当一市不能或没有依照法律履行行政责任时，相关的省行政部门得采取任何适当的措施干涉以确保该责任的履行，包括：

（1）向市议会发出命令，指出其未能履行责任的部分并告之须采取的步骤以履行其责任；以及

（2）在必要的程度内在该市承担相关的责任以实现：在提供服务时维持基本的国家标准或达到规定的最低标准；防止该市采取不当行动损害另外一市或省的整体利益；维持经济的统一；

（3）若特殊情况允许，解散市议会并任命一名行政官直至选举出新的市

议会。

如果省行政部门依第 1 款第 2 项的规定在一市中进行干预：

（1）必须在干预开始后 14 日内上交书面干预通知至：

（i）对当地政府事务负责的内阁阁员；以及

（ii）相关的省级立法机构及全国省级事务委员会。

（2）干涉在下列情形下必须结束：

（i）负责的内阁阁员在干涉开始后 28 日内否决了此项干涉或在此时尚未通过此项干涉；或者

（ii）全国省级事务委员会在干涉开始后 180 日内否决了此项干涉或在此时尚未通过此项干涉；并且

（3）全国省级事务委员会在干涉进行时期必须定期审视该项干预，并可以对省级行政部门作出任何适当建议。

若依据本条第 1 款第 3 项而解散市政府：

（1）省级行政部门必须立即提交书面解散通知至：

（i）对当地政府事务负责的内阁阁员；

（ii）相关的省级立法机构及全国省级事务委员会；并且

（2）解散通知在该委员会收到之日起 14 日内生效，除非该通知在到期前该阁员或该委员会搁置。

当市政府无法或不能履行宪法和法律规定的通过预算或与预算相关的财政措施的职责时，相关的省级行政机关必须通过适当的措施进行干涉，确保该预算及措施的通过，包括解散市议会，以及：

（i）任命一名行政官直至选举出新的市议会；

（ii）通过临时预算或财政措施以保证市议会的正常运转。

若因财政危机，市议会严重或持续违反其提供公共服务的义务或其财政承诺，或承认其无法履行义务或财政承诺，相关省级行政部门必须：

（1）制定旨在保证其履行提供公共服务的义务及其财政承诺的恢复计划，该计划：

（i）符合国家立法；并且

（ii）在解决其财政危机的必要限度内约束市议会的立法和行政权力；并且

（2）在市议会不能或不通过为保证计划实施而必要的包括预算和财政在内的立法措施之时，解散市议会，并且：

（i）任命一名行政官直至选举出新的市议会；并且

（ii）通过临时预算或财政措施或其他对该恢复计划有利的措施，以保证

市议会的正常运转；或者

（3）若未依本款第（2）项解散市议会，则市议会对实施恢复计划承担责任，以其不能履行或者没有履行的程度为限。

若省级行政部门依第 4 款或第 5 款规定介入市议会，必须在干涉开始后 7 日内提交书面干涉通知至：

（1）对当地政府事务负责的内阁阁员；以及

（2）相关的省级立法机构及全国省级事务委员会。

若省级行政机关不能、未能或未能充分地行使权力或履行第 4 款或第 5 款规定的职能，国家行政机关必须依照第 4 款或第 5 款的规定代替相关省级行政机关进行干涉。

国家行政机关可以规定包括程序在内的本条的履行措施。

第 140 条　行政决定

省长必须以书面方式做决定，如果该决定：

（1）法律规定应当采取书面方式；或

（2）有法律效果。

省长的书面决定必须由另一行政会议的成员副署，如果该项决定涉及指派给该成员的职能。

公告、条例以及其他从属立法的文件必须向大众开放。

省立法机构得指定第 3 款中提到的文件必须：

（1）提交国会；以及

（2）由省立法机构批准。

第 141 条　不信任动议

如果省立法机构以其成员的多数票支持通过除省长外的行政会议的不信任动议，省长必须重组会议。

如果省立法机构以其成员的多数票支持通过对省长的不信任动议，省长及行政会议其他成员必须辞职。

第三节　省　宪　法

第 142 条　省宪法的制定

省立法机构得以其至少 2/3 成员的赞成票为该省制定宪法或适当时修订其宪法。

第 143 条　省宪法的内容

省宪法或宪法修正案不得与本宪法相抵触，但是可以规定：

（1）与本章规定不同的省立法或行政架构与程序；或

（2）适当的传统君主的制度、角色、权威及地位。

依照第1款第1项或第2项的规定包含在省宪法或宪法修正案中的条文：

（1）必须符合第1条的精神及符合第三章的规定；以及

（2）不得授予省任何下列权力：超出附录四及附录五中规定的省的能力范围的权力或职能；超出本宪法其他条文所授予省的权力或职能。

第144条　省宪法的确认

如果省立法机构通过或修正宪法，立法机构的议长必须将宪法本文或宪法修正案提交宪法法院确认。

省宪法或宪法修正案要成为法律，须经宪法法院确认：

（1）条文依照第142条的规定通过；以及

（2）全文符合第143条的规定。

第145条　省宪法的签署、公布及保管

省长必须同意并签署由宪法法院确认的省宪法或宪法修正案。

由省长同意并签署的文本必须在国家政府公报中公布并自公布之日或依照该宪法或修正案所决定的稍后日期生效。

省宪法或宪法修正案的签署版本是其条文的最终正式版本，在公布后应当委托宪法法院保管。

第四节　法律的冲突

第146条　国家法律与省法律间的冲突

本条适用于附录四所列举事项范围内的国家法律与省法律间的冲突。

如果符合下列任一情形，全国统一适用的国家法律优于省立法：

（1）国家立法所处理的事项无法为个别省份单独制定法律以实施有效管理；

（2）国家立法所处理的是需要全国一致才能有效处理的事项，而为提供这样的一致性，须经国家立法以建立规范性标准、架构或国家政策；

（3）下列事项必须由国家立法：维护国家安全；保持经济统一；保护货物、服务、资本及劳工自由流动的市场；促进跨越省界的经济活动；促进平等机会或平等获得政府的服务；保护环境。

国家立法优于省立法，如果国家立法的主旨在于预防省采取不当行动：

（1）损害另一省或国家的整体的经济、健康或安全利益；或

（2）阻止国家经济政策的执行。

当对国家立法是否属于第 2 款第 3 项中的事项有争议并将该争议提交法院解决时，该法院必须适当考量全国省级事务委员会对该法案所作的批准或拒绝。

如果第 2 款或第 3 款不适用时，省立法优于国家立法。

依照议会法或省议会法制定的法律只有在全国省级事务委员会批准后才能优先适用。

如果全国省级事务委员会无法在法律提交于其后的第一个会期的 30 日内做出决定，该法律必须完全被认定为获该委员会批准。

如果全国省级事务委员会没有批准依照第 6 款规定提交的法律，其应当于做出决定的 30 日内向提交法律的当局说明未批准该法律的理由。

第 147 条　其他冲突

如果国家立法与省宪法中的某一条文的冲突是关于：

（1）本宪法特别要求或预期国家立法的一事项，则国家立法优于受到影响的省宪法条文；

（2）依照国家立法第 44 条第 2 款规定干预的事项，则国家立法优于省宪法的条文；

（3）附录四所列举的事项，则受影响的省宪法条文依第 146 条中所称省立法适用。

关于附录五所列举的事项，第 44 条第 2 款中所称的国家立法优于省立法。

第 148 条　无法解决的冲突

如果冲突的纠纷无法由法院解决，则国家立法优于省立法或省宪法。

第 149 条　无法优先适用的立法的地位

法院判定一立法优于另一立法并不表明另一立法无效，但只要冲突继续，该另一立法就不能适用。

第 150 条　冲突的解释

法院在审查国家立法与省立法，或国家立法与省宪法之间的明显冲突时，必须采纳任何可以避免冲突的立法或宪法的合理解释，而非会引发冲突的其他解释。

第七章　地方政府

第 151 条　市的地位

地方层级的政府由共和国领土上的全部市政府组成。

市的行政及立法权力是在市议会。

市在国家及省立法的限制之下有权依照本宪法的规定自发地管理其社区中的地方政府事务。

国家或省政府不得危害或阻止市行使其权力或履行其职能。

第 152 条　地方政府的目标

地方政府的目标是：

（1）为地方社区提供民主且可靠的政府；

（2）确保以永续的方式向社区提供服务；

（3）促进社会及经济发展；

（4）促进安全及健康的环境；以及

（5）鼓励社区及社区组织对地方政府事务的参与。

市必须在其财政及行政能力内努力达成第 1 款中设定的目标。

第 153 条　市的发展责任

市必须：

（1）建构及管理其行政，并编列预算及设计进程优先处理社区的基本需要，以及促进社区的社会及经济发展；以及

（2）参与国家及省的发展计划。

第 154 条　合作政府中的市

国家政府与省政府必须采取立法及其他措施以支持及加强市管理其自身事务，运用其权力及履行其职能的能力。

影响到地方政府的地位、制度、权力或职能的国家或省立法草案必须在议会或省立法机构中提出前公布给民众评论，以使有组织的地方政府、市及其他有兴趣的人士有机会对该立法草案提出建言。

第 155 条　市的建立

市有下列三种类型：

（1）类型一：市在其区域内拥有排他的市行政及立法权力；

（2）类型二：市在其区域内与其所在之类型三的市分享市行政与立法的权力；

（3）类型三：市在其拥有多于一个市的区域内享有市行政与立法的权力。

国家立法必须界定每一类型中可建立的市的不同形态。

国家立法必须：

（1）建立何时一区域应有单一的类型一的市或何时其应同时有类型二及类型三的市的标准；

（2）建立由独立权威决定市界的标准与程序；以及

（3）当一区域同时有类型二及类型三的市时，在第 229 条的限制下，对

权力与职能做一适当的区分。在同时有类型二及类型三的市中进行的该种区分可以不同于其他相同类型的市所进行的划分。

第 3 项中所称的立法必须考量以衡平及永续的方式提供市服务的需要。

省立法必须决定将在省中建立的不同的市的形态。

每一省政府必须在其省以符合第 2 款及第 3 款的方式建立市，并且必须以立法或其他措施：

（1）规定对该省中的地方政府的监督与支持；以及

（2）促进地方政府能力的发展以使市能履行其职能并管理其自身的事务。

在第 44 条的限制下，国家政府以及省政府有立法及行政的权力以管制第 156 条第 1 款中所指市行政权力的运用的方式对市有效履行其关于列于附录四及附录五中事务的职能加以注意。

第 156 条 市的权力与职能

市有行政权力，并有权管理：

（1）表列于附录四中第二部分及附录五中第二部分的地方政府事务；以及

（2）其他由国家或省立法所指派给市的事务。

市得为有效执行其有权行政的事项制定及执行条例。

在第 151 条第 4 款的限制下，条例与国家或省立法冲突是无效的。如果条例是因为与第 149 条中所指的冲突而不能运作的国家或省立法相冲突，只要该立法不能运作，则该条例必须被视为有效。

国家政府与省政府必须经由协议或在任何情况的限制下将表列于附录四中第一部分或附录五中第一部分必然与地方政府相关的事务的行政指派给市，如果：

（1）地方最能有效执行该事务；以及

（2）市有能力执行之。

市有权行使任何对有效履行其职能属于合理必要的或附属的事务。

第 157 条 市议会的组成与选举

市议会由：

（1）依照第 2 和第 3 款选出的成员；或

（2）在有国家立法规定的情况下，包括由其他市议会指派的代表其他市议会的成员。在这种情况下，那些其他市议会的成员或由依照第 1 项所选出的成员共同组成市议会。

第 1 款第 1 项中所预期的市议会成员的选举必须遵守：

（1）以全国普通选举人名册中该市的部分为基础的比例代表，并提供自

依照政党的优先顺序所拟定的政党候选人名单中选举成员；或

（2）依第 1 项中描述的比例代表再结合以全国普通选举人名册中该市的部分为基础的地区代表系统的国家立法。

依照第 2 款规定的选举系统必须保证每一政党当选成员的总数反映那些政党累计得票数的总比例。

如果选举系统包括区代表，则各区的划分须由国家立法指派一独立的权威机构依照其所规定的程序与标准运作完成。

只有在全国普通选举人名册中一市的部分注册的个人才能在该市投票。

在第 1 款第 2 项中提及的国家立法必须建立一种机制，该机制能让指派代表的市议会中各政党及反映的各种利益，在被派往的市议会中得到公平体现。

第 158 条　市议会的成员资格

任何有资格选举市议会的公民都有资格成为市议会的成员，除了：

（1）任何为市所任命或服务于市之公职，并因该任命或该职而收取薪资且未被国家立法豁免此项失格的人；

（2）任何在另一领域为国家所任命或履行公职，并因该任命或该职而收取薪资且依国家立法被剥夺成为市议会成员资格的人；

（3）任何无资格选举国民议会或依照第 47 条第 1 款第 3、4、5 项的规定被剥夺成为国民议会成员资格的人；

（4）国民议会的成员、全国省级事务委员会的代表或省立法机构的成员，但此项资格的限制不适用于在国民议会中代表地方政府的市议会成员；或

（5）其他市议会的成员，但此项资格的限制不适用于在另一不同类别的市议会中代表该议会的市议会成员。

依照第 1 款第 1、2、4、5 项的规定无资格成为市议会成员的人得在国家立法所建立的限制或条件下成为市议会的候选人。

市议会的空缺必须根据国家立法予以补全。

第 159 条　市议会的任期

市议会的任期依国家立法规定不得超过 5 年。

若市议会根据国家立法被解散或任期届满，则在被解散或届满之日起 90 日内必须举行选举。

除非依据第 139 条规定的干预而解散，市议会在任期届满或被解散之日直至新议会产生期间，始终履行其职能。

第 160 条　内部程序

市议会：

（1）围绕市的职能行使做出各种决定；

（2）必须选出其主席；

（3）根据国家法律的规定得选出一执行委员会及其他委员会；以及

（4）得雇用为了有效履行其职能而必需的人员。

下列功能不能被市议会所委派：

（1）条例的通过；

（2）预算的批准；

（3）地方税或其他杂税的开征；

（4）举债。

会议：

（1）在对任何事项投票前必须有市议会的多数成员出席；

（2）所有关于第 2 款中涉及事项的问题由市议会以其多数成员的赞成票决定；

（3）所有其他问题皆由市议会以投下的多数票决定。

市议会不得通过条例除非：

（1）所有议会的成员被给与合理的通知；且

（2）提议的条例被公布给公众评论。

国家立法得规定标准以决定：

（1）市议会的大小；

（2）市议会是否得以选出执行委员会或任何其他的委员会；或

（3）市议会的执行委员会或任何其他委员会的大小。

市议会可以制定条例，为下列事项提供规则与程序：

（1）其内部安排；

（2）其议事与程序；以及

（3）其委员会的建立、组成、程序、权力和职能制定规则与程序的条例。

市议会必须以公开的方式从事议事，并且只有在考虑过议事的性质后并认为是合理的做法时才能关闭其会议或其委员会的会议。

市议会的成员有权以下列方式参与其议事以及其委员会的议事：

（1）允许在议会中的政党及反映的利益能被公平地代表；

（2）符合民主；以及

（3）得被国家立法规制。

第 161 条　特权

在国家立法的架构下省立法得规定市议会及其成员的特权及豁免。

第 162 条　市条例的公布

只有在相关省份的官方公报中公布过的市条例才能被执行。

一省的官方公报应当在市的要求下公布市条例。

市条例应当对大众开放以便随时获取。

第163条　有组织的地方政府

依照第76条建立的程序而制定的议会法律必须：

（1）规定对代表市的国家及省组织的承认；

（2）决定地方政府可以：与国家或省政府咨商；指派代表参与全国省级事务委员会；参与第221条第1款第3项规定的国家立法程序。

第164条　其他事项

任何未为本宪法所触及的关于地方政府的事务可由国家立法或省立法在国家立法的构架下加以规定。

第十三章　财　　政

第四节　省及地方财政事务

第226条　省的税收资金

每一省皆有省税收资金，除了由议会法案合理排除的部分外所有由省政府收取的金额都应当存入该资金。

省的税收资金只能：

（1）依照全国省级事务委员会法案拨款；或者

（2）当宪法或省法案规定由省税收资金直接给付时才能由省税收资金支取金额。

依照第214条第1款规定经省分配给地方政府的税收由该省的税收资金直接给付。

国家立法可以决定以下事项的形式：

（1）省级法令可以在第2款第2项的规定下授权撤回资金以作为省的税收资金的直接给付；

（2）第3款规定的经省分配给地方的税收应当给付给该省的各市政府。

第227条　省及地方政府财政的国家来源

地方政府及每一省皆：

（1）有权公平地享有由全国征集税收的分配，以使其能够提供基本的服务以及履行指派给其的职能；以及

（2）得有条件地或无条件地收取其他的国家政府税收的分配。

省或市征集的额外税收不得由其从国家税收获得的其他分配部分扣除。同

样地，国家政府无义务弥补省或市在收益不足情形下的财政能力及税基。

一省合理享有的国家收益部分应当迅速地转移给该省并不得短少，除非该项转移因第 216 条的规定而停止。

一省应当依照其省宪法的规定提供其自身除本宪法所做的要求外的其他财源。

第 228 条 省的捐税

省立法机构得征收：

（1）所得税、增值税、销售税、财产税、关税以外的捐税和杂税；以及

（2）除公司所得税、增值税、财产税或关税的税基外，由国家立法规定征收的任何税捐和杂税税基单一税率的附加税。

省立法机构征收税捐、杂税以及附加税的权力：

（1）其实施不得显著地及不合理地损害国家经济政策、跨省的经济活动或国家的货物、劳务、资本或劳工的流动；以及

（2）应当由议会在考虑过财政及会计委员会的建议后立法加以管制。

第 229 条 市的财政权力与功能

在第 2、3、4 款的限制下，市得征收：

（1）财产税以及由市所提供或为市所提供的服务费用的附加税；以及

（2）其他由国家立法所授权，适合地方政府或该市所属类别之地方政府征收的税捐、杂税，但是市不得征收所得税、增值税、销售税或关税。

市征收财产税以及由市所提供或为市所提供的服务费用的附加税的权力时：

（1）其实施不得显著地及不合理地损害国家经济政策、跨省的经济活动或国家的货物、劳务、资本或劳工的流动；以及

（2）得由国家立法管制。

当两个市对同一区域拥有相同的财政权力与职能时，这些权力与职能应当依照国家法律的规定做适当的区分。这样的区分至少应当考虑下列标准：

（1）符合税收原则的需要；

（2）每一个市的权力与职能；

（3）每一个市的财政能力；

（4）征税的有效性及效率；

（5）公平原则。

本条文并未排除对同一区域拥有财政权力及职能的市之间共享依照本条文规定征集的收益。

只有在咨商过有组织的地方政府及金融和财政委员会，并考虑过该委员会

所作的建议后，国家才得制定本条中所称之法律。

第 230 条　省的借贷

一省可依照国家立法为资本支出或经常支出借贷，但为经常支出所行的借贷只能为满足财年的过渡需要。

只有在考虑过金融和财政委员会的建议后，国家才可制定第 1 款中所称之立法。

第 230（A）条　市的借贷

市议会可根据国家立法：

（1）为资本支出或经常支出借贷，但为经常支出所行的借贷只能为满足财年的过渡需要；

（2）制定法律约束其自身以及将来的市议会，并行使权力保护市政府的借贷和投资。

只有在考虑过金融和财政委员会的建议后，国家才可制定第 1 款中所称之立法。

南苏丹共和国过渡宪法(2011) *

第十一编　州、地方政府和传统权威

第一章　南苏丹各州

第 162 条　总则

（1）南苏丹领土由 10 个州在分权治理的基础上组成。

（2）各州宪法不得与本宪法冲突。

（3）州界不得变更，除非由联邦议会以 2/3 议员同意而通过决议更改。

（4）州名以及其首府不得变更，除非在相关州议会的建议下，由联邦议院以过半数议员同意而通过决议更改。

第 163 条　州机关

（1）各州应当建立立法和行政机关，它们应当根据本宪法和相关州的宪

法而运作。

（2）各州应当享有本宪法附件 B 中所列举的专属于州的行政权和立法权。

（3）各州应当享有本宪法附件 C、附件 D、附件 E 中所列举的共同的和剩余的行政权和立法权。

（4）各州政府应当行使本宪法规定的其他权力，以促进各州人民福利，保护其人权和基本自由。

（5）各州应当根据本宪法和法律以及各州宪法的规定，组织、促进和建立地方政府机构。

（6）地方政府机构的选举应当由全国选举委员会根据本宪法和法律的规定组织和实施。

（7）在执行平权行动的原则时，州各立法和行政机关中，至少 25% 的职位应当提供给女性，此种安排不妨碍女性有权竞争这些机构中剩余的席位和职位。

第 164 条　州议会

（1）现存的州立法机关名为州议会。它们应当由选举出来的现任的议员组成。

（2）每个州的议会应当制定州宪法修订草案，使其成为州过渡宪法，规定州宪法应当与本宪法保持一致。

（3）各州议会应当拥有本法附件 B、附件 C、附件 D、附件 E 中所列举的立法功能，其他立法职能由本宪法、各州宪法和相关法律规定。

（4）（a）州议会可以根据州过渡宪法的规定，以全体议员 3/4 多数同意而通过对州长的不信任投票；

（b）如果州议会根据上述（a）项规定而通过对州长不信任投票，总统应当根据第 101 条（s）项规定而采取行动，并且应当召集临时选举；

（c）如果州长在被投不信任票的情况下再次当选，州议会应当被视为解散。新的州议会应当在 60 日内选举，并完成解散的议会的任期；以及

（d）对州长的不信任投票不得在其任职不足 12 个月之时通过。

（5）（a）州议会的任期应当为 5 年。

（b）尽管有上述（5）款（a）项的规定，过渡时期的州议会任期应当从 2011 年 7 月 9 日开始为 4 年。

（6）州长、州议会议员以及州部长们应当享有法律规定的豁免权。

（7）各州议会应当制定各自《议事行为规则》，建立各自的委员会，选举议长和其他官员。

第 165 条 州行政机关

（1）各州居民应当选举 1 名州长，州长应当符合全国选举委员会以及本宪法和相关州宪法所规定的要求。

（2）各州州长是州行政机关的首长，州长应当在征询总统后，根据各州宪法任命和免除副州长、州政府顾问以及州部长。

（3）副州长可以兼任除财政部以外的一个部的部长，并且在州长离职时行使州长职能。

（4）州部长个人应当对州长和州议会负责，同时部长们也就履行职责向州长和州议会负集体责任。

（5）州部长可以由州长免除，或者由州议会 2/3 的议员提出的动议而免除。

（6）州行政机关应当履行本法附件 B、附件 C、附件 D、附件 E 所列举的行政职能，这些职能由本宪法和州宪法规定，以及由法律规定的其他行政权。

第二章　地方政府

第 166 条 地方政府

（1）根据本宪法第 47 条（c）项和州宪法的规定，州应当制定法律建立地方政府体系，该体系建立在城市和农村委员会的基础上，这些委员会都应当规定其构架、组成、资金和功能。

（2）在不妨碍上述第（1）款的规定下，为了开始建立地方政府系统，以及为了为地方政府组织设立一个统一的标准，联邦政府应当制定必要的法律。

（3）总统应当在其领导下设立一个地方政府委员会，审查地方政府系统，以及依据本宪法规定的分权治理政策提出必要的政策指导和行动。

（4）在不妨碍目前地方政府机构形式的情况下，法律设立地方政府委员会时应当考虑到但不限于以下的标准：

（a）领土面积；

（b）人口；

（c）经济可行性；

（d）社群的公共利益；以及

（e）行政便利和有效性。

（5）地方政府层级应当包括农村地区的县、镇和村，以及城市地区的市议会、市政委员会和镇议会。

（6）地方政府的目标应当包括：

（a）促进自治和增强公众和社群参与，以遵守法律和命令，推进一个民主、透明和负责的地方政府；

（b）成立能紧密联系人民群众的地方政府机构；

（c）鼓励社群和社区参与地方政府事务管理，并促进社群之间关于当地利益问题的对话；

（d）推动和促进公民教育；

（e）促进社会和经济发展；

（f）通过调动当地资源推动人民自力更生，以保证以可持续的方式为社区提供医疗健康和教育服务；

（g）在不同社群之间促进和平、协调与和平共处；

（h）确保在地方政府中将性别观点纳入主流；

（i）承认并接受传统权威和习惯法在地方政府中的作用；

（j）让社区参与有关在其地区的自然资源开采问题的决策，以及推动一个安全和健康的环境；以及

（k）促进和支持基层干部的培训。

（7）地方政府应当依法享有征兵、收费和征税的权力。

（8）联邦政府可以向州提供贷款，以支援其财政短缺和地方政府议会的财政紧张。

第 167 条　传统权威

（1）本宪法依据习惯法，承认传统权威的制度、地位和作用。

（2）传统权威应当依据本宪法、州宪法和法律实施。

（3）法院应当根据本宪法和法律适用习惯法。

第 168 条　传统权威的作用

（1）州的立法应当规定，传统权威的作用是在地方政府中作为处理有关影响当地社群问题的一种机制。

（2）联邦政府和州政府的立法应当规定传统权威领导人委员会的设立、组成、功能和职责。

尼日尔第七共和国宪法 *

第九章　地方单位

第 164 条　地方单位基于地方分权和权力下放原则建立。

地方单位由组织法予以创设。地方单位由民选议会自治。

法律确定地方单位自由行政的基本原则、职权以及财政收入。

第 165 条　国家致力于所有地方单位在国家稳定、社会正义、地区潜力以及区际平衡基础上之协调发展。

国家代表确保国家利益得到尊重。

第 166 条　大审法院以特别法庭的形式判定候选人之当选资格，审查地方选举的合法性、透明性以及真实性。其负责宣告选举结果。

对大审法院在选举方面的判决不服而向最高行政法院上诉的，由最高行政法院进行终审。

第 167 条　国家确认传统酋长作为习俗权威的受托人。基于此，酋长在法律规定的条件下参与国家地方行政。

传统酋长须履行中立和审慎的严格义务。同时，酋长就依法授权之职能获得保护，以免受其他权力滥用之损害。

---

　* 2010 年 10 月 31 日全民公决通过，2010 年 11 月 25 日以第 2010－754/PCSPD 号法令颁布并生效。

尼日利亚联邦共和国 1999 年宪法[*]

第五章　立法机关

第二节　各州的州议会

A. 州议会的组成及其人员

第 90 条　州议会的建立

联邦各州应设一个州议会。

第 91 条　州议会的组成

根据本宪法的规定，州议会应由该州在国民议会众议院席位数的 3 倍或 4 倍组成，尽可能地反映相等人数的方式划分，但州议会的组成不得少于 24 人且不得超过 40 人。

第 92 条　州议长

（1）州议会应设 1 名议长和 1 名副议长，议长和副议长由该议会的议员互选产生。

（2）下列情况下，州议会议长或副议长必须辞职：

（a）如果其不再是该州议会的议员，但因该议院解散的情况除外；

（b）该议会任一次解散后第一次召开会议；

（c）由该议会 2/3 以上议员表决，以州议会决议形式解除其职务。

第 93 条　州议会的组成人员

每个州议会应设 1 名秘书以及州议会颁布的法律所规定的其他职员，秘书及其他人员应按该法律规定的方式进行任命。

---

[*] 1999 年 5 月 5 日颁布，5 月 29 日正式实施。

B. 召唤程序和州议会的解散

第 94 条　州议员资产和负债的申报及宣誓

（1）每一位当选州议会的议员在就职前应按本宪法规定的方式申报其资产与负债，随后在该议会议长面前，进行并签署本宪法附件七所规定的效忠宣誓及成员宣誓，但议员可以在宣誓之前参加州议会议长或副议长的选举。

（2）州议会议长和副议长在就职前应按本宪法规定的方式申报其资产与负债，随后在州议会秘书面前进行并签署前述效忠宣誓及成员宣誓。

第 95 条　会议主持

议长应主持该议院的任何一次会议；议长缺席时，副议长应该主持会议；当该议院议长和副议长都缺席时，由该议院选出的议员主持。

第 96 条　法定人数

（1）州议会开会的法定人数应是议会成员人数的 1/3。

（2）当州议会的任一成员提出异议，主张出席会议的人数少于该议院总人数的 1/3（提出异议者不算），而使该议院不能讨论日常政务，且在经过了该议院的议事规则规定的时间后，主持会议的人确定出席人数仍少于该议会总人数的 1/3 时，应决定议会延期。

第 97 条　宣言

州议会的事务应以英语进行，但议会也可以该议院的决议允许的除英语外的一种或一种以上的该州使用的其他语言作为补充进行。

第 98 条　投票

（1）除本宪法另有规定，提交州议会决定的任何事项应由大多数成员出席并表决决定；主持会议的人应为避免票数相等的情况而投表决票，在其他情况下不得投票。

（2）除本宪法另有规定，为决定任何事项的目的所需的大多数应是简单大多数。

（3）州议会应规定：

（a）当该议会的议员在与提交该议会审议的任何事项可能有直接金钱利益关系时应申报；

（b）议院应以决议形式决定在审议相关事项时，上述议员是否能进行表决，或参与相关事项的审议；

（c）议会可以对上述应申报而没有申报的议员加以处罚；

（d）议会认为有必要进行上述申报的其他事项。但上述条款的规定并不意味着议员能够制定任何规定要求那些明显表示其不参与表决或审议的议员，以及那些没有进行表决或审议的议员申报上述利益关系。

第 99 条　无资格议员的出席和投票

任何在州议会会议中出席或表决的人，当其知道或应当知道其无权出席或表决，一经出席或表决，即属犯罪，且一经定罪即应按国民议会立法所规定惩罚。

第 100 条　州立法权行使方式

（1）州议会行使立法权应以议案形式获得该议会的通过，且，除本条另有规定外，须提交州长同意。

（2）一项议案非经确实地通过，且，如本条第（1）款的规定，未依本条的规定提交州长寻求同意，不得成为法律。

（3）当一项议案经该议会通过后，应被提交给州长，寻求其同意。

（4）当一项议案被呈交州长寻求其同意后，州长应在收到后 30 日内表明其是否同意。

（5）当议案因未获得州长同意而被该议院以 2/3 多数再次通过时，该议案即可成为法律而无须州长同意。

第 101 条　议事规则

根据本宪法的规定，州议会有权制定其议事规则，包括召集会议和休会的规则。

第 102 条　无权出席或参与的人出席或参与会议程序

州议会在其议员有空缺的情况下仍得议事，且无权出席或参与的人出席或参与会议程序，不导致这些程序的无效。

第 103 条　委员会

（1）州议会可为特殊或一般的目的，在其认为以委员会的形式能更好地进行规范和管理时，在其议员中指定一个委员会，并可以决议、规定或其认为合适的其他形式，委托此委员会行使其任何职能。

（2）根据本条任命的委员会的组成人员的人数及其任期、法定人数应由该议会规定。

（3）本条的规定不得被解释为授权议会得委托一个委员会行使决定一项法案是否可通过而成法律的权力，或决定本宪法条款授权议会通过决议形式决定的任何事项，但该委员会可被授权就这些事项向议会提出建议。

第 104 条　议事时间

州议会 1 年内议事的时间不得少于 181 日。

第 105 条　州长解散议会

（1）州议会每一届的任期为自该议会第一次会议之日起 4 年。

（2）如果联邦处于尼日利亚境内的战争中，且总统认为不适合进行选举时，国民议会可以决议形式延长本条第（1）款规定的任期，次数不限，但每次不得超过 6 个月。

（3）根据本宪法的规定，当选州长的人有权在其宣誓就职后立即发出公告召开州议会第一次会议，或依据本条规定发出公告宣布解散议会。

C. 州议会的成员资格及出席权

第 106 条　选举的资格

根据本宪法第 107 条的规定，具备以下条件的人有资格参选州议员：

（a）尼日利亚公民；

（b）已年满 30 周岁；

（c）具有中学以上学历，或同等学历；

（d）是某一政党的成员并获得该政党的支持。

第 107 条　资格的限制

（1）以下人员不具备参选进州议会的资格：

（a）依据本宪法第 20 条的规定，自愿取得尼日利亚以外的其他国家的公民资格，或，除国民议会另有规定外，已经向其他国家宣誓效忠的人；

（b）依据尼日利亚联邦任何地区的生效法律，被判定为疯癫的人或以其他形式被宣布为精神失常的人；

（c）被尼日利亚境内任何有司法管辖权的法院或法庭判处死刑的人，或者因涉及不诚实或欺诈（无论是何称谓）的犯罪而被判处监禁或罚金的人，或被有管辖权的法院或法庭判定有其他犯罪的人，或被主管机关施以替代法院判处的刑罚的惩罚的人；

（d）在议会选举之日前 10 年内，因涉及不诚实的犯罪而被定罪并判处刑罚，或因违反行为纪律守则而被认定有罪的人；

（e）依据尼日利亚境内的任何地区的法律被判定或以其他形式宣告破产而未获解除的人；

（f）受聘于联邦或任何州的公共服务机构，而在选举日前 30 日尚未辞职、辞退或退休的人；

（g）是秘密组织的成员；

（h）因挪用公款或欺诈而被司法调查委员会、行政调查小组、依联邦或州政府的法庭调查法或其他法律而设立的法庭起诉，且起诉书已分别由联邦或州政府接受；

（i）向全国独立选举委员会提交伪造证书的人。

（2）任何人被：

（a）宣告为疯癫；

（b）宣告为精神失常；

（c）判处死刑或监禁；

（d）判定或宣告破产，

任何依据尼日利亚境内的现行法律针对上述决定提出了上诉的，在自该项上诉提出之日起至该上诉被最终决定之日，或该上诉失效或撤回之日（取发生较早的日期），本条第（1）款暂不适用。

（3）本条第（2）款所称的"上诉"包括任何强制令、申请调卷令、训令、禁止或人身保护令的申请或由上述申请引发的诉讼。

第108条　州长出席州议会会议的权力

（1）州长可出席州议会的会议，既可针对该州事务，也可针对其认为是对该州具有重要意义的政府政策发表意见。

（2）应邀参加州议会会议的该州的政府专员应向议院陈述其部门的工作，尤其是其部门正在讨论的事务。

（3）本条的规定不能使非该州议会的议员在该议会或委员会享有投票权。

第109条　任期

（1）如果出现下列情况，州议会的议员应被取消其在该议会的席位：

（a）该议员成为另一个议院的成员；

（b）其本不具有参选为州议员的资格的；

（c）其不再是尼日利亚的公民；

（d）其当选为总统、副总统、州长、副州长或联邦政府部门的部长或州政府专员或特别顾问；

（e）除本宪法另有规定外，其成为依本宪法或其他法律成立的委员会或其他组织的成员；

（f）在任意一年的议会会议中，无正当理由缺席累计超过会期总数的1/3；

（g）其是由某一政党资助而当选议员，却在该议会任期结束前成为另一个政党的成员；而且其成为另一个政党的成员不是由其之前所在的政党解散或两个或两个以上的政党合并或之前资助过他的政党的不同派系合并的结果所导致的；

（h）州议长从国家独立选举委员会主席手中收到证明书，表明已因遵守本宪法第110条的规定而免除其成员身份。

（2）州议长应执行本条第（1）款的规定，但州议长应首先向议会提供有关该议员可以适用该款项的充足证据。

（3）州议会的成员除非提供其缺席是有正当理由的书面证明，否则即被认定为无正当理由缺席其所在的议院的会议。

第110条　罢免

州议会的成员在下列情况下可被免除其成员身份：

（a）向国家独立选举委员会主席递交该议员所在选区一半以上的已登记选民的联名请愿书，请愿书表明他们对该议员不信任；并且

（b）国家独立选举委员会自收到请愿书之后的90日之内举行了公投，且该议员所在选区已登记选民以简单多数支持。

第111条　薪酬

州议会的成员应得到的薪酬以及其他津贴由收入分配和财政委员会决定。

D. 州议会的选举

第112条　州选区

根据本宪法第91条和第113条的规定，国家独立选举委员会应将每一个州划分为相当于该州范围内的联邦选区数量的3到4倍的选区。

第113条　州选区划分

每一州选区的范围应当是区内的居民人数，这个人数应尽可能地与人口基数相等。

第114条　州选区划分的重新审查

（1）国家独立选举委员会应每隔不少于10年的时间，重新审查州选区的划分，并且在其认为便于重新审查的范围内，根据本条的规定调整。

（2）国家独立选举委员会可根据州界的变化或者因举行依照国民议会法律的尼日利亚人口普查的原因，在其认为必要的范围内，对选区重新审查并进行调整。

第115条　州选区划分的生效

当任何依照本宪法第112条划定的州选区的范围按照本宪法第114条的规定进行调整后，该调整在经国民议会同意且在该届州议会任期结束后生效。

第116条　州议会选举的时间

（1）每一个州议会的选举应在国家独立选举委员会指定的日期举行。

（2）本条第（1）款所指的日期不得早于上一届议会解散前 60 日，也不得迟于其解散后 60 日；当该选举是为填补一个在选举日前已经持续空缺了 3 个月以上的空缺时，不得迟于该空缺确定后 1 个月。

第 117 条　直接选举和选民登记

（1）根据本宪法的规定，每一个根据本章本条划定的选区，应按照州议会法令规定的方式直接推选出一个当选州议员。

（2）每一个在为进行选举而进行选民登记之日居住在尼日利亚、年满 18 周岁的尼日利亚公民，均有权为本次选举而登记为选民。

第 118 条　选举监督

选民登记和选举应在国家独立选举委员会的指导和监督下进行。

第 119 条　州议会决定特定问题的权利

国民议会对以下事项作出规定：

（a）什么人可以申请去选举法庭以决定任何问题，诸如是否：

（i）所有人均被有效地选举为参议院或众议院的议员；

（ii）某人的任期已届满；

（iii）参议院或众议院的议员的席位已空缺。

（b）进行这种申请的情况、方式以及条件；并且

（c）与此种申请有关的选举法庭的权力、运作和程序。

附件三

第二部分　州行政机关（根据宪法第 197 条）

A. 州公务员委员会

1. 州公务员委员会由以下成员构成：

（1）主席；

（2）不小于 2 人，不多于 4 人，州长认为具有正直和良好的政治判断力的成员。

2. 委员会在不损害州长和州司法人员委员会的权力时行使以下权力：

（1）任命司法人员委员会成员；

（2）对上述官员进行免职和纪律制裁；

（3）委员会对各州的部门领导不能行使上述权力，其只能在州和该州的公务员委员会协商后指定。

B. 州独立选举委员会

3. 州独立选举委员会应由以下人员构成：

（1）主席；

（2）不少于5名，不多于7名的其他成员。

4. 委员会有权：

（1）组织、进行州地方政府理事会的选举事宜；

（2）向国家独立选举委员会提交认为适用于地方政府选举的选民登记注册事宜。

C. 州司法人员委员会

5. 州司法人员委员会由以下成员构成：

（1）州首席法官，担任主席；

（2）州总检察长；

（3）州伊斯兰教上诉法院大卡迪；

（4）州习惯法上诉法院院长；

（5）2名已在尼日利亚从事法律职业工作不少于10年的法律从业者；

（6）2名非法律职业者，州长认为具有正直的品格的。

6. 委员会有权：

（1）向国家司法委员会建议合适人选，便于其提名以下职位：

（i）州首席法官；

（ii）州伊斯兰教上诉法院大卡迪；

（iii）州习惯法上诉法院院长；

（iv）州高等法院院长；

（v）州伊斯兰教上诉法院卡迪；

（vi）州习惯法上诉法院法官。

（2）根据宪法规定，向国家司法委员会建议免除上述职位。

（3）对州高等法院的首席书记员、副首席书记员、州伊斯兰教上诉法院和习惯法上诉法院的首席书记员、地区法院和习惯法法院和其他非由宪法规定的州的司法人员进行任命、免除、实施纪律惩戒。

第三部分 联邦首都阿布贾直辖区行政机构
（根据宪法第 304 条）

联邦首都阿布贾直辖区司法人员委员会

1. 联邦首都阿布贾直辖区司法人员委员会由以下成员构成：

（1）联邦首都阿布贾直辖区首席法官，担任主席；

（2）联邦检察总长；

（3）联邦首都阿布贾直辖区伊斯兰教上诉法院大卡迪；

（4）联邦首都阿布贾直辖区习惯法上诉法院院长；

（5）1 名在尼日利亚从业不少于 12 年的法律职业人员；

（6）1 名非法律职业者，州长认为具有正直的品格的。

2. 委员会有权：

（1）向国家司法委员会建议合适人选，便于其提名以下职位：

（i）联邦首都阿布贾直辖区首席法官；

（ii）联邦首都阿布贾直辖区高等法院的法官；

（iii）联邦首都阿布贾直辖区习惯法上诉法院院长；

（iv）联邦首都阿布贾直辖区习惯法上诉法院院长；

（v）联邦首都阿布贾直辖区伊斯兰教上诉法院卡迪；

（vi）联邦首都阿布贾直辖区习惯法上诉法院院官。

（2）根据宪法的规定，向国家司法委员会建议免除上述职务。

（3）对联邦首都阿布贾直辖区高等法院的首席书记员、副首席书记员、联邦首都阿布贾直辖区伊斯兰教上诉法院和习惯法上诉法院的首席书记员、联邦首都阿布贾直辖区地区法院和习惯法法院和其他非由宪法规定的联邦首都阿布贾直辖区的司法人员进行任命、免除、实施纪律惩戒。

附件四 地方政府理事会职能

1. 地方政府理事会主要职能如下：

（1）审议并向州经济计划委员会或类似的机构建议：

（i）有关州经济发展的规划，特别是涉及该理事会所在地区；

（ii）上述机构提出的建议。

（2）负责收取电视许可费；

（3）负责建立和维护墓地和为贫困或体弱者建立养老中心；

（4）负责发放自行车、卡车、独木舟、手推车的牌照；

（5）负责制定、修改和调整屠宰、市场、汽车旅馆和公共设施的规定；

（6）负责建设和维护道路、街道、路灯、下水道和其他的公共高速路、公园、公共空间，以及其他由州议会规定的公共设施；

（7）负责给道路、街道、房屋命名；

（8）负责提供和维护公共设施，污水和垃圾处理；

（9）负责人口出生、死亡、结婚的登记；

（10）对私人房屋价值和租金进行评估，便于按州议会规定收取费用；

（11）负责管理和控制：

（i）户外的广告板；

（ii）规定允许饲养的宠物；

（iii）商店及售货亭；

（iv）餐馆、面包店和其他销售给公众的食品的地方；

（v）洗衣店。

2. 地方政府理事会的职责包括参与州政府以下事务的权力：

（1）提供、维护初级、成人和职业教育；

（2）发展农业和自然资源的勘探；

（3）提供和维护健康设施；

（4）其他可由州议会授予的职责。

塞内加尔共和国宪法[*]

第十二章　地方行政单位

第 102 条　地方行政单位（Les Collectivités Locales）构成公民参与公共事务管理的制度框架。地方行政单位通过选举产生的议会自由治理。

地方行政单位的组织、构成及其运行由法律规定。

---

* 2001 年 1 月 7 日经全民公决通过并以 2001 年 1 月 22 日第 2001 - 03 号法律颁布。

圣多美和普林西比民主共和国宪法[*]

第三部分　政治权力机关

第九章　地方权力机关

第 136 条　职权

1. 地方权力机关代表圣多美和普林西比人民组成的各团体的具体利益，是其组织化体现。

2. 地方权力机关支持人民的首创精神和创新能力，并与人民参与的组织密切合作。

3. 地方权力机关依法支配其财政和资产。

第 137 条　普林西比自治区

1. 基于其特殊性，普林西比岛和周边小岛属于自治区域，有其政治行政通则。

2. 普林西比自治区议会和自治区政府是其自治机关。

第 138 条　地方自治团体

1. 地方自治团体是国家的民主组织，作为地方权力机关，遵守国家政治行政分权的法律。

2. 地方自治团体是拥有代表机关的地方法人，旨在不妨碍国家参与的前提下，为本地民众谋求利益。

第 139 条　地方机关

地方自治团体包括一个由选举产生、拥有议决权的地方议会和一个由地方议会任命的合议执行机关，即地方公署（Camara Distrital）。

第 140 条　地方议会的组成及选举

1. 每个地方议会议员的人数由法律规定。

2. 地方议会议员由当地公民以普遍、直接和无记名投票的方式选举产生。

第 141 条　任期

根据法律，地方议会议员任期 3 年，可由民众罢免。

---

* 2002 年 12 月 6 日国民议会通过，2003 年 1 月 25 日总统颁布。

第 142 条　地方公署

1. 地方公署由主席和委员若干人组成，是本地区的合议执行机关，由地方议会议员选举产生。

2. 根据法律的规定，地方公署对地方议会负责，可随时被解散。

第 143 条　地方权力机关的职权

1. 地方权力机关的职权一般包括：

a. 不断满足相关群体的基本需求；

b. 实施发展计划；

c. 促进本地区所有企业和其他组织的活动，以提高生产力，推动人口的经济、社会和文化发展；

d. 向国家政治权力机关提出有助于自治区和地方和谐发展的所有建议和举措。

2. 以上机关的特定权限和运行方式由法律规定。

斯威士兰王国宪法（2005 年）[*]

第七章　立法机关

第一部分(a)　政府体系

第 82 条　地方政府

（1）斯威士兰划分为 4 个行政区，分别为霍霍（Hhohho）、卢邦博（Lubombo）、曼齐尼（Manzini）、希塞卢韦尼（Shiselweni）。

（2）每个行政区根据选举和边境委员会建议，可划分为多个廷克汉德拉。

（3）每个行政区拥有一个地区理事会，该理事会成员由每个廷克汉德拉在从本区域的芭寇弗成员中挑选和任命。

（4）地区理事会就地区管理、协调地区社会和经济发展向地区行政长官提出建议，并在本地区范围内履行其他规定的职责。

（5）地区理事会可以再细分为部长委员会。

---

[*] 2005 年 7 月 26 日通过，2006 年 2 月 8 日生效。

第 83 条　地方政府官员

（1）每个地区由 1 名被称为地区行政长官的行政官员领导。

（2）地区行政长官由国王依据负责廷克汉德拉事务的部长的建议任命。

（3）地区行政长官应召集和主持地区理事会会议，并履行其他的规定职责。

（4）地区行政长官的地位相当于（中央政府内阁）副部长，并享有其他规定的利益和特权。

（5）地区行政长官可自行辞职，或由国王根据首相的建议被撤销职务，或在地区理事会全体成员的 2/3 多数提出不信任案后被撤销职务。

第十三章　地方政府

第 218 条　地方政府

（1）议会应当在本宪法实施之日起 5 年内，通过制定法律规范在全国范围内建立一个单一的地方政府体系，该体系应以廷克汉德拉政府体系为基础，以提供服务的规模和复杂程度进行层级划分，同时应确保整个体系的统一性和协调性，以免造成城市/农村的对立和分化。

（2）将廷克汉德拉作为政府体系基础的主要原因是希望拉近政府与人民之间的关系，以便于人民在次国家层面或地方社区层面能够逐渐掌控自己的事务并进行自我管理。

（3）只要可行，地方政府应尽可能地通过民主的方式设立行政区的及次行政区的地方议会或委员会。

第 219 条　地方政府区域

（1）议会应当根据选举与边界委员会提出的建议来划分斯威士兰的地方政府区域。

（2）在界定地方政府区域时，委员会应：

（a）考虑现有的酋长领地；

（b）必要时可重新划分廷克汉德拉边界；

（c）必要时可对城市和农村区域进行整合；

（d）考虑如下事项：

（i）每个区域的人口、面积、地理特征、经济资源、现有的或规划的基础设施；

（ii）确保该地方政府区域经济的可持续性或具备可持续发展的潜力，进行最合理的管理、资源的利用以及基础设施的建设。

（3）酋长领地可根据第 115 条作出变更。

（4）一个城镇或城市可被划分为 2 个或多个地方政府区域。

（5）地方政府区域可以完全是农村或城市，也可以是农村和城市的结合。

（6）根据委员会的建议，议会可以废除某一地方政府或变更其边界。

第 220 条　地方政府区域的管理

（1）一个地方政府应当依照议会的规定由选举的或任命的，或部分选举部分任命的地方理事会或委员会管理。

（2）地方理事会或委员会的成员的再次当选或再次任命规则类似于议会议员。

第 221 条　地方政府当局的职责

（1）地方政府当局的主要目标是，在其管辖范围内依据法律的规定确保高效管理及该地区的发展。如果需要，地方政府当局应与当地传统权威机构进行磋商。

（2）地方政府当局应在其管辖区域内维持并保护生命和公共财产，改善工作和生活条件，提升人民的社会与文化生活水平，提高公民意识，维持本地区的法律与秩序，并保护人民的权利。

（3）根据当地发展水平，地方政府当局应在考虑国家政策或国家发展计划等因素的基础上，决定、规划、创制并执行各项政策。

（4）地方政府当局应在其管辖的范围内，组织和促进本区域政治、经济、文化以及社会生活等方面公共参与和合作。

（5）地方政府当局应在其管辖区域内监督政府服务部门聘用人员的表现，或政府项目的执行情况。

第 222 条　征收税款的权力等

根据任何其他法律，地方政府：

（a）为执行其计划和政策，有权征收税款、房产税、关税及各种费用；

（b）有权为本区域人民的总体利益与福祉制订并执行各项有效利用资源的计划、规划与战略。

第 223 条　地方政府的补助金

中央政府应在必要时拨付资金并安排必要的专家协助地方政府。

第 224 条　发展计划的融合

地方政府的发展计划在需要的时候应当纳入由中央政府提供资金的国家整体发展计划中。

第 225 条　地方政府事务的管理

（1）地方政府事务应指定 1 名中央政府的部长负责管理。

（2）根据本宪法的规定，为有效进行管理，该部长的事务应划分为4个行政区，并由这些行政区的行政长官进行具体管理。

（3）根据第80条和第219条的规定，每个行政区都应被划分为多个地方政府区域。

（4）为了本章的适用，酋长应接受中央政府相关部长的监督。

第226条　地方政府当局的章程

根据本宪法的规定，议会应通过立法对地方政府当局的章程、权力、选举、成员资格、空缺、任职条件以及管理规范、责任、审计、控制和监督等事项加以规定。

2005 年苏丹共和国临时宪法[*]

第一章　国家、宪法和指导原则

第四节　地方政权

第24条　各级政府

苏丹是非中央集权的国家，存在以下几个级别的政府：

（a）国家一级政府，行使权力，维护苏丹国家主权和领土完整，促进人民福利。

（b）南苏丹一级政府，行使与南苏丹人民和各州有关的权力。

（c）州一级政府，行使与苏丹各州有关的权力，通过与公民关系最密切的层级政府为其提供公共服务。

（d）地方政府，存在于整个苏丹。

第25条　权力下放

权力下放和各级政府之间的权力分配应遵循下列原则：

（a）承认南苏丹和各州的自主权。

（b）确保出台国家级、南苏丹级、州级统治和行政原则规范，加强国家统一，肯定苏丹民族的多样性。

＊　2005 年 7 月巴希尔总统签署了成立苏丹民族团结政府过渡时期宪法。

（c）规定国家在提高人民福利和保护人权及其基本自由的义务。

（d）为了国家统一，承认全体苏丹人民特别是南苏丹人民参与各级统治的重要性。

（e）通过各级政府的民主、透明、审查、法治制度实现英明的统治，巩固持久的和平。

第 26 条　各级政府间的联系

（1）各级政府在管辖区域进行行政管理时应尊重下列原则：

（a）南苏丹政府负责国家政府和南苏丹各州之间的联系。

（b）各级政府，特别是国家、南苏丹和各州政府在它们之间或与其他政府机关的关系应遵守以下规定：

（i）尊重对方自主权。

（ii）合作完成行政任务，互相帮助履行各自的宪法义务。

（c）各级政府机关应履行职能和行使权力，以便：

（i）不干涉其他级别的权力或职能。

（ii）不承担其他级别赋予的权力或职能，除非本宪法另有规定。

（iii）促进各级政府之间的合作。

（iv）加强各级政府联系和开放。

（v）协助和支持其他级别政府。

（vi）加强协调政府职能。

（vii）遵循各级政府之间的交往程序。

（viii）鼓励在诉讼之前对争端通过友好协商解决。

（ix）尊重其他级别政府及其机构。

（d）各级政府应在团结国家、实现所有人更好生活的框架下和谐互动。

（2）任何两个或两个以上的州可建立机制以加强它们之间的协调与合作。

附件 C
各州权力

苏丹各州的行政和立法权力如下：

（1）州宪法，应遵守国家宪法、南苏丹宪法规定

（2）州警察、监狱

（3）地方政府

（4）州新闻、出版物和媒体

（5）社会福利，包括州养老金

（6）州级民事服务

（7）服从于国家原则和标准、民事和刑事程序下的州级司法机关，建立州级司法系统，包括州法院的组成和协调

（8）州的土地和自然资源

（9）州内的文化事务

（10）协调宗教事务

（11）在国家宏观经济框架内，以州信用对内外的借贷

（12）州级职员的任命、确定其职权和支付工资

（13）对州土地的管理、租赁和利用

（14）建立和管理青少年教习所

（15）建立医疗体系，包括医院和其他医疗机构

（16）州内企业制度、贸易许可证、工作条件、工时和假期的管理

（17）本地工作和工程

（18）登记结婚、离婚、继承、出生、死亡、收养和从属关系

（19）实施州法律

（20）根据刑法权立法，但违背国家法律的、属于国家权限的刑事惩罚除外

（21）州自然资源和林业资源的开发、保护和管理

（22）小学、中学教育和与此相关的教育管理

（23）与州内农业相关的法律

（24）民航规章规定的国际和国家机场以外的简易航道

（25）州内公共交通和道路

（26）人口政策和家庭管理

（27）环境污染控制

（28）州统计局和州调查局

（29）州内公投

（30）慈善机构和捐赠

（31）检疫制度

（32）城市和农村规划

（33）州文化、文物古迹、州图书馆、州博物馆和其他历史遗迹

（34）传统和习惯法

（35）州财政

（36）州灌溉和堤防

（37）州预算

（38）州档案馆、文物、纪念碑

（39）州内直接税和间接税，以提高州收入

（40）州公共设施

（41）车辆牌照

（42）救护和消防服务

（43）州内的娱乐和体育

（44）携带枪支许可证

（45）州旗和州徽

坦桑尼亚联合共和国宪法*

第八章　公共机构

第 145 条　地方政府机关

（1）联合共和国各区域、地区、城市和乡村设立地方政府机关，该地方政府机关的类型及人员委派应符合议会或者众议院制定的法律。

（2）议会或众议院可根据情势需要制定法律，规定地方政府的设立、结构、组成、收入来源和工作程序。①

第 146 条　地方政府机关的职能

（1）建立地方政府的目的是把权力交给人民。地方政府有权利和权力参与、动员人民参与全国以及各个具体领域的发展方案的规划和实施。

（2）在不违背本条第（1）款规定的情况下，地方政府机关建立其法律履行以下职能：

（a）在其辖区内履行当地政府的职能；

（b）保障法律的执行，维护人民的公共安全；

（c）在其辖区内加强民主，以促进人民的发展。②

---

* 1977 年 4 月制定。

① 1984 年第 15 号法律第 50 条。

② 1984 年第 15 号法律第 50 条。

乌干达共和国宪法 *

第十一章 地方政府

地方政府的原则和结构

第 176 条 地方政府体系

（1）乌干达地方政府体系以行政区为基础单位，行政区下设国会规定的基层地方政府和行政单位。

（2）地方政府体系遵循下列原则——

（a）该体系确保职责、权力、责任以一种协调的方式从中央政府下放和转移至地方政府；

（b）放权作为一项原则适用于各级地方政府，尤其适用于上级政府对下级政府单位的放权，以确保人民对决策的参与和民主控制；

（c）该体系确保在所有层级的地方政府充分实现民主的治理；

（d）为每个地方政府单位建立良好的财政基础和充足可靠的税入来源；

（e）采取必要的措施加强地方政府单位的能力，以计划、创制和执行对该地域人民有影响的各种事务上的政策；

（f）地方政府的服务人员为地方政府聘用；以及

（g）地方政府监督中央政府雇员在其地域内的服务绩效，监督中央政府在其地域内提供的服务或者实施的项目。

（3）地方政府体系以民主选举的委员会为基础，其依照本宪法第 181 条第（4）款由成人普选产生。

第 177 条 乌干达的行政区

（1）除本宪法的规定外，乌干达划分为本宪法第 5 条第（2）款规定的行政区。

（2）本条第（1）款规定的行政区划分为在本宪法生效之前既有的基层地方政府单位。

---

* 1995 年 9 月 22 日制宪议会通过，1995 年 10 月 8 日正式颁布实施。

第 178 条　行政区际合作

（1）两个或者两个以上的行政区在本宪法附件五规定的文化和发展领域自由合作，并在遵循下列原则的条件下为此成立理事会、信托基金或者秘书处——

（a）其合作符合本宪法所奉行的民主原则；

（b）所成立的理事会、信托基金或者秘书处无权征税；惟国会得规定授权其在合作的各行政区拨付的基金之外募集资金；

（c）合作的期限和条件应当规定于各行政区合意签署的章程，并报国会议长备案；以及

（d）根据本条成立的理事会、信托基金或者秘书处就其职责有权制定规则、条例和细则；惟其规则、条例和细则不得与本宪法或者现有法律相抵触，且非经合作的各行政区委员会批准不得生效。

（2）根据本条成立的委员会、信托基金或者秘书处为有起诉和应诉能力的法人。

（3）除本条第（1）款和本宪法的规定外，本宪法附件一规定的布干达行政区在本宪法生效时即被视为同意参与合作。

（4）在下列情形下各行政区得退出本条上的合作——

（a）各行政区委员会以全体成员的 2/3 以上赞成通过退出决议；且

（b）该决议得到国会决议的支持。

第 179 条　地方政府单位的边界

（1）除本宪法的规定外，国会得——

（a）改变各行政区的边界；并

（b）建立新的行政区分。

（2）改变各行政区边界或者建立新的行政区，须获得国会全体议员过半数的支持。

（3）国会应当以法律授权各行政区委员会改变行政区内基层地方政府单位的边界和设立新的地方政府单位。

（4）行政区或者行政单位边界的改动或者行政区和行政单位的设立应当建立在有效行政管理和服务更贴近人民的必要基础之上，并要考虑交通方式、地理特征、人口密度、经济活力以及相关人民的诉求。

第 180 条　地方政府委员会

（1）地方政府委员会为其区域内最高政府机构，其依照本宪法行使立法和行政权。

（2）国会以法律规定地方政府委员会的组成、资格、职责和选举程序，

惟——

（a）当选为地方政府行政区主席的人须为委员会成员；

（b）地方政府委员会 1/3 的成员须为妇女保留；以及

（c）根据本条制定的法律须为本宪法第 32 条规定的边缘化群体规定平权行动；

（d）国会对本款（b）、（c）项得行使本宪法第 78 条第（2）款规定的审查权。

（3）非乌干达公民不得成为地方政府委员会成员。

第 181 条　地方政府委员会的选举

（1）各行政区由选举委员会划分为数个区内居民数尽可能相等的选区。

（2）选区的居民数得或多或少，将交通方式、地理特征、人口密度考虑在内。

（3）选区的划分应当确保乡、镇理事会或者自治市的相同区域在行政区委员会至少有一个代表。

（4）所有地方政府委员会每 4 年选举一次。

（5）所有地方政府委员会的选举应当在现任委员会任期届满前 60 日进行，但不得与总统或者国会选举相冲突。

第 182 条　委任的撤回

（1）除本条第（2）款外，对地方政府委员会当选成员的委任得由选民撤回。

（2）国会应当以法律规定选民对地方政府委员会当选成员撤回委任的理由和方式。

第 183 条　行政区主席

（1）行政区主席应当——

（a）为该行政区的政府领导人；以及

（b）由成人无记名投票普选产生。

（2）除非具备以下资格，否则不得当选为行政区主席——

（a）有资格当选为国会议员；

（b）30 周岁以上 75 周岁以下；

（c）经常居住于该行政区。

（3）行政区主席应当——

（a）主持行政区行政会议；

（b）监督行政区的日常行政管理；

（c）协调行政区内市镇理事会和基层地方政府单位理事会的活动；

（d）协调并监督行政区与中央政府间中央政府的职责；以及

（e）履行由国会规定的其他职责。

（4）在履行本条第（3）款规定的职责时，主席应当遵循行政区委员会制定的规则、决定和建议，并向该委员会负责。

第184条　行政区委员会议长

（1）各行政委员会议长由行政区委员会从其成员中选举；惟个人获得委员会全体成员超过50%投票支持时方视为当选。

（2）委员会议长对委员会履行类似国会议长的职责。

第185条　行政区主席和议长的罢免

（1）委员会得以全体成员2/3以上的多数通过决议以下列理由罢免行政区委员会主席和议长——

（a）滥用职权；

（b）行为不端或者渎职；或者

（c）因身心无行为能力致其不能履行职责。

（2）国会应当规定罢免行政区委员会主席或者议长的其他理由和程序。

第186条　行政区行政会议

（1）各行政区设立行政会议，履行委员会的执行职责。

（2）行政会议由下列人员组成——

（a）行政区主席；

（b）副主席；和

（c）委员会确定的秘书若干名。

（3）副主席由行政区主席从委员会成员中提名，由委员会全体成员2/3以上批准。

（4）秘书由行政区主席从委员会成员中提名，由委员会全体成员过半数批准。

（5）副主席代表行政区主席，履行主席指定的其他职责。

（6）当行政区主席死亡、辞职或者被罢免，副主席应当代行主席职务直至选出新的行政区主席，惟选举应当在上述事件发生后的6个月内举行。

（7）秘书履行行政区主席随时指派的行政区委员会的职责。

（8）行政区政务委员会任命常设委员会和其他委员会以有效履行其职责。

（9）行政区政务委员会常设委员会的组成适用以下规定——

（a）委员会主席和成员从政务委员会成员中选出；

（b）行政区主席、副主席和秘书长不得为委员会成员，但得参与其议事过程，无表决权。

第187条　行政区行政会议成员职务的缺位

（1）在下列情形下，行政区行政会议成员的职务缺位——

（a）行政区主席撤销对其的任命；

（b）该成员——

（i）当选为行政区政务委员会议长；

（ii）辞职；

（iii）丧失成为行政区政务委员会成员的资格；

（iv）因身心无行为能力不能履行职责或者死亡；

（v）受到政务委员会的谴责指责；

（c）新主席就职。

（2）行政区政务委员会得由全体成员过半数的多数支持通过对行政会议某个成员的谴责投票。

（3）谴责程序由不少于行政区政务委员会全体成员的1/3签署请求书并经由议长向主席提出，以表示其对行政会议成员的行为或者履职不满。

（4）主席在接到请求书后促请向行政会议的相关成员送交请求书的副本。

（5）谴责决议的动议在请求书提交主席后的14日届满后方得予以辩论。

（6）根据本条第（5）款对谴责投票进行讨论时有关行政会议成员有权进行辩护。

（7）本条的规定不妨碍个人被重新任命到行政区政务委员会行政会议。

第188条　行政长官

（1）各行政区设立行政长官。

（2）行政长官由行政区服务委员会任命，为该行政区首席会计官。

（3）国会应当以法律规定行政长官的资格和职责。

第189条　中央政府和行政区政务委员会的职责

（1）除本宪法的规定外，本宪法附件六规定的职责和服务为中央政府的责任。

（2）行政区政务委员会和基层地方政府单位委员会在提出请求时，或者中央政府或者国会以法律向其授权时得被准予履行本宪法附件六规定的职责和服务。

（3）行政区政务委员会有责任承担本宪法附件六未予以规定的职责和服务。

（4）除本宪法的规定外，中央政府经行政区政务委员会请求，得承担分配给行政区政务委员会的职责和服务。

乍得共和国宪法[*]

第十二章　地方分权单位

第 202 条　乍得共和国地方分权单位有：

——乡村共同体；

——市镇；

——省；

——大区。

第 203 条　地方分权单位具有法人资格。

行政、财政、遗产和经济的自治由宪法保障。

第 204 条　地方分权单位通过地方选举产生的议会自由行政，对宪法和法律授权的事项进行审议。

地方议会的审议决定从颁布之日开始，则自动具有执行力。

但审议决定不得与宪法、法律或规章规定相抵触。

第 205 条　地方议会成员通过直接普选产生，任期 6 年，可以连任。

第 206 条　地方议会内部选举出行政机构，任期 3 年，可以连任。

行政机构对地方议会负责。

第 207 条　国家负责对地方分权单位进行监督。

国家在地方派驻代表担任权力下放行政机构的首脑，负责捍卫国家利益以及负责遵守法律和规章。

第 208 条　国家致力于所有地方分权单位在国家稳定、地区潜力和区际平衡的基础上协调发展。

第 209 条　地方分权单位在各自管辖区域限制内，在国家的帮助下，致力于保障：

——公共安全；

——行政机构和领土治理；

——经济、社会、卫生、文化和科学的发展；

<small>* 1996 年 3 月 31 日通过，4 月 14 日以第 186/PR/96 号法令颁布并生效。</small>

——环保。

法律考虑到地方和国家的利益，对管辖权进行划分。

第 210 条 地方分权单位通过并管理预算。

第 211 条 地方分权单位的财政收入的构成如下：

——地方分权单位通过及直接由其征收的税收收入；

——为国家预算而征收的税收收益中法定返还地方的份额；

——国家划拨的装备或补贴收益；

——地方分权单位在国家货币机构同意后或者在国内市场或在国外市场借款的收益，不论有无国家担保；

——捐赠与遗赠；

——遗产收入；

——在其领地内开采的地面和地下资源收益的提成。

第 212 条 组织法规定有关地方分权单位法律地位、组织、运作、职权以及与中央权力机构关系的规则。

美 洲

阿根廷国家宪法[*]

第二部分　国家权力

第一编　联邦政府

第二章　行 政 权

第二节　国家总统和副总统的选举程序和时间

第 94 条　根据宪法规定，国家总统和副总统应由人民进行直接选举，并通过两轮投票选出。为此，整个国家为一单一选区。

第 95 条　选举应在总统任期届满前两个月举行。

第 96 条　第二轮投票应在前一次选举后的 30 日内，并在获得票数最多的两位候选团队之间进行。

第 97 条　如果在第一轮投票中，得票最多的候选团队获得了合法票数 45% 以上的赞成票，其成员应被宣布为国家总统和副总统。

第 98 条　如果在第一轮投票中，得票最多的候选团队获得了合法票数 40% 以上的赞成票，并且超过排在第二位的候选团队 10% 以上的赞成票，其成员应被宣布为国家总统和副总统。

第二编　省 政 府

第 121 条　凡本宪法未明文规定委托于联邦政府而由各省各自保留的权力，连同各省加入联邦时以特别协议明确保留的权力，均属省政府。

第 122 条　各省确定各自的地方体制并据此管理。各省自行选举本省省

---

[*]　1853 年 5 月 1 日经制宪国民大会批准并生效。

长、省议员和其他官员，联邦政府不得干预。

第123条　各省根据本宪法第5条规定制定本省宪法，确保市民自治权并规定其范围和内容，包括公共机构、政治、行政、财政和金融等方面。

第124条　各省有权为了经济和社会发展建立特区，并为了履行职能建立机构，在通报国会的情况下，还可以与外国签订条约，但不得与国家外交政策相抵触，也不得有损联邦政府的权力和国家的公共信誉。首都应当设立带此目标的区域。

各省对辖区内的自然资源享有原始所有权。

第125条　各省之间可签订有关司法管理、经济利益和公益事业的地方协定，并报国会备案。各省可制定保护性法律并利用本省资源发展工业，提倡移民，修筑铁路，开辟航道，垦殖省属土地，以及引进、建立新型工业，引进外资和勘察本省河流。

各省和首都将继续为公职人员、教授提供当地的社会保险机构，并促进经济发展、人权保护，提高就业、教育、科学和知识文化水平。

第126条　各省不得行使属于国家的权力，在任何情况下都不得签订政治性的地方协议，不得制定有关贸易、内河航行或国外航行的法律，不得设立省海关，不得铸造货币，未经联邦国会批准不得成立有权发行纸币的银行。在国会颁布民法、贸易法、刑法和矿业法后，各省不得另行颁布这类法律。各省不得就公民和国籍、破产、伪造货币或国家文件等事项颁布法律，不得征收船舶吨位税。各省不得建造战舰或组建军队，但遭受外敌入侵或遇刻不容缓的危险时不受此限，不过事后须立即向联邦政府报告。各省不得任命驻外代表或接受外国代表。

第127条　任何一省不得对另一省宣布或发动战争。省际争端由最高法院受理解决。双方的敌对行动实际是内战行为，以叛乱和骚乱论处。联邦政府应依法镇压和处罚。

第128条　各省省长是联邦政府的当然代理人，负责实施国家宪法和各项法律。

第129条　首都拥有自治的政府系统，并有立法权和司法权，其政府首脑由首都居民直接选举产生。在布宜诺斯艾利斯市为国家首都期间，应制定法律确保国家利益。根据本节上述条款，国会将召集首都居民会议，以选举产生代表并由其制定有关首都机构的组织法律。

巴拉圭共和国宪法[*]

第二部分　关于共和国的政体

第一编　民族与国家

第四章　关于共和国领土的划分

第二节　关于省政府

第 161 条　关于省政府

1. 各省实行省长和省议会负责制。省长和省议员由居住在本行政区内的选民直接选举产生，此选举与总统大选同时进行，其任期为 5 年。

2. 省长为区域行政首长，代表中央执行地方政策，不得连任。

3. 省议会的组织与职权由法律另行规定。

第 162 条　关于省长及省议员候选人的条件

1. 省长候选人须具备下列条件：

（1）具有巴拉圭自然国籍；

（2）年满 30 周岁；及

（3）出生于该省并在该省居住 1 年以上，或生于他省但在该省居住 5 年以上。此年限自选举日起往回推算。

2. 省长候选人的资格限制与共和国总统及副总统候选人相同。

3. 省议员候选人须具备省长候选人的条件，但年龄已满 25 周岁即可。

第 163 条　关于省政府的职权范围

省政府享有如下职权：

（1）协调整合各市、县政府的资源以组织跨省、市服务，如公共建设、电力供源、自来水输送系统，促进省、市之间的协调与合作；

（2）拟定与国家发展相符的省级发展规划，根据国家财政一般预算起草本省的年度预算计划；

＊　1992 年 6 月 20 日制宪大会通过并颁布。

（3）配合中央政府，协调省内行政机关，尤其是位于本省的有关国民健康、教育的全国性机关；

（4）任命省级发展委员会的成员；及

（5）实施宪法和法律授予的其他职权。

第164条　关于财政资源

省政府行政机构的财政资源来源于：

（1）依宪法及法律所享有的各种捐税；

（2）中央政府的拨款与补贴；

（3）本省内的公共所得、捐赠及遗产；及

（4）法律规定的其他财政资源。

第165条　中央行政接管

1. 因下列事由，经国会众议院许可，中央行政机关可接管省市政府：

（1）因各该省议会或市议会以绝对多数决议请求中央接管；

（2）因省议会或市议会解散而不能行使其职能；以及

（3）预算执行失常导致严重赤字或发生重大财政亏损，并经财政部国家审计局认定。

2. 中央接管期限不得长于90日，如接管事由属上述第（3）项，则众议院可以绝对多数之决议案罢免省长或市长，或宣布解散省议会或市议会。由于前项事由，中央选举法院将宣布举行该省市全面改选。选举须自国会众议院作出该决议之日起90日内举行。

第三节　有关市、县政府自治

第166条　自治权

市、县政府是具有法律地位的地方政府组织，在其管辖范围内，拥有政治、行政与管理之自主权，以及独立的财政权。

第167条　市、县政府

市、县政府由依法直接选举出的行政首长与议会共同掌理。

第168条　市、县政府的职权范围

市、县政府于其领土管辖范围内依法享有下列职权：

（1）在其职权范围内自主管理其事务，特别是有关城市事务、环境、食品供应、教育、文化、体育、旅游、卫生和社会救助、信贷机构、检察和警察机构管理的事项；

（2）管理、支配其财产资源；

（3）制定其收入和支出的预算；

（4）分享国家的相关财政收入；

（5）公共服务费率的制定不得超过其实际成本；

（6）制定规章、法规和决议；

（7）获得国内或国际私人或公共信贷；

（8）管理和监督交通、公共运输系统，以及有关车辆流通的其他事项；及

（9）根据本宪法及法律的规定有权管辖的其他事项。

第 169 条　关于不动产税收

直接影响不动产财产的税收，完全属于市政当局和政府部门所有，其征收权也由上述政府享有。上述税收的 70% 专属于该市政当局，15% 专属各政府部门，剩余 15% 依法由各财政状况欠佳的县、市政府分配。

第 170 条　关于地方政府财政资源的保护

国家机关和任何独立自给的地方政府不得征收市、县政府的税收或财政收入。

第 171 条　关于地方政府的等级与体制

1. 法律将依据人口、经济发展、地区特性、生态环境、文化、历史因素以及其他影响其发展的决定性因素制定各地方政府的等级及其体制。

2. 市、县政府之间可以依法通过合作实现共同利益，亦可以与他国市政府合作谋求共同发展。

巴拿马共和国政治宪法[*]

第八章　市级和省级政体

第一节　区　代　表

第 225 条　每个区由民众直接投票选出一名代表和候补代表，任期 5 年。区代表可以无限期连选连任。

第 226 条　要成为区代表必须：

1. 在巴拿马出生的巴拿马人或在选举之前已经取得巴拿马国籍 10 年者。

＊ 1972 年 10 月 11 日由制宪会议通过并生效。

2. 年满 18 岁。

3. 未曾被法庭以严重罪行判处剥夺自由 5 年或以上的刑罚。

4. 至少在选举之前 1 年就成为其所代表的区的居民。

第 227 条 在下列情况下丧失代表资格：

1. 自愿将住宅迁往另一辖区。

2. 因犯罪被判刑。

3. 根据法律规定被撤销代表资格。

第 228 条 在区代表暂时或绝对缺位时，由候补代表接替。在代表和候补代表都缺位时，必须在 6 个月内举行选举，选出一位新代表和候补代表。

第 229 条 区代表不得由其市政府任命担任有薪酬的公共职务。如果违反，则任命无效。

如被任命在司法机关、检察机关或选举法庭工作，则区代表被视为绝对缺位；如被任命为政府部长、自治或半自治机构领导人、外交代表和省长，则被视为暂时缺位。

第 230 条 作为省议会成员，区代表对其在任职期间发表的意见不负法律责任。

第 231 条 根据法律规定，区代表所得酬金由国库或市财政支付。

第二节　市政体制

第 232 条 市政当局是一个大区中的自治政治组织。

市政组织是民主的，具有地方政府行政管理的基本性质。

第 233 条 作为国家行政区划的基本单位，市有自己的、民主的和自治的政府，负责提供公共服务，根据法律规定建设公共工程，促进本辖区的发展，推动公民的参与，改善其居民的社会和文化状况，行使宪法和法律规定的其他职能。

行政机关将在巴拿马政府推动政府权力和职能下放的过程中保障这些目标的实现。政府将在遵循自治、均衡、平等、持续和有效的原则基础上，根据市的领土、人口和基本需要推进和实施这一进程。

法律将规定如何分散公共行政管理、权力的转移和资源的转让。

第 234 条 市政当局有责任执行共和国宪法和法律、政府的法令和命令以及普通法庭和行政法庭的决定。

第 235 条 任何市政公务员不得由国家行政当局停职或撤职。

第 236 条 在发生瘟疫、公共秩序的严重混乱或由于公众普遍关心的其他原因，市政当局力有不逮时，国家将根据法律规定予以支援。

第 237 条　每个大区有一个市政理事会团体，由本大区内当选的区代表组成。如某个大区少于 5 个区，根据法律规定的按比例代表制及其程序，由人民直接投票选出 5 名市政理事会成员。

理事会内部任命一位主席和一位副主席。在主席缺位时，由副主席接替。

第 238 条　应民众要求并经过理事会投票，两个或两个以上的市为了共同利益，可以申请合并或联合。有关程序由法律规定。

通过同样的程序，同一个省的市可以统一它们的政府，可以建立一个共同金库和一个共同财政管理机构。如出现这种情况，可以创立一个跨市理事会。其构成将由法律作出规定。

第 239 条　公民对于委托给理事会的事务有倡议权和表决权。

第 240 条　法律将根据各市的经济能力和人力资源，决定哪些市实行专门财务管理制度来提供服务。

第 241 条　每个市将有一位市长和副市长，市长是市的行政首脑。正副市长均由人民直接投票选举，任期 5 年。

第 242 条　在不妨害法律规定的其他职能时，市政理事会的职能是在下列方面颁发、修改和撤销市政府协议和决议：

1. 批准或驳回市长办公室提出的市政收支预算。

2. 决定市长建议的市政行政结构。

3. 监督市政管理。

4. 批准或驳回签订关于转让及提供其他形式公共服务的合同和市政公共工程建筑合同。

5. 依法通过或取消税费及税率。

6. 设立或取消提供市政公共服务。

7. 任命、中止或解雇在市政理事会工作的市政官员。

8. 批准市长任命的市司库。

9. 法律规定的属于市政的权力。

市政协议在本市具有法律效力。

第 243 条　市长的职能如下：

1. 提供协议草案，特别是收支预算草案。

2. 安排地方行政开支，根据预算和财会规章进行调整。

3. 任命和撤换市政官员，除根据第十一章规定外，其任命权仅属于市长。

4. 推动市辖区的发展，监督市政官员履行其职责。

5. 行使法律规定的其他职能。

第244条　根据法律规定，市长的报酬由国库或市财政支付。

第245条　同辖区外无关联的捐税归市政所有，但法律也可规定特例，使某些有这种关联的捐税也归市政所有。在此基础上，法律将规定国家收支同市政收支分离。

第246条　根据前条法律规定，市政收入还有如下来源：

1. 其辖区内或共有地的产品和自有财产。

2. 使用其财产或服务的收费。

3. 公共演出的收费。

4. 零售酒水的税收。

5. 根据法律规定，关于开采沙、石、黏土、珊瑚、砾石和石灰等的收费。

6. 市政当局开出的罚款。

7. 国家补助和捐款。

8. 关于伐木、采伐森林的收费。

9. 付给市政府关于宰杀牛猪等家畜的税收。

第247条　市政府可以开设市政企业或合营企业来提供商品或服务。

第248条　国家不能免除市政税费。市政府只能通过市政协议来征收税费。

第249条　市政府可以在征得国家行政机关批准之后筹取贷款。由法律规定其程序。

第250条　每个辖区有一个村社委员会，促进集体发展和监督解决其问题。村社委员会可以行使自愿调解的职能和法律规定的其他职能。

第251条　村社委员会由辖区代表和根据法律规定在本辖区挑选的4位居民组成，由辖区代表领导。

第三节　省级体制

第252条　每个省有一位由国家行政机关自由任命和撤换的省长，他是国家行政机关的代表。每位省长还有一位也是由国家行政机关任命的候补省长。省长的职能和责任由法律规定。

第253条　省所拥有的区的数目由法律规定。

第254条　每个省有一个省级理事会，由该省所有区代表和规定其组织及职能的法律决定的其他成员组成，后者只有发言权。每个省级理事会在其区代表中选出主席和领导委员会，并颁布内部章程。省长和区长参加省级理事会会议时有发言权。

第 255 条 在不妨害法律规定的其他职能时，省级理事会享有如下职能：

1. 是省长、省当局和国家当局的咨询机构。

2. 要求国家官员、省级官员和市政官员提供有关本省事务的报告。为此，在省级理事会要求时，省市官员必须到场作口头报告。

国家官员可以提供书面报告。

3. 每年向国家行政机关递交关于本省公共工程、投资和服务的计划以供研究，并检查其实施情况。

4. 检查本省公共服务的进程。

5. 向国民大会建议对本省的行政区划做出其认为合适的变动。

6. 向国家和省当局申请本省关心的研究和计划。

第 256 条 省级理事会每月在省府或其确定的其他地点召开一次例行会议。在理事会主席召集或应至少 1/3 成员要求时，召开特别会议。

巴西联邦共和国宪法[*]

第三编 国家组织

第三章 联邦各州

第 25 条 各州应遵守本宪法的原则，依据其所采行的宪法和法律进行组

---

* 1988 年 9 月 22 日制宪会议通过，1988 年 10 月 5 日公布施行。

译者注：巴西宪法结构和体例均较为复杂。在结构上，宪法由正文、过渡宪法条款法案和宪法修正案未插入条款三部分组成。在体例上，巴西宪法原文中，条文以阿拉伯数字排序，条下以罗马数字 Ⅰ、Ⅱ 等分款，款下以小写英文字母 a)、b) 等分项；许多条款正文后还有以 §1、§2 标示的款项，§1、§2 之下又按照罗马数字和小写英文字母分款、项；个别条款正文后还设有独立条款（Sole Paragraph）。在翻译时，为尊重汉语习惯，将罗马数字 Ⅰ、Ⅱ 改为阿拉伯数字 1、2，小写英文字母 a)、b) 改为 (1)、(2)，以 §1、§2 标示的款项保留原符号。但在宪法涉及条文引用处，为了避免翻译为条、款、项可能造成的混淆和表述烦琐，本译文在涉及条文引用处尊重巴西宪法原文体例，如原文引用 "art. 12，Ⅰ" 译为 "第 12 条 1"，引用 "art. 12，Ⅰ，a)" 译为 "第 12 条 1 – (1)"，引用 "art. 12，§4" 译为 "第 12 条 §4"，引用 "art. 12，§4，Ⅰ，a)" 译为 "第 12 条 §4 –1 – (1)"，特此说明。

织和管理。

§1. 本宪法未禁止各州享有的权力，均保留给各州。

§2. 各州有权依照法律规定，直接或通过特许运营管道天然气服务，禁止颁行临时措施予以管制。

§3. 各州可通过配套性法律，将相邻的多个市组合建立大都市区、城市群和小型区域，以整合具有共同利益的公共职能的组织、规划和运行。

第 26 条 州财产包括：

1. 流动、新形成或储存的地表水与地下水，对于储存中的水资源，依照法律规定，因由联邦建造的工程而取得的除外；

2. 州管辖范围内的海洋和沿海岛屿地区，处于联邦、市或第三方管辖的除外；

3. 非属联邦的河流和湖泊岛屿；

4. 非属联邦的未被占用的土地。

第 27 条 州议会的议员人数应当是该州在联邦众议院议员人数的 3 倍，但当州议会议员人数达到 36 人时，该州在联邦众议院议员人数超过 12 人的部分，只依本数计算。

§1. 州议员的任期为 4 年，本宪法涉及选举制度、不可侵犯性、豁免权、薪酬、资格丧失、缺席、任职障碍以及应征入伍的规定，均适用于州议员。

§2. 州议员的固定薪酬应基于议会提议立法决定，不得超过以相同方式确定的联邦众议员薪酬的 75%，并应符合第 39 条 §4，第 57 条 §7，第 150 条 2，第 153 条 3 和第 153 条 §2 - 1 的规定。

§3. 州议会有权决定其内部规则、秘书处警卫和行政事务，并任命相应职务。

§4. 法律应规定州立法程序中的公民动议。

第 28 条 各州州长和副州长任期 4 年，州长和副州长的选举，第一轮应在其前任届满前一年 10 月的第一个星期日举行，如需进行第二轮选举，则在 10 月的最后一个星期日进行，当选者应在次年的 1 月 1 日就职。选举还应符合第 77 条的相关规定。

§1. 如州长担任其他具有直接或间接行政管理性质的职务，应丧失州长职位，通过公开竞争性选拔考试就任者除外并应遵守第 38 条 1、4、5 的规定。

§2. 州长、副州长和州秘书的固定薪酬应基于议会提议由立法决定，并应符合第 37 条 11，第 39 条 §4，第 150 条 2，第 153 条 3 以及第 153 条 §2 - 1 的规定。

第四章 市

第 29 条 市依照组织法进行治理，该组织法应由市议会经间隔至少 10 天的两轮投票，以其成员的 2/3 多数通过并公布，并应遵守本宪法和各自州宪法所确立的原则以及下列规定：

1. 市长、副市长及市议员任期 4 年一届，由全国同时进行的直接选举选出；

2. 市长和副市长的选举应在其前任届满前一年 10 月的第一个星期日举行，选民超过 20 万的市，适用第 77 条的相关规定；

3. 市长和副市长应在选举次年的 1 月 1 日就职；

4. 市议会的人员组成，应符合下列最高限制：

（1）人口不超过 15000 的市，议员人数不超过 9 人；

（2）人口多于 15000，但不超过 30000 的市，议员人数不超过 11 人；

（3）人口多于 30000，但不超过 50000 的市，议员人数不超过 13 人；

（4）人口多于 50000，但不超过 80000 的市，议员人数不超过 15 人；

（5）人口多于 80000，但不超过 120000 的市，议员人数不超过 17 人；

（6）人口多于 120000，但不超过 160000 的市，议员人数不超过 19 人；

（7）人口多于 160000，但不超过 300000 的市，议员人数不超过 21 人；

（8）人口多于 300000，但不超过 450000 的市，议员人数不超过 23 人；

（9）人口多于 450000，但不超过 600000 的市，议员人数不超过 25 人；

（10）人口多于 600000，但不超过 750000 的市，议员人数不超过 27 人；

（11）人口多于 750000，但不超过 900000 的市，议员人数不超过 29 人；

（12）人口多于 900000，但不超过 1050000 的市，议员人数不超过 31 人；

（13）人口多于 1050000，但不超过 1200000 的市，议员人数不超过 33 人；

（14）人口多于 1200000，但不超过 1350000 的市，议员人数不超过 35 人；

（15）人口多于 1350000，但不超过 1500000 的市，议员人数不超过 37 人；

（16）人口多于 1500000，但不超过 1800000 的市，议员人数不超过 39 人；

（17）人口多于 1800000，但不超过 2400000 的市，议员人数不超过 41 人；

（18）人口多于 2400000，但不超过 3000000 的市，议员人数不超过 43 人；

（19）人口多于 3000000，但不超过 4000000 的市，议员人数不超过 45 人；

（20）人口多于 4000000，但不超过 5000000 的市，议员人数不超过 47 人；

（21）人口多于 5000000，但不超过 6000000 的市，议员人数不超过 49 人；

（22）人口多于 6000000，但不超过 7000000 的市，议员人数不超过 51 人；

（23）人口多于7000000，但不超过8000000的市，议员人数不超过53人；

（24）人口超过8000000的市，议员人数不超过55人；

5. 市长、副市长和市秘书的固定薪酬应基于议会提议立法决定，并应符合第37条11，第39条§4，第150条2，第153条3以及第153条§2−1的规定；

6. 市议员的固定薪酬应由各自市议会在前一任期内决定，并符合本宪法的规定和各自组织法所确立的标准以及下列最高限制：

（1）人口不超过10000的市，市议员的最高薪酬应相当于州议员薪酬的20%；

（2）人口10001至50000的市，市议员的最高薪酬应相当于州议员薪酬的30%；

（3）人口50001至100000的市，市议员的最高薪酬应相当于州议员薪酬的40%；

（4）人口100001至300000的市，市议员的最高薪酬应相当于州议员薪酬的50%；

（5）人口300001至500000的市，市议员的最高薪酬应相当于州议员薪酬的60%；

（6）人口超过500000的市，市议员的最高薪酬应相当于州议员薪酬的75%；

7. 市议员的薪酬支出总额不得超过所在市财政收入的5%；

8. 市议员任职期间，在市辖区内享有言论、意见和投票的豁免权；

9. 禁止市议员兼任其他职务，本宪法对国会议员和州宪法对州议会议员的类似规定比照适用；

10. 市长接受州高等法院的审判；

11. 市议会具有立法和监督职能；

12. 各议员团体在城市规划方面进行合作；

13. 经至少5%的选民提议，可启动涉及市、市区或地区具体利益法案的公民立法动议；

14. 市长职位的丧失，依照第28条§1的规定处理。

第29−A条 市议会的总支出，包括市议员的薪酬，但不包括退休人员的支出，不得超过依据第153条§5、第158条及第159条规定的上一财政年度实现的财政收入和移交税总额的下列比例：

1. 人口不超过100000的市，议会总支出不得超过7%；

2. 人口100000到300000的市，议会总支出不得超过6%；

3. 人口 300001 到 500000 的市，议会总支出不得超过 5%；

4. 人口 500001 到 3000000 的市，议会总支出不得超过 4.5%；

5. 人口 3000001 到 8000000 的市，议会总支出不得超过 4%；

6. 人口超过 8000001 的市，议会总支出不得超过 3.5%。

§1. 市议会的工资支出，包括市议员的薪酬在内，不得超过市财政收入的 70%。

§2. 下列行为构成可弹劾市长的罪行：

1. 拨款金额超过本条规定的限额；

2. 每月 20 日前未拨款；

3. 拨款金额小于预算法中规定的比例。

§3. 违反本条 §1 的规定，构成可弹劾市议会议长的罪行。

第 30 条 市拥有下列权力：

1. 地方事务的立法权；

2. 必要时，联邦和州法的补充立法权；

3. 在辖区内设立、征收税收并使用税收收入，但不得违背在法定期限内提交账目并公开收支情况的义务；

4. 依据州法，建立、组织和撤销地区；

5. 组织和提供地方公共服务，包括直接或通过特许、许可运营的公共交通；

6. 维持学前教育和初级教育项目；

7. 通过与联邦和州的技术、经济合作，为居民提供医疗服务；

8. 通过规划和控制城市土地的使用、分割和占有，在必要时推动建立适当的土地体系；

9. 在遵守联邦和州法规定并接受其监督的前提下，促进本地历史和文化遗产的保护。

第 31 条 依照法律规定，市的管理监督由市议会通过外部控制并由市行政系统的内部控制体系完成。

§1. 如相关内部控制已设立，市议会的外部控制应在州、市审计法院或市审计委员会的协助下进行。

§2. 由主管机构针对市长出具的年度财务状况报告，除非经市议会以 2/3 多数决议，否则应予接受。

§3. 市财政账目每年应向纳税人开放 60 日以供其检查、评估，每位纳税人依法均享有质疑其合法性的权力。

§4. 禁止设立市审计法院以及市审计委员会或其他相关机构。

第五章　联邦特区和联邦直辖地

第一节　联邦特区

第 32 条　联邦特区不得划分为市，并依照组织法进行治理，该组织法应由特区议会经间隔至少 10 天的两轮投票，以其成员的 2/3 多数通过并公布，同时应遵守本宪法所确立的原则。

§1. 联邦特区拥有保留给州和市的立法权。

§2. 特区行政长官和副行政长官的选举应遵照第 77 条的规定进行，特区议员的任期与州长和州议员的任期相同。

§3. 第 27 条的规定适用于特区议会和特区议员。

§4. 联邦法律应对联邦特区政府调用民事、军事警察和军事消防队作出规定。

第二节　联邦直辖地

第 33 条　法律应对直辖地的行政和司法机构作出规定。

§1. 直辖地可划分为市，并适用本编第四章的相关规定。

§2. 直辖地政府的财政账目应连同联邦审计法院对其出具的报告一并提交国会。

§3. 人口超过 100000 的联邦直辖地，除依照本宪法任命行政长官外，还应设立初审和上诉法院以及检察官和联邦公共辩护人；法律应对直辖地议会的选举和权限作出规定。

玻利维亚共和国宪法[*]

第三部分　国家领土结构和组织

单章　国家的领土组成

第二节　自治区自治

第 277 条　自治区政府由区域大会和其执行机构组成，在权力范围内行使区域审议、审核和立法职能。

第 278 条　1. 区域大会由普遍、直接、自由、不记名和义务性投票选出的大会成员组成；由公民和土著民族根据其自己的规章和程序选出的大会成员组成。

2. 法律规定大会成员选举的一般标准，考虑少数土著民族的人口代表性、领土、文化和语言特性，以及性别平等。自治章程将根据实际情况和管辖范围内的具体条件来规定其实施。

第 279 条　其执行机构由总督作为最高领导。

第三节　地区自治

第 280 条　1. 地区由地理上相连的各个市或省组成，它们有着共同的文化、语言、历史、经济和生态系统，构成一个管理和规划区域。在特殊情况下，一个地区可以由一个省组成，该省需满足地区的基本特征。在人口大于 50 万的卫星城，可成立城市地区。

2. 自治和分权法应规定相应条款和程序促进地区配置的有序和条理。省政府不得设在建立地区的领域。

3. 经本地区城市提议，可通过管辖范围内的公投实行地区自治，且必须

---

* 2009 年 1 月 25 日全民公决通过。

经地区审议机构所有成员的 2/3 投票通过。

第 281 条 自治地区的政府由一个具有审议、决策管理和审计功能的地区大会，及一个执行机构组成。

第 282 条 1. 地区大会成员由各市根据人口和领土标准连同市政议会的候选人名单一同选出。

2. 地区以参与的方式制定规章，根据区域自治规定程序进行。

第四节 城市自治

第 283 条 城市自治政府由依法定权限行使审议、审计和城市立法职能的市议会，和一个由市长领导的执行机构组成。

第 284 条 1. 市议会由普选选举出的议员组成。

2. 在存在土著民族的城市，如果土著民族未成立自治区，他们可以根据自己的规章和程序，并遵照市组织条例选出代表直接参加市议会。

3. 法律将确定市议员选举和人数的一般标准。市组织条例将根据实际情况和管辖范围内的特殊条件来予以实施。

4. 市议会可制定组织章程草案，根据本宪法的规定得到通过。

第五节 自治政府的执行机构

第 285 条 1. 成为自治区政府执行机构职位候选人需要满足公务员的一般条件，并且：

（1）在选举至少两年之前就在相应的自治区、地区、市永久定居；

（2）在市长选举和地区政府选举情况中，应年满 21 岁；

（3）在省长和总督选举中，应年满 25 岁。

2. 自治政府最高执行机关任期为 5 年，可连任一次。

第 286 条 1. 自治政府最高执行机关的临时接任人员将由议会或地区大会成员根据相应自治章程和组织条例确定。

2. 只要没有超过任期的一半，在自治区领导人辞职、死亡、终身残疾或自治政府最高执行机关换届的情况下，进行新的选举。否则，接任者应是一名根据相应自治章程和组织条例已当选的有资格人士。

第六节　自治政府的立法、审议和审计机构

第287条　1. 自治政府议会和区域大会候选人需满足公务员的一般条件，并且：

（1）在选举至少两年之前就在相应的管辖区永久定居；

（2）选举日时已满18岁。

2. 自治政府议会和区域大会的选举将根据机构选举不同的名单进行。

第288条　自治政府议会和区域大会成员任期为5年，只可以连任一次。

第七节　土著民族自治

第289条　土著民族自治区由行使土著民族自主决策权的自治政府，及其自己的法律机构、政治机构、社会机构和经济机构组成。这些土著民族共享土地、文化、历史和语言。

第290条　1. 土著民族自治区的配置以现有民族居住的其祖先遗留的土地为基础，按照其人民意愿，经过协商形成，并遵守宪法和法律的规定。

2. 土著民族自治政府根据其规章、机构、权限和程序行使自治职能，应符合宪法和法律的规定。

第291条　1. 土著民族领地以及遵照宪法和法律规定的类似城市和地区是土著民族自治区。

2. 两个或两个以上的土著民族村镇可以构成一个土著民族自治区。

第292条　土著民族自治区根据其规章和程序规定制定章程，并不得违背宪法和法律。

第293条　1. 已整合的原住民领地和正在进程整合的原住民自治区，应咨询人民意愿，并按照其自己的规章制度和程序来建立。

2. 如果土著民族自治区的形成影响到了城市辖区界线，土著民族或村镇应该与市政府协商新的辖区界线。如果它影响到了城市边界，必须经多民族立法大会程序来获得通过，并遵守法律规定的要求和条件。

3. 法律规定建立土著民族自治区的人口最低要求和其他特殊要求。

4. 法律规定包括了多个城市的土著民族自治区政府的工作、协调和合作机制。

第294条　1. 建立土著民族自治区的决定要遵守法律法规和协商程序，不得违背宪法和法律的要求。

2. 决定将市转变为土著民族自治区，应通过公投，符合法律规定要求才可被采纳。

3. 多个农民社区如果其自身的组织结构相联系，并在地理区划上存在连续性，可以成立一个新的市，经多民族立法大会程序通过，并需符合宪法和法律的要求和条件。

第 295 条 1. 若建立土著民族地区将影响到城市边界，应先经多民族立法大会程序通过，并需符合法律规定的条件和要求。

2. 将市、市辖区或土著民族自治区聚合起来建立土著民族地区，将通过公投决定或根据其自身相应的规章和咨询程序进行，不得违背宪法和法律规定的要求和条件。

第 296 条 在遵循宪法和法律规定的前提下，土著民族自治政府根据其章程确定的规章和组织形式运行，该组织形式应与其村镇、民族和社区的命名相一致。

多米尼加共和国宪法[*]

第九部分　土地规划与地方行政

第二章　地方行政

第一节　地区和省份

第 196 条　大区

大区是国家领土中公共政策制定的基本单位。法律确定其权力、组成、组织和运作，并确定其数量。

以不损害团结为原则，国家寻求不同地域界限的公共投资的合理平衡，这种平衡会考虑到与其对国民经济的贡献相称。

第 197 条　省份

省份是领土中的中等政治区划，包含城市、城区、集镇和乡镇。法律确定

---

* 2010 年 1 月 26 日由国民大会通过并生效。

其组成、组织和运作，并确定其数量。

第 198 条　行政长官

行政权力机关任命每个省的行政长官，作为其在该地区的代表。各省行政长官必须是多米尼加公民，年满 25 岁，能完全行使民事和政治权利。其权力和职责由法律确定。

第二节　市政制度

第 199 条　地方政府

国家特区、市、市辖区是地方政治和行政制度的基础，是依据公法而成立的法人，对其行为承担责任。地方政府依法自主利用其资源，享有预算自主权、行政和监督权、土地使用权，并依照宪法和法律接受国家和社会的监督。

第 200 条　市政税收

市政府可依法在其划分区域内设立地方税收，但不得与国家税收、各城市间贸易或进出口冲突，也不得违反宪法或法律的规定。主管法庭裁决在此方面引起的纠纷。

第 201 条　地方政府

国家特区和直辖市的管理分别地由两个组织组成：市民议事会和政府。市民议事会是由市民代表组成的规范、调整和监督性机构。市民代表有候选人。政府由行政长官领导，其空缺时由其副手继任。

市辖区由区民议事会负责。区民议事会产生一名区长作为执行者，议事会成员行使规范、调整和监督权。区长有候补人选。

国家特区、省和市的政党或政治团体向市和市辖区提交市长、市议员，区长、区议员的参选人名单。议员和候补人员的人数由法律按人口比例确定。但在任何情形下，国家特区不得少于 5 人，直辖市不得少于 3 人。上述人员每 4 年由所辖区公民依法选举一次。

在该地居住满 5 年的自然人可以依法担任上述职务。

第 202 条　地方代表

国家特区、直辖市的市长、普通市的市长是市政府和市国会的法定代表人。其权力和职责由法律确定。

第三节　地方直接参与机制

第 203 条　全民投票，全民公决，市政创制

地方行政组织法规定对全民投票、全民公决、对城市政策提出倡议的范围、要求和条件，以加强地方民主和地方管理。

第三章　分权管理

第 204 条　权力转移到城市

国家依照本宪法和法律的规定促进权力和资源的转移。该政策的实施促进体制、人力资源培训和人力资源专业化的发展。

第 205 条　市政预算的执行

国家特区政府、直辖市政府和市辖区区长进行预算的制定和执行，依照法律规定通过和执行各类事业的划拨和开支。

第 206 条　参与性预算

对城市资源的投资应该通过市民不断积极参与的预算进行，市民相互负责任地制定、执行和监督事关当地发展的政策。

第 207 条　城市的经济义务

城市的经济缔约义务责任，包括国家担保，按照法律规定的限制和条件确定，并由城市承担。

厄瓜多尔共和国宪法[*]

第五编　国家的领土划分

第二章　领土的组织

第 242 条　国家按照行政区划分为地区、省、市和农村教区。出于环境保

---

* 2008 年 7 月经制宪大会通过，2008 年 9 月经全民公决后于 2008 年 10 月 20 日生效。

护、民族文化或人口因素的考虑，可建立特别制度。

大都市自治区、加拉帕戈斯省、原住民聚居区以及多元文化领土上可实施特别划分制度。

第 243 条 两个或两个以上的地区、省、市或教区可形成区域联合体，以改善各区的管辖范围并利于其发展和融合。区域联合体的形成、结构和管理应根据法律进行。

第 244 条 两个或两个以上的相邻省份，土地面积超过 20000 平方公里且人口数量超过全国人口 5% 的，可依法成为自治大区。应尽量维持区域间的均衡发展、历史及文化连贯性、生态互补性以及小水域综合治理。法律应建立促进各省构成自治大区的经济或其他方面的激励机制。

第 245 条 应由各省政府提出建立自治大区的建议，并提出建立新自治大区的立法提案以及制定区域自治章程的草案。

国民议会应在 120 日内批准该立法提案，若未在该期限内作出决议则该提案视为通过。经国民议会 2/3 以上成员的投票方可通过或否决该提案。

自治章程草案应提交给宪法法院以裁定是否违反宪法。宪法法院应在 45 日内作出裁定，若超出该期限未作出裁定则草案视为通过。

在宪法法院决议通过且立法提案获通过后，应在相关省份就章程草案征求全民意见。

若在各省均获得半数以上有效民众投票，则该立法提案及其自治章程通过并生效，并应在 45 日内召开自治大区选举大会，选出大区领导人及相应代表。

第 246 条 获通过的自治章程将成为该自治大区的基本法律，并应确立其名称、象征符号、原则、区域政府机关及其所在地。同时应指明区域政府的资产、所得、自有资源，并列明其初始的职权范围。章程修正应按照其中规定的程序，并获得宪法法院通过。

第 247 条 占有 7% 以上全国人口的市或几个市的联合体，可形成一个大都市区。

有意组成大都市区的当事各市应按照组成自治大区同样的程序进行。市议会应制定包含成立大都市区的提案及大都市区自治章程的草案。

各市应与相邻的省份及地区协调管理大都市区。

大都市区自治章程应与自治大区章程满足同样的条件。

第 248 条 承认社区、公社、专区、街道及城市教区的设立。其存在受法律制约，并视为参与地方自治政府以及国家规划体系的基本单位。

第 249 条 应通过维护主权、自然生物多样性及跨文化交流的综合政策，对其土地全部或部分位于距边境 40 公里内地区的市予以特殊照顾，以保证其环境和平以及社会经济发展。法律应规定并保护这些权利的实施。

第250条　亚马孙水域省份的土地属于一个保护地球生态平衡必不可少的生态环境系统。这一区域土地环境特殊，应通过特别立法进行整体规划，包括社会、经济、环境、文化等各方面，以确保维护生态系统平衡并遵守"良好生活"的原则。

第三章　地方自治政府及特殊制度

第251条　各自治区应投票选出区政府及其区域自治主席。自治主席是该区域的领导，并具有决定性的投票权。区政府每四年按城乡人口比例选举产生，其中应选出1名区政府长官及1名副长官。

每个自治区政府均应在其章程中按宪法规定制定公民参与机制。

第252条　各省应在其省首府建立省政府，该政府分别由1名通过民选产生的省长及副省长、投票选举的市长，农村教区中村民选出的代表投票产生的教区区长组成。

省长是省最高行政领导，代表省政府，并具有决定性的投票权。在其暂时或永久缺席情况下，将由与省长一起民选投票产生的副省长代替其履行职权。

第253条　各市设有市政府，由民选产生的市长组成，并在其中选出1名副市长。市长是市最高行政长官，并拥有决定性的投票权。应依法律规定，按该市城乡人口比例选出市政府代表。

第254条　各大都市自治区应设有民选产生的大都市区政府。大都市区政府长官是自治区最高行政长官，领导自治区政府并拥有决定性的投票权。

大都市自治区中的各区应建立分权化、非集中的管理制度。

第255条　各农村教区应设有一个教区政府，由民选的代表组成，得票最多的代表为教区区长。教区政府的组成、职能及责任应由法律规定。

第256条　担任一定级别政府及各都市区政府领导者，应成为区域的咨询内阁成员，并由共和国的总统定期召开内阁会议。

第257条　在一定的行政组织框架内，可形成土著或非洲裔厄瓜多尔人的区域，并拥有相应的自治区政府管辖权，遵守多元文化、多民族的原则，并保护集体权利。

主要由土著、非洲裔厄瓜多尔人、蒙土标人或其他古聚居区、村庄及土著居民组成的各教区、市、省，可制定特殊行政法规，须达到2/3的投票通过。两个或多个由土著或多元文化自治政府管理的领区可合并成为一个新领区。法律就新领区的构成、运行及管辖权作出规定。

第 258 条　加拉帕戈斯省应在特殊制度下管理。其规划及发展应严格遵守国家自然遗产保护原则以及"良好生活"原则，并符合法律的相关规定。

加拉帕戈斯省行政管理由特别省政府领导，省长为共和国的总统的代表，并由加拉帕戈斯各市市长、教区区长以及其他法律规定的组织的领导组成。

省政府的职责包括制定、规划以及省内各种活动的资金及组织。法律应规定作为技术秘书处的机构。

为保护加拉帕戈斯的特殊地区，应限制可能影响到其环境的国内移民、工作或任何其他公共或私营的活动。在土地规划和使用上，省政府应落实相应政策，并由各市及各教区政府执行。

受到权利限制的永久居民有优先获取自然资源并优先进行环境可持续发展的活动的权利。

第 259 条　为保护亚马孙河地区的生物多样性，中央政府及各地方自治政府应采取可持续发展政策，并补偿发展中的差距，以巩固主权。

哥伦比亚共和国政治宪法[*]

第十一编　有关领土实体组织

第三章　关于地方自治制度

第 311 条

作为国家政治行政部门的基本实体，市政当局的责任是依据法律提供公共服务，为促进地方发展而建设项目，安排其地域内的发展，促进当地居民的社会和文化发展，并按照宪法和法律执行其他的自治职能。

第 312 条　（根据 2002 年第 2 号立法令和 2007 年第 1 号立法令修改）

每一个市设立一个政治管理机构，由普选产生，任期 4 年，被称为市议会。市议会成员不得少于 7 名，也不得多于 21 名，该人数取决于法律的规定和各市的人口总数。

市议员的任职条件、不可任职的资格、不可兼职的规定以及市议会召开常

---

[*]　1991 年 7 月 4 日制宪大会通过。

规会议的会期均由法律作出规定。市议员不得同时担任公务人员。

法律还可规定市议员在参加会议时有权获得酬金的情况。

市议员一旦接受任何公共职位，其议员职务即构成绝对空缺。

第 313 条 （根据 2007 年第 1 号立法令修改）

市议会行使下列职权：

1. 对于市政当局应负责的事项，规范其运作并高效完成服务。

2. 实施相应的经济、社会发展和公共工程计划和方案。

3. 授权市长订立合同以及暂时履行议会负责的具体职能。

4. 依照宪法和法律的规定对税收和地方支出进行投票。

5. 编制预算规则，发布年度收支预算。

6. 确定市政当局的组织机构，其分支机构的职责及各级别职位的报酬；创建市级公共机构和工商业实体，并授权成立公、私联合企业。

7. 在法律规定的范围内规范土地的使用，对有关住宅用地的建设和出让的活动进行监管。

8. 根据法律规定选举代表和法律规定的其他公职人员。

9. 为管理、保存、保护本市的生态和文化遗产，制定必要的法规。

10. 宪法和法律规定的其他职责。

11. 在各行政大区首府以及人口超过 2 万 5 千人的城市，传唤和要求市长办公室秘书出席市议会会议。传唤应至少提前 5 日以书面形式传达。如果市长办公室秘书未出席且其缺席原因未被区议会或市议会接受，议会可对其提出不信任动议。应在传唤秘书出席的会议上对其举行听证，但不妨碍依照议会之决定，在之后的会议上继续进行讨论。讨论不得扩展到传唤单中列明范围以外的事项，并应主导会议的议事日程。

其他城市的议会，亦可传唤和要求市长办公室秘书出席市议会会议。传唤应至少提前 5 日以书面形式传达。如果市长办公室秘书未出席且其缺席原因未被区议会或市议会接受，议会中的任一成员均可提出对其不信任的保留意见。如果要根据意见对当事官员免职，需得到当事官员所在部门成员的 2/3 的赞成票方可通过。

12. 向市长办公室秘书就其职责范围内的有关事项，或就其未响应市议会或区议会的要求和传唤提出不信任动议。不信任动议应由市议会或区议会半数加一名的成员提出。动议讨论结束的第 3 日至第 10 日内，将发起投票，当事官员需出席。动议需得到当事官员所在部门成员的 2/3 的赞成票方可通过。一旦动议通过，当事官员即被解职。如果投票未通过，不得针对同一问题再次提起不信任动议，除非另有新事实支持。如果提出了不信任动议，当事官员的辞职不排除依照本条之规定通过该动议的可能性。

第 314 条 （根据 2002 年第 2 号立法令修改）

在各市均设一名市长，分管本市行政事务并作为本市的法定代表人，市长应通过普选产生，每届任期 4 年，不得连选连任。

如果职位空缺时间距当届任期结束超过 18 个月，应另选市长担当剩余任期内的职务。如果空缺时间已不足 18 个月，应由最高行政长官指派一名市长担当剩余任期内的职务，为此要考虑当选市长所属的政党、政治团体或政党联盟。

如果出现法律规定的限制任职的情况，共和国总统或省长可以裁令对市长停职或免职。

若上述人员不当行使此权力，法律将规定对其进行制裁。

第 315 条

市长行使下列职权：

1. 尊重并确保遵守宪法、法律、政府法令、条例和议会决议。

2. 依据法律、法令和市长接受的总统和省长的指示，维护本地区内的公共秩序。市长统领全市的警察机关。国家警察通过其指挥官的指挥，将迅速及时地执行市长命令。

3. 依据相关规定，市长负责直接管理本市，保证市长应负责事务的履行和提供服务；代表司法机构和行使法庭职权外的权力；在其管辖范围内任免官员、公共机构的董事以及本地工商业实体的经理和董事。

4. 按照各自规定，对市政机构进行移除或者合并。

5. 及时向议会提交有关经济和社会发展、公共工程、年度财政收支预算，以及市长认为其他能够更有效促进当地发展措施的议案。

6. 制裁或者公布市议会通过的决议，并否决其认为不合适或者违反法律的决议。

7. 按照有关决议创建、消除、合并市长的管辖职能，规定其特殊职能，并确定其薪酬。市长不能设立超过人事部门分配的预算拨款总额的支出。

8. 为有效履行其职能，向议会提交其施政的整体报告、召开特别会议、与被召集人商讨事项，市长须与市议会进行合作。

9. 依据投资计划和预算对市政支出进行管理。

10. 宪法和法律规定的其他权力。

第 316 条

在地方当局的选举和决定当地重要事务的选举中，只有当地居民才有权参加选举。

第 317 条

只有市政府才有权征收不动产税，但这并不能禁止其他实体征收评估费用。依据当地的发展计划，为保护当地的环境和可再生自然资源，法律将分配这些税收的比例，但不得超过现存附加税的平均值。

第 318 条

为提高服务，保证公民参与处理本地区的公共事务，议会可将本市划分为城镇地区和农村地区，分别管理事务。在每一个城镇地区或者农村地区，都将有一个地方行政委员会，该委员会通过普选产生，由法定人数组成，并依法履行下列职责：

1. 参与制定市政计划和促进经济、社会发展以及公共工程的项目。
2. 监督和控制在城镇和农村用公款提供的市政服务。
3. 受国家、各部门和市政当局委托制定各自的投资计划。
4. 根据市政预算，分配整体份额。
5. 行使议会和地方政府授予的其他职能。

为在本领域内行使法律规定的职能，市议会可以组建行政委员会。

第 319 条

当两个或者两个以上的地方政府之间存在经济、社会或者财政关系，具有大都会区的特征时，可将其组织成为一个行政实体，经授权该实体可在其权限范围内规划和协调发展本地区的整体开发；精简公共服务机构，共同提供某些服务；开展城市化项目。

领土规划组织法将对大都会区采取特殊的行政和财政手段；保证各市政当局在该行政组织内享有充分的参政权；同时保证各市政当局在涉及自身事务时能进行必要和广泛的磋商。

一旦举行全民磋商，各市市长和市议员将依法记录本区域的组成、财政和当局协议。

大都会区可以依法转变为行政区。

第 320 条

法律可根据各地人口、财政资源、经济上的重要性、地理环境以及法定的管辖范围，建立不同等级的市，并规定其组织形式、政府和管理等具体制度。

第 321 条

属于同一部门的各市或者相邻的印第安土著区域构成省。

法律将规定各省的基本法律制度，并确定各省的行政管辖范围，使各省可组织执行国家、其他实体部门委托或者法律赋予的职能。

各省将由法令确定建立，且由省长、各市市长或者法定的公民提议。

对于已经成立的省，全民磋商必须在相关的市举行。

由省议会和各市议会决定，各部门和各市向省提交的其目前财政收入的百分比。

第四章 关于特别行政区

第322条　（根据2000年第1号立法令修改）

共和国首都波哥大及昆迪纳马卡省的首府，其组织结构为首都区。

其政治、财政和行政管理制度应由宪法、针对该地区颁布的特别法以及适用于市辖区的现行法律规定。

根据法律作出的一般规定，经由市长提议，市议会可依据居民的社会特征将该领土划分为若干区，并对各区的司法管辖权和行政职能进行相应划分。

各区当局有责任确保本市的和谐及整体发展，并有效提供相应服务；地方当局还应担负起地方事务的管理职责。

第323条　（根据2002年第2号立法令及2007年第3号立法令修改）

区议会由45名议员组成。

每个地区都有一个管理委员会，委员会通过普选产生，每届任期4年，委员会由至少7名市议员组成，其具体人数由区议会依据各地人口数作出决定。

市长、区议员以及市议员的选举将同期举行，其任期均为4年，市长不得在下期选举中再次当选。

如果市长职位空缺时间距当届任期结束超过18个月，应再选市长担当剩余任期内的职务。如果空缺时间已不足18个月，应由共和国总统指派一名市长担当剩余任期内的职务，为此要考虑当选市长所属的政党、政治团体或政党联盟。

区长将由市长从相应的管理委员会提交的名单中任命。

如果出现法律规定的限制任职的情况，共和国总统可以裁令对市长停职或免职。

区议员和市议员不能担任分权机构管理委员会的成员。

第324条

地方行政委员会根据各地人口的基本需要，将对年度区财政预算的总额进行分配。

考虑到波哥大的地区生产收入，法律将确定共和国首都的拨款份额，但此份额的确定不得早于本宪法生效之日。

第 325 条

为保证计划的履行以及项目的整体发展，并且及时有效地提供宪法和法律赋予其的服务职能，首都地区可以与其毗邻的市或者其他具有部门特性的领土实体组成大都会区。

第 326 条

若区议会同意将毗邻的市并入首都地区，且经过居住在当地的居民投票决定，可将该毗邻的市并入首都地区。若毗邻的市未通过议会的同意，则前述适用于该市的宪法和法律规定将适用于并入首都地区的其他地方。

第 327 条

在首都地区选举名册上登记的居民不能参加省长和哥伦比亚市议会代表的选举。

第 328 条　　〔根据 2007 年第 2 号立法令（原规定因违宪而修正）〕

卡塔赫纳德印第安斯旅游和文化区，圣玛尔塔和巴兰基亚历史、文化和旅游区应保留其制度和特性，布埃纳文图拉和图马科则应作为工业、港口、生物多样性和生态旅游特区给予保护。

第 329 条

印第安领土实体将依据领土规划组织法的规定进行组建，并根据国土规划委员会的规划，最终由有印第安社区代表参加的国家政府作出决定。

历史遗产构成集体财产并且不可剥夺。

法律将确定形成　个整体的实体间的关系与合作。

若印第安领土区域内包括两个或者两个以上的地区，则其行政事务将由土著委员会和各地区的首长共同管理。若该地区决定将其建设成为一个领土实体，其应符合本条第 1 款所规定的条件。

第 330 条

根据宪法和法律，印第安领土内的事务将由土著委员会依据该地区的风俗习惯进行管理和规制，该委员会需履行下列职责：

1. 监督涉及土地和领土使用的法律规范的适用。

2. 依据国家发展计划，在其领土范围内构思政策、计划以及促进社会、经济发展的项目。

3. 在其领土范围内改善公共投资，并监督拨款的使用。

4. 收集和分发资金。

5. 监督自然资源的保护。

6. 协调领土范围内不同地区推广的项目和规划。

7. 依据国家政府的指示和规定，维护其领土范围内良好的公共秩序。

8. 在国家政府中，代表本地区或者其组成的其他实体。

9. 宪法和法律规定的其他事项。

在不损害印第安社区文化、社会和经济完整的条件下，允许开发印第安领土范围内的自然资源。在通过上述自然资源开发的决议时，政府将鼓励各地区代表参加。

第 331 条

马格达莱纳的里约格朗德自治区经授权管理以下事项：改善航行和港口活动，改良和保护土地，生产和分配能源，使用和保护环境，保护渔业资源以及法律规定的其他可再生能源。

该自治区的组织结构、资金来源、沿岸当局在转让其利益时所获得的特别待遇以及其在当前国家财政收入中所占的份额均由法律作出规定。

哥斯达黎加共和国宪法 *

第十二编　市　政　府

单　　章

第 168 条　基于公共行政目的，全国领土分为若干省；省分为若干州，州分为若干区。法律划定各行政区边界。

应立法议会议案，设立省或分割省建立新省的提案须举行公民投票通过。立法议会可以在遵守修宪程序的基础上，发布法令设置新省。

新州的设置必须经立法议会全体议员 2/3 以上投票通过。

第 169 条　各州的地方利益与行政管理委托市政府进行管理。市政府由普选产生的市议员与依法任命的行政官员组成。

第 170 条　市政府为自治组织。按相应财政年度计算，共和国普通预算应分配不少于 10% 的正常财政收入给全国所有市政当局。

法律规定行政机构转移给市政府的权利和分配的资金。

第 171 条　市议员任期 4 年，其职责由法律规定。

---

* 1949 年 11 月 7 日国民制宪大会颁布，1949 年 11 月 8 日生效。

法律应规定市议员的人数及其工作方式。

但各省的中心州的市政府，由不少于 5 名正式议员和同数候补议员组成。

市的官员应于同年的 5 月 1 日就职。

（根据 1961 年 5 月 12 日第 2741 号法案第 2 款修正）

第 172 条　每个区在各州市政府应有 1 名正式代表和 1 名候补代表以代表该区，候补代表有发言权但无表决权。

为了管理州辖区的利益和公共机构，市政当局在特殊情况下可以建立区委员会，附属于市政当局但具有自治职能，其必须遵守建立市政当局的同样的普选程序。经立法议会 2/3 人员批准设立，特别法规定建立区委员会的特备条款和规定，以规定其组织、运作和获得财政收入的方式。

（根据 2001 年 5 月 31 日第 8105 号法案第 1 条修正）

第 173 条　市政府制定的规则可以：

1. 由法定具有否决权的官员在附以理由后表示异议。

2. 由任何利害关系人提出申述。

在以上两种情况中，如果市政府不撤销或修正被异议或被申述的规则，该案件将依法提交司法机构，由法院进行最后裁定。

第 174 条　法律明确规定何种情况下经立法授权，市政府可签约借款，对其财产或财政收入设定债务，或处分不动产和其他财产。

第 175 条　市政府应拟定其一般预算与特别预算，经审计长批准后生效，且由审计长监督预算的执行。

古巴共和国宪法[*]

第十二章　地方人民权力机关

第 103 条

按国家领土划分的政治行政单位组成的地方各级人民政权代表大会，是地方最高国家权力机关，因而在该区域内获得最高的授权，但只能在职权范围内依法行使该项职权。

---

[*]　1976 年 2 月 15 日经全民投票通过。

同样，地方人民政权代表大会依法协助设在所辖地区内不是直属的企业开展活动和执行计划。

人民政权代表大会设立的地方管理部门指导其所属经济和生产企业以及服务性企业单位，以满足该机关辖区内的经济、医疗、救助、教育、文化、体育、娱乐服务等一系列需求。地方管理部门采用合议制。

地方各级人民政权代表大会因其行使上述职能而获得人民委员会的支持，且依靠居民的首创性和广泛参加，协调自己同各群众性社会团体的活动。

（根据全国人民政权代表大会 1992 年 7 月 12 日作出的修正案修改）

第 104 条

城市、乡镇、居民聚集区、定居点和农村设立的人民委员会，根据市、省和国家人民政权代表大会机关的最高授权在当地行使其职权。它们代表其发挥作用的地区，同时也代表了市、省一级国家的人民力量。

人民委员会积极开展工作，以提高发展生产和服务活动的效率，满足人民群众医疗、经济、教育、文化和社会的需求，推动人民群众更热情和积极地参与解决出现的困难。

人民委员会协调、掌握和控制其辖区内的所有机构开展的工作，推动它们之间的合作，管理并监督其行为。

人民委员会的委员在该区域内选举产生，并选举其中之一主持其工作。辖区内的行政组织和最重要的机构的代表由人民委员会的委员担任。

人民委员会的组成及其职权依照法律规定。

（根据全国人民政权代表大会 1992 年 7 月 12 日作出的修正案修改）

第 105 条

省人民政权代表大会在自己的职权范围内：

（1）执行和保证执行法津和上级国家机关通过的具体普遍性的命令；

（2）根据相关国家机关的政策，通过和监督该省计划的执行和收支预算；

（3）选举和罢免大会的主席和副主席；

（4）任命和罢免大会的秘书长；

（5）依法参与制定和监督国家预算中涉及位于辖区内的其他实体及其下属机构执行国家预算和经济技术计划；

（6）掌握和监督全省行政机关的工作，并对其提供资助；

（7）根据其主席提议，任免有关行政管理机构领导人的职务；

（8）根据部长会议所确定的原则，确定省人民政权代表大会所属的主管经济、生产、服务、教育、卫生、文化、体育、环保和休闲娱乐的省级行政机关的组成、运行和职权；

（9）根据其管理的行政区域，依法签订不属于中央和市级机关签订的协议；

（10）批准市级人民政权代表大会关于人民委员会的设立和组成的建议；

（11）在其职权范围内撤销省级行政机关作出的决定，但如果此决定是根据中央行政机关的授权作出的，则应向部长会议建议撤销该决定；

（12）审查并评估其省级行政部门和下级人民政权代表大会提出的工作报告，并就此通过相应的决议；

（13）组织和解散工人委员会；

（14）执行上级机关制定的所有政策；

（15）促进巩固法制，维护国内秩序并加强国防能力；

（16）行使宪法和法律授予的其他权限。

（根据全国人民政权代表大会1992年7月12日作出的修正案修改）

第106条

市级人民政权代表大会在自己的职权范围内：

（1）执行和保证执行法律和上级国家机关通过的具体普遍性的命令；

（2）选举和罢免大会的主席和副主席；

（3）任命和罢免大会的秘书长；

（4）根据其职权推动和监督辖区内的实体开展工作；

（5）下属机关或主管部门作出的决定违反宪法、法律、法规、规定、决议和上级机关作出的决议，或其决定影响本地、其他区域和国家利益的，对其进行撤销或修改，但如果此决定是根据中央行政机关的授权作出的，应向部长会议建议撤销或修改该决议；

（6）根据宪法和现行法律规定，为该市利益签订协议并监督其执行；

（7）根据其主席提议，任免有关行政管理机构领导人的职务；

（8）根据部长会议确立的原则决定负责经济、生产服务、人民健康和其他具有生计、教育、文化、体育、环保性质的附属管理机构的组织、运行和目标；

（9）依法建议设立和组成人民委员会；

（10）组织和解散工人委员会；

（11）根据中央政府各部门作出的规定，通过并监督本级经济社会计划和预算；

（12）协助辖区内不由其管辖的实体依靠其工会和管理机关完成其生产和服务计划；

（13）审查并评估其省级行政部门提出的工作报告，并就此通过相应的决议；

　　（14）执行上级机关指定的所有政策；

　　（15）促进巩固法制，维护国内秩序并加强国防能力；

　　（16）行使宪法和法律授予的其他权限。

　　（根据全国人民政权代表大会1992年7月12日作出的修正案修改）

　　第107条

　　地方各级人民政权代表大会的常会和非常会议都是公开举行。当审议内容有关国家利益或影响一些人的荣誉时，地方人民政权代表大会可以通过举行秘密会议的决议。

　　（根据全国人民政权代表大会1992年7月12日作出的修正案修改）

　　第108条

　　地方各级人民政权代表大会必须有全体代表过半数出席才有权决定问题。决议以简单多数表决通过。

　　第109条

　　依照法律、法规和规章，根据实现当地各类目标的需要设立地方管理部门。为实现全社会利益，部长会议和地方政府可以决议、中央政府各机构负责人可以决定，依法在其职权范围内设立地方管理部门。

　　（根据全国人民政权代表大会1992年7月12日作出的修正案修改）

　　第110条

　　省、市人民政权代表大会设立常设工人委员会，为保障当地具体利益，协助人民政权代表大会开展工作。其工作特别地表现在掌握和监督辖区内设立的各类地方实体。

　　临时性的工人委员会执行它为特定任务而设立的和给它规定的专门性任务。

　　（根据全国人民政权代表大会1992年7月12日作出的修正案修改）

　　第111条

　　省级人民政权代表大会的组成人员每5年改选一次，一经改选，代表任期即结束。

　　市级人民政权代表大会的组成人员每两年半改选一次，一经改选，代表任期即结束。

　　地方各级人民政权代表大会只能根据全国人民政权代表大会按宪法第72条所指情况作出的决议延长其任期。

　　（根据全国人民政权代表大会1992年7月12日作出的修正案修改）

第 112 条

地方人民政权代表大会代表的资格可以随时撤销。法律规定其撤销的形式、原则和程序。

（根据全国人民政权代表大会 1992 年 7 月 12 日作出的修正案修改）

第 113 条

代表为了全社会的利益履行选民的委托，必须协调好履行其职责和日常工作的关系。法律规定履行其职责的方式。

（根据全国人民政权代表大会 1992 年 7 月 12 日作出的修正案修改）

第 114 条

市级人民政权代表大会代表拥有宪法和法律赋予的权利和义务，特别是如下义务：

（1）向人民政权代表大会反映选民提出的建议、要求和困难；

（2）向选民传达人民政权代表大会执行的政策以及为满足居民的需要所采取的措施或者有关解决某些问题所产生的困难；

（3）定期向选民和所在的人民政权代表大会及其委员会报告自己的工作，只要其提出这样的要求。

（根据全国人民政权代表大会 1992 年 7 月 12 日作出的修正案修改）

第 115 条

省级人民政权代表大会代表应该为选民谋取利益，并依照法定程序报告自己的工作。

（根据全国人民政权代表大会 1992 年 7 月 12 日作出的修正案修改）

第 116 条

省、市人民政权代表大会代表从所在大会成员中选举主席和副主席。选举根据按法定方式提出的候选人名单依照法定程序进行。

（根据全国人民政权代表人会 1992 年 7 月 12 日作出的修正案修改）

第 117 条

省、市人民政权代表大会主席当然的是该地行政机关的主席和国家在对应行政区划的代表。其任命依照法律规定。

（根据全国人民政权代表大会 1992 年 7 月 12 日作出的修正案修改）

第 118 条

省、市人民政权代表大会产生的管理机关以合议制开展工作。法律规定其结构、组成、任命和义务。

（根据全国人民政权代表大会 1992 年 7 月 12 日作出的修正案修改）

第 119 条

省、市和国防区的国防委员会根据国防总体规划和军事委员会的组织和职权，在和平时期备战和战争时期宣布其辖区内的动员令和紧急状态。国家国防会议依法决定地方国防会议的组织和设立。

（根据全国人民政权代表大会 1992 年 7 月 12 日作出的修正案修改）

圭亚那合作共和国宪法 *

第一编　总　　则

第七章　地方民主

地方民主机关

第 71 条　地方政府

一、地方政府是民主的重要组成部分，须按照使尽可能多的人参与所在地方管理和发展任务中的原则组织。

二、为此目的，议会可以通过建立民主权力机关，组成全国性的地方民主体系，并使其成为国家政治组织的一部分。

第 72 条　地方政府管辖地区

一、议会可以规定把圭亚那划分为（不划的区域除外）10 个区以及划分为它认为便于组织地方民主机关的若干分区和其他更小的单位。

二、在确定按照第一款规定划分的各区的边界时，为保证该区能够或有潜力成为经济自立发展的地区，必须考虑每个区的人口、面积、地理特点、经济资源和现存的和计划中的基础设施，以及便于最有效地管理和使用这些资源和基础设施的可能性。

三、自治区，邻近的民主委员会以及更小的分区应该由第一款规定，包括村庄和社区，在需要设立社区以及人民要求建立社区时，应该设立并作为地方民主权力机构的必要组成部分。

---

* 1980 年 10 月 6 日生效。

第 73 条　地区民主委员会成员的选举

一、地区民主委员会的成员从居住在该社区并为第 159 条之目的登记为选民的人中选举产生。

如果有没有形成社区的地方，可由议会作出规定，按照议会规定的目的参加其邻近社区的社区民主委员会。

二、区民主委员会委员的选举和解散均在由总统依照本条第三款规定以公告方式指定的日期进行。

三、区民主委员会连续两次解散的时间间隔不得超过 5 年 4 个月。

如时间间隔期满时已经按照第 70 条第四款规定延长了议会任期，间隔时间视为未结束，继续计算直到议会延长期期满为止。

第 73 条之一　更低一级地方政府的代表

每一个地方民主机关应该选举一名自己的议员作为其上一级地方民主机关的成员，议会应该规定选举的程序和与此相关的其他必需事项。

第 74 条　地方民主机关的职责

一、地方民主机关的首要责任是：按照法律规定保证对其所辖地区进行有效的管理和开发并进行模范领导。

二、地方民主机关应该就本地区的政治、经济、文化和社会生活，组织普遍的合作，并应该同劳动人民的社会组织进行合作。

三、地方民主机关有义务保护公共财产、改善工作和生活条件、发展人民的社会和文化生活、提高市民认知水平、维持法律和秩序、巩固社会主义的合法性和保护公民的权利。

第 75 条　决定权

议会可以规定，地方民主机关能对其工作部门和机构及对其所辖范围内的社区和公民作出有约束力的决定。

第 76 条　征税权

议会可以规定，地方民主委员会自己征税并能为其领域内人民的福利和利益支配税收。

第 77 条　地方发展计划纳入国家发展计划

各区的发展计划要纳入国家的发展计划。为使各区能够完成自己的发展计划，中央政府向各区发放基金。

第 77 条之一　议会对由地方民主机关分配的资源提供标准

为通过地方民主机关获得和分配资源，议会应该通过法律规定实现上述目标的客观标准的规划和实施。

第 78 条　地方政府选举

关于地方民主机关成员的选举问题（包括在指定的选举日之前投票的开始问题）和其他有关成员资格、权力、义务、职能和责任的一切事项由议会作出规定。

第 78 条之一　地方政府委员会

议会应该设立地方政府委员会，通过其组成和规章授权委员会处理适合它处理的及与地方政府机关的管理与人事相关的一切问题，以及解决地方政府机关之间的争议。

第 78 条之二　地方民主机关对选民的代表和责任

关于地方民主委员会之下的地方民主机关的选举机制，应该规定除政党和责任选民外个人和自愿团体的参与和代表性。

海地共和国宪法[*]

第五编　国家主权

第一章　地方公共团体和地方分权

第 61 条　地方公共团体包括市镇区、市镇和省。

第 61.1 条　法律可以设立其他地方公共团体。

第一节　市镇区

第 62 条　市镇区是共和国的最小行政单位。

第 63 条　市镇区由普选产生 3 人组成的委员会进行管理，任期 4 年。委员会成员可以无限期连选连任。委员会的组织和运作方式由法律规定。[①]

第 63.1 条　市镇区行政委员会由市镇区议会协助其工作。

第 64 条　国家有义务在市镇区层级建立为其居民提供社会、经济和文

---

[*]　1987 年 3 月 29 日经全民公决通过，2011 年 5 月 9 日经国民大会修正，2011 年 5 月 14 日生效。

①　译者注：本条经 2011 年修正。

化训练所需的组织机构。

第 65 条　市镇区行政委员会的成员必须：

（1）为海地人且年满 25 周岁；

（2）在选举以前居住于该市镇区两年以上并将继续在此居住；

（3）享有民权和政治权，并从未被判定为身受刑或加辱刑。

第二节　市　　镇

第 66 条　市镇享有行政和财政自治权。共和国的每一市镇均由普选产生 3 人组成的委员会进行管理，名为市镇委员会。

第 66.1 条　市镇委员会的主席为市镇长，由若干副市镇长加以协助。

第 67 条　市镇委员会由市镇议会协助其工作，每一市镇区在市镇议会均应有 1 名代表。

第 68 条　市镇委员会成员任期 4 年，可以无限连选连任。①

第 69 条　市镇和市镇委员会的组织和运作方式由法律规定。

第 70 条　市镇委员会的成员必须：

（1）为海地人；

（2）年满 25 周岁；

（3）享有民权和政治权；

（4）从未被判定为身受刑或加辱刑；

（5）居住于该市镇 3 年以上并将在任期内继续在此居住。

第 71 条　中央政府根据各市镇委员会的要求下派技术委员会协助其工作。

第 72 条　除非经有权法庭判定为玩忽职守、贪污或管理不当，不得解散市镇委员会。

市镇委员会解散时，省委员会应立即填补空缺并自解散之日起 60 日内申请常设选举委员会进行选举，以在所余任期内管理市镇事务。此程序同样适用于由于其他原因而出现的空缺。

第 73 条　市镇委员会仅根据本市镇利益管理财政收入，并向市镇议会负责，市镇议会则向省委员会报告情况。

第 74 条　市镇委员会通过法律规定的主管部门对处于本市镇范围内的

---

①　译者注：本条经 2011 年修正。

国家地产享有优先管理权。①

第三节　区

第 75 条　区是包含若干市镇的行政区域。其组织和运作由法律规定。

第四节　省

第 76 条　省是最大的地方公共团体，它包含若干区。

第 77 条　省为法人，并享有自治权。

第 78 条　各省由省议会选出 3 人组成省委员会进行管理，任期 4 年。②

第 79 条　不强制省委员会成员必须来自省议会，但其必须：

（1）为海地人且年满 25 周岁；

（2）在选举以前居住于该省 3 年以上并将在任期内继续在此居住；

（3）享有民权和政治权且从未被判定为身受刑或加辱刑。

第 80 条　省委员会由省议会协助其工作，省议会由每一市镇议会委任 1 名代表组成。

第 80.1 条　下列人员以顾问资格出席省议会会议：

（1）省的众议员和参议员；

（2）各社会职业协会或工会推举的 1 名代表；

（3）省特派员；

（4）省各公共服务机构主任。

第 81 条　省委员会经与中央政府协商制定省发展计划。

第 82 条　省委员会和省议会的组织和运作由法律规定。

第 83 条　省委员会仅根据本省利益管理省财政收入，并向省议会负责，省议会则向中央政府报告情况。

第 84 条　经有权法庭判定为玩忽职守、贪污或管理不当的省委员会可以予以解散。

省委员会解散时，中央政府应任命临时委员会并自解散之日起 60 日内申请常设选举委员会进行选举，以完成所余任期。

---

①　译者注：本条经 2011 年修正。

②　译者注：本条经 2011 年修正。

第五节　特派员与副特派员

第 85 条　行政权在各省之首府任命 1 名代表，名之为特派员（Délégué）。在各区之首府也可任命 1 名副特派员（Vice – Délégué）处于特派员领导之下。

第 86 条　特派员和副特派员对公共服务进行协调和监督，但不行使任何压制性的警察职能。

特派员和副特派员的其他职权由法律规定。

第六节　省际委员会

第 87 条　各省议会各委派其 1 名议员作为代表组成省际委员会，协助行政权。

第 87.1 条　从省议会议员挑选的代表充当省与行政权的联络员。

第 87.2 条　省际委员会与行政权共同协作从社会、经济、商业、农业和工业各方面研究和制定地方分权计划和国家发展计划。

第 87.3 条　部长委员会举行工作会议讨论前条所涉问题时，省际委员会加以协助，并有表决权。

第 87.4 条　地方分权必须伴之以公共服务及权力的地方下放，以及消除工业方面的地域隔绝，以利于各省之利益。

第 87.5 条　省际委员会的组织和运作由法律规定。①

洪都拉斯政治宪法*

第九章　地方机关

第 260 条　地方机关依各特别法设置，但须保证下列事项：

---

*　1982 年 1 月 11 日由国民制宪大会颁布，1982 年 1 月 20 日生效。

①　译者注：本条经 2011 年修正。

1. 为国家利益提高管理效率；

2. 满足非营利性公用事业的需要；

3. 令公共行政目标的执行更为有效；

4. 其可预见的行政管理成效或节约的成本合乎经济和行政原理；

5. 权限具有排他性，不与其他已存在的公共行政机构相重复；

6. 其利益、资源的开发及获得均属国家所有；参与国家在经济领域的活动，以为地方经济活动所必需，并有利于促进社会进步及共同福祉；及

7. 地方机关的一般法律制度，依公共行政法规规定。

第 261 条 对设置或裁撤地方机关的案件，国会须以议员人数 2/3 多数通过。

国会在发布有关地方机关的法律前，应先征询最高行政机关的意见。

第 262 条 地方机关享有职能及行政上的独立，因此可基于法律需要而发布规章。

地方机关在国家指挥及督导下执行任务，其主席、主任或署长负责具体管理。法律应规定必要的制度以规制地方机关。

第 263 条 共和国总统和副总统的配偶、四代以内血亲或两代以内姻亲不得出任地方机构的首长、主任和署长的职务。

（根据第 207/1987 号法令修改，并经第 95/1988 号法令批准；根据第 299/1998 号法令修改；根据第 374/2002 号法令修改，并经第 153/2003 号法令批准）

第 264 条 地方机关的主席、主任及署长任期 4 年，其任命及解职依设置该机关的有关法律规定。

第 265 条 任何负责直接执行地方机关职能的公务员，属行政编制人员；但各机关其他公务员的劳务关系，则由适用一般劳动法令规章规定。上述规章的方式、内容及范围，由有关的法律法规及集体合同规定。

第 266 条 地方机关应将其每一年度应执行的工作计划，及各项应完成的特定活动的分析说明报告，连同为实施该计划所需的完整预算，呈送中央政府。

财政部、公共信托部和最高经济计划委员会，应分别就各自不同的计划详加研析，务必与已核准的发展计划相吻合。

该计划一经总统批准，即交付各有关地方机关。

地方机关的管理机构，既不得批准计划，也不得批准年度预算，除非上述部委已对相关文件作出指示意见。

第 267 条 地方机关应于每年九月的前 15 日内，将其相应的年度预算

细则草案送请国会批准。

（根据第58/1986号法令修改，并经第57/1987号法令批准）

第268条　地方机关应将上一会计年度的详细决算报告呈送中央政府。同时呈报所有在执行中的计划及方案的自然财务进度报告。

财政部、公共信托部和最高经济计划委员会，应对各地方机关的绩效予以评估，并提出有关意见及建议。

第269条　在不影响地方机关的发展及其先前计划或方案执行的情形下，最高行政机关可采取适当措施，支配地方机关执行经济活动的净利润。

第270条　地方机关应公开招标的合约，由法律对此作出规定。

第271条　地方机关对工作计划及预算的任何实质性修正，均须先征得最高经济委员会、财政部和公共信托部的赞同。

第十一章　省市制度

第294条　国家领土划分为省，其设置和界线由国会决定。

省以下设自治市，依法由人民选举的团体管理。

第295条　前述之特古西加尔巴和科马亚圭拉两城组成中央区，该区为单一的直辖市。

第296条　城市的组织、职责及所属公务员或市政职员的任职条件，应由法律规定。

第297条　市政当局应自由任命包括警察在内的公职人员，其费用由市政基金负担。

第298条　在其各自的职能行使上，只要不与法律相悖，市政组织应独立于中央机关，但如有个人或集体犯罪则受司法审判并承担行政责任。

第299条　市政经济及社会发展为国家发展计划的组成部分。

第300条　任何市政当局，均应有足够的公共用地，以确保其生存及正常发展。

第301条　除因国家利益而作其他用途外，市政当局的投资而产生的税赋收入与市辖区内自然资源的开发所得，均纳入市级财政。

第302条　为社区改善和发展的目的，市民应有权自由组建市民协会及会社。该权利的行使应由法律规定。

加　拿　大

1867 年宪法法 *

第五章　各省的宪章

行　政　权

第 58 条　各省的省督（A Lieutenant Governor）的委任

每一省应该设 1 名省督，由总督通过枢密院加盖加拿大国玺的方式书面委任。

第 59 条　省督的任期

省督在总督认可的期间内任职，但是在加拿大第一届议会开会之后任命的省督除非因为辞职从任命之日起 5 年内不能免职，免职需要和他本人以书面的方式、在辞退令发出后的一个月内进行沟通，如果议会正在会期，应该通过咨文的方式在这之后的一周之内和参议院及众议院沟通，如果不是在会期，则在下一届议会开会之后的一周内沟通。

第 60 条　省督的薪金

省督的薪金是固定的，由加拿大议会规定。①

第 61 条　省督的宣誓等

每一个省督在就职之前应该在总督或某些由总督授权的人面前进行类同于总督所做的效忠尽职宣誓并签字。

第 62 条　关于省督规定的适用

本法关于省督的规定扩展及适用于每个省目前在任的省督，或者目前管理各省的其他的无论任何头衔的行政首长或行政长官。

第 63 条　安大略和魁北克行政首长的任命

安大略和魁北克的行政委员会应该由省督随时认为合适的人员组成，

---

* 英国议会制定，1867 年 3 月 29 日生效。

① 原文注：由《1985 年薪酬法》规定。

即，司法部长（the Attorney General）、省书记官和注册官（the Secretary and Registrar of the Province）、省财务大臣（the Treasurer of the Province）、皇室土地专员（the Commissioner of Crown Lands）、农业和公共事务专员（the Commissioner of Agriculture and Public Works），以及在魁北克立法委员会的主席（the Speaker of the Legislative Council）和首席司法长官（the Solicitor General）。①

第 64 条　新斯科舍和新布伦瑞克的政府

根据本法的规定，新斯科舍和新布伦瑞克的行政权力章程应该像在联邦一样继续有效，直到按照本法的权力做了更改为止。②

第 65 条　安大略或魁北克的省督根据建议或单独行使的权力

根据任何大不列颠议会法，或者大不列颠和爱尔兰联合王国议会法，或者上加拿大、下加拿大或加拿大立法机构的法规定的所有的权力、权限和职能，在联合之前或联合中曾经或现在被授予或由各省省长或省督行使的这些职权，其或者根据各省行政委员会的建议，或者根据其建议和同意，或者和这些委员会共同，或者和委员会的任何数目的成员共同，或者通过省长或省督单独行使的，只要是在联合之后在安大略和魁北克同样有能力行使的，应该被赋予以及应该或可以由安大略和魁北克的省督单独行使，或者根据各自行政委员会的行政建议或根据其建议并同意，或者与其共同，或者与其成员共同行使。尽管如此，同时要服从于安大略和魁北克各自立法机构的废止或改变权的限制（除非涉及诸如根据大不列颠法或者大不列颠和爱尔兰联合王国的议会法规定的情况）。③

第 66 条　关于委员会里的省督（Lieutenant Governor in Council）的规定的适用

本法涉及在委员会的省督的规定应该解释为指根据和按照其执行委员会的建议行为的省督。

第 67 条　省督行政上的缺席等

在委员会的省督可以随时任命行政官员在其缺位、生病或其他不能行使

---

① 原文注：目前在安大略由 1990 年《行政委员会法》（the Executive Council Act）规定，在魁北克，由 1977 年《行政权力法》（the Executive Power Act）规定。

② 原文注：同样的规定包括在接纳不列颠哥伦比亚、爱德华王子岛和纽芬兰的每一个部门中。马尼托巴、阿尔伯塔和萨斯喀彻温的行政权力是通过创建这些省的成文法规定的。参见本法第 5 条的脚注。

③ 原文注：参见本法第 129 条的脚注。

职权时行使其行政职能。

第 68 条　省政府的首府

除非该省的政府没有在本省作出指示和直到作出指示为止，省政府的首府应该如下：即安大略省在多伦多城；魁北克在魁北克城；新斯科舍在哈利法克斯城；新布伦瑞克在弗雷德里克顿城。

立法权力

一、安　大　略

第 69 条　安大略立法机构

安大略的立法机构由省督和一院，即安大略立法大会组成。

第 70 条　选区

安大略立法大会应该由 82 名成员组成，由选举产生的根据本法附件一规定的 82 个选区的代表组成。①

二、魁　北　克

第 71 条　魁北克立法机构

魁北克立法机构由省督和两院组成，模式为魁北克立法委员会（the Legislative Council of Quebec）和魁北克立法大会（the Legislative Assembly of Quebec）。②

第 72 条　立法委员会的组成

魁北克立法委员会由省督以女王的名义通过加盖魁北克印玺的文件任命的 24 名成员组成，根据本宪法所称的下加拿大 24 个选区各委任 1 名成员，每一名成员终身任职，除非魁北克立法机构根据本法的规定另外作了规定。

第 73 条　立法委员的资格

魁北克立法委员会委员的资格和魁北克参议员的资格相同。

---

① 原文注：失效，现在通过《2005 年代表法》规定。
② 原文注：《有关魁北克立法委员会法》（1968 年）规定了魁北克立法机构应该由魁北克的省督和国民大会组成，废止了《1964 年立法法》关于魁北克立法委员会的规定。现在由《国民大会法》（National Assembly Act）所涵盖。因此下文的第 72—79 条规定现在完全失效。

第 74 条 辞职、丧失资格等

魁北克立法委员的位置空缺的情况加以必要的变通和参议员位置空缺的条件相同。

第 75 条 职位空缺

当因为辞职、死亡或其他情况在魁北克立法委员会发生职位空缺时，省督应当以女王的名义，通过加盖魁北克印玺的书面文件，委任合适的和有资格的人选填补空缺。

第 76 条 关于空缺的问题等

如果提出涉及魁北克立法委员会委员资格或者魁北克立法委员会的职位空缺的任何问题，都由立法委员会听证和决定。

第 77 条 立法委员会的议长

省督可以随时通过加盖魁北克印玺的书面文件任命 1 名魁北克立法委员会的委员为议长，也可以罢免他，另任命他人代替。

第 78 条 立法委员会的法定人数

除非魁北克立法机构另有规定，应该至少有 10 名立法委员出席会议，包括议长，才能形成能够行使权力的法定会议。

第 79 条 立法委员会的表决

提交魁北克立法委员会的问题应该通过多数表决，议长在所有问题中有一个投票权，当得票数相等时，反对方意见胜出。

第 80 条 魁北克立法大会的组成

魁北克立法大会应该由 65 名经选举代表本法所称的下加拿大 65 个选区的代表组成，且服从魁北克立法机构所做的更改；如果提交魁北克省督同意改变本法附件二提到的选区的限制的任何法案，则是不合法的，除非这一法案的第二和第三读已经在立法大会经代表所有选区的多数成员同意通过，省督不能赞同这个法案。① 除非书面呈文已经由立法大会呈递给宣布通过它的省督。

---

① 原文注：1970 年《关于选举地区法》（Act respecting electoral districts）规定本条不再有效。

三、安大略和魁北克

第 81 条 （废止）①

第 82 条 **立法大会的召集**

安大略和魁北克的省督应该随时以女王的名义通过加盖省印玺的书面文件召集本省的立法大会成员开会。

第 83 条 **官员职务选举的限制**

除非安大略或魁北克立法机构另有规定，通过省督指派，在安大略或魁北克公务机构、委员会或雇佣机构永久或临时任职的人，其年薪、酬金、津贴、报酬或任何其他种类的获利都是来自于本省的，该人没有资格作各自省的立法大会的成员；

但是本条的规定不等于其无资格成为各自省的任何行政委员会的成员，或执行下列职权，即，司法部长的职权、省书记官和注册官员、省财务大臣、皇室土地专员、农业和公共事务专员，以及魁北克首席司法长官，或者如果他被选举时已经在这些部门任职，则不能使他无资格在他被选举的议院拥有席位或投票。②

第 84 条 **现存选举法的继续生效**

除非安大略和魁北克的立法机构各自作了其他规定，在涉及下列问题时或其中之一的问题时，联邦所有的法律在这些省都是有效的，即：作为加拿大议会成员被选任或拥有席位或投票的人员的资格和无资格问题，投票者的资格和无资格问题，投票者的宣誓问题，选举监察人的权力和责任，选举的程序，选举能够继续的期间，有争议的选举的审判和适用的程序，成员席位的空缺，以及涉及非因解散而出现的空缺席位问题的新的令状的执行等问题，在安大略和魁北克的立法大会应该分别适用各自的成员选举法。

但是，如果安大略立法机构另有规定，在为阿尔戈马选区选举安大略立法大会成员的任何选举中，除了根据加拿大省法关于选举的规定之外，每一个年满 21 岁的拥有房产的不列颠男性臣民，有一个投票权。③

---

① 原文注：由《1893 年成文法修改法》废止。

② 原文注：可能失效。在安大略，本条的主旨现在包含在《1990 年立法大会法》在魁北克包含在《国民大会法》中。

③ 原文注：可能失效。在安大略，本条的主旨现在包含在《1990 年选举法》和《1990 年立法大会法》中，在魁北克包含在《选举法》和《国民大会法》中。

第85条　立法大会的任期

安大略的每一个立法大会和魁北克的每一个立法大会任期 4 年，从为选择立法大会的令状返回之日起计算，不能超过这个期限（然而，要服从省督提前解散安大略立法大会或魁北克立法大会的决定）。①

第86条　立法机构的年会

安大略和魁北克的立法机构的会期至少要每年一次，由此每省在立法机构的上一届会议和下一届第一次会议之间要有不间断的 12 个月。②

第87条　议长、法定人数等

本法关于加拿大下议院的下列规定应该延伸和适用于安大略和魁北克的立法大会，即：关于最初的议长的选举以及空缺、议长的缺席、法定人数、选举模式的规定，类似于那些原有的规定被重新制定和适用于其立法大会的规定一样。

四、新斯科舍和新布伦瑞克

第88条　新斯科舍和新布伦瑞克的立法机构的组成

根据本法的规定，新斯科舍和新布伦瑞克每一个省的立法机构的组成应该像在联邦里一样继续存在，直到根据本法由有权的机构改变为止。③

五、安大略、魁北克和新斯科舍

第89条　（废止）④

六、四个省

第90条　关于立法机关财政投票规定的适用

本法关于加拿大议会的下述规定，即：涉及拨款和税收的法案、财政法案的提议、法案的同意、决议的驳回以及对保留法案的同意签署，应该扩展和适

---

①　原文注：安大略和魁北克立法大会的最长任期已经改为 5 年。分别见《1990 年立法大会法》，以及《国民大会法》。也可参见《1982 年宪法法》第 4 条，其规定了立法大会的最长任期为 5 年，但是也授权在特殊情况下延长。

②　原文注：也可参见《1982 年宪法法》第 5 条，其规定每一个立法机构每十二个月要至少召开一届会议。

③　原文注：由《1893 年成文法修改法》部分废止并制定。

④　原文注：由《1893 年成文法修改法》废止。

用于这几个省的立法机构，视同这些规定被重新制定和适用于各自省份和其立法机构，在条文内容上，用省督替换总督，用总督替换女王和国务卿，用一年替换两年，以及用省替换加拿大。

第六章　立法权的分配

专属于省立法机构的权力

第92条　专属于省立法机构的项目

在每一省都有下面列出的专属于省立法机构制定法律的权力，即：

（一）（废止）①

（二）为省财政目的而收集的省内直接的税收；

（三）基于单独的省信用而借入的资金；

（四）省官员的设立和任期以及省官员的委任和薪酬金；

（五）属于省的公地以及其上木材和林木的管理和买卖；

（六）在省内以及省的监狱的设立、维持和管理；

（七）在省内或省的医院、精神病院、慈善以及接受施舍的机构（不包括海军医院）的设立、维持和管理；

（八）省地方政府机构；

（九）为省、地方或市政目的征集税收而特许的商场、酒吧、客栈、拍卖行以及其他特许行业；

（十）除了下列事项的地方事务：

1. 连接省和其他地区或者其他省的其他地区，或者扩展超出了省的范围的蒸汽机或其他轮船航线，火车，运河，电信以及其他业务；

2. 省和任何不列颠或外国之间的蒸汽轮船航线；

3. 尽管整体上位于省内，但在根据加拿大议会宣布其行政之前或之后是为了加拿大的普遍利益或为了两个或更多省的利益而存在的事项；

（十一）带有省项目的公司法人；

（十二）在省内的结婚仪式；

---

① 原文注：由《1982年宪法法》废止。

《1982宪法法》第45条现在授权立法机关制定修改各省宪法的法律的权力。该法的第38条、第41条、第42条和第43条授权立法机关通过决议同意对加拿大宪法相关内容的修改。

（十三）省内的财产和民权；

（十四）省内的司法事务，包括管辖民事和刑事司法的省法院的组成、维持以及组织，也包括在这些法院的民事事务的程序；

（十五）为实行有关本条列举的项目的省法律通过罚款、刑罚或者监禁征收的罚金；

（十六）一般意义上在省内属于地方或私人性质的所有问题。

不可再生的自然资源、森林资源以及电能

第 92 条之一

一、关于不可再生自然资源、森林资源和电能的法律

在每一个省，立法机构可以享有制定关于下列问题的法律的专有权：

（一）在省内对不可再生资源的勘探；

（二）省内不可再生资源和森林资源的开发、保护和管理，包括关于此种资源做成的原始产品的价格的法律；以及

（三）省内产生和生产电能的场地和设施的规划，保护和管理。

二、自然资源从省内输出

各省立法机关可以独自制定法律，规定从本省向加拿大的其他部分输出本省用不能更新的自然资源和林业资源做成的原始产品和本省产生电力能源设施的产品，但对于向加拿大的其他部分输出的供应品和价格，法律不得认可或者规定差别待遇。

三、议会的权力

第二款不能减损议会制定关于第二款所涉及的事项的法律的权力，当议会因此制定的法律和省法律冲突时，在冲突的地方适用议会制定的法律。

四、资源税

在每一省，立法机构可以制定通过任何模式或税收体制筹集关于下列事项的资金的法律：

（一）省内的不可再生自然资源和森林资源和用它们做成的原始产品；以及

（二）省内电能的发生和生产的场地和设施。

五、"原始产品"

"原始产品"表述的意思由附件六规定。

六、第一款到第五款的规定不能减损一个省的立法机构或政府在本条生效

以前既已取得的权力或权利。①

教　育

第 93 条　关于教育的立法

在省内或为了本省，每一个省的立法机构服从和按照下面的规定可以专享关于教育的立法权：

（一）这样的立法不能有损于教会学校的权利或利益，这些学校里面人群的分类已经通过联邦中的省内法律确定；

（二）联邦通过法律赋予的，以及在上加拿大通过法律施行的，关于分离的学校以及女王的罗马天主教臣民的学校管理委员会所有的权力、特权和义务应该继续并且同样延伸到女王的新教徒和罗马天主教臣民的异教者们的学校；

（三）当在任何省一系列分离或异教徒的学校根据联邦的法律存在或通过省的立法机构随后建立，这种诉请应该从有关教育的任何法或决定送交总督委员会，这些决定是省的权威机构作出的影响新教徒或女王臣民的罗马天主教少数人的决定；

（四）假使这些省的法律对总督委员会要求正确执行本条的规定来说不发生效用，或者假使总督委员会对本条规定的任何诉请的任何决定没有被代表一省的权威机构正确执行，那么在这样的情况下，根据每一种情况的要求，加拿大议会可以规定正确执行本条和根据本条作出有关总督委员会的决定的补充法律。②

第 93 条之一　魁北克

第 93 条第（一）项至第（四）项不适用于魁北克。③

---

① 原文注：本款由《1982 年宪法法》增加。

② 原文注：关于马尼托巴的规定的修改是由《1870 年马尼托巴法》第 22 条规定的（经由《1871 年宪法法》确认）。关于阿尔伯塔的修改是由《1905 年阿尔伯塔法》第 17 条规定的。关于萨斯喀彻温的修改是由《1905 年萨斯喀彻温法》第 17 条规定的。关于纽芬兰的修改是由《纽芬兰与加拿大联合条款》第 17 条规定的（经由《纽芬兰法》确认），并经《1998 宪法修正案》（《纽芬兰法案》）和《2001 年宪法修正案（纽芬兰和拉布拉多）》修改。（以上修改内容略）。也可见《1982 年宪法法》第 23 条、第 29 条和第 59 条。第 23 条规定了新的少数民族语言教育的权利，且第 59 条允许魁北克在这些权利生效方面可以延迟。第 29 条规定加拿大权利和自由宪章中的内容不能废除或减损由加拿大宪法保障的涉及教派的、分离的或者宗教少数派的学校的任何权利或特权。

③ 原文注：经由《1997 年宪法修正案（魁北克）》增加。

安大略、新斯科舍和新布伦瑞克的法律的统一

第 94 条　三个省统一法律的立法

尽管本法作了规定，加拿大议会可以规定在安大略省、新斯科舍省和新布伦瑞克省的所有或和财产、民权相关的法律的统一，以及三个省的法院和其他所有的程序的统一，从这方面的任何法案通过之后，加拿大议会制定的与在法案中提出的有关任何问题的法律的权力不受限制；但是加拿大议会规定这种统一的任何法案不应该影响任何省，除非和直到其被省内立法机构采纳和制定为法律。

老年人养老金

第 94 条之一　关于老年人的养老金和辅助福利的立法

加拿大议会可以制定关于老年人的养老金和辅助福利的法律，包括不考虑年龄的生还者和残疾人福利，但是这样的立法不能影响一省立法机构关于这样的事项的现有或未来法律的实施。①

农业和移民

第 95 条　关于农业立法的并行权力等

在每个省，立法机构可以制定关于本省农业的法律，以及向本省移民的法律；并且特此宣布加拿大议会可以随时制定关于在所有或任意省的有关农业的法律，以及有关向所有及任意省移民的法律；只要不与加拿大议会的任何法矛盾，省的立法机构制定的关于农业或移民的法律应该在省内和为了本省有效。

---

　　① 原文注：由《1964 年宪法法》修改。原来是由《1951 年不列颠北美法》制定，后经《1982 年宪法法》废止。

1787 年美利坚合众国宪法 [*]

第 4 条
第 1 款
各州对其他州的公共法令、记录和司法诉讼程序应给予完全的信任和尊重。国会可以通过一般法律规定此类法令、记录和司法诉讼程序的验证方法和效力。

第 2 款
每州公民应享受其他各州公民所有之一切特权及豁免权。

凡在任何一州被控犯有叛国罪、重罪或其他罪行的人于另一州被缉获时，该州应即依照该人所逃出之州的行政当局的请求，将其交出，以便押送到对该罪行有审理权的州。

凡根据一州之法律应在该州服兵役或服劳役者，逃往另一州时，不得根据逃往州的任何法律或规章解除该兵役或劳役，而应依照有权得到劳役或劳动的当事人的要求，将其交出。

第 3 款
国会可准许新州加入本联邦；但不得在任何其他州的管辖权之内组成或建立新州，亦不得未经有关州议会和国会同意合并两州或数州的部分地区建立新州。

国会有权处置并制定合众国领土或其他财产的一切必要规则和规章；对本宪法条文，不得作有损于合众国或任何特定州的任何权利的解释。

第 4 款
合众国应保障联邦各州实行共和政体，保护各州免受入侵，并应根据州议会或州行政长官（当州议会不能召集会议时）的请求平定内乱。

---

* 1787 年制宪会议通过，1789 年 3 月 4 日生效。

墨西哥合众国政治宪法[*]

第五编　墨西哥州和联邦特区

第 115 条（最新修订法令于 2009 年 8 月 24 日公布于官方公报上）

构成墨西哥合众国的各州应采取共和政体、代议制的和普遍形式的政府。各州应根据下列标准划分为市，作为政治和行政组织的基础：

（1）每一个市应由市议会管理，市议会根据法律规定由直接选举的一位市长和议员和社区代表构成。市议会应履行宪法赋予地区政府的权力。市议会和州政府之间无中间机构。

市长、议员和社区代表不可以在接下来的下一任期被选举。通过间接选举或任命的人履行所述职务相对应的职责，无论该职务名称是什么，不可以在接下来的下一任期被选举。现任市长、议员和社区代表不可以在接下来的下一任期被选举为替代者。但是替代者可以被立即选举为下一任期的现任者，除非其已经履行了相关职务的职责。

州立法机构可以通过其成员 2/3 多数决议暂停州议会、解除市议会或因法律规定的严重原因暂停或撤回任何其成员的权力，前提是州议会的成员有足够的机会提交证据和论据。

对空缺职位应任命替代者，法律另有规定的除外。

如果州立法机构解除市议会，或市议会成员多数辞职或绝对缺失，法律未允许替代者完成任期或组织选举，州立法机构应任命一些居民组成市议会完成任期。法律应规定该等市议会成员的数量。市议会的成员应符合议员相同的要求。

（2）市被授予合法地位，并应根据法律的规定管理其自己的财产。

州立法机构应制定法律授权市议会在其各自管辖范围内批准司法法令、政府条例、通知和行政命令。州立法机构也应授权市议会组织地方政府、规定公共程序、职能、事务和服务，及鼓励公民参与。

该等法律的目的应为明确：

---

* 1917 年 1 月 31 日由制宪会议制定，并于 1917 年 2 月 5 日公布于官方公报。

（a）地方公共行政和行政程序，包括法律补偿，及解决地方政府和私人之间可能出现的争议的机构的一般基础规定，应遵守法律、公开审判、听证和合法性的平等原则；

（b）需要市议会成员至少2/3同意宣布影响市议会财产的规则，起草和签署期限长于市议会期限的协议或法案；

（c）适用于本条第（3）和（4）项规定的协议和本宪法第116条第2段规定的协议的规范；

（d）州政府由于缺乏服务规定协议而执行地方职能或服务需要遵循的程序。在该等情况下，需要讨论市议会的实现请求，并由其成员至少2/3批准；

（e）适用于无条例的市的规定。

州立法机构应规定解决市议会和州政府之间，两个或两个以上市议会之间，由于（c）和（d）规定的法案引起的争议应遵循程序。

（3）市议会应负责下列职能和公共服务：

（a）饮用水、排水、排水系统、污水处理和清理；

（b）街道照明；

（c）垃圾清理、收集、运输、处理和最终清理；

（d）市政市场和批发市场；

（e）墓地；

（f）屠宰场；

（g）街道、公园和花园，以及其配套设施；

（h）根据本宪法第21条的规定，公共安全，以及地方警察；

（i）州立法机构根据市的区域、社会和经济条件以及市议会行政和财务资源规定的其他事项。

市议会应遵守联邦和州法律，前提是不会影响其职能或公共服务条款。

两个或两个以上市议会可以协调其行为和合作以促进公共服务和职能。为此目的，需要州立法机构批准。属于不同州的两个或两个以上市议会要合作，需要其各自立法机构的批准。同样，市议会和各自的州可以制作和签署协议以授权州直接或通过适当的机构暂时负责一个或多个公共服务。市议会和各自的州也可以同意以协调的方式提供公共服务。

属于同一市的本地社区也可以根据法律的规定和为此目的协调其行为并进行合作。

（4）市议会应自由管理其财产和资产，该财产和资产包括其财产产生的收益，以及税收和州立法机构授权的其他收益。市议会的资产应包括：

（a）财产税和财产分散、分割、合并、改进和转让的税，以及任何其他不动产价值改变产生的税；市议会可以与州制作和签署协议授权州政府负责有关地方税收管理的一些职能；

（b）州立法机构每年授权的联邦献金，并详细规定其条件、数额和期限；

（c）公共服务产生的收益。

联邦法律不得限制州立法机构确定（a）和（c）规定的公共服务的税收和价格的权力。联邦法律不得授权税务豁免。州法律不得授权税务豁免或任何人或机构利益的津贴。

仅属于联邦、州和地方政府的财产可以免除税收，前提是该等财产不是被半公开或私人实体为不同于公共用途的目的使用。

市议会应向州立法机构提交其征收、费用、费率、税收和财产价值明细的建议，作为确定财产税收的基础。

州立法机构应批准市议会税法和审查其政府账目。费用预算应由市议会以适用的税收为基础批准。费用预算应根据本宪法第127条的规定，包括地方公务员薪水的详细信息。

构成市财库的资源应由市议会或其根据法律规定授权的机构直接申请。

（5）根据适用的联邦和州法律规定的条款，市议会应有权：

（a）计划、批准和管理城市化和城市发展；

（b）参与建立和管理其自己的区域储备；

（c）参与地区发展规划。联邦和州政府应要求市议会参与地区发展规划；

（d）授权、控制和监督其区域范围内和管辖范围内的土地使用；

（e）介入城市土地所有制的合法化；

（f）授予建设许可；

（g）参与建立和管理自然储备和有关该主题的发展和适用；

（h）介入公共运输规划的发展和执行，前提是该规划作用于市议会区域；

（i）制作和签署协议管理和保护联邦区域。

市议会应有权根据本宪法第27条第3段规定的目的，发布适用的行政法规和履行其职责所必要的规定。

（6）位于两个或两个以上不同市或州的两个或两个以上棚户区倾向于成立一个独立的城市聚落，涉及的联邦、州和地方政府应合作管理该城市聚落的发展，遵守适用的联邦法律。

（7）地方警察应根据州公共安全法案规定的条款听从州长命令。地方警察应遵守州长在发生不可抗力或公共秩序严重骚乱时发布的命令。

合众国总统应指挥其定期或暂时所属地的公共力量。

（8）州法律应在选举市议会成员中适用代表比例制原则。市议会和其雇员之间的劳动关系应由适用的州法律指导，符合本宪法第123条和州法律的规定。

（9）（已废止）

（10）（已废止）

第116条（最新修订法令于2009年8月24日公布于官方公报上）

州的公共权力应分为三个分支：行政、立法和司法。该等权力中的两个或两个以上权力不得统一于一个单独的个人或机构，立法机构也不得授权给一个单独的个人。

州的公共机构应符合州宪法，并符合下列条款：

（1）州长任期应为6年。

州长和州代表应根据适用的选举法的规定由直接投票选举。

现任州长不得再次被选举，即使其是州机构的暂时、临时或替代者或秘书。

下列公务员在后续任期不可以再被选举：

（a）州长的替代者或由于现任州长的绝对缺失而被任命的完成剩余任期的人，即使该职位具有不同的名称；

（b）在暂时缺失期间，暂时州长、临时州长或被任命替代州长的人，该缺失在州长任期的最后两年内发生。

成为州长，应满足下列条件：（a）出生即为墨西哥公民；（b）各州的本地人或选举之日前在该州居住不少于5年；（c）选举之日至少30岁。州宪法可以规定较年轻的州长。

（2）州议会的代表的数量应与居民数量成比例。代表的最少数量应为7人，即使州的人口少于40万。人口为40万和80万人的州应具有9位代表。具有超过80万人口的州应具有最少11位代表。

州代表不可以在后续任期被再次选举。替代代表可以在后续任期被选举为现任代表，前提是其没有职务。但是，现任代表不得在后续任期被选举为替代者。

州代表应根据多数投票原则和比例代表制原则选举，遵守州法律规定的条件。

州立法机构应批准年度花费预算。公务员的薪水应符合本宪法第127条的规定。

州立法、行政和司法机构，以及州宪法认可的自治实体，应在其花费预算建议中包括其雇员薪水的详细信息。该等建议应符合州宪法规定的程序，以及适用的州法律。

州立法机构应具有审计机构，该机构根据法律规定具有有关技术和管理事项的自治性，以及内部组织、职能和决定的自治性。审计职能应以后验性、年金、合法性、公正性和可靠性原则行使。

州审计机构的负责人应由州众议院出席代表的 2/3 代表任命。州审计机构的负责人应被任命服务期限不少于 7 年时间。其应具有控制、财务审计和债务事项方面的 5 年经验。

（3）州司法权力应由法院根据州立法的规定履行。

裁判官和法官履行职务的独立性必须由州立法和州组织法保障，应规定州司法机构的雇员遵守许可、培训和任职的要求。

地方裁判官应符合本宪法第 95 条第（1）到（5）项规定的要求。州长或类似职位者、州总检察长或州众议院代表的人员在任命日之前的年度里不可以为裁判官。

裁判官和法官应优先为司法职业高效、诚实的人，或由于其名誉、能力和司法职业应获得该职位的人。

裁判官的任期应由州法律明确。其可以被再次选举产生，仅因根据州宪法和州公共服务责任法案的规定解除其职务。

裁判官和法官应获得足够报酬，该报酬不可协商亦不得减少。

（4）州宪法和州选举法应保证：

（a）州长、地方选举机构成员和市议会成员选举应通过普遍、自由、秘密和直接选举产生，选举应在各自年份 7 月第一个星期日进行；该规定不适用于其选举与联邦选举同一年但不同日发生的州；

（b）选举机构的工作应符合确定、公正、独立、合法和客观原则；

（c）负责组织选举和解决选举争议的机构履行职能时是自治的，并独立作出决定；

（d）州选举机构有权力与联邦选举机构制作和签署协议，以便该实体组织地方选举；

（e）政党仅由公民构成，不受工会或其他组织干涉，且政党不附属于任何机构；州宪法和州选举法也应保障政党有权注册候选人，本宪法第 2 条第 1 部分第（3）和（7）项的规定除外；

（f）选举机构仅应根据选举法的规定干涉政党内部事务；

（g）政党为其长久日常行为和选举行为以公平的方式接受公共资金。州宪法和州选举法也应规定安置丧失注册的政党的程序，并应决定其财产和余额；

（h）州宪法和州选举法应明确政党在预备阶段和活动期间花费的限制，以及支持者所作的捐款。该捐款的总额不得超过法律许可的州长活动费用的

10%。州捐款和州选举法也应规定控制和监督政党资源来源和使用的程序，并应明确适用违反者的惩罚；

（i）政党可以根据本宪法第 41 条第（3）项中的 B 部分规定的规则利用无线和电视上的广播或电视时间；

（j）州宪法和州选举法应规定筹备和选举活动，并应规定对违反者的适当惩罚；州长的竞选持续不得超过 90 日，州代表和市议会代表的竞选持续不得超过 60 日；筹备持续不得超过竞选期间的 2/3；

（k）建立强制基础以便根据本宪法第 41 条第（5）项的最后两段的规定协调联邦选举机构和选举机构政党的财务审查；

（l）建立法律补偿制度以保障选举行为和裁决的合法性；州立法和州选举法律应规定公正并完全重新计算选票的条件和规则；

（m）应对州长、州代表和市议会成员的当选无效进行规定，如提出无效的救济需要的适当时间等，应当考虑选举程序中各阶段准确定义的原则；

（n）对选举过程中犯罪予以界定，对其中的疏忽予以明确，并施以制裁。

（5）州宪法和法律可以指定行政问题法院，授予其进行裁决的完全自治权，其有义务处理州政府和私人当事人之间可能产生的争议。州宪法和法律应规定该等法院组织和职能的标准，以及其裁决的法律补偿和程序。

（6）州政府和其雇员之间的劳动关系应由州立法机构通过的法律规定，以本宪法第 123 条和州法规为基础。

（7）联邦政府和州政府可以协商在其之间转移一些职能、公共服务或工作执行，当其对国家的经济和社会发展是必要的。

州政府和市议会可以制作和签署协议以提供前段规定的公共服务或履行职能。

第 117 条（最新修订法令于 1981 年 4 月 21 日公布于官方公报上）

在任何情况下，州不得：

（1）结束联盟或结盟，或与任何其他州或外国政府签署条约。

（2）（已废止）

（3）铸造货币或发行货币、邮票或邮戳纸。

（4）征收路过其区域的人或货物的公路税。

（5）直接或间接阻碍外国商品的进口或出口，或对其征税。

（6）征收国内外产品流通和消费税，根据当地习俗征收税或费，或检查或登记包装，或要求其附有文件。

（7）制定或维持现行财政法规中对于国内外产品的税收和标准不一样的规定，无论该等不同存在于相似的当地产品或不同来源的相似产品。

（8）直接或间接与国外政府、国外协会或国外私人订立和签署盟约或贷款协议，或该等盟约或贷款协议使用外国货币支付或在国外支付。州、市议会、分散的机构和公共公司可以仅当该等资源要分配给生产性公共项目时，订立和签署盟约或贷款协议。州立法机构应包括拟支持的项目和该盟约和贷款协议的金额包含在了年度预算里的项目。负责执行的机构在提交其公共账户时应告知该等资源的使用。

（9）在烟叶生产、储存或销售上征收联邦国会授权税收不同的税。

联邦国会和州立法机构应制定法律反对酗酒。

第 118 条

无联邦国会的同意，各州不得：

（1）建立吨位税或任何其他港口税，或征收进口或出口税。

（2）具有常设部队或军舰。

（3）宣布对外国的战争，侵略或紧急危险除外。在该等情况下，州应立即通知合众国总统。

第 119 条（最新修订法令于 1993 年 10 月 25 日公布于国家公报上）

联邦有义务保护州不受外国侵略或暴力。如果暴动或国内社会动荡，应立法机构的请求，或立法机构休会期间，应州长的请求，联邦必须平等保护各州。

每个州和联邦特区有义务不延迟地交付另一州要求的有嫌疑的、起诉的或定罪的人，以及征收和交付犯罪中使用的物品和工具以及利益。该等义务通过各自的司法部遵守，遵守州订立的合作协议规定的条件。为此目的，各州和联邦特区可以与联邦政府通过总检察长订立和签署合作协议。

其他国家要求引渡的，由合众国总统进行，司法机构根据本宪法、适用的国际条约和成文法的规定介入。在该等情况下，法官要求遵守引渡要求的命令应使得被请求人被拘留不超过 60 日。

第 120 条

各州州长有义务出版和遵守联邦法律。

第 121 条

联邦每个州应赋予另一个州的法案、注册和司法程序以完全的信任和信赖。联邦国会通过普通法建立提供该等法案、注册和司法程序和其效果的方式，并符合以下基础：

（1）州的法律仅在其区域内具有效力，因此在区域外不具有效力。

（2）个人财产和不动产应符合适用于其所在地的当地法律。

（3）州法院通过的位于另一个州的财产的财产权的判决仅可以在另一个

州也如此规定时才能在另一个州执行。

个人权利的判决仅当被判决人已经明确或基于住所所在地服从公布该判决的法院的管辖权时，可以在另一个州执行，前提是该人已经被传唤出席在法庭上。

（4）有关婚姻状况的法案，根据一个州的法律执行的法案，在其他州也有效。

（5）一个州政府发布的大学学位，根据法律的规定在其他州应有效。

第 122 条（最新修订法令于 2010 年 4 月 27 日公布于官方公报上）

联邦特区的法律性质由本宪法第 44 条规定。联邦特区政府由联邦权力机构授权，连同行政、立法和司法机构，遵守本条的规定。

联邦特区的地方机构为：立法会议、联邦特区政府主管和最高法院。

联邦特区的立法会议应由根据相对多数原则和比例代表制原则，并遵循本宪法和政府法规定的程序选出的一些代表构成。

联邦特区政府的主管应履行行政权，并应对实体的公共行政负责。联邦特区政府的主管应授予一个独立的个人，该个人通过普遍、自由、直接和秘密选出。

最高法院和联邦特区司法委员会，以及政府法规定的其他机构应履行有关联邦特区普通法规定的司法职能。

联邦权力机构和联邦特区地方机构之间管辖地区的分配应符合下列规定：

1. 属于联邦国会的：

（1）有关联邦特区的立法，明确授予立法会议的事务除外。

（2）为联邦特区发布政府法。

（3）制定调整联邦特区公共债务的法律。

（4）发布保障联邦权力机构适当、及时和高效职能的一般规定。

（5）本宪法授予的其他权力。

2. 属于合众国总统的：

（1）向联邦国会建议有关联邦特区的法律。

（2）向参议院建议在联邦特区政府主管离职时应替代他的人员。

（3）每年向联邦国会提交其债务建议，以资助联邦特区费用预算，该债务建议以联邦特区政府主管提交给其的建议为基础，并应符合法律规定的要求。

（4）支持联邦国会颁布的有关联邦特区的行政法。

（5）本宪法、政府法和法律授予的其他权力。

3. 联邦特区政府法应符合下列基础：

第一基础：有关立法会议。

（1）立法会议的成员应根据法律规定通过普遍、自由、直接和秘密选举产生，每3年选一次。立法会议应考虑本宪法第41条、第60条和第99条的规定组织选举，发布多数证书并接受对选举事项的法律补偿。

（2）议会代表的资格不得少于联邦代表所要求的资格。本宪法第51、59、61、62、64条和第77条第（4）项涉及兼容性的规定应适用于立法会议和其成员。

（3）获得最大量多数证书和联邦特区票数至少30%的政党应按比例代表制获得足够数量的代表以获得议会中的绝对多数。

（4）立法会议应确定每年两个常规期间会议的开始时间，并应规定在其休会期间组成履行职责的政府内部机构的程序，以及该内部机构的归属。政府内部机构可以基于其成员多数或联邦特区政府主管的请求召集特别期间会议。

（5）立法会议根据政府法规应具有下列权力：

（a）发布其自己的组织法并把该法送至联邦特区政府主管予以公布；

（b）审查、讨论、批准年度花费预算和联邦特区财政法，首先批准符合预算的必要的出资；该预算应包括公务员根据本宪法第127条规定的薪水；

联邦特区所有立法、行政和司法机构，以及联邦特区政府法规定的自治机构应在其花费预算建议中包括雇员薪水；联邦特区政府法和适用的法律应规定批准联邦特区花费预算的程序；

联邦收入法不能包括高于联邦国会之前为该实体花费预算融资而批准的债务；

只有联邦特区政府主管可以提交收入法和花费预算；提交前述资料的期限结束于11月30日，联邦特区政府主管选举年除外，该年的期限为12月20日；

立法会议应每年向联邦特区政府主管提交其预算建议，以便将其包括在总建议中；

本宪法第115条第（4）项（c）第2段的规定应适用于联邦特区财政与其性质一致的所有事项和政府组织体系；

（c）根据本宪法第74条第（6）项规定适用的标准，通过其审计机构，审查前一年度的政府公共账户；

前一年政府账户应在6月的第一个10日提交至立法会议；该期限仅当联邦特区政府主管足以证明其正当时可以延长；该理由同样适用收入法和花费预算提交的延长；

联邦特区审计机构的主管应由立法会议出席成员的2/3多数选举产生；其

任期应为7年，并应具有5年控制、财务审计和负债事项的经验；

（d）因绝对缺失任命联邦特区政府主管的替代者；

（e）发布组织联邦特区公库、预算、记账和政府开支所需的法律规定，以及组织审计机构，授权其履行职能的技术和运营商自治性的法律，和决定其内部组织、职能和决议的规定。审计机构应根据后验性、年金、合法性、公正性和可靠性原则履行审计职能；

（f）发布保障联邦特区通过普遍、自由、秘密和直接选举，并根据政府法规定的基础，遵守本宪法第116条第（4）项（b）到（n）规定的原则和规则，进行自由而真正的选举所需要的规定；（j）和（m）对州长、地方代表和市议会的规定应分别适用于联邦特区政府主管、立法会议成员和地区主管；

（g）对地方行政及其内部组织和内部管理程序立法；

（h）规范人权委员会和民事和刑事事项，以及如公民参与、防御服务、公证和土地和商业注册的其他事项立法；

（i）为群众防护、适用于警察机构和政府雇员的惩罚、私人公司提供的安全服务、预防和重新调整、公共健康和社会工作，以及社会安全而设立标准；

（j）为发展规划事项；城市发展，特别是土地利用；环境保护；房屋；建设；公共道路；交通和停车；并购和市政工程；以及联邦资源开发和使用而进行立法；

（k）市政工程制定规定和合同；公共服务立法；公共运输事项立法；公共运输、清洁服务、旅游和住宿、市场、屠宰场、批发市场和墓地立法；

（l）发布根据本宪法第3条第（8）项的规定，为经济发展、劳动保护、农业和畜业发展、商业机构、动物保护、公映、文化、市民和体育发展，以及社会教育的立法；

（m）制定联邦特区管辖范围内负责一般事务的法院组织法，应明确其公务员的责任；

（n）制定联邦特区行政诉讼法院的组织法；

（o）向国会提交有关联邦特区事务的议案；

（p）本宪法明确赋予的其他权力。

第二基础：有关联邦特区政府主管。

（1）联邦特区政府主管任期应为6年，从选举根据选举法的规定进行的次年的12月5日开始。

为确保联邦特区政府主管合格，应满足政府法规定的要求，包括：（a）出生即为墨西哥公民，并具有行使权利的权利能力；（b）如果其在联邦特区出生，在选举之日前已经在联邦特区居住3年；（c）如果在另一实体出生，则在选举之日前已经连续在联邦特区居住 5 年；（d）选举之日至少 30 岁；（e）之前未被联邦特区政府主管进行任何性质的解聘。居住不因在另一州联邦公共职责的卸任而受中断。

如果联邦特区政府主管被免职，参议院应任命替代者完成其使命。该替代者必须由合众国总统建议。如果联邦特区政府主管暂时缺失，职务应授予政府法规定的公务员。如果因辞职或任何其他原因绝对缺失，立法会议应任命替代者完成其任期。联邦特区政府主管的辞职仅因严重原因才能被接受。政府法应规定该职务的离开。

（2）联邦特区政府主管应具有下列权力和义务：

（a）遵守并执行适用联邦特区的行政法，其由联邦国会制定；

（b）通过、公布并执行立法会议通过发布法规、法令和盟约的形式发布的行政法；联邦特区政府主管在 10 日内对立法会议提交的待颁布的法律进行评论；如果附有评论的项目由出席代表的 2/3 多数确认，则联邦特区政府主管必须颁布；

（c）向立法会议提交议案；

（d）自由任命和免职属于地方执行机构的公务员，该任命或免职不能由本宪法或适用的法律通过不同的方式预测；

（e）根据政府法规定管理公共安全服务；

（f）本宪法、政府法和法律赋予的其他权力和责任。

第三基础：有关联邦特区地方公共管理组织。

（1）政府法应在中央机构和地方机构分配属性。

（2）政府法应规定联邦特区的每一临区的政治管理机构。也应明确：执行联邦特区区域划分的标准；每一政治管理机构的设立方式及其职能；该等政治管理机构和联邦特区政府主管之间的关系。政治管理机构的负责人应根据法律由普遍、自由、秘密和直接的方式选举产生。

第四基础：有关联邦特区最高法院和其他司法机构负责公共事务。

（1）构成联邦特区最高法院的裁判官应符合国家最高法院法官的同样条件。除此之外，其在司法事务中具有专业经验，最好是在联邦特区。联邦特区最高法院应具有适用的组织法规定的裁判官数量。

如果缺失，联邦特区政府主管应向立法会议提交建议以供批准。裁判官的任期应为 6 年。其可以由立法会议批准，如果这样，其仅在本宪法第四编规定的情况下予以免除职务。

（2）联邦特区司法委员会负责最高法院、初审法院和其他司法机构的行政、监督和纪律，联邦特区司法委员会应由 7 位成员构成：联邦特区最高法院的院长，并由其主持；由最高法院在全体会议的会议上 2/3 成员选举的 1 位裁判官和 2 位法官；联邦特区政府主管任命的 1 位顾问；和立法会议任命的 2 位顾问。顾问必须满足与裁判官同样的要求。他们应具有专业和行政管理经验，并应诚实和受人尊重。最高法院任命的顾问应在司法领域具有经验。顾问的任期为 5 年，其应以错开的方式替代。顾问可以被再次任命。

联邦特区司法委员会应根据调整司法职业的规定任命联邦特区的法官。司法委员会也应明确构成联邦特区司法机构的法院和最高法院法庭的数量及规范。

（3）联邦特区司法委员会的责任和运营标准应根据本宪法第 100 条的规定确定。

（4）组织法应规定向公务员提供培训和提升能力，以及司法职业发展的规则。

（5）本宪法第 101 条规定的妨碍和惩罚应适用于顾问、裁判官和法官。

（6）联邦特区司法委员会应编制联邦特区法院预算，并应向联邦特区政府的主管提交该预算，以便将其包含在递交给立法会议的总预算中。

第五基础：应具有行政诉讼法院，具有解决私人机构和联邦特区政府之间的争议的完全自治权。

行政诉讼法院应具有组织法，规定其设立和属性。

4. 联邦特区公诉服务的主管应为联邦特区总检察长，根据政府法规定的条件选举。政府法和适用的组织法应规定联邦特区公诉服务的组织、权力和操作。

5. 本宪法第 115 条第（7）项的规定应适用于合众国总统。直接负责公共安全的公务员的任命和免职应根据政府法规定的条款作出。

6. 参议院、常设委员会可以因严重影响其与联邦权力机构之间的关系，或严重影响联邦特区公共命令的原因提起免除联邦特区政府主管职务的请求。免职请求必须由参议院或常设委员会一半的成员提起。

7. 联邦特区郊区市议会可以与联邦特区政府和联邦政府订立和签署协议，以设立大城市委员会，根据本宪法第 115 条第（6）项的规定，协调有关人类居住、环境保护、生态平衡保护和恢复、运输、饮用水、排水、垃圾收集、固体废物的处置和清理，及公共安全的规划和执行。

委员会将根据参与者的双方协议设立。设立文件应规定其整合程序、结构和职能。

通过委员会，应规定：

（a）在委员会内部订立和签署协议的基础；该协议应明确每一项市政工程

的市议会的管辖范围和职能、公共服务的提供或本部分第 1 段规定的行为；

（b）确定委员会成员特殊职能，以及物质、人员和财务资源的捐献基础；

（c）其他郊区发展的相互和协调规定、公共服务规定和执行机构批准的其他行为。

8. 本宪法规定的对州的禁止和限制应适用于联邦特区机构。

萨尔瓦多共和国宪法[*]

第六章　地方政府

第一节　政府行政制度

第 200 条　基于政治管理的目的，共和国领土划分为若干行政区。行政区的数目与边界应由法律规定。每一行政区设 1 位首长和 1 位首长代理人，他们由行政机关任命，职权由法律规定。

第 201 条　行政区首长候选人应具备以下条件：必须为萨尔瓦多公民，非宗教人士，年满 25 岁，在任命前行使公民权利已满 3 年，品行端正且受过良好教育，且为该行政区本地人或与本行政区毗邻行政区公民。如系后一种情况，则在任命前必须已在该行政区居住满 2 年。

第二节　自治市

第 202 条　为便于地方政府管理，将行政区划分为若干自治市，由 1 位市长、1 位地方行政长官以及根据人口比例任命的 2 名或 2 名以上市政参事组成的市政委员会管理。

市政委员会成员必须年满 21 岁，且为该自治市本地人或毗邻自治市人；任期 3 年，每 3 年选举一次，可连选连任，其他条件由法律规定。

第 203 条　市政委员会行使经济、技术与行政职能时享有自主权，受自治市法典约束。自治市法典规定自治权限组织、运作与行使的一般原则。

---

*　1983 年 12 月 16 日官方公报公布，1983 年 12 月 20 日生效。

在国家或地方发展规划中，市政委员会有义务与其他公共机构合作。

第 204 条 市政委员会自治权限包括：

1. 为在法定期限内实施某项具体工作，课征、变更或废止公共税捐。一旦税捐获得市政委员会批准，特定文件应在政府公报公布，公布 8 日后生效。

2. 公告其收支预算。

3. 自主管理权限内的事项。

4. 任免隶属的任何公务员或雇员。

5. 制定地方条例和规则。

6. 制定和修改税率并建议立法议会立法。

第 205 条 法律或权力机关不得免除地方税捐。

第 206 条 地方发展计划需经市政委员会批准，且国家机构就自治市的发展应与自治市合作。

第 207 条 自治市财政不得集中纳入国家财政，仅能用于自治市公共机构或为自治市利益服务。

为合作完成涉及两个或两个以上自治市共同利益的工程或服务，自治市之间可以缔结合作协议。

为保障自治市社会发展和经济自主权，应设立自治市经济与社会发展基金。基金数额与使用机制由法律规定。

市政委员会管理自治市财政资金，并向共和国审计法院提交有关财政管理的详细书面报告。

共和国审计法院根据法律稽核预算执行。

1983 年圣克里斯托弗和尼维斯联邦宪法法令 *

第十章　尼维斯岛

第 100 条　尼维斯岛立法机关

应设立尼维斯岛立法机关，称为尼维斯岛立法机关并由女王陛下和尼维斯

---

* 英国枢密院 1983 年 6 月 22 日颁布，1983 年 6 月 23 日生效。

岛议会组成。

第 101 条　尼维斯岛议会

一、尼维斯岛议会由下列人员组成：

（一）若干名经选举产生的议员，其人数同受制于第 104 条第一款和第 50 条规定的选民区数一致；

（二）3 名或 3 名以上的任命议员（其人数不得超过当选议员的 2/3），具体人数由尼维斯岛立法机关规定。

二、提名的议员：

（一）由总督按照议会中反对党领袖的意见任命 1/3；

（二）其他由总督按照尼维斯岛总理的意见任命。

三、在不损害第 27 条、第 28 条及根据第 104 条第一款所作的修正的情况下，如果某人在尼维斯岛举行众议员选举时无权参加选举，则没有资格被选举为议员。

四、为了第 29 条第二款的宗旨及根据第 104 条第一款所作的修正，议会制定的有关议会议员选举的条文规定是指有资格参加议员选举投票者也有资格参加尼维斯岛议员的选举投票。

五、如果被选举为议会主席者不是议会议员，则由于其担任主席职务而成为议会议员。

六、任何知道或应当知道其没资格参加议会或在议会投票者，因其参加议会或在议会投票则构成犯罪，其要为以上行为每日支付不超过 100 元的罚款，或按照尼维斯岛立法机关规定的其他数额的罚款。

七、只能由刑事检控专员按照第六款规定到高等法院提出罪行起诉。

八、第二款中"1/3"是指当任命的议员总数不是 3 的倍数时，要按照总数的下一个 3 的倍数来计算。

第 102 条　尼维斯岛行政机关

一、设立尼维斯岛行政机关，由下列人员组成：

（一）总理 1 名；

（二）另外 2 名委员，或者不少于 2 名又不多于尼维斯岛立法机关规定的数目的委员，这些委员均由总督任命。

二、根据本人的审慎判断，由总督任命 1 名在其看来有可能取得议会当选议员大多数支持的当选议员为尼维斯总理。

三、按照尼维斯总理的意见，总督从其他议会议员中任命行政机关的其他成员。

四、如果某位行政机构委员不在圣克里斯托弗和尼维斯，或由于任何原因不能履行其委员职责，按照尼维斯总理的意见，由总督任命另一位议会议员为行政机构临时委员或终止此任命。

五、行政机关的职能是，向总督提出尼维斯岛行政管理的建议，同时根据行政机关以及行政机关任何委员在行使其通常职权时的一切作为，由行政机关集体对议会负责。

六、第五款不适用于下列情况：

（一）依照第 54 条以及适用第 104 条第四款的修正，转让职责给任何行政机关委员，或者在尼维斯总理缺席或生病期间授予另一位行政机关委员行使尼维斯总理的职权；

（二）解散尼维斯岛立法机关；

（三）本宪法第 66 条涉及的事项（有关赦免权问题）；

（四）任何关于尼维斯岛立法机关无权为尼维斯岛制定法律的事项。

第 103 条　制定法律的权力

一、根据本宪法的规定，尼维斯岛立法机关为了和平、秩序及对尼维斯岛的良好行政管理对特定事项制定的法律称作条例。

二、尼维斯岛立法机关制定的任何法律可以包括针对不是特定事项的附带和补充规定的某一事项。但是如果这些规定与议会通过的法律规定之间有任何不一致，以议会通过的法律为准。

第 104 条　关于修改的规定

一、第 27 条、第 28 条、第 29 条、第 31 条、第 32 条、第 34 条、第 35 条、第 36 条、第 39 条、第 40 条、第 41 条、第 42 条、第 43 条、第 44 条、第 45 条、第 46 条、第 47 条、第 48 条、第 49 条、第 50 条、第 56 条第三款、第 58 条、第 78 条第五款、第 88 条第五款以及第 117 条第一款和第二款以及附件二，适用于国民议会，也同时适用于尼维斯议会，并为了实现此宗旨，在下列情况下有效：

（一）有关国民议会的内容的规定（不包括第 49 条第一款但书中的内容）适用于尼维斯议会；

（二）有关众议院议员或参议院议员（不包括第 28 条第一款和第二款有关众议院议员的内容）适用于尼维斯议会当选议员，或其任命议员；

（三）有关选区内容适用于尼维斯选区；

（四）有关政府、国家总理或其他部长，反对党领袖或议长的内容适用于尼维斯行政机关、总理、议会中反对党领袖或议会主席；

（五）有关统一基金或其他任何圣克里斯托弗和尼维斯政府公共基金的内容适用于尼维斯岛统一基金或行政机关其他任何公共基金；

（六）有关副议长或议会秘书的内容被删除；

（七）第 28 条第五款第（一）项有关议会当选委员或任命委员、行政机关适用于尼维斯众议院议员、参议院议员、部长或议会秘书；

（八）第 29 条第二款有关在圣克里斯托弗和尼维斯居住的内容适用于在尼维斯岛居住的内容；

（九）第 31 条中涉及第 30 条的内容适用于第 101 条第二款、第 31 条第三款第（四）项被删除，第 41 条中有关第 19 条第八款和第 37 条第六款的内容被删除，以及该条涉及第 38 条第二款的内容适用于第 113 条第二款的内容；

（十）第 31 条、第 32 条、第 42 条、第 46 条、第 47 条、第 48 条涉及议会的内容适用于尼维斯岛立法机关，并且第 46 条、第 49 条、第 50 条涉及圣克里斯托弗和尼维斯的内容适用于尼维斯岛；

（十一）细则一、细则二的第（一）项从附件二中删除，细则一被下述细则所代替：

"在尼维斯岛设立不少于 5 个选区"。

二、议会制定涉及第 45 条的任何条文适用于国民议会及其议员、官员和委员会，同样也适用于尼维斯议会及其议员、官员和委员会。

三、根据第 47 条，并适用本条第一款的修正，尼维斯总理在建议总督解散议会之前，要同国家总理协商。

四、适用于尼维斯内阁的第 52 条（不包括第一、二、三、四款）、第 54 条、第 55 条、第 57 条、第 60 条、第 61 条和第 62 条，也同样适用于行政机关，为此宗旨，这些条文及附件四第三部分在下列情况下有效：

（一）涉及国家总理的内容适用于尼维斯总理；

（二）涉及部长的内容适用于尼维斯行政机关成员；

（三）涉及政府或内阁的内容适用于尼维斯政府；

（四）涉及议会或国民议会的内容适用于尼维斯岛立法机关或其议会。

第 105 条　总督职能的行使

一、总督在行使本条所赋予的职权时要按行政机关或某一行政机关的成员依其通常权力提出的意见行事，但本宪法要求总督按照行政机关之外的任何人或机构的意见或建议行事时除外。

二、本条适用于总督的有关尼维斯岛的特定事项的行政管理职能，但是不包括他被授予的下列职能：

（一）根据第 43 条、第 46 条、第 48 条之外的其他宪法规定，并适用第 104 条的修正规定；

（二）议会通过的在尼维斯岛有效的、关系到任何特定事项的任何法律。

第 106 条　行政机构的责任

一、尼维斯行政机构对尼维斯岛的行政管理负有全责，在下列事项上遵循有关法律的规定：

（一）飞行场和海港；

（二）教育；

（三）采矿和矿产的加工；

（四）渔业；

（五）卫生和福利；

（六）劳务；

（七）王室所有的及明确适合政府需要的土地和建筑；

（八）圣克里斯托弗和尼维斯进出口的许可。

二、第一款：

（一）不影响法律赋予总督或部长的权力的行使；

（二）不授权行政机构采取行动，此行动同国家总理通过书面向尼维斯总理表明的政府总政策的不一致，或者此行动关系到国家总理用同样形式表明的其认为没有国家总理的同意会涉及具有全国性的利害问题。

三、如果尼维斯岛的土地政府需要使用，行政机构或是提供王室所有的、可利用的合适土地，或是提供其他可利用的合适土地；政府负责给任何利益受到不利影响的个人以适当补偿，并且向行政机构给予适当补偿，为挪动属于行政机构已经支付或征用的土地上的任何建筑或其他财产。

四、第一款的任何内容不得被解释为排除立法机构授予行政机构其他职责的权力。

第 107 条　公共安全和公共秩序

一、就维持和保证尼维斯岛的公共安全和秩序尼维斯总理对以下人员作出必要的一般的指示：

（一）驻尼维斯岛警方的高级官员；

（二）驻尼维斯岛的圣克里斯托弗和尼维斯任何武装部队的高级官员；

按照第二款，该官员要遵照这些一般性的指示行事。

二、第一款的任何内容不排除国家总理就维持和保证圣克里斯托弗和尼维斯的公共安全和秩序，给予警察总长或任何圣克里斯托弗和尼维斯武装部队指挥官的一般指示权。如果国家总理的指示同按照第一款所作的指示不一致，则有关官员遵照国家的指示行事。

第 108 条　财政

一、所有收入项目或其他由行政机构筹措或接受的款项（不包括按照某些法律应付给为某个特定项目建立的行政机构其他基金的收入项目或其他款项）应该纳入并形成尼维斯岛统一基金（在本条下文中称作基金）。

二、适用于政府的第 70 条、第 71 条、第 72 条、第 73 条、第 75 条和第 76 条，同样也适用于尼维斯行政机构，为此目的，它们在下列情况下有效：

（一）涉及国家统一基金的内容适用于尼维斯统一基金；

（二）涉及议会和国民会议的内容适用于尼维斯岛立法机构或议会；

（三）涉及目前负责财政工作的部长的内容适用于尼维斯岛目前负责财政工作的行政机构委员；

（四）涉及政府的内容适用于尼维斯岛行政机构。

第 109 条　雇员

一、行政机构的雇员职务由经国家总理和尼维斯总理协商按照第 63 条规定的数名公共职务组成。

二、行政机构的雇员受尼维斯岛常任长官的监督，其职务为公共职务，并有权就一切有关行政机构雇员事宜直接同公共事务委员会主席交涉。

第 110 条　税收分配

一、按照第二款，根据任何法律在圣克里斯托弗和尼维斯征得的税收由政府和尼维斯岛行政机构分享，份额参照议会依照法律进行的人口普查的最新结果确定的圣克里斯托弗岛的人口和圣克里斯托弗和尼维斯全部人口的比例，或视具体情况，参照尼维斯岛和圣克里斯托弗和尼维斯全部人口的比例。

二、按照第一款，尼维斯岛行政机构所得份额应扣除：

（一）分担为圣克里斯托弗和尼维斯提供的共同服务项目的费用；

（二）分担按照第 75 条负责支付的债务费用。

三、（在不损害前述权力的一般原则的情况下）总督为使本条条文生效制定细则，这些细则规定：

（一）什么是公共服务项目；

（二）行政机构为规定的公共服务项目分担的份额；

（三）行政机构对政府支付的债务费和分担份额；

（四）计算和支付款项（包括附加支付款项）的时间和方式。

四、按照第三款赋予总督的权力，要按照国家总理的意见行使，但没有尼维斯总理的同意，不得提出此类意见。

第 111 条　拨款和借贷

一、总督可以制定细则规定：

（一）行政机构为支付它的公共债务的现有或意外的责任不得超过规定的限度；

（二）任何行政机构应获得赠款或贷款的建议都须事先通知负责财政的部长；

（三）在此类建议生效之前，政府和行政机构之间要按规定协商。

二、按照第一款，赋予总督的权力要按照国家总理的意见行使，但没有尼维斯总理的同意，不得提出此类意见。

第 112 条　行政机构和政府之间的纠纷

如果纠纷涉及某种法定的权力的存在或范围问题，高等法院，不包括其他任何法院，对行政机构和政府间的纠纷（无论法律或事实）有审判权。

第 113 条　尼维斯从圣克里斯托弗的分离

一、尼维斯岛立法机构可以规定尼维斯岛终止同圣克里斯托弗岛的联盟，如此本宪法便不再在尼维斯岛有效。

二、适合于第一款的议案，只有在议会的最后一次立法时得到了不少于所有议会当选议员 2/3 的投票支持，才能认为议会通过了该议案，该议案不能提请总督同意。除非：

（一）从议会提出该议案到议会第二次宣读该议案的程序开始之间有不少于 90 日的间隔；

（二）该议案在议会通过后，在尼维斯岛举行的全民公决中得到不少于全部有效投票的 2/3 票数通过；

（三）尼维斯岛（不论是作为一个单独的国家，或是另外某个国家的一部分或联邦）未来宪法的完整和详细的提议必须在举行公投前至少 6 个月提交到议会，在举行公民投票前至少 90 日，有资格参加投票者就应看到此提议及对其重要性的充分解释。

三、在举行公民投票时，每一位有资格参加在尼维斯岛举行的众议院议员选举投票者，有资格按照尼维斯岛立法机构为公民投票制定的程序参加为实现本条宗旨举行的公民投票。

四、在任何为实现本条宗旨举行的公民投票中，投票要采取不暴露任何个人如何投票的无记名方式进行。

五、选举监督官负责监督实现本条宗旨的公民投票。选举监督官按照第 34 条第四款、第五款、第七款的规定在众议院议员选举时行使职能，选举监督官或任何与公民投票有相关职责的官员行使职权照此办理。

六、为使由国际组织提名的、独立的、没有倾向性的人士有权观察为实现本宗旨举行的公民投票，并就其进行或结果向总督汇报，并公开发表这些汇报，尼维斯岛立法机构要制定若干规定。为了该宗旨，由议会或尼维斯岛立法机构通过法律授予此类人士职权、特权和豁免权。

七、为求实现第一款宗旨，除非该议案有议会主席亲笔证明第二款条文已执行并且有选举监督官亲笔证明公民投票的结果，提出的议案不得提请总督同意。

八、议会主席按照本条对第二款条文已执行的亲笔证明是结论性的，并且不得被任何法庭调查。

第 114 条　解释

本条中：

"行政机构"指尼维斯岛行政机构；

"议会"指尼维斯岛议会。

苏里南共和国宪法*

第二十一章　地方政府

第一节　总　　则

第 159 条

苏里南共和国的民主组织机构包含下设地区一级政府机构。地方政府机构的职能、组织、权限和运作方式应由法律按照民主参与和行政、立法分权的原则作出规定。

第二节　领土区划

第 160 条

第 1 款　领土的行政区划以及地区的部门划分应由法律规定。下列标准应适用于地区和部门的划分：

——人口密集程度；

——发展潜力；

——区域管理的可行性；

---

* 1987 年 9 月 30 日全民公决通过，1987 年 10 月 30 日生效。

——基础设施的可利用性;

——行政中心的位置。

第 2 款 行政区划边界由 "1983 年行政区划法(1983 年苏里南共和国法律公报第 24 号)" 确定。

第三节 地区代议机构

第 161 条

第 1 款 地区一级设有两个代议机构:区议会和地方议会。

第 2 款 区议会是地区最高政治行政机关。

第 3 款 地方议会是该行政管辖区的最高政治行政机构。

区 议 会

第 162 条

相关行政管辖区的区议会通过普遍、自由和无记名选举产生。区议会的席位给予在该地区地方议会中拥有席位的政治组织,按照该组织在地方议会中获得席位总数的比例分配。

地方议会

第 163 条

地方议会由行政管辖区内进行的普遍、自由和无记名选举产生。代表的选举顺序由个人获得选票的数量决定。所有可用的席位应依该顺序分配。除其他有关代议机构资格的法定要求外,区议会或地方议会的候选人应在该区或该行政管辖区内拥有主要或真实住所。

第四节 管 辖 权

第 164 条

区域代议机构和区域行政机关参与地区和行政管辖区计划的筹划、起草和执行。其他特定职责应由法律予以规定。

第 165 条

地区和行政管辖区的财政条款由法律规定。财政条款应促进地区间合理与公平的资金分配。

第 166 条

在法律规定的情形下，政府以法律规定的方式对各地区行使监督权。

第五节 程 序

第 167 条

区议会向国民议会、地方议会向区议会表达本地区或本行政管辖区居民的意愿和愿望。

区议会对地方议会采取的措施或形成的意见，有义务通知地方议会。地方议会对区议会亦有此义务。

第 168 条

第 1 款 被选举出的地区代表应有机会参与国家和地区发展政策的规划和制定。

第 2 款 区议会应有权委派其代表参加国家发展委员会。

第 3 款 区议会有权向有关部委就该地区相关问题的进一步处理提出建议。

第二十二章 区域立法

第 169 条

第 1 款 地区事务的规范和管理法规应由区议会制定。

第 2 款 区议会应为地区利益制定其认为必要的地区法令，但须符合本宪法和法律以及政府行政措施的限制。法律应明确区议会在何种事项上有立法权。

第 170 条

第 1 款 地区法令生效前，应由地区专员通报国民议会、政府和国务院。

第 2 款 地区法令应在当地报纸和苏里南共和国官方公报上予以刊登，以使当地居民获知法令的内容。地区专员办公室应备有地区法令以供查阅。

第 171 条

在依第 170 条规定公布地区法令后，人人有机会就该法令内容向国民议会提出抗议。

第 172 条

第 1 款 如果某项地区法令与本宪法、政府计划或现行法律相抵触，国民议会可宣告其无效。

第 2 款　如果国民议会在某地区法令提交其审议后 6 周内，以书面形式通知区议会，没有收到针对该法令的任何抗议，则区议会有权以法律规定的方式启动该法令生效及颁布的程序。

第 173 条

第 1 款　区议会采取的不含一般原则的措施应由政府进行严格的监督。如果这些措施被认为与政府计划或国家利益相抵触，则总统应暂停实施这些措施。

第 2 款　在相关措施被国务院暂停实施后，如果有关区议会认为并未违反政府计划或国家利益，可将该争议提交至国民议会讨论，后者将作出最终决定。

第二十三章　地方当局

第 174 条

第 1 款　每个地区应有一个区政府。区政府是该地区的执行机关。

第 2 款　区政府由地区专员和各部委在该区的代表组成。

第 175 条

区政府负责该区的日常行政管理。

第 176 条

（已废止）

危地马拉共和国政治宪法 *

第五编　国家的组织和结构

第七章　市政制度

第 253 条　市、镇自治

危地马拉共和国各市、镇均为自治机构。

＊　1985 年 5 月经国民议会通过，1986 年 1 月 14 日生效。

其主要职能有：

（1）选举当地的市政当局；

（2）获取和支配本地资源；

（3）提供地方公共服务设施，对其辖区内的地域进行划分并达成其自身目标。

为实施上述职能，应颁布相应的制度条例。

第 254 条　市、镇政府

市政管理应由市政会议实施，市政会议成员包括市长、咨议院代表和市政议员，其成员均由直接不记名普选产生，任期 4 年，可连选连任。

（本条内容根据第 18 – 93 号立法令修改）

第 255 条　市、镇经济资源

市政会议应谋求强化本地区经济，以开展各项工程并提供本地区所需的各类服务。

资源的开发应符合本宪法第 239 条规定的原则、符合法律规定并符合当地的需要。

第 256 条　市、镇分级

（本条内容根据第 18 – 93 号立法令废除）

第 257 条　市、镇预算拨款

行政机关应在国家年度经常性收入总预算中划拨 10% 的金额给国内各市、镇。这　比例应按照法定形式予以划拨，其中至少 90% 应用于教育、保健、基础设施建设和公共服务的方案和项目，以改善当地居民的生活质量。其余 10% 可作为政府运作开支。

严禁从国家收支总预算中向市、镇另外拨付任何款项，但是依法征收的特别税捐的拨付比例不在此限。

第 258 条　对市长的弹劾权

非经司法主管机关宣布调查起诉，市长或镇长不得被逮捕或审判，但现行犯例外。

第 259 条　市政事务法院

为执行命令和实施规定，各市镇政府可视其能力和需要，依法设立市政事务法院以及治安警察机构，二者均听命于市长或镇长行事。

第 260 条　市、镇资产的特权和保障

资产、收入和税收均为市、镇的专属资产，享有与国家资产同等的特权和保障。

第 261 条　禁止免除市、镇税捐

除市、镇政府本身以及本宪法的相应规定外，任何国家机关无权免除自然人或法人的市、镇税捐。

第 262 条　市政服务法

市、镇政府的公务员和政府雇员的劳务关系应由市政服务法予以规范。

委内瑞拉玻利瓦尔共和国宪法[＊]

第四编　公　权　力

第三章　州公共权力

第 159 条　各州是具有完全法律主体资格的自治组织，政治上一律平等，有义务捍卫国家独立、主权和领土完整，有义务遵守并实施共和国的宪法和法律。

第 160 条　州长负责各州的行政权力事务。州长必须是年满 25 岁的委内瑞拉人，且不能是神职人员。州长经由多数票选举产生，任期 4 年。可连选连任，但连任不得超过两届。

（经 2009 年 2 月 15 日第 1 号宪法修正案修改）①

第 161 条　州长每年应向办公室的州审计员提交年度公共开支报告，同时向立法会和公共政策规划与协调委员会提交同样的年度公共开支报告各一份。

第 162 条　立法权由各州的立法会行使。立法会由 7 到 15 名成员组成，成员数根据据州和各市的人口数按比例确定。立法会享有下列职权：

（1）针对州管辖的事务制定法律。

（2）批准州的预算法。

（3）本宪法和法律授予的其他权力。

立法会成员的任职要求、提交年度开支报告的义务以及待遇，都适用宪法为国民议会议员制定的规则。州立法会成员由选举产生，任期 4 年，可连选连

＊　1999 年 12 月 20 日由制宪大会颁布，1999 年 12 月 30 日生效。

①　译者注：关于文本修正的说明性文字为译者所加，下同。

任。立法会的组织和职能由国家法律规定。

（经 2009 年 2 月 15 日第 1 号宪法修正案修改）

第 163 条 各州均设立一个审计员办公室，组织和运作独立。除共和国总审计长办公室的职责范围外，州审计员办公室依据本宪法和法律的规定，对州内税收、支出和资产行使控制、监督和审计的权力。审计员办公室由一名审计员负责和领导。审计员的任职资格由法律规定。审计员的任命中立，通过公共竞争上岗，确保审计员的任职能力和独立。

第 164 条 下列权力专属于各州：

（1）根据本宪法规定，颁布州宪法，组建公权力部门。

（2）根据本宪法和法律的规定，组织州内的市和其他地方机构，以及内部的地域与政治权力划分。

（3）管理州内资产和投资，管理州内资源，包括从国家权力中转移、补贴或特别免除获得的资源，以及分配给州的国家财政税收。

（4）根据国家和州法规定，组织、征收、控制和管理州内税收。

（5）依法管理和开采除保留给国家权力之外的非金属矿藏以及盐矿，依法管理管辖范围内的闲置土地。

（6）根据相关国家立法，组织警察队伍并决定将相关部门分配给市管辖。

（7）设定、组织、征收、监督和管理邮税和印花税。

（8）建设、管理和组织州内公共服务设施。

（9）建设、维护、管理和开发各州之间的道路交通。

（10）根据国家行政命令，保护、管理和开发国家高速公路和交通要道，以及商用港口和机场。

（11）根据本宪法分配给国家或市的所有事务。

第 165 条 涉及共同管辖权的事务由国家权力通过法律进行调整，各州通过立法予以实施。立法应遵循合作、和谐、共存、共责、从属关系等原则。

对于两级公权力共同管辖的领域，市一级能够行使的权力和提供的服务，以及社会资源能够处理的事务，各州应进行分权将权力转移给市和社会组织。转移机制依据相关州的法律进行。

第 166 条 各州应设立公共政策规划与协调委员会，由州长任主席，成员包括市长、州各部部长、州选举的国民会议立法代表，以及立法会、市政委员会和有组织的社团代表，包括当地社区的代表。公共政策规划与协调委员会的职能和组织由法律规定。

第 167 条 各州的财政收入包括：

（1）州的资产和对州资产的经营所获得的收益。

（2）州提供商品和服务所获得的收益、罚款、罚金和所有由州负责的收费。

（3）出售州所拥有的商品获得的收入。

（4）依据宪法规定的分税制度属于州的资源。每年国家财政中普通税收的20%以下列方式分配给各州和首都特区。上述比例中的30%平均分配，另70%根据各部分的人数分配。

每个财政年度内，各州必须至少投入所得财政收入的50%。每个财政年度内，州内各市至少有权获得财政收入和州内所有普通税收的20%。

在国家财政收入发生变化，需要对国家预算作出调整时，宪法规定的财政分配也应作相应调整。

为确保宪法规定的分配给州、市的财政收入能得到合理有效的使用，由法律对使用原则、规则和程序作出规定。

（5）为帮助州财政的发展，可以依据国家法律给各州分配其他税收、收费和特别收入。

为保证公平，为各州设立税收或转移税收的法律也可以通过改变本条规定的其他税收种类来抵免这种分配。考虑到国家公共财政的经济状况和持续性，同时考虑到州行政权对其负责的领域提供充分服务的能力，分配给各州的财政收入不应少于普通财政收入的15%。

（6）各州得到的国内补偿金以及其他资金转移，补贴或特殊拨款，以及分配的国家财税收入，均依据有关法律规定。

第四章　市公共权力

第 168 条　在国家组织中，市是一个主要的政治主体。在宪法和法律规定的限度内享有法人资格和一定的自治权。市的自治内容包括：

（1）权力机构的选举。

（2）权限内的事务管理。

（3）财政税收的设立、征收和投资。

在其权限范围内的行为应依法保障公民参与公共事务的界限和管理过程，并以有效、充分和及时的方式让公民监督和评价公共事务的完成情况。

市政行为可依据宪法和法律交给有管辖权的法院审查。

第 169 条　市和其他地方主体的组织依据下列法律规定：本宪法、贯彻宪法原则的国家组织法、州依据宪法和组织法制定的相关法律条款。

贯彻宪法原则制定的与市政和其他地方主体有关的法律应考虑到不同地方

的人口、经济发展、财税能力、地理位置、历史、文化以及其他相关因素，为这些政治主体的组织和管理提供不同的方案，包括如何决定他们的权力和资源。特别是，这类法律应为地方政府的组织体制提供不同的方案，由市根据本地人口进行选择。在任何情况下，市政结构应该是民主的，且与地方政府的内在性质相一致。

第 170 条　为了管辖权限内的公共利益，不同市之间可以联合成共同体，相互之间或与其他地方的政治主体协议建立政府间的联合组织。关于两个或多个市组建行政区域的规则由法律规定。

第 171 条　同一个联邦机构下的两个或更多市具备一个大中心区所拥有的经济、社会和地理空间上的关系，它们可以组建为一个大中心区。有关大中心区的组织法应保证大中心区的政府是民主的，且具有公众参与的特点，还要保证大中心区管辖权内的税收、财政和管理体制有效运作。确保各市充分参与大中心区管理，还要表明在决定市归属于大中心区时进行公众商谈的方式。

大中心区的组织、管理应考虑人口条件、经济和社会发展、地理位置和其他重要因素。因此，法律应确定不同的政治制度。在所有情况下，每个大中心区都应考虑这些条件。

第 172 条　利益受到影响的人经公开商谈作出支持决定后，州立法会应确定大中心区的地域边界，依据国家组织法的规定进行组织，并决定大中心区的哪些权力由市政府组织行使。

不同的市组建隶属于不同联邦区域的大中心区时，由国民会议负责大中心区的设立和组织。

第 173 条　市可以依法设立地方行政区域。相关立法应明确市内设立地方行政区域的前提和条件，并根据分配给地方行政区域的职责，决定地方行政区域可以利用的资源，包括分得的市政财税。为促进市管理权的分散下放，促进公民参与和提供更好的公共服务，设立地方行政区域应考虑相邻区域的情况或社区的主动性。地方行政区域不是市内惟一的分区方式，也不是必须要求的分区方式。

第 174 条　市政管理由市长负责，市长也是市政民事权的负责人。市长必须是委内瑞拉人，年满 25 岁，且不得是神职人员。市长由选举产生，需获得选民的多数票，任期 4 年，可连选连任。

（经 2009 年 2 月 15 日第 1 号宪法修正案修改）

第 175 条　市的立法权属于市议会，议员依据本宪法规定的方式选举产生。议员数量和任职资格由法律规定。

第 176 条　市审计署负责管理、监督和审计市财税、支出和资产，以及与之相关的交易，但不影响总审计署的职权。市审计署官员由市议会依据法律规定的条件通过公开选拔的方式任命，确保任职者的能力和素质。

第 177 条　作为市长和市议员候选人，其行使职权时的原则、居住期限、要求和条件、禁止性规定、不适格的理由和利益冲突等由国家法律规定。

第 178 条　市有权管理自己的利益和宪法、法律分配的事务，主要是关于地方生活，特别是促进经济社会发展，提供公用事业服务，依据法律授权，基于公平、公正、促进社会公益的原则，适用于这些事务有关的政策，促进公民参与，全面提高人民的生活水平。具体包括下列领域：

（1）地域规划和城市规划，历史遗产、社会住房、地方旅游、公园、广场、游泳场和其他娱乐场地、民用建筑、名称和公共设施。

（2）城市道路、机动车和行人交通、城市公共交通。

（3）和具体市政相关的公共景观与商业广告。

（4）环境保护与环境系统合作，城市与家用卫生系统，包括清洁、废弃物的收集和处理，以及文明保护。

（5）基本的健康护理，婴幼儿、青少年和老年人的保护，学前教育，促进残疾人融入社会的家政服务，文化与运动设施，预防与保护性服务，市政财产的监督和保护。

（6）饮用水，家用电、气，污水处理，废水排放与处理，公墓和丧葬。

（7）依法提供小额索赔法院，邻里保护与治安。

（8）依据宪法和法律由市负责的其他事务。市在其权限范围内有权采取的行为不影响联邦和州依据宪法和法律确定的权力。

第 179 条　下列财政收入属于市所有：

（1）资产收入，包括从公共土地和其他资产中获得的收入。

（2）提供商品和服务的收费；颁发许可证的行政收费；依据宪法的限制，本行政区域内工业、商业和服务业以及其他类似经济活动的税收；城市不动产、运输工具、公共展览、游戏和合法赌博的税收；广告和商业宣传的税收；因区域规划带来使用改变或开发加大而产生的增值税。

（3）农村土地税与城市土地税，依据法律确立的增值税和国家与州分配的税收。

（4）宪法分配的税收以及其他国家与州的转移支付或补贴。

（5）权限范围内的罚款和处罚。

（6）法律规定的其他税收。

第 180 条　市的征税权不同于并独立于宪法或法律授予国家或州的管理权。

市的征税权中，为支持其他政治主体的免税权仅限于对公共部门，不包括与联邦或州政府签订协议的其他主体。

第 181 条 市的公共土地不可转让，不受法律限制。相关权利依据市条例规定的程序和条件办理。市条例应依据宪法和法律确定的发展原则制定。

城市地区的无主土地属于市公共土地，但不影响第三方合法有效的权利。城市地区的空白土地也可能成为公共土地。但不包括土著人社区的土地。把其他土地转变为公共土地的办法由法律规定。

第 182 条 依法设立地方公共规划委员会，由市长主持。成员包括：市立法会议员、地方行政区域首脑、街区组织代表以及其他社会组织代表。

第 183 条 州和市不享有下列权力：

（1）设置关税或对国内外货物设置进出口以及运输税，其他联邦权限内的财政税收。

（2）本地市场内的消费税。

（3）禁止消费外地物品，或对外地商品征收与本地相同商品不同的税收。

州和市可以在法定时间、以法定方式和税率征收农业、畜牧业、渔业和林业税。

第 184 条 法律应设立开放和弹性机制，将市和州的权力下放给社区或把社会组织能够管理的事务转移给社会组织，以促进：

（1）在健康、教育、住房、体育、文化、社会项目、环境、工业维护、城市保护、街区治安、就业工程和公共服务等领域的服务转移。双方可以签订协议，依据相互独立、协调、合作和共担责任的原则达成一致。

（2）州和市在筹备投资规划中应通过社区组织和非政府组织促进社区和公民参与，同时参与就业工程、社会项目和公共服务的执行、评估和监督。

（3）以合作、投资、共同出资和其他形式参与社会经济发展。

（4）工人和社区通过自治或联合管理的方式参与公共部门商业企业的运行。

（5）设立社区服务企业、组织和合作社，促进就业，提供社会福利。通过为这些群体提供参与机会的政策扶持确保这些组织的长期存在。

（6）在地方行政区域、社区、病区和街区设立新的组织，确保地方和州政府的公共管理责任得到分担，促进州和市公共服务管理上的自治和联合管理。

（7）社区应积极参与和实施刑罚的机构建立紧密的联系，建立民众和刑罚机构之间的联系。

乌拉圭东岸共和国宪法[*]

第十六编　省政府及省级行政管理

第一章

第 262 条　（根据 1996 年 12 月 8 日的宪法改革案修正）

除公共安全职责外，省政府的管理工作和省级行政工作均应由省议会和省长开展实施。省议会和省长应在各省首府拥有办公地点，并且应在选举 60 日后开始履行其职能。

具备法律确立的最低条件的各社区均可以设立一个地方当局。如果经省长提议并经省议会作出决定，可在省府所在地的城市设立一个或多个地方当局。

法律应在不违反本法第 273 条和第 275 条规定的前提下确定省政府和市政府的相关事务，旨在限制省级和地方当局各自的职责，也限制省级和地方当局各机构的司法权力。

省长与省议会达成一致意见后，可委托地方当局在其各自的管辖地域内行使特殊职权。

在自身与共同的职责和各种活动的组织和提供方面，省政府之间、省政府与行政机关之间、省政府与自治机构和地方公用事业之间，可在各自的地域内以地区的或跨部门的形式达成一致意见。

应设立省长代表大会，由即将担任省长职务者或者已经行使省长职权者组成，目的是调整省政府作出的政策。可达成前款提及的一致意见的省长代表大会应与省政府的各权力机构进行直接沟通。

第 263 条　省议会由 31 名议员组成。

第 264 条　（根据 1996 年 12 月 8 日的宪法改革案修正）

省议会议员必须具备下列条件：年满 18 周岁，本国出生的或享有法律承认的公民资格并行使了 3 年的公民权利，在本省出生或在该省居住了至少 3 年。

＊ 1966 年 11 月 27 日公民投票决定，1967 年 2 月 1 日由国会主席颁布。

第 265 条　省议会议员任期为 4 年。替补人选与议员同时选出，且其总数为议员总数的 3 倍。

第 266 条　省长的任期为 5 年，可以连任一届。要再满足省长候选人的基本条件，该省长应在选举日的 3 个月前辞职。

第 267 条　省长必须具备成为参议员所必备的所有条件，此外，还必须是在本省出生或者就职前就已在该省居住了至少 3 年。

第 268 条　省长的 4 名替补人选与省长同时选出。当省长一职出现缺位、省长暂时无法履行其职责或者处于休假期间时，依照他们的选举顺序，由替补人选履行省长职责。拒绝履行职责的替补人选将因此而丧失职位，填补临时空缺的情况除外。

如果省长的职位出现永久缺位，且没有替补人选可以接任，省议会应以全体议员的绝对多数通过补选出一任新省长来接任省长职位直至本届任期结束。在过渡期间或暂时缺位期间，省议会主席如果符合第 266 条和第 267 条的规定，其可以代任省长一职。如果省议会主席不履行该职责，则省长一职由具备上述资格的省议会副主席担任。

如果在新省长就职之日，省议会仍未宣布当选的省长或者宣布该省政府选举无效，那么即将离职的省长可继续任职直至权力移交生效为止。

第 269 条　经国会两院以各全体议员的 2/3 多数通过，法律可以改变省议会议员的人数。

第二章

第 270 条　根据第三编所规定的选举保障及规则，人民直接选举产生省议会议员与省长。

第 271 条　（根据 1996 年 12 月 8 日的宪法改革案修正）

各政党应通过内部选举选出各自的省长候选人，内部选举由国会两院以各全体议员的 2/3 多数通过的法律予以规制。

在市长的选举中，各政党获得的选票可以累积计算，但严禁按党派累积。

市长一职应由得票最多的政党中获得最多选票的候选人名单中名列首位的候选人担任。

第 1 款中规定的由国会各全体议员的 2/3 多数通过的法律，可以规定各政党只能推选出一名市长候选人。

第 272 条　在不违反以下各款规定的情形下，按照各政党获得选票的比例，在各政党中分配省级议会的议员职位。

如果获得省长职位的政党仅以相对多数赢得选举，该政党可以获得省议会的多数席位，这些席位应在该政党的所有名单中按比例分配。

根据整体的比例代表制，将剩余的席位分配给在前一轮未获得席位的政党。

第三章

第273条 省议会应行使省级立法权与监督权。

其管辖权应当涉及整个省的范围。

除法律规定的之外，省议会还应行使以下职权：

（1）经省长或省议会自身提议，省议会可在其管辖权限内发布其认为必要的法令与决议。

（2）根据第十四编的规定，批准省长提交的预算案。

（3）根据省长提议，经过省议会全体议员的绝对多数通过，设立或确定上缴的税额、国产税额、地方税额以及服务费。

（4）要求审计法庭在有关省财政或行政管理的问题上提供意见。如有 1/3 的省议会议员提议，就必须向审计法庭作出上述要求。

（5）根据省长提议，经省议员的过半数通过，免除由非选举产生的地方委员会委员的职务。

（6）在任期的第一个 12 个月内，通过以全体省议员的 3/5 的多数通过的省议会的工资及开支的预算案，并交由省长以纳入总预算案之中。在每年的第一个 5 个月内，经全体省议员的 3/5 的多数同意，省议会可对工资及开支的预算案作出必要修改。

（7）任命职员，对低效能、玩忽职守或渎职的职员予以惩戒、停职或撤职处分，并将渎职案件移交法院处理。

（8）根据省长提议，经省议会议员的绝对多数通过，授予地方或省公用事业特许权。

（9）根据省长提议，产生新的地方委员会。

（10）仔细考虑省长提交的授权或同意的要求。

（11）直接向立法机关申请修改或增补省政府组织法。

第四章

第274条 省长应行使省政府的行政职能。

第 275 条　除法律规定的之外，省长还应行使以下权力：

（1）遵守与执行宪法和法律。

（2）颁布并公布经省国会批准的法令，发布必要的行政法规与决议。

（3）依照第十四编的规定，编制预算案并提交省国会批准。

（4）提出有关税收、消费税以及应缴税额的议案；确定省的财产和公共事业的使用和拨款费用，确立由特许经营者或持证人所支付的公共事业税收的税率表。

（5）任免或惩戒其职员。经省议会批准，免除低效能、玩忽职守或渎职职员的职务，省议会必须在 40 日内作出决定。如果省议会未能作出决定，该撤职即视为已生效。渎职案件还应移交法院处理。

（6）向省议会提出法令草案或决议草案，在接到省议会批准的法令或决议通知之日起 10 日内，可提出异议。

（7）经省议会批准，下令征用财产，但应基于公共必需或使用的理由。

（8）经省议会批准，任命地方委员会委员。

（9）监督公共卫生事业以及初等、中等、预科、工业和艺术教育事业，并向权威机构提出合理建议以促进上述事业的发展。

第 276 条　省长代表省同国家以及其他省政府进行联系，与公共或私人机构缔结合同。

第五章

第 277 条　省长应与秘书或与其指定的官员一起共同签署法令、决议以及通知，不符合上述条件的法令、决议或通知不具有法律强制性。但是，亦可规定某些特殊决议可以依照事先通过的、符合上述必要条件的法令予以生效。

秘书应由省长任命，除非被重新任命，否则秘书应与省长同时离职，秘书可随时被免职或临时替换。

第 278 条　省长可将部分职责委托给特别委员会，同时授予其履行这些职责所必要的权力。

第 279 条　省长可以确定省属各机构的管辖权范围，并可变更省属各机构的名称。

第 280 条　省级理事长应履行省长明确授予其的职责。

第六章

第 281 条 省议会通过的法令，必须首先由省长颁布才能生效。

省长可以对其认为不适当的法令提出异议，但省议会可凭全体议员的 3/5 多数坚持其原立场，此时法令即行生效。

如果省长接到法令 10 日内未将法令退回，即可视为该法令已经颁布，可直接实施。

省长不得对依照第 225 条规定的程序提交国会的预算案提出异议。

第 282 条 省长可以出席省议会及其下属委员会的会议并参与讨论，但无表决权。

第 283 条 如果省自治权受到侵犯，省长或省议会可依照法律规定的方式向最高法院起诉。

第 284 条 省议会所有议员均可要求省长提供议员履行职责所必需的信息或材料。该申请必须以书面形式作出，并通过国会主席提出，国会主席应立即将该申请转交给省长。

如果省长在 20 日内未回复该请求，省议会议员可通过省议会提出上述申请。

第 285 条 出于立法或监督目的，由 1/3 的议员通过决议，省议会有权要求省长到会，以对其提问，并获得适当的信息。

省长认为必要时得由行政官员陪同到会，相关行政部门的高级官员亦可代表省长到会，但如果省长违反前一条第 2 款的规定，则将被要求必须到会。

第 286 条 省议会可以委托调查委员会获取其认为是履行职责所必需的资料，并要求省长及其下属部门必须予以提供。

第七章

第 287 条 （根据 1996 年 12 月 8 日的宪法改革案修正）

地方机关可由一人或多人组成，由多人组成的地方机关应按法律规定确定机关成员及名义成员须具备的资格条件。

省长和省议会议员不得在地方机关中任职。

第 288 条 法律应规定设立地方委员会及其权力的条件，经相关省政府提议，由国会两院以各全体议员的绝对多数通过，法律可以扩大虽非省府，但人口在 1 万人以上或是具有旅游发展特殊国家利益的社区的地方委员会在此类社区内的作用范围。对于满足以上相同条件的，法律也可规定由人民选举产生自治地方委员会。

第八章

第 289 条 省长不得兼任除教职外的其他任何公职或职业，亦不得在已同省政府签订合同的企业中兼任任何为企业服务而获得工资或报酬的私人职务。省长不得同省政府签订合同。

第 290 条 省政府的职员或者在已同省政府签订了合同的私人企业中工作并领取工资或报酬的人员，不得担任省议会议员或者地方委员会委员。

在第 77 条第（4）项中所列举的官员均不能成为这些机构的成员。

第 291 条 省长、省议会议员或地方委员会委员，在任职期间，同样禁止以下行为：

（1）在与省政府及其有关的其他公共机构具有工作合同或供应合同关系的企业中担任理事或管理者。

（2）为了本身或第三方的利益，介入或经营同省政府之间的生意。

第 292 条 对违反上述条款规定的，应立即撤销其职务。

第 293 条 省议会或地方委员会的成员不得同时兼任省长一职，被任命临时担任省长职务的省议会议员除外。否则，必须停止省议会议员的职务，在停职期间，由其替补人选接任议员职位。

第 294 条 省长和省议会议员不得兼任其他任何性质的选举性公职。

第九章

第 295 条 省议会议员与地方委员会成员的职位应为名誉职位。

省长应按省议会在其选举前规定的数额领取工资。任职期间，不得变更工资。

第 296 条 根据第 93 条规定的理由，经全体省议会 1/3 的议员同意，省议会可以向参议院对省长以及省议会议员提出弹劾。

如果经全体参议员的 2/3 多数通过，参议院可以解除省长以及省议会议员的职务。

第十章

第297条 （根据1996年12月8日的宪法改革案修正）

由省政府颁布并管理的省政府收入来源应当如下：

（1）位于其管辖区内的城乡不动产税，国家现行或今后确定的附加税的所有情况除外；乡村不动产税由立法机关征收，但该税款以及除现行或今后确定附加税外的其他所有收入，归属省政府。国家附加税的数额不得大于归属省政府的税额。

（2）关于市、镇、乡村以及人口集中的城乡地区中的空闲土地以及违章建筑的税收。

（3）在本条中没有列出的来源，为了省政府的利益而征收的税款，以及随后法律出于同样目的所规定征收的税款。

（4）对由于省公共事业而得以改进的不动产的特别税收。

（5）省政府使用和提供的服务的消费税、服务费、供给费或者收益，以及获得政府特许权的企业的特别税。

（6）公共娱乐税，法律规定且尚未取消的具有特殊作用的公共娱乐除外；运输车辆税收。

（7）各种广告与商品简讯税收，报刊与广播广告以及政治、宗教、工会、文化和体育的广告除外，由国会两院以各全体议员的绝对多数通过的法律规定免税的其他广告也除外。

（8）已由或将由法律批准的从投机游戏中获取的利润，依照法律规定的形式以及条件征收的税款。

（9）赛马税以及采用双方打赌形式的其他竞争性运动税，尚未废除的、由法律规定免除的除外。

（10）下列罚款收入：

（a）由省政府规定尚未废除的罚款或者在省政府权限内可规定的罚款；

（b）由现行法律规定的、为了省政府利益的罚款；

（c）由新法律规定的、为了省政府利益的罚款。

（11）省政府所有的财产获取的孳息收入以及出卖这些财产的收益。

（12）省政府接受的礼物、遗物以及遗产。

（13）根据预算法规定的，从国家预算总收入中按百分比确定的配额。

第298条 （根据1996年12月8日的宪法改革案修正）

要求行政机关提议并经国会两院各全体议员2/3多数通过的法律，对下列情形作出规定：

（1）在不造成双重征税的前提下，扩大省政府征税的适用范围，并扩大省政府的征税来源。

（2）对于国家内地的发展和地方政策，对于蒙得维的亚省政府以外的地区按比例征收国家税收。随之应设立一项预算基金，为第230条第5款提及的项目和计划筹款。这个比例应在国家预算案中以告诚的方式提出。

（3）对于选址国家内地的商业，临时免除国家税收，以及减少其税收比例。

第 299 条 由省政府制定或变更税收的法令，应在官方公报上发布 10 日后方可施行，这些法令还必须在《法律与法令年鉴》特刊上发布。

这些法令至少还应在该省两种报刊上发布。

第 300 条 省政府制定或变更税收的法令在官方公报上发布后的 15 日内，行政机关为了维护公众的利益，可以向众议院提出对该法令的上诉，这一上诉具有中止法令实施的效力。

如果众议院接到上诉后 60 日内未对此上诉作出判决，则视为上诉无效。

众议院接到上诉的 15 日内，可以并仅有一次机会，要求该行政机关提供必要的补充材料，在接到补充材料之前，可有 60 日的中断期限。

众议院闭会期间可中断上述所有期限。

第 301 条 省政府不得发行省公债证券，亦不得向国际组织、外国机构或外国政府借款或与它们签订贷款合同。除非根据审计法庭的报告，经省长提议和省议会同意，最后由国会联席会议以全体议员的绝对多数通过，国会应在 60 日内作出表决，超过此期限则被视为已批准通过。

任何其他类型的贷款合同，在审计法庭提出报告后，均应由省长提议并由省议会以全体议员的绝对多数通过。如果贷款期限超过提议此贷款的省长的任期，省议会必须以全体议员的 2/3 多数通过。

第 302 条 任何盈余都必须全部用于分期偿还省债务。若无债务，则必须用于公共事业，或者根据审计法庭的报告，经省长提议并由省国会通过，可用于有收益回报的投资。

第十一章

第 303 条 违反宪法或法律的省议会的法令和省长的决定，如果不能提交行政诉讼法庭，在其颁布后的 15 日内，应当可以由省议会的 1/3 议员或者在本省登记的 1000 名居民向众议院提出上诉。在后一种情况下，如果被上诉的该法令的目的在于增加省政府的收入，则该上诉不应具有中止的效力。

如果众议院受理上述事实后 60 日内，针对上述事实未向众议院提出上诉，则视为上诉未提出。

众议院接到上诉通知后，在 15 日内可以并且只有一次机会要求提供必要的补充材料。在接到补充材料之前，中断判决期限。

众议院的闭会期间可以中断上述的期限。

第十二章

第 304 条 法律经国会两院以各全体议员的绝对多数同意，可以推行对省议会的法令的公民复决。

同样，经国会两院以各全体议员的绝对多数同意，法律可以推行并规定在省政府事务上行使公民提案权。

第 305 条 在法定居民区或居住区内 15% 的登记居民有权就管辖区的问题向省政府各部门提出动议。

第 306 条 当省议会议员、省长以及地方委员会委员履行职责过程中要求合作时，警察部队都应给予合作。

智利共和国宪法 *

第十四章　政府与国家内部行政

第一节　政府与区域行政

第 111 条 （本条根据 1991 年 11 月 12 日第 19097 号法令修正）

各个区域的治理由区域行政首长负责，区域行政首长获有共和国总统的极大信任。作为总统在该区域的当然直接代表，区域行政首长应按照法律规定和总统的命令或指示行使自身职权。

区域政府将在每个地区设立高级管理机构，并致力于区域经济、社会和文

---

* 1980 年 9 月 11 日通过，1981 年 3 月 11 日生效。

化的进步。

区域政府由区域最高行政首长和区域议会组成。为便于其行使职权，区域政府享有公法的法人资格并拥有财产。

第 112 条 （本条根据 1991 年 11 月 12 日第 19097 号法令、2009 年 10 月 28 日第 20390 号法令修正）

区域行政首长应担任区域议会主席，并负责协调、监管和控制按照法律设立、为履行在该区域职能而成立的公共部门。

法律应确定区域行政首长行使职权的方式、与其相关的其他职权、协助其履行职权的机构。

第 113 条 （本条根据 2009 年 10 月 28 日第 20390 号法令修正）

区域议会是具有规范性、决策性和监督性的机构，在区域政府职权范围内有其自身的职权，对规定其组成、组织和职能的相关宪法组织法授权其积极推动区域公民的参与和其他授权行使职权。

区域议会应按照国家发展政策和国家预算，批准区域发展规划和区域政府预算法案。在基于区域行政首长提议的基础上，决定国家区域发展基金中可支配资金在地区的投资。

第 114 条 （本条根据 2009 年 10 月 28 日第 20390 号法令修正）

法律应明确规定分散国家管理权利和向区域政府转移权利的方式。

在不对上述规定产生影响的情况下，法律应规定地方对各部委和公共机关的分权及适当的例外情形。法律应规范保证国家行政机关间正常协调的程序，以便于促进区域当局行使权力。

第 115 条 （本条根据 1991 年 11 月 12 日第 19097 号法令、2009 年 10 月 28 日第 20390 号法令修正）

本章所指的国家内部政府和行政机构，以追求和谐平等的地方发展作为其基本原则。规定此目标的法律应监督该原则的实现与适用，并包含促进区域间团结和公共资源再分配的准则。

除根据国家预算法划拨给区域政府为便于其履行职能的资源和根据第 19 条第 20 项得到的资源外，法律应确定开支总额在其规定的以地方发展国家基金为名的公共投资中的比例。

国家预算法应规定区域分配的部门投资中的开支。考虑到相关的国家投资项目，在各区域间的分配应按照公正且有效的标准。区域政府负责将这些开支分配给各区域内部机构。

由区域政府、一个或多个部委发起，可举行年度或多年度协议，商讨可在单个或多个联合起来的区域进行公共投资的项目。

法律可授权区域政府或国有企业，与自然人或法人积极合作开展非营利活动，并努力推动区域的发展。以此为目的而组成的实体，应适用与个人相同的一般规范。

上述规定对第 19 条第 21 项规定无影响。

第二节　省政府及其行政

第 116 条　（本条根据 1991 年 11 月 12 日第 19097 号法令、2009 年 10 月 28 日第 20390 号法令修正）

各省应设政府，作为区域行政首长的地方治理机构。省政府授权省长管理，省长由共和国总统自由任免。

省长在区域行政首长的指示和该省公共机构的监督下行使职权。法律应规定区域行政首长可委托省长的职权和其他与其相关的职权。

各省应设立具有协商性质的省经济和社会委员会，宪法组织法应对其构成、成员任命方式、职权和功能作出相应规定。

第 117 条　省长可按照法律规定的情形和方式，在一个或多个地方任命代表执行其职权。

第三节　地区行政

第 118 条　（本条根据 1989 年 8 月 17 日第 18825 号法令、1991 年 11 月 12 日第 19097 号法令、1997 年 11 月 17 日第 19526 号法令、2009 年 5 月 14 日第 20346 号法令修正）

每个社区或多个社区的地方行政机关，根据法律规定设在自治市。市政管理机构由市长及其委员会组成，市长是最高首长。

宪法组织法应规定社区参与市政活动的形式和方式。

按照响应宪法组织法规定的情形和方式，市长可在一个或多个地方任命代表执行其职权。

自治市是公法自治机构，具有法人资格和自有财产，其目标是满足地方社区需要及确保其参与地区经济、社会和文化进步。

宪法组织法应规定自治市的职能和权利，并规定经地方议会同意，或应 2/3 在职地方议会议员请求，或法律规定的一定比例市民要求时，市长可提请不具法律约束力的咨询会，或全民公投，并对公投的次数、召集形式和法律效果进行规定。

根据宪法组织法的规定，自治市之间可相互协助以达成共同目标，可结合形成具有私法法人资格的非营利性社团或组织，并以提升和传播艺术、文化及体育为其责。宪法组织法应对此类市政参与作出相应规定。

按照相关宪法组织法的规定，在社区之间或社区群之间，为促进平衡发展和公民参与，自治市可建立邻里单位控制的领域。

公共部门在相关社区内执行任务时，应按照法律规定的方式配合自治市政府。

法律应规定部委、公共部门和地方政府向自治市转移管辖权的形式、方法及转移的临时或永久性质。

第 119 条　（本条根据 1991 年 11 月 12 日第 19097 号法令修正）

根据自治市的宪法组织法，自治市的议会由具有普选权的公民选出的议员组成。自治市地方议会议员任期 4 年。此法对委员数量和市长选举方式也应作出相应规定。

地方议会是受托使地区有效参与的机构，行使规范、决策和监管的职能，并根据相关宪法组织法规定的形式行使其他职权。

自治市组织法应规定议会的组织和功能、市长必须与委员会协商的事项、必须达成协议的事项。无论何种情形下，在批准社区发展规划、市预算和相关投资计划时，必须具备此协议。

第 120 条　（本条根据 1991 年 11 月 12 日第 19097 号法令、1997 年 11 月 17 日第 19526 号法令修正）

相关宪法组织法应规范新设社区的临时政府、成立新自治市的程序、自治市人员和公共机构的移交，处于新设社区的财产使用、分配、保护的必要保障。

自治市宪法组织法应规定一个或多个社区撤销或合并的程序。

第 121 条　（本条根据 1991 年 11 月 12 日第 19097 号法令、1997 年 11 月 17 日第 19526 号法令修正）

为履行职责，自治市可设立或取消职位和固定报酬，并可成立宪法组织法允许的机构或单位。

使用这些权力时，应遵守只能由共和国总统发起、市政宪法组织法规定的限制或要求。

第 122 条　（本条根据 1991 年 11 月 12 日第 19097 号法令修正）

自治市享有财政自治权。国家预算法可划拨资金到其支出账户，对法律直接授与的收益或相关区域政府给予的收益无影响。宪法组织法应制定机制，以共同市政基金的名义对国家各市的单独财政收入进行共同重新分配。此基金的分配条例属于法律事项。

第四节　一般条款

第 123 条　（本条根据 1991 年 11 月 12 日第 19097 号法令、2009 年 10 月 28 日第 20390 号法令修正）

对于所有或某些自治市政府间共有的问题，或市政府与其他公共机关间的问题，应由法律制定协调管理规则。

第 124 条　（本条根据 2009 年 10 月 28 日第 20390 号法令修正）

被任命为区域行政首长、省长、地方议会成员或议员者，须为具有选举权、满足法律规定的其他要求、在任命或选举前已在本地区居住满两年的居民。

区域行政首长、省长、地方议会成员或议员的职位之间存在任职冲突。

除非相关上诉法院宣布有启动法律程序的根据，任何法院不能启动针对区域行政首长或省长的刑事程序。

第 125 条　（本条根据 1991 年 11 月 12 日第 19097 号法令修正）

市长、地区议会成员和议员职务的中止，由相关宪法组织法律确定。

第 126 条　（本条根据 1991 年 11 月 12 日第 19097 号法令、2009 年 10 月 28 日第 20390 号法令修正）

对可能发生在国家、区域、省及社区间的权限争议，由法律规定其解决方式。

对发生在区域行政首长和地方议会之间，市长与市议会之间分歧的调和方式，法律也应作出规定。

第五节　特别条款

（本节根据 2007 年 7 月 30 日第 20193 号法令、2012 年 3 月 6 日第 20573 号法令修正）

第 126bis 条　帕斯夸岛和胡安·费尔南德斯群岛是特殊领土。该领土的政府和管理机构由特定的宪法组织法规定的特别法约束。

本法第 19 条第 7 项规定的在共和国境内享有的定居权、居留权和迁徙权同样适用于上述特殊领土，但行使权利的形式须由符合法定人数通过的适用于该特殊地区的特别法规定。

大 洋 洲

澳大利亚联邦宪法法案[*]

第五章　州

第 106 条　州宪法保持不变

联邦各州的宪法，在遵守本宪法的前提下，在没有根据该州宪法作修改之前，应按照联邦建立时或该州加入联邦时或该州建立时的情况继续有效。

第 107 条　州议会的权力保持不变

已成为或正成为州的殖民地议会的各项权力，除经本宪法完全授予联邦议会或从州议会收回的以外，应按照联邦建立时或该州加入联邦时或该州建立时的情况继续有效。

第 108 条　州法保持不变

已成为州或正成为州的殖民地的有效法律涉及联邦议会职权内的任何事项的，在遵守本宪法的前提下，继续在州内有效；在联邦议会就此另有规定前，州议会具有与在殖民地成为州之前的殖民地议会一样的修改和废除该法律的权力。

第 109 条　法律不一致

州法与联邦法律不一致时，以联邦法律为准，州法在不一致的范围内无效。

第 110 条　有关州长的规定

本宪法对州长的规定，延伸并适用于现任州长，或其他州政府的首要行政官员。

第 111 条　州可以让与领土

州议会可以将州的任何部分让与联邦；让与后，即联邦接受后，州的该部分领土应遵守联邦的专属管辖权。

---

[*]　在 1898 年至 1900 年之间由澳大利亚各殖民地人民公决通过，1900 年 7 月 9 日经维多利亚女王以联合王国议会议案加以批准，自 1901 年 1 月 1 日起生效。

第 112 条 州可以为执行检查法征收费用

在征收统一的关税后，州可以对进口或出口，或出入该州的货物征收执行该州的检查法所必需的费用；但所征收的所有费用的净收益应用于联邦；州的检查法可以被联邦议会废止。

第 113 条 致醉液体

所有进入州或留在州内供使用、消费、销售或储存的经发酵、蒸馏或其他致醉液体，与该州出产的致醉液体一样，应遵守该州的法律。

第 114 条 州不得组建军队 联邦或州的财产税

未经联邦议会的同意，州不得组建或保有海军或军队，或对属于联邦的任何种类的财产征税，联邦也不得对属于州的任何种类的财产征税。

第 115 条 州不得铸币

州不得铸币，也不得以金银硬币以外的硬币作为法定货币来偿还债务。

第 116 条 联邦不得就宗教立法

联邦不得制定法律，建立宗教，强加宗教仪式，或禁止自由从事任何宗教活动，不得将宗教宣誓作为联邦的任何职位或公共信托的任职要求。

第 117 条 在州内居住的权利

居住于一州的女王的臣民，不应因为他不是居住于其他州的女王的臣民而在该其他州受到不平等的限制或歧视。

第 118 条 对州法等的承认

在联邦范围内，应给予各州的法律、公共法令和档案以及司法程序以充分的信任。

第 119 条 保护州免受侵犯和暴力

联邦应当保护各州免受侵犯，并根据州政府的请求，保护其免受国内的暴力。

第 120 条 对违反联邦法律的人的拘留

各州应为因违反联邦法律而被起诉或定罪的人在监狱中的拘留，以及被如此定罪的人的惩罚制定规定，联邦议会可以制定法律以实施此规定。

第六章 新 州

第 121 条 新州可以被承认或建立

议会可以允许新州加入联邦或建立新州，并可以制定或规定它认为合适的、新州加入或建立的条件，包括在议会两院中的代表的范围。

第 122 条　领土的管理

议会可以制定法律，以管理由州让与联邦并经联邦接受的任何地区或由女王置于联邦权力下并经联邦接受的任何地区或联邦以其他方法取得的任何地区；该地区的代表在议会认为合适的范围和条件下可以获得议会两院的席位。

第 123 条　州界的变更

联邦议会经州议会的同意，并经该州选民的过半数对该问题投票批准，才可以根据协议的条件，增减州的辖境或变更其州界；联邦议会经同样的同意，才可以制定有关各州增减或变更其辖境的有效实施办法。

经州议会同意，并经就此问题投票的州选民的多数同意，联邦议会可以根据协议的条件增加、减少或改变州的范围；经同样的同意，联邦议会可以对与受影响的州有关的领土的增加、减少或改变的效力和程序作出规定。

第 124 条　新州的形成

经州议会的同意，从一州脱离后可以组建一个新的州；但两个以上的州或州的部分可以组成一个新的州，仅需要经受影响的州的议会的同意。

巴布亚新几内亚独立国宪法[*]

第六章之一　省级政府和地方政府

第 187 条之一　省级政府和地方政府系统

应根据本章设立巴布亚新几内亚省级政府和地方政府系统。

第 187 条之二　省级政府和地方政府的批准

组织法应规定关于省级政府和地方政府设立形式和方式的条款。

第 187 条之三　省级政府和地方政府的组成，职能等

一、根据本章，组织法应制定关于省级政府或地方政府组成、权力和职能的条款。

二、每个省级政府和地方政府应设立：

（一）拥有法律赋予权力的主要选任的（直接选举或间接选举）立法机关；

---

* 1975 年 8 月 15 日由制宪会议通过，1975 年 9 月 16 日生效。

（二）执行机关；

（三）执行机关的首脑。

三、组织法应规定省级议会和地方政府的事项最少人数和可以被提名为省级议会和地方政府成员的最多人数。

四、组织法应制定关于下列事项的条款：

（一）国家政府对省级政府和地方政府的批准；

（二）受第四款之一的约束，省级政府和地方政府税的征收、统筹和分配；

并可以在职能行使的充分合理范围，制定省级政府和地方政府的其他财政条款。

四之一、当组织法规定省级政府和地方政府销售和服务税的征收、统筹和分配时，也可以规定国家政府有同时征收、统筹和分配销售和服务税的权力。

四之二、议会法令：

（一）在 1995 年 7 月 19 日至宪法修正案认证日之间通过的；

（二）规定国家政府对销售和服务税进行征收、统筹和分配；

法令在不违背本宪法的范围内，根据附件六生效。

五、组织法应制定关于授权和委托各省级政府和地方政府对其行政区划内事务的决定权和管理权。

六、组织法应制定关于省级政府和地方政府立法权的条款。

七、对按照第三款、第四款、第五款或第六款制定条款充分性的质疑不可诉。

八、地方政府的选举应由选举委员会按照组织法进行。

第 187 条之四　省级法律和地方法律的违宪和合理

一、根据宪法性法律，议会法令的自动适用不受省级法律或地方法律的影响。

二、本章不授权制定违背下列法的省级法律或地方法律，或其他行为：

（一）本宪法［尤其是第三章（基本权利）］；

（二）组织法；

对一致性的所有质疑是可诉的。

三、为避免无益的争议和诉讼，组织法可以规定对第一款效力的质疑是全部不可诉的或在组织法规定的范围或情形下不可诉，除在国家政府与省级政府，或地方政府之间，或两个平级政府之间的诉讼。

第 187 条之五　省级政府和地方政府暂停

一、当省级政府或地方政府破坏或试图破坏国家议会机构或国家统一时，国家行政委员会根据议会绝对多数选票确定可以暂停相关省级政府或地方政府。

二、组织法可以规定行使第一款权力的程序。

三、组织法可以制定关于具体定义第一款事务的条款。

四、国家行政委员会因战争或第十章（紧急状态权力）宣布的影响省、地方政府行政区划的或全国的国家紧急状态，可以暂停不能有效行使其职能的省级政府或地方政府。

五、当省级政府或地方政府被暂停时，其权力和职能应按照组织法赋予国家行政委员会，或以国家行政委员会名义行使。

六、当省级政府或地方政府被暂停时：

（一）在有第四款暂停的情形时，负责省级政府和地方政府事务的部长，应尽快并不迟于暂停后第一次议会会议，向议会提交暂停报告及其原因和形势；

（二）在暂停期间的每一次议会会议，负责省级政府和地方政府事务的部长应视情况而定，向议会报告关于重新建立省级政府或地方政府的措施。

第187条之六　省级政府和地方政府的重建

一、受第二款、第三款的约束，如果省级政府或地方政府被暂停，应在暂停生效日后9个月内做出重建安排。

二、受第三款、第四款的约束，当：

（一）省级政府或地方政府因第228条国家紧急状态的宣布而根据第187条之五第四款（省级政府和地方政府暂停）被暂停；

（二）宣布根据第239条第三款（议会管理）被延期，

在第一款涉及的9个月期间是从宣布延期的议会会议（或如果有一次以上延期，为最后一次会议）结束开始。

三、本条的前款中涉及的9个月期间可以由议会按照简单多数选票通过来延期，每次延期不超过6个月。

四、根据第三款，当省级政府或地方政府根据第187条之五第四款（省级政府和地方政府暂停）而被暂停，除非提前终止，暂停期间在战争或国家紧急状态结束后9个月届满时结束。

第187条之七　省级政府和地方政府的等级

规定省级政府和地方政府各阶段的全部地位、权力或职能，或规定省级政府和地方政府等级，或规定临时省级政府的法律不得违背本章规定。

第187条之八　国家经济和财政委员会

一、组织法应制定关于国家经济和财政委员会的条款。

二、委员会，除组织法规定的其他职能外，应：

（一）评估和管理国家政府、省级政府和地方政府的经济和财政政策；

（二）向国家行政委员会通知和建议合理政策；

（三）向国家行政委员会和议会建议下列批准的财政安排和分配：

1. 由国家政府向省级政府和地方政府做出的批准；

2. 省级政府和地方政府之间。

第187条之九　地方和乡村政府

一、根据组织法制定且按照组织法实施的条款前生效的地方政府法令（第五十七章）继续适用于省级政府。

二、组织法应制定关于国家政府和省级政府各自对于地方政府的权力的条款。

第187条之十　省级政府和地方政府的报告

负责省级政府和地方政府事务的部长应当，每12个月内至少一次，根据下列条款确定的时间：

（一）根据议会法令；

（二）根据国家元首按照国家行政委员会建议颁布的法令；

向国家元首提交关于省级政府和地方政府系统的工作报告，以便国家元首提交议会。

基里巴斯共和国宪法[*]

第九章　巴纳巴群岛和巴纳巴人

第117条　议会提名议员

一、在议会中，一个席位应当为巴纳巴区的 1 名提名议员（Nominated member）保留（本条称之为"提名议员"）。

二、选举委员会应当宣布该提名议员，提名议员的资格依据下款规定，如同由拉比理事会（Rabi Council）提名以填补本条规定的席位一样。

三、任何人无资格担任提名议员，除非：

---

[*]　根据《1979 年基里巴斯独立令》于 1979 年 7 月 12 日生效。

（一）其是巴纳巴人；并且

（二）其有资格依照本宪法第 55 条第二款和第 56 条的规定被选举为议会的当选议员。

四、在下述情形下，提名议员的席位应当变为空缺：

（一）其不再是巴纳巴人；

（二）在本宪法第 57 条第（一）、（二）、（三）、（五）和（六）项以及第 58 条所指的任何情况下。

五、高等法院有审理和决定任何人是否被有效地宣布担任提名议员、提名议员在议会的席位是否空缺、提名议员是否需要按照前款规定和本宪法第 58 条规定不再履行议员职责的任何问题的管辖权。

六、依照前款请求高等法院决定的任何问题，可以由提名议员、拉比理事会、选举委员会或者总检察长提出：

如果这一申请是由除了总检察长以外的人提出，总检察长可以进行调停，并且可以参加或由其代表参加诉讼。

第 118 条　议会当选代表

一、虽然本宪法第 55 条已规定，但任何人年满 21 岁应当有资格当选为包括巴纳巴群岛的选区的议会议员，如果他是基里巴斯公民或者巴纳巴人。

二、本宪法第 57 条有关当选议员的资格限制应当对包括巴纳巴群岛在内的选区的当选议员有效，如果该议员不再是基里巴斯公民，或者不再是巴纳巴人，该议员的席位应当空出。

三、如果任何人是巴纳巴人或者是基里巴斯公民，他应当有权在巴纳巴群岛登记为选举人，否则他有权依照本宪法第 64 条规定作为该地区的选举人登记。

四、在审查有关巴纳巴群岛的选区数额、选区界限和当选代表人数时，选举委员会应当考虑基里巴斯公民和巴纳巴群岛巴纳巴人的最新人口统计数字，无论他们是否是基里巴斯公民。

第 119 条　登陆或接近巴纳巴群岛

一、如果任何巴纳巴人在巴纳巴群岛的任何岛屿拥有任何权利或利益，此种权利或利益不得由于其居住在斐济的拉比岛而受到任何方式的影响。

二、如果共和国取得了巴纳巴群岛土地的任何权利或利益：

（一）为了磷酸盐开采的目的而从任何巴纳巴人处获得；或者

（二）独立日之前王国政府为该目的通过法律运作从任何巴纳巴人处获得，共和国从该土地上完成开采磷酸盐后，应当把（无论由共和国或王国政府）从巴纳巴人手中取得的权利和利益移交给该人，或者移交给该人的后嗣或继承人。

三、对于任何巴纳巴人对巴纳巴群岛的土地拥有的任何权利或利益，不得强制取得，除通过租赁权益和按照本宪法第 8 条第一款的规定取得，而且只有在符合下列条件的情况下取得，即：

（一）已经与巴纳巴群岛理事会协商；并且

（二）已作出一切合理努力，与拥有土地权利或利益的人签署协议获取利益。

四、每一个巴纳巴人应当有进入和永久居住在巴纳巴群岛的不可剥夺的权利。并且，如果本宪法第 14 条第三款第（三）项规定被删除，该条相应地适用于巴纳巴人。

第 120 条　迁徙到巴纳巴群岛

如果任何法律规定限制非巴纳巴人进入巴纳巴群岛，不得视该法律规定或该法律授权所作的事项不符合或者违反本宪法第 14 条的规定。

第 121 条　巴纳巴群岛理事会

一、设巴纳巴群岛理事会（Banaba Island Council）。

二、巴纳巴群岛理事会的权力和义务应当由法律规定。

第 122 条　独立调查委员会

一、自独立日起 3 年期满时，政府应当任命一个独立调查委员会（Independence Commission of Inquiry），审查：

（一）本章条款的生效情况；和

（二）第三章条款赋予的巴纳巴人的权利的执行情况。

二、依照本条进行审查后，委员会应当作出它认为适当的建议，提交议会。

三、委员会依照本条行使职责时，不得受到任何其他人或机关的指导或控制。

第 123 条　向司法委员会提出上诉

一、在任何诉讼程序中，向高等法院提出申请声称本宪法规定被违反而使任何巴纳巴人或者拉比理事会依据本章或第三章享有的权利或利益受到或者可能受到影响，对于高等法院就此涉及本宪法解释作出的裁定应当有向司法委员会上诉的权利。

二、司法委员会依照本条规定对任何上诉作出的裁定，应当视同由高等法院作出的裁定并得到执行。

三、司法委员会对有关任何依照本条上诉的案件，具有与高等法院对该案件拥有的同样的司法管辖权和权力。

第 124 条　刚性条款

一、一项法案，为改变以下各章的任何规定：

（一）本章；和

（二）第三章，该章涉及授予巴纳巴人权利的规定；

除非依照本条规定，否则议会不得通过。

二、议会审议任何此种法案应当推迟到一读之后，直至议会下一次会议。

三、议会对法案二读之后不得通过该法案，如果：

（一）法案未能获得至少 2/3 议会全体议员选票支持；

（二）提名议员或者巴纳巴当选议员投票反对该法案。

四、如果议会在二读法案之后作出表决时，提名议员未出席（无论任何巴纳巴当选议员当时是否出席），法案的审议应当推迟，直至议会的下一次会议，并且应当书面通知拉比理事会和巴纳巴群岛理事会推迟决定。

五、在议会下一次会议上可以再次对法案进行表决，并且：

（一）如果法案获得至少 2/3 议会全体议员选票的支持并且提名议员未投票反对，法案应当获得通过；

（二）如果法案未能获得至少 2/3 议会全体议员的选票支持，或者提名议员投票反对，法案不得获得通过。

六、在本条中：

（一）"提名议员"，指本宪法第 117 条规定的议会议员；

（二）"巴纳巴当选议员"指包括巴纳巴群岛在内的选区的当选议员；

（三）提到本宪法条款，包括提到任何其他关于修改宪法条款的法律；

（四）提到修改本宪法条款，包括提到：

1. 废除宪法，重新制定或未重新制定宪法中的条款或者制定不同的条款代替宪法中的条款；

2. 修改宪法，无论是通过删除、修正其中的任何条款或者增加附加条款或以其他方式；

3. 在任何时期暂停宪法生效，或结束这种暂停；

4. 制定与宪法条款相抵触或不一致的任何其他条款。

第 125 条　解释

在本章中：

（一）"巴纳巴人"指巴纳巴群岛上的原土著居民，以及其中一位祖先在 1900 年之前生于基里巴斯而按照习俗目前或者此后可以被接纳为巴纳巴社区成员的其他人；

（二）"拉比理事会"指依照《斐济 1970 年巴纳巴人定居条例》（Banaban

Settlement Ordinance 1970 of Fiji)设立的"首领理事会"(Council of Leaders)
和在斐济的拉比岛和巴纳巴群岛代表巴纳巴人社区利益的继任机构。

马绍尔群岛共和国宪法 *

第九章　地方政府

第1条　受地方政府制度管辖的权利

1. 每个有人居住的环礁或不属于环礁的岛屿上的人民均有获得地方政府
制度管辖的权利,地方政府制度应当根据可适用的法律运行。

2. 在任何情况下,地方政府制度应延伸至环礁或岛屿的内水的海床和海域,
并延伸至从测量此环礁或岛屿的领海起算的基线5海里外的海床和周围海域。

3. 地方政府制度延伸至的全部土地和海域应在地方政府管辖之内;如果有
一个以上的地方政府,它们各自管辖的土地和海域边界应由法律界定。

第2条　制定法令的权力

1. 地方政府可以在其有管辖权的区域制定法令,只要所制定的法令不与任
何法令不一致,或在马绍尔群岛共和国具有法律效力的范围内不与其他的立法
文件(市政条例除外)或行政文件不一致。

2. 在不限制本条第1款授予的权力的一般效力的情况下,法令可以为地方
目的规定征税和基金的拨付。

帕劳共和国宪法 **

序　言

第11条　州政府

一、州政府的组成和结构应当根据民主原则和帕劳的传统,并应当与宪法相

---

* 1979年3月经全民公决通过,1979年5月1日生效。

** 帕劳宪法会议于1979年1月28日至4月2日制定,第三次宪法公决于1980年7月9
日批准,1981年1月1日起生效。

一致。国家政府应当帮助组建州政府。

二、所有未被宪法明确授权给予州也未否认给予国家政府的权力是国家政府的权力。国家政府可以根据法律授予州政府权力。

三、根据国会制定的法律，州立法机关应当有权征税，征税应当统一适用于全州。

四、经国会同意，州立法机关应当有权贷款资助公共项目或偿还公共债务。

所罗门群岛宪法

第十二章　省　政　府

第114条　省政府

（1）所罗门群岛划分为各省，其数量和边界由国会在考虑选区边界委员会的建议后规定。

（2）国会应当对根据本条设立的各省的治理作出规定，并应当考虑传统酋长的地位。

1983年宪法（修正）法

（1983年第1号）

第3条　独立政治部门和霍尼亚拉政府

宪法修改如下——

（1）第七章中——

（a）在"第七章"后以"政治部门"替换"省政府"；

（b）第114条由下列规定替代——

"第114条　霍尼亚拉市政府和省政府

（1）尽管1978年所罗门群岛独立令有其规定，所罗门群岛划分为霍尼亚拉

＊　1978年6月8日由英国议会通过，1978年7月7日生效。

＊＊　1983年6月8日由国会通过，1983年7月6日以女王陛下的名义并代表女王陛下签署。

市和各省。

（2）国会应当以法律——

（a）在考虑选区边界委员会的建议后规定省的数量以及霍尼亚拉市和各省的边界；

（b）对霍尼亚拉市和各省的治理作出规定，并考虑传统酋长的地位。"

（2）按照附件的规定进行下列后续的修改。

瓦努阿图共和国宪法*

第十三章　地方分权

第 82 条　地方分权的立法

瓦努阿图共和国，意识到分权能使人民在地方政府所在的区域充分参政，应该制定必要的法律，实现这一意图。

第 83 条　地方政府理事会

法律应该将瓦努阿图共和国划分为若干地方政府区域，并规定每一区域由习惯酋长组成的地方政府理事会管理。

---

* 1979 年 10 月 23 日制定，1980 年 7 月 30 日生效。

附录：

《〈世界各国宪法〉分解资料丛书》
翻译与审校人员

翻译人员 （按姓氏笔划为序）

万福良	万曌钰	于文豪	于海霞	门中敬
文 芳	方 杰	王 苏	王 蔚	王永秋
王圭宇	王秀哲	王苏华	王建学	王祯军
邓 安	冯家亮	刘 浩	刘东辉	刘兰兰
刘向文	刘练军	刘姗姗	孙书妍	孙怀印
安 然	安芬你	曲相霏	朱廷婷	毕小青
江登琴	许 婕	严文君	何 丹	余文斌
吴 昊	张 斌	张 源	张 慰	张卫华
张小虎	张文亮	张宇飞	张红梅	张怀印
张笑寒	李 妍	李松锋	李忠夏	李修琼
李晓兵	李蕊佚	杜强强	杨云斐	肖海英
邹筱倩	陆 斐	陈 征	陈 鹏	陈韦如
陈丽娅	陈丽莉	陈歆孜	周 威	孟凡壮
范进学	郑 磊	郑海平	金埈荣	侯宇清
姚国建	姚淑娴	柏华梅	柳建龙	洛 岩
胡 婧	贺 鉴	贺力员	赵 宏	赵 真
赵倩玉	赵晓毅	钟瑞华	夏新华	徐红梅
秦艺芳	耿玉娟	莫 菲	莫纪宏	郭 炯
郭文姝	高 远	屠振宇	梁 潇	黄 卉
黄 娟	黄 锴	喻文光	曾 莉	温大琳
程 慧	董 杨	谢立斌	韩 冰（英语组）	

韩　冰（俄语组）　　韩　雪　　　赖荣发　　　靳　婷
翟国强　　谭钟毓　　　潘　灯　　　潘津晶　　　颜美芳

审校人员（按姓氏笔划为序）

上官丕亮	于文豪	方　杰	王　旭	王　涛
王　锴	王卫明	王书成	王世涛	王芳蕾
王建学	王贵松	王晓斌	王理万	车　雷
邓联繁	叶　强	田　伟	田　雷	白　斌
石佳友	任喜荣	刘　国	刘兰兰	刘志刚
刘春萍	刘康磊	孙书妍	朱廷婷	朱道坤
毕洪海	许　婕	张　斌	张　震	张步峰
李　燕	李卫刚	李忠夏	李晓兵	李样举
李蕊佚	杜强强	杨小敏	杨洪斌	沈子华
迟晓燕	陈丽娅	陈丽莉	陈国飞	陈美达
孟凡壮	林　彦	林来梵	罗智敏	郑　磊
姚国建	姜　峰	施蔚然	柳建龙	赵　真
夏正林	柴　华	殷梦秋	涂云新	莫纪宏
钱锦宇	高　婧	屠振宇	喻文光	曾　莉
温大琳	程雪阳	董　杨	董和平	谢维雁
韩　雪	韩大元	翟国强	蔡乐渭	潘　灯
潘津晶	冀　莹	戴瑞君		

图书在版编目（CIP）数据

地方制度/孙谦，韩大元主编 . —北京：中国检察出版社，2013.2
（世界各国宪法的规定）
ISBN 978 - 7 - 5102 - 0836 - 2

Ⅰ.①地…　Ⅱ.①孙…　②韩…　Ⅲ.①地方政府 - 宪法 - 司法制度 -
研究 - 世界　Ⅳ.①D911.04

中国版本图书馆 CIP 数据核字（2013）第 020294 号

地方制度
世界各国宪法的规定
孙　谦　韩大元　主编

出版发行：中国检察出版社
社　　址：北京市石景山区香山南路 111 号（100144）
网　　址：中国检察出版社（www.zgjccbs.com）
电　　话：(010)68650028(编辑)　68650015(发行)　68636518(门市)
经　　销：新华书店
印　　刷：河北省三河燕山印刷有限公司
开　　本：720 mm×960 mm　16 开
印　　张：31.75 印张　插页4
字　　数：584 千字
版　　次：2013 年 2 月第一版　2013 年 9 月第二次印刷
书　　号：ISBN 978 - 7 - 5102 - 0836 - 2
定　　价：78.00 元